传统蒙学基本丛书

普及类古籍整理图书专项资助项目

龙文鞭影

[明] 萧良有 编著　杨臣诤 增订

[清] 李晖吉 徐灒 续编

岳麓書社·长沙

图书在版编目(CIP)数据

龙文鞭影/(明)萧良有编著;杨臣诤增订;(清)李晖吉、徐灒续编.—长沙:岳麓书社,2022.10

ISBN 978-7-5538-1063-8

Ⅰ.①龙…　Ⅱ.①萧…②杨…③李…④徐…　Ⅲ.①古汉语—启蒙读物　Ⅳ.①H194.1

中国版本图书馆 CIP 数据核字(2018)第 298666 号

LONGWEN BIANYING

龙文鞭影

[明]萧良有　编著　杨臣诤　增订

[清]李晖吉　徐　灒　续编

责任编辑:吴　茵

责任校对:舒　舍

封面设计:严　丽

岳麓书社出版发行

地址:湖南省长沙市爱民路 47 号

直销电话:0731-88804152　0731-88885616

邮编:410006

版次:2022 年 10 月第 1 版

印次:2022 年 10 月第 1 次印刷

开本:787mm×1092mm　1/32

印张:13.5

字数:256 千字

印数:1—3 000

ISBN 978-7-5538-1063-8

定价:28.00 元

承印:廊坊市博林印务有限公司

如有印装质量问题,请与本社印务部联系

电话:0731-88884129

前　言

在封建时代的私塾蒙馆里，儿童在读过《三字经》《百家姓》《千字文》之后，认识了两千来个字，接下来需要巩固识字的成果，继续认识一些新字，同时进行思想和知识方面的教育，为过渡到读“四书”“五经”和作文打下基础。于是出现了各种韵语知识读物，除了对儿童进行封建思想教育的《弟子规》《性理字训》等外，还有以介绍人物掌故和历史知识为主要内容的各种韵语书。清代中叶以后盛行的《龙文鞭影》，就是其中之一。

本书原名《蒙养故事》，明代万历时萧良有撰。后来杨臣诤认为本书“有裨幼学”，“逸而功倍”，只是“惜其征事过少而夏广文注又多舛谬疏略”，于是在教学之余，大加补充订正，改名《龙文鞭影》。龙文是古时良马的名字，见鞭影就疾驰起来，把“逸而功倍”的意思形象化了。清末丹徒人李恩绶以此书“风行已久”，“惟缺略复叠谬误之处亦逐篇有之”，又校雠增删了一次，于光绪年间刊行。另外又有清人李晖吉、徐潸仿照《龙文鞭影》的体例，合编了一部《龙文鞭影二集》，以后一些书坊把经过杨臣诤、李恩绶先后校补过的四卷本和李、徐所编的二集合在一起刊行，成为广泛流行的本子，我们这次印行的也就是这种合订本。前四卷有杨臣诤《原叙》和光绪癸未李恩绶《自叙》《跋》，一并收入本书。

本书撰者萧良有，字以占，号汉冲，汉阳（今湖北省武汉市西南部）人。自幼聪颖异常，有神童之誉。明万历八年（1580）会试第一，进修撰，任国子监祭酒，在史局十五年。

当时他的声望很高，自阁部卿寺至台省，凡关国家大计，都向他咨询，以致被给事中叶继美劾奏“侵六部权”，即请求辞职归里，有《玉堂遗稿》。国子监是全国最高学府，祭酒是校长，这么高的学术地位，亲自来撰写蒙书，说明他对蒙书的重视，也说明本书有一定的分量。增订者杨臣诤，安徽人，有《禹贡笺》《礼经会元》等著作，书皆不传，独本书得以流传下来。

书中内容主要来自二十四史中的人物典故，特别是李、徐所续的二集，基本上来自史书，同时又从《庄子》和古代神话、小说、笔记，如《搜神记》《列仙传》《世说新语》《酉阳杂俎》《辍耕录》《鹤林玉露》等书中广泛吸取材料，内容涉及政治、军事、德行、文艺、儒林、方术、怪异、奸佞等许多方面，中国历史上一些著名的政治家、军事家、文学家、艺术家、科学家、教育家，如周公、孔子、管仲、晏婴、孙武、诸葛亮、司马迁、李白、杜甫、韩愈、欧阳修、苏轼、顾恺之、华佗、朱熹等，著名爱国英雄如岳飞、文天祥，著名清官如包拯、海瑞，著名奸佞如秦桧、严嵩，他们的典故轶事，书中都广为辑录，有些人物还多次出现，我国历史上流传下来的一些著名故事如孟母断机、欧母画荻、毛遂自荐、荆轲刺秦……，一些民间故事如鹬蚌相争、董永卖身、红叶题诗……，书中都可以找到，文字简明扼要，而能说明故事梗概。全书共收辑了两千多个典故，可称之为一本典故大全。正文小标题都用四言，成一短句，上下两句对偶，各讲一个典故。逐联押韵，全书就按韵部编排，念起来流畅顺口，也可以说是一本可读的典故词典。从研究中国传统文化来说，是一本研究中国文化史、教育史的重要资料，即使是一些属于神仙鬼怪、事涉不经的典故，对于我们研究传统思想文化以及理解某些古典文学作品，亦自有其参考价值。如二集中有“魂摄李邕”一条，人们熟悉了叶法善摄李邕魂为其祖叶国重书写碑文的典故，就会懂得《红楼梦》中“芙蓉女儿诔”

中“昔叶法善摄魂以撰碑”一句说的是什么事。但是毋庸讳言，书中的糟粕也是明显的，如宣扬封建伦理道德的“郭巨埋儿”“公瑜嫁婢”之类即是。封建社会用这些东西去教育儿童，目的是为了巩固封建统治，按照封建伦理道德的标准去规范人们的思想，无积极意义可言，在今天除了提供研究资料外，就其思想来说，是必须批判的。也许由于撰书的出发点是“诲尔童蒙”，作者是当时的学者名流，因而糟粕多属上面说的宣扬封建伦理道德，而无庸俗低级的内容。

本书虽经多人增订、校补，但我们这次印行，除标点之外，又根据典故出处，认真校对了一次，发现文字差错仍然不少，都作了改正。但标点校勘中仍可能存在错误，这里借李恩绶在《跋》中所说的，“有能扫涤尘封，以匡驽骀之所未逮者，吾将执鞭慕之”。

编　者

2019 年 10 月

目　录

自　叙

枕经胙史，儒者事也，不此之务，仅日取兔园册子较量歧异，其贤于博弈幾希。然读甫里先生传，有云借人书，篇帙坏舛，必为辑褫刊正。解者谓：辑，缺其缺略也；褫，删其复叠也；刊正，校刊其字句之谬误也。

明贤《龙文鞭影》一书，风行已久。童子入塾后，为父师者，暇即课其记诵，盖喜其字句不棘口，注中隶事甚多也。惟缺略复叠谬误之处，亦逐篇有之。余性驽骀，独与鲁望有同癖，向辑《〈尚友录〉箴讹》颇为识者心许，兹为课儿辈计，因取此书原刻校雠一过，遇当增删处，明知其僭似，不敢避也。爰授诸筑氏，省传钞之劳。

近世偲角骖驹不多见，愿髫龄者日从此表而默识之，藉以鞭其聪明，则虽讥予为识途之导，余乐受之矣。

光绪癸未岁小阳月中浣二日丹徒后学李恩绶识于青溪寓寮

原　叙

王荆公教元泽求馆师须博学善士。或曰：童蒙何必尔？公曰：“先入者为主，观于今之求师者与夫师之为师，其先入者可知已。”彼诗礼趋庭，饶有世业，貂蝉累叶，不乏嘉宾者可无论；自余而外，凡一切委巷穷乡稍能自给之家，未有不竭力事师以期子之成者；顾或三四年或五六年或七八年者而学终自若，岂其中遂无汗血驹具一日千里之资者？卒之贤愚同病，咎且定谁归也？余心愍久之，每遇有裨幼学之书，往往不惜校雠，岂得已哉！

《蒙养故事》，明中楚萧汉冲先生为加惠幼学而作，取古事之相类者摘而成偶，又各谐之以韵，聪慧者日可数十事，迟钝者亦日可数事，不似声杂无伦者之难可强记也。为父为师，欲其逸而功倍，此乌可以废焉？惜其征事过少，而夏广文注又多舛谬疏略，是亦不可以已乎！

岁丙申，授经沙提，偶有暇晷，因取次一为更定，复益以安平李瀚《蒙求》对偶及江右俞文彬续集，然亦嫌征事多无味，而注更疏舛，其可存才千百之什一耳。庚子春，息影城西，朝来爽气，恒惬心情，缘取曩书，复为增订，迄秋尽而告竣，遂不止倍差于前，盖思以博学为先入，自不禁其幅之溢也。友人王子、陆子与有同好，俱不辞搦管襄事，且怂恿余曰：“君家龙文，又加一鞭影矣。”因更名《龙文鞭影》，付诸剞劂。凡属驹齿未落者，皆当见鞭影而驰，以无负不佞校雠之苦志，斯可矣。曹吉利有言：“长大而能勤学者，惟吾与袁伯业。”心窃企之。

龙眠杨臣诤题

凡例八则

一、此书原刻每篇隶事八条，惟小注不匀称，每溢至下半叶。兹增事稍多，而限以篇幅，俾阅者一目了然。

一、原刻注中有引一事，复有前后代事相似者，一并附入，另以一圈识之。兹删其不甚类者，复取他书近似者踵补之。

一、此刻原删繁就简，而间有博引者，盖将助童子腹笥也。如梦松下复载入丁固梦桑一事，舜重瞳又多补后代重瞳事，此类可推。

一、此刻补古人名字、爵里较多，如一人前后见，尽前一条载其名谥，后不复衍。

一、近时坊间有《四言便读》两薄本，将萧氏原文删去一半，借以欺世，其小注硬行割裂，每条下间有缩仅半行者，如人始亚当诸条是也。识者鄙其太简，此书出而彼书可赅矣。

一、向怪此书原刻于三江韵内事独希少，颇拟增设数条。嗣思萧氏创《蒙养故事》于前，经明贤杨氏古度增订再四，彼自喜其征事之多，似不敢再行貂续；然“潘阆藏名”句误潘为满，此沿《尚友录》之误，又“茂宏練服”误作练，俱不可不更正。至李固言作李固，韩翠屏作韩屏，余引前人读葛亮之例，且仍其旧，无事苛绳。

一、古人姓氏蝉联书者如麟阁功臣、瀛洲学士，暨香山、洛社诸贤等事，坊刻类模糊错乱；至九老中胡杲误为果，吉皎误为皎，及刘真、卢贞、卢真三人笔画，尤易混舛。斯刻从正史考核清晰者，阅者可勿狐疑。

一、每条字义稍僻者，俱剖晰清楚，系于每条之尾，使童蒙易解。至注中古人姓名如江夏王锋证为萧氏，黄初平改为皇子之类，皆有依据，阅者就原刻比而观之，便知疏密，如必均加按字，恐贻狭隘之讥。

丹叔氏再志

卷之一

龙文，良马也，见鞭影则疾驰，不俟鞭策而后腾骧也。

一　东

粗成四字　诲尔童蒙

盖言每事撮要，仅以四字粗浅成文而已。　○唐李瀚《蒙求》亦每句四字。

物生之初，蒙昧未明，童子幼稚而蒙昧，象亦如之，故《易》称童蒙，教诲宜及早也。　○《文心雕龙》云：“童蒙拾其香草。”

经书暇日　子史须通

经谓五经、六经或十三经皆是。五经：《易》《书》《诗》《礼》《春秋》。加《乐》记为六经。十三经则《易》《诗》《书》《左传》《公羊》《穀梁》《礼记》《仪礼》《周礼》《论语》《孟子》《孝经》《尔雅》也。书：《四子书》（《学》《庸》《论》《孟》）及一切宜读者。诵读之余，不宜闲旷，故下文又及子史焉。

子谓老、庄、列、荀、扬、文中诸子书也。史，史书。古以《书》《诗》《春秋》为三史。又《史记》、两《汉》为三史。今则以《史记》而下及元、明为二十四史，皆须讲明，盖所成四字，均出子、史中也。以上四句，原作书之由。○老，老聃。庄，庄周。列，列御寇。荀，荀卿。扬，扬雄。文中，王通也。聃，音丹。

重华大孝　武穆精忠

虞舜本姓姚，系出虞幕，故称虞氏，遂以为有天下之号。史谓其光华之德可合于尧，因号重华。父顽，母嚣，弟傲，舜谐之以孝，故孔孟皆称其为大孝。而扬雄《法言》以为绝德焉。　○幕，音莫。嚚，音银，语不忠信也。

宋岳飞，字鹏举，汤阴人。家贫力学，尤好《左氏春秋》、孙吴兵法。未冠，挽弓三百斤、弩八石。尝涅“精忠报国”四字于臂。靖康初，金人南侵，徽、钦北狩，飞应募，以五百骑破兀术十余万于朱仙镇，几灭金，为秦桧所害。初谥武穆，后改谥忠武。

尧眉八彩　舜目重瞳

许慎曰：庆都，天帝女，寄伊长孺家。年二十九，无夫，出观于河，有赤龙负图而至，曰：赤龙受天下之图，有人朱衣、光面八彩，须髯长赤。及孕，十四月生尧，视如图，眉有八彩之色。　○下赤字同尺。尧，帝喾子，岂得无父。汉人尚谶纬，为论每如此。

目中重瞳，非凡民所有。舜耕历山，四岳荐于尧，遂受尧禅。其目有重瞳子，后项羽亦然，太史公遂疑为舜之苗裔，诬矣。　○按：此外有刘崇、鱼俱罗、明玉珍俱重瞳。又舜目重瞳上下生，项羽重瞳左右生，南北朝沈约则左目重瞳。南唐李后主、明聂大年止一目重瞳，皆主聪明过人。

商王祷雨　汉祖歌风

商成汤姓子，名履，字天乙，汤其谥也。时有七年之旱，太史占之，当以人祷，汤遂请自当之。因剪发断爪，祷于桑林，以六事自责。曰：“政不节欤？民失职欤？宫室崇欤？女谒盛欤？苞苴行欤？谗夫昌欤？”言甫讫，大雨数千里。○桑林，今在亳州。

汉高祖过沛宫，悉召故人父老，饮酒酣，上击筑，自歌曰：“大风起兮云飞扬，威加海内兮归故乡，安得猛士兮守四方！”于是起舞。又武帝《秋风辞》：“秋风起兮白云飞，草木黄落兮雁南归。兰有秀兮菊有芳，怀佳人兮不能忘。泛楼船兮济汾河，横中流兮扬素波。箫鼓鸣兮发棹歌，欢乐极兮哀情多，少壮几时兮奈老何！”　○筑似瑟而大，头安弦，以竹击之。

秀巡河北　策据江东

汉光武名秀，长沙定王发后，高祖九世孙也。更始末为破虏将军行大司马事，起兵巡行河北，除莽苛政，邓禹杖策归之，因灭刘盆子、王郎，而中兴汉之天下。　○更，平声。更始，刘玄年号。

季汉孙策，孙坚长子。十八岁与周瑜定计渡江，收服群盗，表请为讨虏将军。遂据有江东，都建康。将死，以事授弟权，破荆州后即帝位，三分鼎峙。

太宗怀鹞　桓典乘骢

唐太宗名世民，高祖次子。生四岁，有书生见之曰：“龙凤之姿，天日之表，其年几冠，必能济世安民。”高祖使人追之不见，因采其语名世民。尝爱一佳鹞，偶持为戏，魏徵来，遂匿于怀。徵知，故奏事久，及出，其鹞竟死。

汉桓典字公雅，荣之后，以《尚书》教授颍川，生徒数百。灵帝朝为御史，常乘骢马，吏民畏之，乃相戒曰：“行行且止，避骢马御史。”卒为宦官所嫉。　○骢，音聪，马有黑色也。　○典，龙亢人，即今之怀远。

嘉宾赋雪　圣祖吟虹

岁将暮，梁孝王不悦，游于兔园。乃置酒集宾友，召邹生，延枚叟，相如末至。俄而微霰，零密雪下，王授简于司马大夫，使为之赋。相如避席而起，逡巡而揖，因赋之。邹阳闻之，懑然心服，乃作而赋积雪之歌，又续为白雪之歌，王乃寻绎吟玩，顾枚叔起而为乱。详见谢惠连《雪赋》。皆托言。　○霰，音线。

明彭友信，遇太祖微行，口占《虹蜺》诗："谁把青红线两条？和风甘雨系天腰。"命信续之。应声曰："玉皇昨夜銮舆出，万里长空架彩桥。"上大悦，次晨召为布政使。○虹，音红。蜺、霓同。

邺仙秋水　宣圣春风

唐李泌字长源，七岁能文，张九龄呼为"小友"。贺知章见之曰："此稚子目如秋水，必拜卿相。"玄宗召至，命与张说观棋，说试之曰："方若棋局，圆若棋子，动若棋生，静若棋死。"李泌答曰："方若行义，圆若用智，动若骋材，静若遂意。"帝大悦，曰："是子精神，腰大于身。"命游宫，坐贵妃膝，宫人进果。后官至宰相，以功封邺侯。尝辟谷导引，骨节珊然。

汉武帝谓东方朔曰："孔颜之道德何胜？"方朔曰："颜渊如桂馨一山；孔子如春风，至则万物生。"　○宋朱光庭师事程明道，归而告人曰："光庭在春风中坐了一个月。"○光庭，公掞字。

恺崇斗富　浑濬争功

晋后将军王恺、散骑常侍石崇，以豪侈相矜。恺以饴澳釜，崇以蜡代薪；恺作紫丝步障四十里，崇作锦步障五十里。武帝，恺甥也，每助恺。尝赐珊瑚树高二尺许，恺以示崇。崇取铁如意碎之，出珊瑚高三四尺者六七株，如恺比者甚众，恺怳然自失。　○饴，音夷。澳，音郁。

晋王浑，字元冲；王濬，字士治。同领兵伐吴。濬先入建康，受孙皓降，明日，浑乃济江。遂忿憾相争，表濬不受节制，濬为不平。护军范通为之解和。濬尝梦人授以三刀，又益一刀，后为益州刺史。　○濬，阌乡人，小字阿童。浑，晋阳人。

王伦使虏　魏绛和戎

宋王伦，高宗绍兴七年二月，为奉迎梓宫使如金。十二月，还自金，金许归梓宫及太后。寻复遣，八年三月，伦复偕金使来，许归河南、陕西地，实欲招谕江南，加以无礼。李纲疏论不省。胡铨复抗疏请斩伦及秦桧、孙近三人主和议者。

鲁襄公四年，戎狄侵晋，悼公欲伐之。魏绛言和戎五利：一、土可贾，二、穑人成功，三、诸侯畏怀，四、甲兵不顿，五、远至迩安。公悦，使盟诸戎。嗣后八年之内，九合诸侯，绛之力也。郑人赂，晋公以所赂乐之半赐绛。○贾，音古。

恂留河内　何守关中

光武北征，邓禹荐寇恂守河内，更始将苏茂来攻，大破之。帝喜曰："吾固知子翼可任也。"拜颍川太守。从征隗嚣，而颍川盗起，复从帝还颍，抚降之，不复拜。百姓乃遮帝道留之，曰："愿借寇君一年。"因复留镇，受纳余降。○子翼，恂字。隗，音委。

汉萧何，高帝初为丞相。楚汉争锋，何留镇关中，转给馈饷，军需无乏。天下既定，以何功第一，封为酂侯，盖三杰之首也。○关中，今陕西。汉都长安，东有函谷关，南有峣关、武关，西有散关，北有萧关，居四关之中也。酂，音赞，地在南阳。峣，音遥。

曾除丁谓　皓折贾充

宋仁宗初立，京师语曰："欲得天下好，莫如召寇老；欲得天下宁，拔去眼前丁。"寇，寇準；丁，丁谓也。时王曾为相，见谓贬窜準，疑太重，谓答曰："居停主人勿复言，恐亦不免耳。"曾尝以第宅假莱公也。后因移皇堂于上穴事，贬谓崖州司户，曾实主之，人皆称快。○上穴，真宗山陵也。

季汉，吴孙皓降晋，贾充问曰："尔凿人目，剥人面皮，此何等刑?"皓曰："因奸回弑君不忠者。"充默然。盖充曾附司马昭急攻诸葛诞，杀之。又使太子舍人成济抽戈犯跸。又劝昭立炎，而置齐王攸，攸卒不得其死也。观此，刘禅有愧于皓多矣。

田骄贫贱　赵别雌雄

周田子方，魏文侯以为师。太子击遇于道，下车谒甚恭，子方不为礼。击怒曰："富贵者骄人乎？贫贱者骄人乎?"子方曰："贫贱者骄人耳，富贵者安敢骄人？国君而骄人，则失其国；大夫而骄人，则失其家；夫士贫贱者，言不用，行不合，则纳履而去，安往而不得其贫贱哉！"

汉赵温，字子柔。为京兆丞，雅有大志，尝叹曰："大丈夫当雄飞，安能雌伏！"遂弃官而去。○汉置京兆尹，治长安城中。绝高曰京，千亿曰兆，大众所聚，故曰京兆，其佐使曰丞。

王戎简要　裴楷清通

晋王戎，字濬冲。裴楷，字叔则。武帝问钟会："谁可任吏部?"会曰："王戎简要，裴楷清通，可当此任。"遂以二人为吏部郎。戎时始二十四，少年颖悟。楷丰仪俊整，朗朗如玉山上行，光映入目。

楷详上。　○又宋吕太乙为户部，吏部投牒，令树棘以防令史交通。太乙报曰："眷彼吏部，铨选之司，当须简要清通，何必设篱种棘。"时人以为名议。　○《世说新语》：武元夏目裴、王曰："戎尚约，裴清通。"

子尼名士　少逸神童

晋王澄尝经陈留，问此郡名士有谁乎？吏曰："江应元，蔡子尼。"澄问陈留多居大位者，何以但称此二人？吏曰："向谓君侯问人，不问位也。"澄笑而止。　○应元名统，子尼名充。袁宏有《名士传》，分三等。

宋刘少逸，年十一，文辞精敏。其师潘阆携见王元之、罗思纯，以所作贽见。二公因与联句试之。思纯曰："无风烟焰直。"少逸曰："有月竹阴寒。"又曰："日移竹影侵棋局。"少逸曰："风送花香入酒卮。"元之曰："风雨江城暮。"少逸曰："波涛海寺秋。"又曰："一回酒渴思吞海。"少逸曰："几度诗狂欲上天。"因闻于朝，赐进士及第。

巨伯高谊　许叔阴功

汉荀巨伯远省友疾，值胡贼攻郡，友曰："吾今死矣，子可去。"巨伯曰："远来相视，子令吾去，败义以求生，岂荀巨伯所行者!"贼至，问曰："大军至，一郡尽空，汝何独止?"巨伯曰："友人有疾，不忍委之，愿以身代其死。"贼曰："我辈无义而害有义，不可。"遂去。一郡获全。 〇谊、义同。

宋许叔微，名如可。笃志经史，尤邃于医。建炎初，大疫，叔微亲行间巷，为之诊疗，所活甚众。梦神曰："上帝以汝阴功，锡汝以官。"因留语云："药市收功，陈楼间阻。堂上呼卢，喝六作五。"后以第六人登第，陛见改第五人，在陈祖言、楼林九之间。

代雨李靖　止雹王崇

唐李靖，字药师。微时射猎山中，会暮，抵宿一朱门。夜半闻叫门甚急，一妪谓靖曰："此龙宫也，天符命行雨，二子皆不在，欲奉烦何如？"遂命黄头披青骢马，戒以"马鸣，取瓶水一滴滴马鬃，则平地水深三尺"。靖见本乡旱极，连下三十余滴，归以语妪，妪曰："君必无家矣。" 〇龙宫在今潜山县东三里李家湾。

汉王崇丧父及母，哀毁独甚。尝夏月大雹，禽兽草木摧死，至崇田畔，雹遂倏止。菽麦十顷，竟无损落。及越崇地，则雹势如初，人谓其孝感所至。后仕至大司空，封扶平侯。王莽专政，谢病就国卒。

和凝衣钵　仁杰药笼

五代和凝，字成绩。举进士，名居十三。后知举选，范质亦居十三，谓之曰："以传老夫衣钵。"后历官皆与凝同。作诗云："从此庙堂添故事，登庸衣钵亦相传。"凝知贡举，所取皆一时之秀，称为得人。

唐元澹，字行冲。进士及第，累官通事舍人。狄仁杰器之。尝谓仁杰曰："下之事上，譬富家储积以自资也。脯腊膎胰，以供滋膳；参术苓桂，以防疾疢。门下充旨味者多矣，愿以小人备一药石可乎?”仁杰曰：“君正吾药笼中物，不可一日无也。”　○膎，音谐。胰，夹脊肉。笼，一读上声。

义伦清节　展获和风

宋沈义伦，太祖朝随军入蜀，每独居蔬食。及东归，箧中惟图书数卷而已。帝固问曹彬，始知其清节过人。擢为枢密副使。

展获，鲁公族无骇之子，盗跖之兄，食邑柳下。及死，门人将诔之。其妻曰：“不如妾之知也。”乃曰：“夫子之不伐兮，夫子之不竭兮，夫子之诚信而与人无害兮。屈柔从俗，不强察兮。蒙耻救民，德弥大兮。虽遇三黜，终不蔽兮。岂弟君子，永能厉兮。吁嗟惜兮，乃下世兮。夫子之谥，宜为惠兮。”故孟子称之曰柳下惠。

占风令尹　辩日儿童

周尹喜为函谷关令，望见紫气东来，又占风而知有神仙过。俄老聃果乘青牛至，授喜炼气内修吐纳之法，又授以《道德经》五千言而去。后赐号文始先生，有《文始真经》行于世。

孔子东游，见两儿斗辩。问其故，一儿曰：“我以日始出时去人近，而日中时远也。”一儿曰：“日初出远，而日中近也。”一儿曰：“日初出大如车盖，日中则如盘盂，此不为远者小而近者大乎?”一儿曰：“日初出则沧沧凉凉，及其日中如探汤，此不为近者热而远者凉乎?”孔子不能决。两儿笑曰：“孰谓汝多智乎?”见《列子》。

敝履东郭　粗服张融

《史记》载东郭先生久待诏公车，贫困饥寒，衣履不完。

行雪中，履有上无下，足尽践地。路人笑之，而逍遥自如也。 ○铁脚道人赤脚行雪中，朗诵《南华》《秋水》诸篇，取梅花和雪嚼之，曰："吾欲寒香沁入肺腑。"

齐高帝手诏赐张融衣，曰："见卿衣服粗敝，诚乃素怀有本；过尔褴褛，亦亏朝望。今送一通故衣，意谓虽故，乃胜新也。是吾所着，已令裁称卿体。"又道士陆修静以白鹭羽扇遗融曰："此异物，当奉之异人。" ○褴，音蓝。

卢杞除患　彭宠言功

唐卢杞为虢州刺史，奏言虢有官豕三千为民患，德宗命徙之沙苑。杞曰："同州亦陛下百姓，臣谓食之便。"帝曰："守虢而忧他州，宰相才也。"诏以豕赐贫民。 ○杞父奕，官御史中丞，安禄山陷东都，死之。德宗曰："卢杞忠清强介，人言杞奸邪，朕殊不觉。"李泌曰："此乃杞之所以为奸邪也，倘陛下觉之，岂有建中之乱。"

汉彭宠为渔阳太守，昔光武讨王郎，宠运粮不绝，自负其功，意望甚高。朱浮与之书曰："辽东之猪，古来皆黑，生子白头，异而献之。行至河东，见群豕皆白，怀惭而退。若以子之功论于朝廷，则为辽东之豕也。"

放歌渔者　鼓枻诗翁

唐崔铉为江陵守，有楚江渔者，不言姓氏，钓于楚江，得鱼则换酒，辄自放歌。铉见而问曰："君隐者之渔耶？"对曰："姜子牙、严子陵世皆以为隐者，殊不知钓其名耳。"去而不顾。 ○宋郭祥正诗："得鱼无卖处，沽酒入芦花。"

宋卓彦恭尝过洞庭，月下有泛舟一老翁棹其旁，卓问有鱼否，答曰："无鱼有诗。"乃鼓枻而歌曰："八十沧浪一老翁，芦花江上水连空。世间多少乘除事，良夜月明收钓筒。"

问其姓字，不答而去。　〇枻，音异。

韦文朱武　阳孝尊忠

苻坚幸太学，博士卢壶曰：“《周官礼注》未有其师，太常韦逞母宋氏，世传父业，非此母无可传授。”于是就其家立讲堂，置生徒百三十人，隔绛纱帐受业，号宣文君。　〇朱序镇襄阳，苻坚遣将围之。序母韩氏登城，谓西北角当先受敌，遂领百余婢及城中女子，于其角斜筑城二十余丈。贼攻西北角，溃，因退保，号夫人城。

汉王尊为益州刺史。先是王阳来守是州，行至九折坂，叹曰：“奉先人遗体，奈何乘此险道。”遂返车。尊至是，问吏曰：“此非王阳所畏道耶?”叱其驭曰：“驱之。”世称王阳为孝子，王尊为忠臣。在部二岁，徼外服其威信。　〇《世说》：桓温入峡，绝壁天悬，腾波迅急。乃叹曰：“既为忠臣，不得为孝子，如何?”

倚闾贾母　投阁扬雄

齐王孙贾事湣王，楚淖齿乱齐国，王出走，贾失王之处。其母曰：“汝朝去而晚来，则吾倚门而望；暮出而不归，则吾倚闾而望。今王出，汝不知其处，尚何归?”贾因率国人杀淖齿，立湣王之子，而齐赖以安。　〇淖，音闹。闾，里门也。

汉扬雄，字子云，成都人。刘歆之子棻从之学，坐事诛，辞连及雄。时雄方校书天禄阁，惧而投阁下，几死。京师谚云：“惟寂寞，自投阁。”后仕新莽，为大夫，作《剧秦美新》论。　〇新，王莽篡窃之号。剧，音极。

梁姬值虎　冯后当熊

宋韩世忠，字良臣，延安人。夫人梁氏，京口娼也。尝五更入府贺朔，见虎蹲卧廊间，骇甚，趋出，不敢言。已而众至，复往视，乃睡卒。蹴之，问姓名，为韩世忠。心异之，归告其母，以酒邀韩，约为伉俪，后世忠贵，遂封梁国夫人。见《鹤林玉露》。　〇夫人小字红玉，赵雄奉诏撰世忠墓碑，载梁氏本楚州人。

汉傅太后与冯太后并事元帝为婕妤。帝幸虎圈，熊逸出，傅婕妤走，冯直前当熊而立。上问之，对曰："妾恐熊至御座，故以身当之。"傅惭，冯宠，由是有隙。　〇婕，音接。妤，音俞，女官也。

罗敷陌上　通德宫中

汉王仁妻秦罗敷，邯郸美女也。仁为赵王家令，罗敷出采桑陌上，王登台见而悦之，因饮酒欲夺焉。罗敷善弹筝，作《陌上桑》之歌以自明，歌载《古乐府》。　〇邯郸，赵县名。筝，秦乐，蒙恬所造。　〇汉严延年女，一名罗紨，音敷。

汉伶玄之妾樊通德，赵飞燕女使也。能道飞燕姊妹宫中事。玄曰："俱灰灭矣，疲精神，驰嗜欲，宁知终归荒田野草乎?"通德掩袖视烛影，以手拥髻，凄然泣下。玄因作《飞燕传》。

二　冬

汉称七制　唐美三宗

西汉自高帝而下，有文，有武，有宣；东汉自光武而下，有明，有章，其余无称。故河汾王通尝以七制断之。南宫靖一曰："反复两汉之世，大抵仁义公恕，役简刑清，如七制之盛者，两汉之所以兴也；母后擅权，宦官用事，如七制以下者，两汉之所以亡也。"

太宗除隋之乱，比迹汤武，致治之美，庶几成康。玄宗开元之初，励精图治，政如冰霜，号称至治。宪宗刚明果断，志平僭叛，卒收成功，唐威复振。唐有天下二十一君，史论以三宗为最。　〇隋即"随"字，隋文帝去"辵"作隋。

杲卿断舌　高祖伤胸

唐颜杲卿，字昕之，为常山太守。时安禄山乱，贼将史思明陷常山，杲卿以守具未备，遂为所执，骂贼不绝口。禄山怒，命钩断其舌，以致喷血而死。文天祥《正气歌》"为颜常山舌"，盖指此。　〇杲，音稿。

汉高祖与项羽争雄。汉四年，羽与汉王临广武间而语。汉王数羽十罪，羽怒，伏弩射汉王，伤胸。汉王扪足曰："虏中吾趾。"因痛创卧，张良强请起行劳军，以安士心。〇扪，音门。

魏公切直　师德宽容

宋韩琦，字稚圭，安阳人。以功封魏国公。为仁宗相，切直敢言，如厉声撤曹太后帘；英宗病，以调护圣躬责太后；及谏止行青苗法皆是。子忠彦知定州，州人庆曰："此老相公子也。"忠彦，字师朴，举进士，累拜右仆射观文殿大学士。

唐娄师德，字宗仁。武后时为相，宽大有容，尝谓其弟曰："人唾汝面，俟其自干可耳。"曾荐狄仁杰为相，而狄反挤之，武后出荐书示狄，狄退而叹曰："娄公盛德，我为所容久矣。"　〇宋寇準每短王旦，旦专称準才能，密荐为节度使、同平章事，与娄、狄事同。

祢衡一鹗　路斯九龙

汉祢衡，字正平，淄川人。客游颍、许，怀一刺漫灭无可投。孔融深爱其才，定为忘形交。上疏荐曰："鸷鸟累百，不如一鹗。使衡立朝，必有可观。"曹操亟见之，衡自称狂疾，不往。操怒，召为鼓吏，尝奏《渔阳》参挝，音节悲壮，听者感慨。后为黄祖所杀。　○祢，音你。

唐张路斯为宣城令，夫人石氏，生九子。尝钓于焦氏台，归则体湿而寒，夫人问之，曰："我龙也，蓼人郑祥远亦龙，今日与我争钓台宝殿，明日当战，使九子助我。我领绛绡兵，郑领青绡兵。"明日，齐射青绡，中之，九子皆化龙而去。○蓼，音六，即今六安州。

纯仁助麦　丁固梦松

宋范仲淹，字希文。知开封，命次子纯仁将麦五百斛还姑苏，舟次丹阳，遇石曼卿，云"家有三丧未葬"，纯仁举麦助之；又云"二女未适"，遂并其舟与之。还见公，话未毕，而公意悉与之合。　○纯仁，字尧夫；曼卿，名延年。

汉丁固，吴人。少时梦松生腹上，占者曰："松字于文为十八公，后十八年，君其为公乎？"卒如言。　○固尝梦井中生桑，问赵直，直曰："桑者四十八字，君寿不过四十八卒"，见《佩觿》注。　○又唐张志和母梦枫生腹上，生志和。

韩琦芍药　李固芙蓉

江都芍药凡三十二种，惟红瓣黄腰称金带围者不易得。韩琦守郡时，偶开四枝，时王岐公珪为郡倅，王荆公安石为幕官，陈秀公升之以卫尉丞适至，韩公命宴花下，各簪一朵，后四人相继大拜，乃花瑞也。　○琦，音其。倅，音翠，副也。

唐李固言遇一老姥，言：“郎君明年芙蓉镜下及第。”来年果中状元，第中有“人镜芙蓉”之语，老姥乃金天神也。见《酉阳杂俎》。　○按李固，汉人；固言，唐人，字仲枢。此作固言为是。

乐羊七载　方朔三冬

周乐羊子远游就师，一年归来，妻跪问故，曰：“无他，久行怀归。”妻乃引刀趋机曰：“此织生自蚕茧，成于机杼。一丝而累，以至于寸；累寸不已，遂成丈匹。夫子积学，以成德也，若中道而归，何异断斯机乎?”乐羊子遂复卒业，七年不返。妻纺织以养姑，兼馈乐羊子。　○杼，音暑，即梭也。

汉东方朔，字曼倩，善诙谐滑稽。汉武即位，朔上书曰：“臣年十二，学书三冬，文史足用。十五学击剑，十六学《诗》《书》，诵二十二万言。十九学孙吴兵法。战阵之具，钲鼓之教，亦诵二十二万言。若是，可以为天子大臣矣。”帝伟之。

郊祁并第　谭尚相攻

宋宋郊，字公序，雍邱人。少与弟祁遇胡僧，相曰：“小宋他日当魁天下。”后十年，僧惊问大宋曰：“丰神顿异，似活数万命者，亦当大魁。”盖郊曾作筏渡蚁。比唱第，小宋第一，章献太后谓弟不可先兄，命易之，乃以庠第一，祁第十，并入翰林。　○郊，仁宗命改为庠。祁，字子京，小字选郎。

季汉袁谭、袁尚皆冀州牧袁绍子，绍死，自相攻伐，以争冀州，曹操乘衅举兵，并夷灭之。　○绍字本初，汉司徒袁安之后，汉末据冀州。　○冀州即秦之巨鹿郡，东汉为安平国，曹魏时名冀州。

陶违雾豹　韩比云龙

周陶答子治陶三年，名誉不兴，家产三倍。其妻谏曰：“能薄而官大，是谓婴害；无功而家昌，是谓积殃。今夫子贪富图大。妾闻南山有玄豹雾隐，七日不下食者，何也，欲泽其毛衣而成其文章耳，故藏以避害。豕不择食，故肥而死。今君违此，得无后患乎？”不听，后果被诛。

唐韩愈《醉留东野》诗：“昔年因读李白杜甫诗，长恨二人不相从。吾与东野生并世，如何复蹑二子踪。东野不得官，白首夸龙钟。韩子稍奸黠，自惭青蒿倚长松。低头拜东野，愿得终始如驱蛩。东野不回头，有如寸筵撞巨钟。吾愿身为云，东野变为龙。四方上下逐东野，虽有离别无由逢。”　○孟郊，字东野，与韩愈为忘年交。

洗儿妃子　校士昭容

唐玄宗宠安禄山，值生辰，厚赐。后三日，入禁中，杨贵妃以锦绣裹安禄山，使宫人以彩舆舁之。上闻喧笑，问故，左右答以贵妃三日洗禄山儿。上喜，赐贵妃洗儿银钱，又厚赐禄山，尽欢而罢。自是出入无忌，颇有丑声闻于外，上不疑。　○舁，音预，对举也。

唐上官婉儿母方妊，梦巨人畀以大秤，曰：“持此称量天下。”婉生逾月，母戏曰：“称量岂尔耶？”辄哑然应。后为昭容，内秉机政。中宗春日幸昆明池，命侍臣应制，属昭容选第一者。昭容从楼上落纸如飞，惟沈、宋二诗不下，又落一纸，乃沈诗，曰：“二诗工力悉敌，宋末句‘不愁明月尽，自有夜珠来’，较沈更胜耳。”

彩鸾书韵　琴操参宗

晋吴猛，字世云。女彩鸾，从丁义女秀英学道。后适文箫，箫贫不自给，鸾日写韵书一部，售以度日。居十年，各跨一虎而升。　○售，音酬。

宋苏轼在杭州，携妓琴操游西湖。一日戏曰："我作长老，你试参禅。"琴问："何谓湖中景?"轼曰："落霞与孤鹜齐飞，秋水共长天一色。""何谓景中人?"曰："裙拖六幅潇湘水，鬓挽巫山一段云。""何谓人中意?"曰："随他杨学士，鳖杀鲍参军。""如此究竟何如?"曰："门前冷落车马稀，老大嫁作商人妇。"琴大悟，遂削发为尼。　○鹜，音务。

三　江

古帝凤阁　刺史鸡窗

黄帝姓公孙，名轩辕。时凤凰巢于阿阁。先是帝问凤象于天老，天老详述其象，且曰："凤出东方君子之国，翱翔四海之外，见则天下大安。"帝乃斋于殿中，凤凰蔽日而至，集梧桐，食竹实，没身不去。

晋宋宗，字处宗，沛人。官兖州刺史。得一长鸣鸡，爱养窗前，后忽作人语，与处宗谈论，极有玄致。由是处宗玄业大进，时人称为"窗禽"。

亡秦胡亥　兴汉刘邦

秦胡亥，始皇次子。始皇崩，赵高、李斯矫诏杀太子扶苏，立胡亥为二世，秦因以亡。初，始皇因卢生奏箓图书，曰："亡秦者，胡也。"乃遣蒙恬发兵三十万，北筑长城，自临洮至辽东，延袤万余里，威镇匈奴。初不知亡秦之胡乃胡亥也。　○袤，音茂。

汉高祖刘邦，沛人。起自亭长，初称沛公。用三杰破秦灭楚，大兴汉室，传世十二，祚四百年。至光武而中兴汉室，至先主而鼎立蜀中，后主禅降魏，汉始亡。

戴生独步　许子无双

后汉戴良，字叔鸾。议论高奇，多骇流俗。同郡谢季孝问曰："子自视天下孰可为比？"答曰："我若仲尼长东鲁，大禹出西羌，独步天下，无与为偶也。"　○又王坦之字文度，与郗超并为桓温长史，时人语曰："盛德彬彬郗嘉宾，江东独步王文度。"

汉许慎，字叔重。性纯笃。少博学经籍，马融尝推敬之。时人语曰："五经无双许叔重。"初，慎以《五经》传说臧否不同，于是传为《五经异议》，又作《说文》十四篇以献，特举孝廉。　○又南北朝伏挺，少敏悟，及长，博有才思。任昉曰："此子日下无双。"又汉黄香博通经典，能文章，京师号曰"天下无双，江夏黄童"。

柳眠汉苑　枫落吴江

汉苑中有柳，状如人形，因号之曰人柳。一日三眠三起，不差时刻，李义山《江之嫣赋》曰："岂如河畔牛星，隔岁止闻一过；不比禁中人柳，终朝剩得三眠。"　○江之嫣，美人名。

唐崔信明以五月五日生，日方中，有异雀鸣集庭树。史占之，曰生子当以文显，位殆不高。贞观中为秦州令，卒。

工诗，有“枫落吴江冷”之句。郑世翼因请睹其全，以为所见不逮所闻，遂投其所作于水而去。

鱼山警植　鹿门隐庞

鱼山在泰安府东阿县西，曹植尝登此山临东阿。忽闻岩岫里有诵经声，清通深亮，远谷流响，肃然有灵。不觉敛衿祗敬，即效而则之，今之梵唱，皆植依拟所造。又植徙封东阿后，登鱼山，喟然有终焉之志。今陈思王墓在山上。○按山即《瓠子歌》之吾山也，山又有神女智琼祠。

后汉庞德公，襄阳人。终年不入城府，荆州刺史刘表数延请，不能屈。后携妻子登鹿门山采药不返。　○按鹿门山在襄阳府城东三十里，襄阳侯习郁立神祠于山，刻二石鹿夹神道口，谓之鹿门出。　○孟浩然少亦隐此。

浩从床匿　崧避杖撞

唐孟浩然字浩然，年四十，始游京师，与王维友善。维私邀入内署，适明皇至，浩然匿床下，维以实对，帝曰：“朕闻其人而未见也。”诏浩然出，诵所为诗，至“不才明主弃”，帝曰：“卿不求仕，朕未尝弃卿，奈何诬我？”因放还。采访使韩朝宗约浩然偕至京，欲荐诸朝，会与故人剧饮欢甚，不赴。朝宗怒，辞之，浩然亦不悔也。

汉明帝性褊察，喜以耳目隐发为明，公卿大臣，数被诋毁，近臣尚书以下，至遭提曳。尝以事怒郎药崧，以杖撞之。崧走入床下，帝怒甚，急言曰：“郎出。”崧乃曰：“天子穆穆，诸侯皇皇，未闻人君，自起撞郎。”　○又田凤为尚书郎，入奏事，灵帝目送之，题柱曰：“堂堂乎张，京兆田郎。”

刘诗瓿覆　韩文鼎扛

明刘基，字伯温，青田人。元进士，为江浙儒学副提举，弃官隐青田山。太祖征基入见，陈时务十八策。北伐中原，遂成帝业，封诚意伯。所作文章为一代之宗。所著有《犁眉公集》《覆瓿集》，卓然元音。谥文成。　○汉巨鹿侯芭从扬雄受《太玄》《法言》，刘歆谓雄曰："今学者有禄利，然尚不能明《易》其若《玄》何，吾恐后人用覆酱瓿也。"

唐韩愈，字退之，河阳人。擢进士第，官至吏部侍郎。诗与李白、杜甫称三杰，有诗云："龙文百斛鼎，笔力可独扛。"公自言其诗也。　○班固《宝鼎》诗："宝鼎见兮色纷缊，焕其炳兮被龙文。"又黄庭坚赠米元章诗："虎儿笔力能扛鼎。"虎儿，元章子友仁小字。

愿归盘谷　杨忆石淙

盘谷在河南济源县北，唐李愿隐此。韩愈《送李愿归盘谷序》云："太行之阳有盘谷，盘谷之间，泉甘而土肥。""或曰，谓其环两山之间，故曰盘。或曰，是谷也，宅幽而势阻，隐者之所盘旋。"　○按西平王李晟子名愿，曾仕至武宁节度使，与愈序中意不合，当另有一人。

镇江府城南有杨一清石淙精舍，在丁卯桥侧。一清字应宁，其先云南安宁人。公少能文，以奇童荐为翰林秀才，宪宗命内阁择师教之。年十四，举乡试，登成化八年进士。父景葬丹徒，遂家焉。李梦阳记云：石淙有虎丘之丘，曹溪之溪，螳螂之川，自昆明池来者，奔流数千里，其地崩湍激石，泠然金石之音，故云石淙。

弩名克敌　城筑受降

宋韩世忠于金人寇时，造克敌弓以当敌骑冲突。其发可至百步，其劲可穿重甲。淳熙九年，淮东总领朱佺言：“镇江一军乃世忠部曲，诸军计弩手八千八百四十二人，人合用两弓，一弓一日上教，一弓备出战，合用弓万七千六百八十有四。往岁调发，不免损失，乞下镇江都统司足其额。”

受降城在山西大同府西北。　○《李陵传》：“诏抵受降城休士。”注：“受降城本公孙敖所筑。休，息也。”《一统志》：中东西三城皆唐朔方总管张仁愿所筑，仁愿请乘虚取漠北地，于河北筑三受降城，当虏南寇路，斥地三百余里。至此，突厥不敢逾山牧马。　○仁愿华州下邽人，封韩国公。

韦曲杜曲　梦窗草窗

西安府南有韦曲，地近樊川，唐韦安石别业，擅林泉花竹之胜，贵家园亭，侯王别墅，多萃于此。　○《三秦记》：韦曲在皇子陂之西。又有杜曲，唐杜岐公佑致仕，与昆仲时贤游纵其间。杜固谓之南杜，杜曲谓之北杜。韦、杜二氏俱显仕，时人语云：“城南韦、杜，去天尺五。”

南宋吴文英，字君特，四明人。从吴毅夫游，工词，有《梦窗甲乙丙丁稿》四卷。尹惟晓云：“求词于吾宋，前有清真（周邦彦也），后有梦窗，此非予之言，四海之公言也。”○又周密，字公谨，济南人。侨居吴兴，自号弁阳啸翁，又号萧斋。精于词，有《草窗词》二卷，一名《蘋洲渔笛谱》。○宋儒周茂叔斋前草不除，曰：“与自家生意一般。”

灵征刍狗　诗祸花龙

明陈士元著《梦古逸旨》有云：“梦亦觉也者，如庄子梦为蝴蝶，梁世子梦为鱼鸟是也。觉亦梦也者，如太史刍狗之梦，周宣刍狗之占是也。”注：《魏志》：周宣，字孔和。太史问宣梦见刍狗，宣曰：“得饮食。”他日又问梦见刍狗，曰：

"堕车折脚。"他日又问梦见刍狗，曰："有火灾。"太史曰："三问皆非梦，聊试君耳，何以皆验？"

明高启，字秀迪，自号青邱子，长洲人。洪武初召修《元史》，擢户部侍郎。工诗。以题宫女图触高帝之怒，藉坐魏观事伏法，年三十九。诗云："女奴扶醉踏苍苔，明月西园侍宴回。小犬隔花空吠影，夜深宫静有谁来。"又御史张尚礼作宫怨诗，帝以其能摹写宫闱心事，下蚕室死。 ○魏观筑台，启上作梁文。

嘉贞丝幔　鲁直彩缸

唐郭元振美丰姿，宰相张嘉贞欲纳为婿，曰："吾有五女，命各持一丝于幕后，子牵之，得者为妇。"元振牵一红丝，得第三女，贤而色美。元振后拜相。 ○武后索元振所为文章，上《宝剑篇》。 ○又李林甫有六女，于堂壁开一横窗，蒙以绛纱，凡子弟进谒者，令女于窗下自选，号选婿窗。

宋黄鲁直之子求婚于苏迈之女，纳吉时以红彩缠其缸。○婚姻有六礼，一曰纳采，二曰问名，三曰纳吉，四曰纳征，五曰请期，六曰亲迎。 ○苏迈，东坡长子。

四　支

王良策马　傅说骑箕

汉中有四星曰天驷，旁一星曰王良。《步天歌》云："五个吐花王良星，良星近上一策名。"《黄帝占》曰："四马参差不列行，则天下安；四马齐行，王良举策，则不安，天子自临兵。”《史记》云：“王良策马，车骑满野。”　〇汉王良，字仲子，王莽累辟不应。

《庄子·大宗师》篇：“傅说得之，以相武丁，奄有天下，乘东维、骑箕尾而比于列星。”得之指道言。今箕尾间有傅说一星，主祀章，为后宫祀神明，保子孙。明大则王者多子孙，亡则社稷无主，入尾则天下诅咒。庄周盖取此以相比，非真谓说能上升也。　〇说，音悦。

伏羲画卦　宣父删诗

伏羲，风姓，号太昊，一号春皇。时黄河龙马浮出，背旋成图，具阴阳奇偶之数，帝见法之，画成八卦：乾一、兑二、离三、震四、巽五、坎六、艮七、坤八，是谓之先天。其后文王、周公、孔子相继而成《易》。　〇马八尺以上曰龙。羲，音希。奇，音基。

至圣孔子，哀公诔为尼父，西汉褒谥成宣，又加称至圣文宣王。周流四方，道不行，退而归鲁，古诗三千余篇，删为三百十一篇，以授子夏为之序。至秦汉之际，复亡其六。〇父，音甫。

高逢白帝　禹梦玄彝

汉高祖微时被酒，夜经泽中，有大蛇当道，高祖拔剑斩之。后人来至蛇所，有老妪夜哭曰：“吾子白帝子也，化为蛇当道，今赤帝子斩之。”妪忽不见。后人以告高祖，心独喜，自负，从者日众，推戴益隆。

禹治水至衡山，血白马以祭。梦有赤绣文男子称玄彝苍水使者，曰：“欲得我简书，斋于黄帝之宫。”禹斋三日，果得金简玉牒，因知治水之要。或云得于岣嵝峰，或云得于宛委，今岣嵝有神禹碑，皆科斗文字，未究孰是。　〇岣嵝即衡山。宛委，山名，在会稽。

寅陈七策　光进五规

宋高宗时，起居郎胡寅进七策：一、罢和议而修战略。二、置行台。三、务实效。四、起天下之兵。五、都荆襄。六、选宗室。七、存纪纲。吕颐浩为平章兼江淮宣抚，恶其切直，罢之于外。　○寅字明仲，称致堂先生。

宋司马光，仁宗朝知谏院，上三札，又进五规，曰保业，惜时，远谋，谨微，务实。帝嘉纳之。　○宋人奏事，非表非状者，谓之札子。又淳熙中侍读郑丙取“五规”以进。

鲁恭三异　杨震四知

后汉鲁恭，字仲康。为中牟令，邻邑苦蝗，独不犯恭界。河南尹袁安遣掾肥亲廉之，与恭息桑阴，有雉过儿童旁，掾曰：“何不捕之？”童曰：“雉方将雏。”掾辞恭曰：“虫不入境，化及禽兽，童子有仁心，三异也。”还，白安表荐为大司徒。　○掾，音砚，官属。肥亲，掾姓名。　○孟昶《戒石铭》：“政存三异。”

汉杨震，字伯起。迁东莱太守，道经昌邑，所举荆州茂才王密为邑令，夜怀金献之。震曰：“故人知君，君不知故人，何也？”密曰：“暮夜无知者。”震曰：“天知，地知，子知，我知。何谓无知？”密惭而退。又尝为涿州守，公廉不受私谒。或劝其置产以遗子孙，震曰：“使后世为清白吏子孙，所遗不已多乎！”子名秉，字叔节，即世称“三不惑”者。

邓攸弃子　郭巨埋儿

晋邓攸，字伯道。为尚书。尝因石勒之乱，弃其己子系之树，特负其侄而逃。及过江，纳一妾，甚宠，询其家属，即攸甥也。遂感恨，不复畜妾，后竟无子。谢太傅哀之，曰："天道无知，使伯道无儿。"　○石勒，五胡之一。

汉郭巨，字文举，林县人。家贫不能供母，每食母，儿必分甘。夫妇欲埋其儿，谓子可再有，母不可复得。掘土三尺余，忽见黄金一釜，上有丹书曰："天赐孝子郭巨，官不得夺，人不得取。"　○一云巨将卖儿，妻不敢违，一日偶掘坑得此金。

公瑜嫁婢　处道还姬

宋钟离瑾，字公瑜，合肥人。知德化县，将嫁女，市婢，乃前令女，遂与己女同嫁。夜梦绿衣丈夫谢曰："请命于帝奉十郡太守世禄于君子孙。"即前令也。

杨素，字处道。陈乐昌公主，徐德言妻也。陈乱，夫妇相诀，破一镜，各执其半，约他日以正月望日卖于都市。及陈亡，公主为越公杨素家姬。德言流离至京，遇上元，公主令苍头赍半照，高大其价，德言引至寓，出半照合之，乃题诗曰："照与人俱去，照归人不归。无复姮娥影，空留明月辉。"素知之，即召德言还其妻，厚遗之。

允诛董卓　玠杀王夔

汉王允，字子师。有才略，郭林宗见而异之，曰："王生一日千里，王佐才也。"献帝朝为司徒，忿董卓专恣，乃潜结卓将吕布，定计诛之，弃其尸于市，守尸吏燃灯卓脐，光明达曙者三日。

宋余玠为四川宣谕司，利司都统王夔，素残悍，不受节度，蜀人苦之。玠至嘉定，夔帅所部迎谒，玠徐徐命吏以次班赏，而密与亲将杨成计，僭以成代领其众，招夔计事，至即斩之。

石虔趫捷　朱亥雄奇

晋桓石虔，趫捷绝伦。从父豁猎围中，见猛兽被箭而伏，诸将素知其勇，戏令拔箭。虔往拔之，得一箭，猛虎跳，虔亦跳，高于虎身。虎又伏，虔复拔一箭以归。从桓温入关，威镇敌人。桓冲被苻坚所围，垂没，石虔跃马赴之，救冲于数万众之中。时有病疟者，云“石虔来”以怖之，辄愈。○石虔，小字镇恶。

周朱亥，大梁人，勇侠，隐于屠肆。侯嬴荐之魏公子无忌，使奉璧谢秦，秦王怒，使置之虎圈，亥发上冲冠，瞋目视虎，虎不敢动，遂以礼遣。复使亥袖四十斤铁椎击杀晋鄙，夺其兵，遂退秦存赵。　○晋鄙，魏将姓名。

平叔傅粉　弘治凝脂

季汉何晏，字平叔，南阳人。善谈老庄，官吏部尚书。美姿仪，面至白，魏明帝疑其傅粉，正值夏月，与以热汤饼，既啖，大汗出，以朱衣自拭，色转皎然。

晋杜乂，字弘治。其肤清绝，王右军见之，叹曰：“面如凝脂，眼如点漆，神仙中人也。”有称王长史形者，蔡子尼曰：“恨诸人不见杜弘治耳。”　○王长史，名仲祖。○《江左名士传》曰：杜弘治清标令上，为后来之美。

伯俞泣杖　墨翟悲丝

汉韩伯俞性至孝，尝有过，母笞之，泣。母曰：“从前数杖汝弗泣；今泣，何也?”俞对曰：“往者杖尝痛，知母康健；今杖不痛，知母力衰，是以悲泣。”　○笞，音鸱。俞一作瑜，陈思王《灵芝篇》曰：“伯瑜年七十，彩衣以娱亲。”

墨翟，战国时宋人，著书十篇，号为墨子。时见有染丝者，悲叹曰："染于苍则苍，染于黄则黄，五入则为五色，不可不慎也。非独染丝，治国亦然。"　○《文心雕龙》："才有天资，学慎始习。斫梓染丝，功在初化。"

能文曹植　善辩张仪

季汉魏曹植，字子建，曹操第三子。十岁善属文，才敏七步。操尝疑其倩人，植曰："出言为论，下笔成文，固当面试，奈何倩人。"当时目为绣虎。谢灵运尝言："天下才共一石，子建独得八斗。"封陈王，谥曰思。　○又唐柳公权从幸未央宫，帝驻辇曰："朕有一喜，当贺我以诗。"乃应声成文，上曰："子建七步，尔乃三焉。"

张仪，战国时魏人。与苏秦同师鬼谷。尝从楚相饮，诬以盗璧，击之遍体。归问其妻曰："视我舌在否？"曰："在。"曰："舌在足矣！"善辩，因连衡六国，使皆割地事秦。为秦、魏二国相，封武信君。　○鬼谷子，王诩也。

温公警枕　董子下帷

宋司马光，字君实，夏县人。哲宗朝为相，封温国公，一室萧然，图书盈几。尝喜读书，恐其熟睡，乃以圆木为枕，小睡则枕攲而觉，乃起更读。　○按唐钱武肃王镠在军中尝为警枕，温公或法之欤。

汉董仲舒，广川人。少治《春秋》，勤于嗜学，乃下帷讲诵，三年目不窥园圃。后举贤良，廷对"天人三策"，谓不在六艺之科孔子之术者，宜绝勿进，凡治申、韩、苏、张之说者，宜罢之。为江都相，又以正谊明道之言折易王"越有三仁"之问。程子称其度越诸子，为汉醇儒。　○易王，汉武帝兄，封江都。

会书张旭　善画王维

唐张旭，字伯高。善草书，性嗜酒，每大醉，呼叫狂走，乃下笔，或以发濡墨而书，既醒自视，以为入神。初为常熟尉，有老人陈牒求判，信宿又至，旭责之，曰："观公笔奇妙，欲以藏家耳。"因出其父书，天下奇笔也，旭自是尽得其法。又尝见公主担夫争道而得笔法，观公孙大娘舞《剑器》，更得其神，人称草圣。　○舞《剑器》，空手舞也。

唐王维，字摩诘。开元九年进士第一，画思入神。有别墅在辋川，与裴迪时游其中，因为画图，极臻其妙。苏子瞻曰："味摩诘之诗，诗中有画；观摩诘之画，画中有诗。"○秦太虚观辋川图，便却疾。墅，音竖。

周兄无慧　济叔不痴

晋悼公，名周。鲁成公十八年春正月，栾书、中行偃使程滑弑厉公，以车一乘，使荀罃士鲂逆周于京师，立之。生十四年矣。大夫逆于清源，庚午盟而入，辛巳朝于武宫，逐不臣者七人。周有兄而无慧，不能辨菽麦，故不可立。

晋王湛，字处冲，雅抱隐德，遂负痴名。兄子济往省，略无子侄敬。忽见床头有《易》，讶之，与谈，湛为剖析入微。又与乘马驰骋，步骤不异于济。济叹曰："家有名士，三十年而不知。"先是武帝尝调济："卿家痴叔死未?"至是济应曰："臣叔不痴。"为道其美，帝问谁比，曰："山涛以下，魏舒以上。"于是显名，年三十八始宦。

杜畿国士　郭泰人师

季汉杜畿自荆州还，至许见侍中耿纪，语终夜。尚书令荀彧与纪比屋，夜闻畿言，异之，旦遣人谓纪曰："有国士而不进，何以居位？”既见畿，如旧相识，遂进之于朝。

汉郭泰，字林宗，介休人。魏昭童子时，求入事泰，供给洒扫。泰曰：“当精义讲书，何来相近？”昭曰：“经师易获，人师难遭。欲以素丝之质，附近朱蓝。”于时泰名显，士争归之，载刺常盈车。又于梁陈间行遇雨，巾一角折，时人乃故折巾一角，以为“林宗巾”。

伊川传易　觉范论诗

宋程颐尝游成都，见治篾箍桶者挟册，就视之，则“易”也。篾者问曰：“若尝学此乎？”因论未济卦，知三阳失位为男穷之义。颐后谓袁滋曰：“‘易’学在蜀矣。”又尝见卖酱薛翁，与语，大有得，盖篾叟、酱翁皆蜀之隐君子也。　○按袁滋一作袁溉，字道洁，其学得于富顺监卖香薛翁。

宋彭觉范为僧，善诗。有弟名超然，为人谨厚，亦善论诗，极有风味。尝曰：“诗贵得于天趣。”觉范曰：“何以识其天趣？”曰：“能知萧何所以识韩信，则天趣可识矣。”觉范竟不能屈。

董昭救蚁　毛宝放龟

汉董昭之，字公仁。渡钱塘，见短芦浮一巨蚁，甚遑遽，因引芦至岸，蚁得济。夜梦乌衣人谢曰：“仆蚁王也，感君济溺，君后倘有急难，当告。”后昭之被盗诬系余杭狱，忽忆梦，同禁者令取一二蚁置掌中，语之。昭之如其言，果复梦乌衣曰：“可急投山中。”既寤，众蚁啮械穴狱，因得出，投山中，遇赦免。　○啮，音孽。

晋毛宝，字硕真。年十二，见渔人吊得一白龟，宝赎放之。后守邾城，与石虎战败投江，足蹑一物，得至岸，回视之，则向所放龟也，昂首摇尾而去。　○按《晋书》，放龟乃宝之军士事。

乘风宗悫　立雪杨时

南北朝宗悫，字元幹，南阳人。炳之从子。少时，叔父问所志，答曰："愿乘长风破万里浪。"仕刘宋为豫州太守，曰："得一州如斗大，何足展吾志。"后为振武将军，伐林邑，克之。珍宝山积，秋毫不染，归惟枕被而已。后封洮阳侯。○悫，音却。

宋杨时，字中立，南剑将乐人。潜心经史，第进士，调官不赴，以师礼见程颢于颍昌，相得甚欢。及归，颢目送之曰："吾道南矣。"颢卒，又从程颐于洛，时年已四十。事颐愈恭。一日，颐偶瞑坐，时与游酢侍立不去，颐既觉，门外雪深一尺矣。杜门不仕者十年，久之，历知浏阳、余杭、萧山三县，皆有惠政。　○游，字定夫。

阮籍青眼　马良白眉

晋阮籍，字嗣宗。丰仪瑰杰，神气宏放，当其得意，忽忘形骸。属天下多故，名士少有全者，遂甘饮自适。能为青白眼，见俗客则以白眼对。尝居丧，嵇喜往吊，籍作白眼，喜不怿。喜弟康闻之，扶琴赍酒造焉，籍乃大悦，见青眼。

季汉马良，字季常，襄阳宜城人。五兄弟并以才著，良眉际有白毫，里人称之曰："马氏五常，白眉最良。"昭烈领荆州，辟为从事，即位，以为侍中，及征吴遣入武陵招纳五溪蛮，皆受印号。　○季常外有伯常、仲常、次常、幼常。

韩子孤愤　梁鸿五噫

韩非，韩之诸公子也。与李斯共事荀卿，善刑名法律之学，作《说难》《孤愤》《五蠹》《说林》十余万言，秦王尝手其书读之，叹曰："朕得与此人游，死不恨矣。"韩纳地称藩于秦，使非往聘，始皇悦之。未及用，李斯即谮之，下吏自杀。　〇《说难》之“说”，音税。

汉梁鸿，字伯鸾。家贫尚节操，因东出关，过京，作《五噫歌》，肃宗求之，鸿乃变姓名为运期耀，字侯光，隐于齐鲁间。后与其妻孟光适吴，依皋伯通，居庑下，为人赁舂。妻具食，必举案齐眉。伯通异之，曰：“彼佣能使其妻相敬如此，非凡人也。”乃舍之于家。死葬要离冢旁，妻子归扶风。〇案古椀字要离，吴烈士。噫，音依。

钱昆嗜蟹　崔谌乞麋

宋钱昆，字裕之。初，惩藩镇之弊，置通判以贰州事，故常与守争权，曰“朝廷使我监汝”。昆性嗜蟹，为少卿求补郡，人问所欲，昆曰：“但得有螃蟹无通判处，则可矣。”东坡诗有云：“欲问君王乞符竹，但忧无蟹有监州。”宋人诗文喜用本朝故事。

北齐西河守崔谌恃弟暹势，从李绘乞麋角鸽羽，绘答书曰：“鸽有六羽，飞则冲天；麋有四足，走便入海。下官手足迟钝，不能逐追飞走，以事佞人。”　〇谌，音忱。暹，音先。绘时拜高阳内史。

隐之卖犬　井伯烹雌

晋吴隐之，字处默，濮州人。性至孝，将嫁女，谢石知其贫素，移厨帐助其经营。使者至，见其婢方牵犬卖之，此外萧然无办，其时为谢石主簿也。　〇又宋胡铨嫁女，惟《汉书》一部，匣一砚。又汉戴叔鸾嫁女，惟贤是与，不问贵贱，五女并贤，皆练裳竹笥木履以遣之。

周百里奚，字井伯。家贫，出游不返，其妻无以自给，乃西入秦，为浣妇，遂与相失。后奚为秦相，妻知之，未敢言。一日，奚坐堂上作乐，所赁浣妇自言知音，因援琴而歌者三：其一曰："百里奚，五羊皮。忆别时，烹伏雌，炊扊扅，今日富贵忘我为?"问之，乃故妻也，遂还为夫妇。○扊音掩，扅音移，门杨也。

枚皋敏捷　司马淹迟

汉枚皋，字少孺，乘子，淮阴人。武帝时，年十七，上书梁共王，拜为郎。好诙谐，喜赋颂，又极敏捷，时以比东方朔。扬雄曰："军旅之际，戎马之间，飞书驰檄，则用枚皋。"○乘字叔，景帝朝拜宏农都尉。

汉司马相如，武帝朝以词赋得幸。为文首尾温丽，但构思淹迟。其为《上林》《子虚赋》，控引天地，错综古今，忽然而睡，涣然而兴，几百日而后成。扬雄曰："庙廊之下，朝廷之上，高文典册，则用相如。"　○梁武帝手敕答张率曰："相如工而不敏，枚皋敏而不工，卿可谓兼二子于金马矣。"

祖莹称圣　潘岳诚奇

南北朝祖莹，字元珍。八岁能通《诗》《书》，夜读藏火，恐为家人所觉，时号为"圣小儿"。及长，与陈郡袁翻齐名，时人语曰："京师楚楚袁与祖，洛中翩翩祖与袁。"仕魏为秘书监。尝曰："文章须自出机杼，成一家风骨，何得与人同生活也。"　○又张堪、任延、杜育、孙思邈俱称圣童。

晋潘岳，字安仁，中牟人。才名冠世，藻思如江濯锦绮而增绚。美姿容，少时挟琴弹出洛阳道，妇人皆投以果，满车而归，乡邑号为奇童。尝为河阳令，满县种桃李，人称河阳满县花。累官太常卿，封安昌侯。○又李泌、严武，俱称神童。

紫芝眉宇　思曼风姿

唐元德秀，字紫芝。天宝中，任鲁山令，天下重其行，称曰“元鲁山”。后隐居陆浑山中，不为墙垣扃钥，岁饥，日或不食，以琴酒自娱。房琯曰：“见紫芝眉宇，使人名利之心都尽。”苏元明亦曰：“不幸仆生于衰俗，所不耻者，识元紫芝也。”及卒，家惟杖屦箪瓢而已。

南北朝张绪，字思曼。风姿清雅，宋明帝朝为侍中令。齐武帝时，刘峻为益州刺史，献蜀柳枝条甚长，状如丝缕。武帝植之于太昌灵和殿前，尝玩之，叹曰：“此柳风流可爱，似张绪当年。”时绪吐纳风流，听者皆忘饥疲，见者肃然如在宗庙。　○曼，音万。

毓会窃饮　谌纪成糜

季汉钟毓、钟会，钟繇子。小时值父昼寝，因共偷服药酒。其父已觉，姑托寐以观之。毓拜而后饮，会饮而不拜。既而问毓何以拜？曰：“酒以成礼，不敢不拜。”问会何以不拜？曰：“偷本非礼，所以不拜。”　○又孔文举儿大者六岁，小者五岁，小者盗饮，大者问之，答与会同。

汉太邱长陈寔二子纪、谌，与父并著高名，时号三君。有客诣之，谈锋甚敏，二子时尚少，令炊饭。问何迟留？纪跪曰：“君与客语，儿辈窃听，炊忘著箪，今皆成糜。”太邱曰：“汝颇有所识否？”二子跪述，言无遗失。太邱曰：“如此但糜自可，何必饭？”　○识，音志。著，读酌。

韩康卖药　周术茹芝

汉韩伯休，名康，霸陵人。家世著姓，卖药长安市，口不二价，三十余年。时有女子买药，康守价不二，女子怒曰：

"公是韩伯休耶？乃不二价。"康叹曰："我本避名，今女子皆知，何用药为！"遂隐霸陵山中，连征不起，桓帝以玄纁安车聘，中道遁去。

汉周术，字元道，四皓之一，号角里先生，一号霸上先生。今太湖洞庭山有角里村，是其故居。尝作采芝歌云："莫莫高山，深谷逶迤。晔晔紫芝，可以疗饥。唐虞世远，吾将何归？驷马高盖，其忧甚大。富贵之畏人兮，莫如贫贱之肆志。"　〇角，音禄，俗作角。

刘公殿虎　庄子涂龟

宋刘安世官台谏，欲直言，因白其母，母曰："谏官为天子诤臣，汝父欲为之而弗得，汝当捐身报主，勿以母老为虑。"安世因知无不言，言无不尽。至雷霆之怒，则执简却立，少霁复前，或至四五，观者皆汗蹜竦听，目之曰"殿上虎"。尝曰："吾欲为元祐全人，见司马公于地下也。"世号元城先生。

《南华·秋水》篇：庄子钓于濮水，楚王使大夫二人往见焉，曰："愿以境内累君矣。"庄子持竿不顾，曰："吾闻楚有神龟，死已三千岁矣，王巾笥而藏之庙堂之上，此龟者，宁其死为留骨而贵乎？宁其生而曳尾于涂中乎？"二大夫曰："宁生而曳尾于涂中。"庄子曰："往矣，吾将曳尾于涂中。"〇曳，音异。

唐举善相　扁鹊名医

周蔡泽从唐举相，举笑曰："圣人不相，殆先生乎？"泽知戏己，乃曰："富贵吾所自有，所不知者寿耳。"举曰："今以往可四十三岁。"泽曰："持粱刺肥，怀黄金印，富贵四十三岁足矣。"后果为秦相。

周扁鹊，姓扁名缓，一云姓秦，名扁鹊，字越人。魏文侯问曰："子兄弟三人，孰最？"曰："长兄于病，视神未有形而除之，名不出于家；仲兄治病，其在毫毛，名不出闾；若扁鹊镵血脉，投毒药，敷肌肤间，而名闻于诸侯。"

韩琦焚疏　贾岛祭诗

宋韩琦年二十登进士第一，唱名终，太史奏日下五色云见。累官至宰相。为谏官三年，所存疏稿，欲敛而焚之，效古人谨密之义；但恐无以彰从谏之美，乃集七十余章，曰《谏垣存稿》，自序大略，谓谏主于理胜而以至诚将之。○陈群、皇甫嵩、荀彧、羊祜、田锡、马周皆自焚谏章。

唐贾岛，字浪仙，范阳人。善诗，宣宗尝微行至法乾寺，闻钟楼上有吟声，取其诗卷览之，岛夺取其卷曰："郎君向会此耶？"宣宗去，赐御札，除长江主簿。后寓于溟，乞诗者无虚日，每岁除夕，检一年所作，祭以酒脯，曰："劳吾精神，以是补之。"

康侯训侄　良弼课儿

宋胡安国，字康侯。弟之子寅，少桀黠难制。安国闭之空阁一年，上有杂木，寅尽刻为人物。安国乃置书千卷于上，年余，寅悉成诵，遂登进士，累迁起居郎。

宋余良弼勤于课子，尝为诗曰："白发无凭吾老矣，青春不再汝知乎？年将弱冠非童子，学不成名岂丈夫！幸有明窗兼净几，何劳凿壁与编蒲。功成欲自殊头角，记取韩公训阿符。"　○阿符，韩昶小字，愈子。

颜狂莫及　山器难知

南北朝颜廷之，文章冠世，与谢灵运齐名。宋文帝尝召，不见，但于酒店狂歌，了不应对。他日醉醒，乃见。帝问其诸子才能，对曰："竣得臣笔，测得臣文，㚖得臣义，曜得臣酒。"何尚之曰："谁得卿狂？"曰："其狂不可及。"性烈直，所言无忌讳，论者谓之颜彪。 〇竣音铨，㚖音绰。

晋山涛器量不群，羊祜与武帝谋伐吴，涛曰："自非圣人，外宁必有内忧，释吴以为外惧，岂非算乎？"人服其远识。王戎目之曰："璞玉浑金，人皆钦其宝，莫能名其器。"

懒残煨芋　李泌烧梨

唐高僧明瓒，号懒残，隐居衡山石窟中。尝作歌曰："世事悠悠，不如山丘。卧藤萝下，块石枕头。"德宗闻其名，召之，使者至其窟，宣言天子有诏，尊者幸起谢恩。瓒方拨牛粪火煨芋食之，寒涕垂膺，不答，使者笑之，劝其拭涕。瓒曰："我岂有工夫为俗人拭泪耶？"竟不能致，德宗钦叹之。

唐肃宗夜坐，三弟颍王等及李泌皆与。泌方绝粒，上自烧梨赐之，王等请联诗为他年故事。颍王曰："先生年几许，颜色如童儿。"信王曰："夜抱九仙骨，朝披一品衣。"汴王曰："不食千钟粟，惟餐两颗梨。"上曰："天生此间气，助我化无为。" 〇泌，小字顺。

千椹杨沛　焦饭陈遗

季汉杨沛，除新郑长。课民蓄桑椹豋豆，积得千余斛。魏武为兖州刺史，西迎天子，所将千余人皆无粮。过新郑，沛乃进椹豆，操大喜，后令邺，赐生口十人、绢百匹以报之。 〇豋音劳，野豆也。

晋陈遗，吴郡人。母好食铛底焦饭，遗作郡主簿，每煮食，辄贮之，归以奉母。后值孙恩乱，吴郡府君袁嵩即日起兵，遗复聚得数斗，遂带以从军。及战败。逃走山泽，众多饿死，遗独以焦饭活，人以为纯孝之报，后举孝廉。

文舒戒子　安石求师

季汉王昶，字文舒。性谨厚，名其兄子曰默，曰沉；名其子曰浑，曰深，曰沦，曰湛。为书戒之曰："吾以数者为名，欲使汝曹顾名思义，不敢违越也。夫物速成则疾亡，晚就则善终。能屈以为伸，让以为德，弱以为强，鲜不遂矣。人或毁己，当退而求之于身。谚曰：救寒莫于重裘，止谤莫于自修。斯言信矣。"司马懿荐其才德兼备。

宋王安石教元泽求馆宾须博学善士。或曰："发蒙何必尔？"公曰："先入者为主。"见《晁氏客话》。　〇元泽，安石子，王雱字。　〇荀子："人无师法则隆情矣，有师法则隆性矣。"又周子云："师道立则善人多。"

防年末减　严武称奇

汉景时，防年因继母陈杀其父，遂杀陈，廷尉以大逆谳。帝疑之，武帝年十二，侍侧，对曰："继母如母，缘父之故。今继母杀其父，下手之时，母道绝矣，是父仇也，不宜以大逆论。"帝从之。　〇汉又有防广为父报仇事。

唐严武，字季鹰，挺之子。母裴氏，不为挺之所容，独厚其妾玄英。时武八岁，袖铁锤就英寝，碎其首。左右惊白，托言小郎戏。武曰："安有大朝人士厚其侍妾，困辱儿之母乎？儿故杀之，非戏。"挺之奇之，曰："真严挺之儿。"天宝中为剑南节度使，最厚杜甫，甫尝登武床，睨之曰："严挺之乃有此儿。"　〇挺之名浚。

邓云艾艾　周曰期期

季汉邓艾，字士载。少有大志，每见高山大泽，辄规度军营处所。仕魏，封邓侯。景元中，大举伐蜀，艾督军自阴平道以毡自裹，推转而下。蜀平，诏以艾为太尉。艾捷于应对，然口吃，语称“艾艾”。晋文帝戏之曰：“卿云艾艾，定是几艾？”对曰：“凤兮，凤兮，故是一凤。” ○吃，音吉。

汉周昌强力敢言，高祖欲易太子，昌廷诤之，上问其说，昌为人口吃，盛怒曰：“臣口不能言，然期期知其不可。陛下欲易太子，臣期期不奉诏。”上欣然而笑，太子始定。 ○宋刘贡父戏王汾口吃，赞曰：“恐是昌家，又疑非类；未闻雄名，只有艾气。” ○按扬雄、韩非皆口吃。

周师猿鹄　梁相鹓鸱

《抱朴子》曰：周穆王南征，一军尽化，君子为猿为鹄，小人为虫为沙。 ○鹄，一作鹤；虫，一作泥。 ○葛洪著书名为《抱朴子》。又《左传》：郑翩愿为鹤，其御愿为鹅，此以阵言。

惠子相梁，庄子往见之。或谓惠子曰：“庄子来，欲代子相。”于是惠子恐，搜于国中三日三夜。庄子往见之，曰：“南方有鸟，其名鹓雏，子知之乎？夫鹓雏发于南海而飞于北海，非梧桐不止，非练实不食，非醴泉不饮。于是鸱得腐鼠，鹓雏过之，仰而视之曰：吓！今子欲以子之梁国而吓我耶？” ○吓，音罅。鹓，音渊。鸱，音笞。

临洮大汉　琼崖小儿

始皇二十六年，有大人长五丈，足履六尺，皆夷服，凡十二，见于临洮。天戒若曰：勿大为夷狄之行，将受其祸。是岁始皇初并六国，反喜以为瑞，销天下兵器，铸为金人十二以象之。各重二十四万斤，立阿房殿前，名翁仲。后董卓销其十，苻坚销其二。一云翁仲姓阮，长二丈三尺，始皇时拜临洮太守，威震匈奴，后铸像。

宋太平兴国中，李守忠为承旨，奉使至琼州，遇扬避举，邀至其家。其诸父皆年一百二十余岁，其祖宋卿年一百九十五。次见梁上鸡窠中，一小儿出头下视，宋卿曰：“此吾前代祖也，不语不食，不知其年，朔望取下，子孙列拜而已。”见钱易《洞微志》，并东坡诗。扬一作杨。

东阳巧对　汝锡奇诗

明李东阳，号西崖，长沙人。举神童，入朝不能逾门限，帝曰：“神童足短。”应曰：“天子门高。”帝置诸膝，其父伏丹陛，帝曰：“子坐父立，礼乎?”曰：“嫂溺叔援，权也。”帝又出句曰：“螃蟹浑身甲胄。”对曰：“蜘蛛满腹经纶。”后入相。

宋陈汝锡，青田人。幼颖悟，或以其诗一联示黄庭坚，曰“闲愁莫浪遣，留为痛饮资”，黄击节称赏曰：“我辈人也。”绍圣四年，由太学入进士第，邑之登第，自汝锡始。所著有《鹤溪集》。

启期三乐　藏用五知

周荣启期，不知何许人。鹿裘带索，鼓琴而歌。孔子游泰山，见而问曰：“先生何乐也?”曰：“吾乐甚多：天生万物，人为贵，吾得为人，一乐也；男女之别，男尊女卑，吾得为男，二乐也；人生有不见日月不免襁褓者，吾行年九十矣，三乐也；贫者士之常，死者人之终，居常以待终，何不乐也?”　○乐，音洛。

宋李若拙，字藏用，西安人。奇伟尚气节，历两浙运使，因以浮沉许久，作《五知先生传》，谓知时、知难、知命、知退、知足也。

堕甑叔达　发瓮钟离

汉孟敏，字叔达。性刚直有剖决。尝客居太原，荷甑堕地，不顾而去。郭泰见而问之，敏曰："甑已破矣，视之何益?"泰奇之，因劝令学，卒以成业，三公征辟并不屈。○堕，音惰。甑，增去声。

汉钟离意为鲁相，出私钱万三千付户曹孔䜣修孔子庙。有张伯除堂下草，得玉璧七枚。怀其一，以六枚白意。堂下有悬瓮，意召问䜣，答曰："夫子瓮也，背有丹书。"意发之，文曰："后世修吾书，广川董仲舒。护吾车，拭吾履，发吾笥，会稽钟离意。璧有七，张伯怀其一。"意即问伯，果服。○䜣，音银。

一钱诛吏　半臂怜姬

宋张咏知崇阳县，一吏自库中出，视其鬓，傍有一钱，诘之，库钱也。咏命杖之，吏勃然曰："一钱何足道，尔能杖我，不能斩我也。"咏援笔判云："一日一钱，千日千钱，绳锯木断，水滴石穿。"自杖剑下阶，斩其首，申府自劾。公自号乖崖，像赞云："乖则违俗，崖则绝物。乖崖之名，聊以表德。"

宋宋祁，字子京，多内宠。尝宴于锦江，微寒，令取半臂。诸姬各进一枚，凡十余枚皆至。子京视之茫然，恐有厚薄之嫌，竟不敢服，忍冻而归。○房太尉家法：不着半臂名义。考古者有半臂，谓在手臂，如今搭护。

王胡索食　罗友乞祠

晋王胡之，字修龄，尝在东山，甚贫乏。陶胡奴为乌程令，送米一船遗之，却不肯取，直答云："王修龄若饥，当就谢仁祖索食，不须陶胡奴米。”　○胡奴名范，士行子。仁祖，谢尚也。

晋罗友少好学，性嗜酒。当其不遇，不择士庶。又好伺人祠，往求余食；或早，遂隐门侧，至晓得食乃还。虽复营署墟肆，不以为羞。桓温尝责之云：“君大不逮，须食何不就身求？”友傲然不屑，答曰：“就公乞食，今乃可得，明日已复无。”温大笑，后表为襄阳太守，累迁广、益二州刺史。

召父杜母　雍友杨师

汉召信臣，字翁卿，寿春人。为上蔡长，视民如子，后为南阳太守，为民兴利，教化大行，号“召父”。诏赐黄金四十斤，迁河南太守，官至九卿。　○杜诗，字君公。初为郡功曹，以公平称。光武知其才，拜成皋令，迁南阳太守。诛暴立威，爱民罢役，造作水排，铸为农器，百姓便之。以方信臣，号“杜母”。及卒，贫困无田宅，诏使治丧。

宋张浚试吏兴元间，问杨用中曰：“公尝往来梁洋，其人士有从游者乎？”曰：“杨冲远可以为师，雍退翁可以为友。”○杨冲远，兴元人；雍冲，字退翁，洋州人。　○汉李元礼尝叹荀淑、钟皓曰：“荀君清识难尚，钟君至德可师。”

直言解发　京兆画眉

唐贾直言，代宗时代父饮鸩，立死复苏，与父俱流南海。行时与妻董氏诀曰：“生死不可期，吾去汝亟嫁。”董不答，引绳束发，封以帛，曰：“非君手不解。”直言居南海二十年乃还，置帛依然。　○鸩，朕去声，毒鸟也。以其毛沥酒饮之，则杀人。

汉张敞，字子高。为京兆尹，赏罚分明，豪强屏迹。尝为妇画眉，有司奏闻，上问之，对曰：“闺房之事，更有过于此者。”上不之责。后坐杨恽党，免官，京兆枹鼓数起，复拜为冀州刺史。　○枹，音浮，击鼓槌也。

美姬工笛　老婢吹篪

石崇有妓女绿珠，美而工笛，孙秀求之不得。其弟子宋祎，有国色，亦善笛。后在晋明帝宫，帝有疾，群臣进谏，请出宋祎，帝曰：“卿诸人谁欲得者？”阮遥集时为吏部尚书，对曰：“愿以赐臣。”即遣出与之。　○祎，音衣。

河间王琛有婢朝云，善吹篪，能为团扇歌陇上声。琛为秦州刺史，诸羌外叛，屡讨之不下，琛令朝云假为贫妪，吹篪而乞，诸羌闻之流涕曰：“何为弃坟井在山谷为寇也？”即降秦。民曰：“快马健儿，不如老婢吹篪。”　○琛又有绿鹦鹉能和歌，号绿朝云。

五　微

敬叔受饷　吴祐遗衣

南北朝何敬叔为长城令，在政清约，不通问遗。尝岁俭，夏节至，忽榜门受饷，数日共得米二千八百石，悉取以代贫民输租。嗣后问遗，仍复不通。

汉吴祐，字季英，陈留长垣人。举孝廉，迁胶东相。政尚仁简，吏怀而不敢欺。啬夫孙性，私赋民财，市衣进父。父怒曰：“有君如是，何忍欺之。”性惧，自首伏罪。祐曰：“掾以亲故，甘受污辱之名，所谓观过斯知仁矣。”使归谢父，仍以衣遗。　○首，音兽，有咎自陈也。遗，音位。

淳于窃笑　司马微讥

周淳于髡，齐之赘婿。楚伐齐，威王使髡至赵请救，赍金百斤，车马十驷。髡仰天大笑，王曰："有说乎?"髡曰："今臣从东方来，见道傍有穰田者，操一豚蹄，酒一盂，祝曰：瓯窭满篝，污邪满车，五谷蕃熟，穰穰满家。臣见所持者狭而欲者奢，故笑之。"于是王乃益黄金千镒，白璧十双，车马百驷至赵，赵与之精兵十万，楚闻之夜遁。

唐卢藏用，字子谐。初隐终南、少室二山，时有意当世，人目为随驾隐士。武后征为左拾遗。睿宗召天台道士司马承祯，至是还山，卢指终南曰："此中大有佳处，何必天台?"承祯徐曰："以仆观之，乃仕宦之捷径耳。"藏用惭。

子房辟谷　公信采薇

汉张良，字子房。尝语人曰："吾今以三寸舌为帝者师，封万户侯，此布衣之极，于良足矣。愿弃人间事，从赤松子游耳。"遂辟谷学道。　○赤松子，神农时雨师。

伯夷叔齐，孤竹君墨胎氏之二子也。夷名允，字公信；齐名致，字公远。夷、齐其谥也。兄弟让国，弃孤竹而逃，就养西伯。及武王伐纣，叩马谏，不听，耻食周粟，遂隐于雷首之阳，相与采薇而食，寻饿而死。　○按致，一作智。远，一作达。其仲子名凭，国人立之。又其父名初，字子朝，见韩婴《诗传》。　○孤竹城在今永平府南。

卜商闻过　伯玉知非

子夏丧子，哭之失明，曾子吊之，子夏哭曰："天乎，予之无罪也。"曾子曰："商，汝何无罪也?吾与汝事夫子于洙泗之间，退而老于西河之上，使西河之民，疑汝于夫子，尔罪一也。丧尔亲，使民未有闻也。尔罪二也。丧尔子，丧尔明，尔罪三也。”子夏投杖而拜曰：“吾过矣！吾过矣！吾离群而索居，亦已久矣。”

卫大夫蘧瑗，字伯玉，《淮南子》称其行年五十而知四十九年之非。盖先者难为知，后者易为致也。　〇《庄子·则阳》篇：“伯玉行年六十而六十化。”吴公子季札聘卫，与语悦之，曰：“卫多君子，未有患也。”　〇瑗，音愿。伯玉，蘧庄子无咎之子，谥曰成子。见《吕氏春秋》高诱注。

仕治远志　伯约当归

晋谢安，初有东山之志，以屡征就桓温司马。时有饷桓公药草者，中有远志，公问谢：“此物何以又名小草？”谢未即答，时郝隆在坐，应声曰：“此甚易解。处则为远志，出则为小草。”桓公目谢而笑曰：“郝参军此言过乃不恶。”以其妙于讥谢也。　〇隆，字仕治。一云佐治，高平人。

季汉姜维，字伯约。少孤，与母居，为人喜立功名，阴养死士，不修布衣之业。因诣诸葛亮，遂与母失，久之得母书，令求当归。维曰：“良田百顷，不在一亩；但有远志，不在当归也。”盖忍于违亲者。

商安鹑服　章泣牛衣

鹑服，贫者之服也。荀子曰：“子夏之衣，悬结如鹑。”〇晋董京在洛阳，隐居白社，以残絮缕帛为衣，号百结衣。〇又南北朝刘溉守建安，任昉以诗寄溉，求一衫，溉答曰：“子衣本百结。”百结即鹑服也。　〇鹑，音纯。

汉王章，字仲卿。尝贫病卧牛衣中。泣与其妻诀，妻正言曰：“京师尊重，谁逾仲卿。今不自激昂，反涕泣，何鄙也。”后事成帝为京兆尹，虽为王凤所举，实不附。因日食，上封事过直，妻曰：“人当知足，独不念牛衣中泣涕时耶?”章不听，果罹其害。　○罹，音离。

蔡陈善谑　王葛交讥

宋蔡襄，字君谟。陈亚，字少卿。亚善诗，滑稽尤甚。尝与蔡君谟会于金山僧舍，酒酣，君谟戏题于屏间曰：“陈亚有心终是恶。”亚即索笔对曰：“蔡襄无口便成衰。”闻者绝倒。○又北齐徐之才戏王昕曰：“有言则诳，近犬则狂。加足额为马，施角尾成羊。”又戏元明曰：“在亡为虐，在丘为虚。生男则为虏，配马则为驴。”

晋诸葛令恢、王丞相导共争姓族先后，王曰：“何不言葛王，而言王葛。”令恢曰：“譬如言驴马，不言马驴，驴宁胜马耶?”　○恢，字道明，琅琊阳郡人。少有令闻，避难江左，中宗召补主簿，累迁尚书令。

陶公运甓　孟母断机

晋陶侃，字士行，为广州刺史。时在州无事，朝运百甓于斋外，暮运百甓于斋内。人问其故，曰：“吾方致力中原，过尔优逸，恐不堪事，故自劳耳。”　○《尔雅》：瓴甋谓之甓，即砖也。俗误作瓮解。

孟母姓仉氏，孟子之母。夫死，挟子以居，三迁为教。及孟子稍长，就学而归，母方织，问曰：“学何所至矣?”对曰：“自若也。”母愤因以刀断机，曰：“子之废学，犹吾之断斯机也。”孟子惧，旦夕勤学，遂成亚圣。　○仉，音掌。

六 鱼

少帝坐膝 太子牵裾

晋明帝名绍，元帝长子。数岁，坐元帝膝上，有人从长安来，帝问长安何如日远，答曰："日远，不闻人从日边来。"明日集群臣宴会，重问之，乃答曰："日近。"帝失色，曰："何故异昨日之言？"答曰："举头见日，不见长安。"

晋愍怀太子少聪慧，五岁时，宫中夜失火，武帝登楼观火，太子牵上衣裾使入暗中，上问故，对曰："暮夜仓卒，宜备非常，不宜亲近火光，令照见人主。" ○太子，武帝孙，名遹，后为贾后毒死，谥愍怀。

卫懿好鹤 鲁隐观鱼

闵公二年，狄人灭卫。卫懿公好鹤，鹤有乘轩者。将战，国人受甲者皆曰："使鹤，鹤实有禄位，余焉能战？"战于荥泽，卫师败绩，遂灭卫，杀懿公。 ○荥泽当在河北，据孔疏。苏轼曰："嗟夫！南面之君，虽清远闲放如鹤者，犹不得好，好之则亡其国。"

隐公五年，公将如棠观鱼者。臧僖伯谏曰："凡物不足以讲大事，其材不足以备器用，则君不举焉。君将纳民于轨物者也。"公曰："吾将略地焉。"遂往。陈鱼而观之，僖伯称疾不从。 ○如，往也。棠，地名。

蔡伦造纸 刘向校书

汉蔡伦，字敬仲。和帝时，官常侍，封龙亭侯。尝因古书契多编以竹简，其用缣帛谓之为纸，伦乃用树皮、麻头、敝布、鱼网等物创造为纸，天下称“蔡侯纸”，今湖广衡州耒阳县蔡子池前舂纸石臼尚存，或谓前汉皇后纪已有赫蹄纸，不始于伦。　○赫，音隙。

汉刘向，字子政，本名更生。宣帝命于天禄阁校正《五经》同异，值元宵，诸人皆出游，惟向不出。有老人衣黄，叩阍而进，吹青藜，杖端焰照之，与说开辟前事，曰：“我太乙之精，上帝闻卯金之子好学，特使下观焉。”

朱云折槛　禽息击车

汉朱云，字游。成帝朝，为槐里令，请借尚方剑斩佞臣张禹。上怒，命斩之。云攀折殿槛，呼曰：“臣得从龙逄、比干游地下，足矣。”上怒回，赦之，令勿治槛，以旌直臣。○云尝与五鹿充宗论《易》，恒辨析之，诸儒语曰：“五鹿岳岳，朱云折其角。”由是以云为博士。

周禽息事秦，荐百里奚于穆公，公不纳。公出，息以头击车阑，脑乃精出，曰：“臣生无补于国，不如死也。”公始感悟而用百里奚，秦以大化。　○阑，音孽。

耿恭拜井　郑国穿渠

汉耿恭，字伯宗。光武朝为戊己校尉，攻匈奴，引兵据疏勒城，匈奴拥绝涧水，恭穿井及十五丈，犹不得水，乃整衣冠向井再拜。顷之，水泉奔出，扬以示虏，虏以为神，围始解。　○戊己，戍所名。又霍去病讨匈奴，皋兰山下苦渴，以鞭卓地，而五泉涌出，浑邪王请降。

初，韩欲疲秦，使无东伐，乃使水工郑国为间于秦，凿泾水为渠，秦觉，欲杀之，国曰：“秦为韩延数年之命，然渠成亦秦万世之利也。”乃使卒为之，溉田四万余顷，皆亩一种。后汉武时，白公奏引泾水起谷口尾入栎阳，溉田四千五百顷，民赖其利而歌之，因名白公渠。

国华取印　添丁抹书

宋曹彬，字国华。始生周岁日，父母以百玩罗其前，彬左手持干戈，右手执俎豆，斯须，复取一印，余无所视。人皆异之。后事宋太祖，平蜀，下江南，功称第一，封鲁国公。

唐卢仝，自号玉川子。举子名添丁，韩文公寄诗云："去岁生儿名添丁，意令与国充耕耘。"唐制：男子二十一岁差丁役事耕耘也。添丁幼时喜于涂抹诗书，往往令黑，故仝戏为诗曰："忽来案上翻墨汁，涂抹诗书如老鸦。"　○抹，音末。宋贾耘老之子亦名添丁。

细侯竹马　宗孟银鱼

汉郭伋，字细侯。建武中，除颍川太守，帝劳之曰："贤良太守，去帝城不远，河润九里，冀京师皆蒙福也。"伋前在并州，素结恩德，后行部到西河，儿童数百，骑竹马，迎拜道次。征为太中大夫。　○并，音平。

宋蒲宗孟，字传正。神宗朝为翰林学士。上曰："翰林职清地近，而官仪未宠，自今宜佩鱼。"学士佩鱼，自宗孟始。

管宁割席　和峤专车

汉管宁，字幼安。少好学，与华歆同席肄业。有乘轩过门者，歆废书往观，宁遂割席分坐，曰："子非吾友也。"坐一木榻，积五十五年，未尝一箕踞，榻上当膝处皆穿，征命凡十至不起。　○箕踞，人傲坐形如箕也。　○歆，字子鱼。

晋和峤，字长舆。少立风格，雅有盛名，庾子嵩比之千丈之松。施之大厦，必称栋梁。晋制：监令同车。峤为中书令，鄙其监荀勖为人，以意气加之，遂专车而坐。

渭阳袁湛　宅相魏舒

晋谢绚曾于公座戏调，无礼于其舅袁湛。湛甚不堪之，曰："汝父昔已轻舅，汝今复来加我，可谓世无渭阳情也。"绚父重，即王胡之外孙，与舅亦有不协之论。　〇秦康公送晋公子重耳诗云："我送舅氏，曰至渭阳。"

晋魏舒，字阳元。少为外家宁氏所养。宁氏起宅，相宅者云："必出贤甥。"舒自负曰："当为外家成此宅相。"魏文帝深器重之，每朝退，目送之曰："魏舒堂堂，人之领袖也。"入晋，武帝拜为司徒。

永和拥卷　次道藏书

南北朝李谧，字永和。少好学，惟以琴书为业。杜门却扫，绝迹下帷，弃产营书，手自删定。每叹曰："丈夫拥书万卷，何暇南面百城？"屡辞征辟，谥贞静处士。谧初师孔璠，数年后，璠还就谧请业，同门语曰："青成蓝，蓝谢青，士何常，在明经。"

晋宋次道家，书皆校雠三五遍，世之藏书，以次道家为善本。住在春明坊，士大夫喜读书，多僦居其侧，以便于借置故也。当时春明宅子，僦值比他处常高一倍。次道尝云："校书如扫尘，随扫随有。"

镇周赠帛　虑子驱车

唐张镇周，舒州人。武德中，自寿春迁舒州都督。到州就故宅多市酒肴，召亲故酣饮十日，既而分赠金帛，泣与之别曰："今日犹得与故人欢饮，明日则舒州都督治百姓耳。官民礼隔，不复得为交游。"自是一无所纵，境内肃然。○舒州即今安庆府。

周虙不齐，字子贱，为单父宰。过阳昼，昼曰："吾少贱，不知治民之术，有钓道二焉，请以送子。夫投纶错饵，迎而吸之者，阳鱎也。其鱼薄而不美。若存若亡，若食若不食者，鲂也。其鱼博而味美。"子贱曰："善。"于是未至单父，冠盖而迎之者，交仆于道。子贱曰："车驱之！车驱之！阳昼之所谓阳鱎者至矣。"及至单父，亲耆老，尊贤者，而与之共治。

廷尉罗雀　学士焚鱼

汉翟方进，字子威，文帝时为廷尉，宾客填门。及罢，门外可设雀罗，后复用，宾客欲往，公大署其门曰："一死一生，乃知交情；一贫一富，乃见交态；一贵一贱，交情乃见。"

南北朝张褒，梁天监中，御史劾其不供学士职，褒曰："碧山不负吾。"乃焚鱼长啸而去。杜诗曰："碧山学士焚银鱼。"银鱼，御史所佩者。

冥鉴季达　预识卢储

宋杨仲希，字季达。微时客成都某氏，主人少妇出而调之，仲希正色拒之。其妻夜梦一人告曰："汝夫独处他乡，不欺暗室，神明知之，当魁多士。"次年果擢第一。

唐卢储举进士，投卷谒尚书李翱，翱置文卷几案间。长女及笄，阅其卷，谓小青衣曰："此人必为状元。"翱乃招为婿。明年，果首唱。成婚之夕，储作催妆诗曰："昔年曾向玉京游，第一仙人许状头。今日已成秦晋约，早教鸾凤下妆楼。”　○女子年十五而笄。

宋均渡虎　李白乘驴

汉宋均，字叔庠，为九江太守。郡多虎暴，募设槛阱，犹多伤害。均曰：“今为民害，咎在残吏，其务退奸贪，进忠善，可一去槛阱。”其后，虎皆渡江东去。楚沛多蝗，其飞至九江界者，辄东西散去，明帝朝，拜尚书令。

唐李白尝乘驴过华阴，县令止之，白索笔供云：“予生西蜀，身寄长安。天上碧桃，惯餐数颗；月中丹桂，曾折高枝。曾使龙巾拭唾，御手调羹，贵妃捧砚，力士脱靴。想知县莫尊于天子，料此地莫大于皇都，天子殿前尚容吾走马，华容县里不许我骑驴。”令大惊，谢之。　○疑是伪作。

苍颉造字　虞卿著书

苍颉，上古南乐吴村人，为轩辕皇帝史官。生而神圣，有四目，观鸟迹虫文，始制文字，以代结绳之政。字成，天雨粟，鬼夜哭。　○又周有程邈，秦人，改篆为隶，今楷书是也。汉灵帝时师宜官隶书为最，大则一字径丈，小则方寸尺许。今以八分书为隶，误矣。

周虞卿，游说士也。蹑屩担簦，说赵孝成王，一见赐黄金百镒，白璧一双。再见为赵上卿，故号虞卿。著书八篇，世号《虞氏春秋》。太史公曰：虞卿非穷愁不能著书以自见。○簦，音登，有柄笠，今之伞相似。

班妃辞辇　冯诞同舆

汉成帝游后庭，欲与班婕妤同辇，婕妤辞曰：“观古图书，贤圣之君，皆有名臣在侧；三代末主，乃有嬖妾。今欲同辇，得无近似之乎？”帝乃止。　○妃，班彪之姑。

《后魏书》云：冯诞与高祖同岁，幼侍书学，特蒙优待，尚高祖妹乐安公主，升驸马都尉。高祖宠诞，同舆而载，同案而食，同席而坐卧。知遇之隆，罕有其比。

七　虞

西山精卫　东海麻姑

《山海经》云：炎帝之少女，游东海溺死，化为冤禽，名曰精卫，居发鸠之山，常衔西山之木石以填东海。　○少女名女娃。精卫，文首白喙赤足，其鸣自詨。

《神仙传》：王远，字方平，位为总镇真人，七日偶降吴人蔡经家，威仪如大将军，持玉壶十二，皆蜡封，遣人召麻姑至，会方平言：“接待以来，东海三为桑田。”方平曰：“海中行复扬尘也。”麻姑手似鸟爪，长数寸，蔡经心想可爬背痒，忽有鞭鞭经背。时陈县尉闻之，乞见，远曰：“君心邪，未可教仙道。”与一符，曰：“寿可一百二十岁。”

楚英信佛　秦政坑儒

英，汉光武第六子，封楚王。明帝时闻西域有神名佛，遣使至天竺求其道，得书及沙门来，于是中国始传其书，图其像。王公贵人，独楚王英最先好之。　○梵言沙门，华言勤息也。

秦始皇名政，恶诸儒心非巷议，以惑黔首，乃焚烧《诗》《书》百家语，诸儒犯禁者四百六十余人，乃密使人种瓜骊山硎谷中温处，瓜实冬成，诏下诸儒说之，人人各异。使往视瓜所，因发机坑之。　○黔，音钳，民首黑，故称黔首。

曹公多智　颜子非愚

曹操与马超、韩遂等相持渭南，超等请和，操伪许之。操与遂父同举孝廉，又与遂同侪辈，屡交马会语，不及军事。秦胡观者前后重沓，曹笑曰："汝辈欲观曹公耶？亦犹人也，非有四目两口，但多智耳。"

颜回，字子渊，鲁人。小邾子夷甫颜之后也。天资明睿，甫成童，游孔门，孔子曰："回也不愚。"汉高时，从祀孔庙，唐赠兖国公，元赠复圣公，为四配之首。　○小邾，鲁国附庸。　○颜子重瞳，见梁刘勰《新论》。

伍员覆楚　勾践灭吴

楚伍员，字子胥，奢子。奢谏平王以谗贼疏骨肉，遂同长子尚被害。员乃奔吴，说吴伐楚，平王已死，昭王出奔，员遂入郢，鞭平王尸三百。初，楚大夫申包胥以复楚自誓，至是哭秦庭者七日夜，勺水不入口，秦伯为之赋《无衣》，乃出师救楚，昭王复位。

吴王夫差入越，报槜李也。勾践败虏，用范蠡计，得行成返国，卧薪尝胆，生聚教训。元王三年戊辰，吴子出会诸侯于黄池，越起兵灭吴，一雪旧忿。　○槜，音醉，槜李在嘉兴。

君谟龙片　王肃酪奴

茶之品莫贵于龙凤团，始于丁晋公谓，成于蔡君谟。蔡为福建运使，始造小片龙茶，凡二十余饼，重一斤，值金二两。然不易得，每因南郊致斋，中书、枢密院各赐一饼，四人分之，宫人往往镂金其上，其贵重如此。

南北朝王肃，初不食羊肉及酪浆，常食鲫鱼羹，渴饮茗汁。后与魏高祖会，乃食酪粥，高祖怪之，问曰：“羊肉何如鱼羹？茗汁何如酪浆？”对曰：“羊比齐鲁大邦，鱼比邾莒小国，惟茗不中，与酪作奴。”人因呼茗饮为酪奴。 ○酪，乳浆也，中，如字。

蔡衡辨凤　义府题乌

汉辛缮隐华阴，光武征不至，有鸟高五尺，五色备而多青，栖缮槐树，旬日不去，太守以闻，咸以为凤。太史令蔡衡曰：“凡象凤者有五：多赤者凤，多青者鸾，多黄者鹓雏，多紫者鸑鷟，多白者鵔鸃。今多青乃鸾，非凤也。”上善其言。 ○鵔鸃，音峻宜。

唐李义府始见太宗，试令题乌，义府曰：“日里扬朝彩，琴中伴夜啼。上林多少树，不借一枝栖。”帝曰：“当全树借汝，岂惟一枝！”遂拜御史。 ○义府阴柔而能害物，人号为“李猫”。

苏秦刺股　李勣焚须

周苏秦，洛阳人。说秦不用，归洛阳，裘敝金尽，妻不下机，嫂不为炊，父母不子。乃发太公《阴符经》读之，欲睡，则以锥刺股。期年，揣摩成，合纵六国，相与图秦，遂为从长，佩六国印。

唐徐世勣，字懋功，太宗赐姓李，官仆射。其姊病，勣亲为煮粥，燃其须。姊曰：“仆妾多矣，何必乃尔？”勣曰：“岂为无人耶？”今姊老勣亦老，欲数为姊煮粥，其可得乎？”○又勣尝暴病，医者曰，得须灰可以疗之，上剪须和药内以赐。

介诚狂直　端不糊涂

宋石介，字守道，庆历中擢太子中允。时富、韩、范同为执政，欧阳修、余靖等并为谏官。介因作庆历圣德诗，有云："众贤之进，如茅斯拔；大奸之去，如距斯脱。"盖指夏竦也。其师孙明复见之曰："介祸始于此矣。"人皆目为狂直。

宋太宗不豫，宣政使王继恩辈忌太子英明，欲立楚王元佐。吕端为相，趣太子入。及帝崩，后遣恩召端，端绐恩，锁之书阁，亲掖真宗登极，揭帘审视，而后下拜。太宗尝称其小事糊涂，大事不糊涂，早见及此。　〇端，字易直，谥文惠。趣，音促。糊涂，一音鹘突。

关西孔子　江左夷吾

汉杨震明经博学，从游者千人，人称关西孔子，以震籍华阴也。常有鹳雀衔三鳣鱼飞集讲堂下，弟子贺曰："鳣者，卿大夫之象也；其数三，三台也，先生升矣。"震后官至太尉。　〇又《北史》：裴献称薛道衡为关西孔子。

晋王导，字茂宏。善因事运机。时江左草创，温峤殊以为忧。及见导共谈，喜曰："江左自有管夷吾，吾复何虑哉。"又桓彝初至江左，与导极谈，因告周顗曰："向见管夷吾，无复忧矣。"　〇顗，音以。

赵抃携鹤　张翰思鲈

宋赵抃，字阅道。弹劾不避权幸，京师号铁面御史。帅蜀，以一琴一鹤自随；其再任也，屏去琴鹤，止一苍头执事。后拜参知政事，与王安石不合，求知杭州，请老，加太子少保，卒谥清献。 ○按《吕氏家塾记》作一龟一鹤，苏轼《清献公神道碑》作一琴一龟。 ○抃，音便。

晋张翰，字季鹰，吴人，俨之子。仕齐王冏为大司马东曹掾，见秋风起，因思吴中鲈脍莼羹，叹曰："人生贵适意耳，何能羁宦数千里以邀名爵乎？"遂命驾归，俄而冏败，人皆服其先见。又翰尝曰："使我有身后名，不如生前一杯酒。" ○翰，宜读平声。与季鹰义近。

李佳国士 聂悯田夫

汉聂季宝与李元礼同县，欲见元礼。宝乃小家子，不敢见。杜周甫知宝贤，不能定名，以语元礼。呼见，坐置砌下牛衣上，一与言，即决曰："此人当作国士。"后卒如元礼言。

五代聂夷中，字坦之，河东人，咸通中进士。善诗，《伤田家》诗云："二月卖新丝，五月粜新谷，医得眼前疮，剜却心头肉。我愿君王心，化作光明烛，不照绮罗筵，遍照逃亡屋。"孙光宪谓其有三百篇之旨。 ○粜，挑入声。

善讴王豹 直笔董狐

讴，歌之别调也。王豹，卫人，出自单门，善讴，家淇水。河西近淇之地，人皆化而善讴，淳于髡亟称之，以诮孟子。 ○《左传·哀公六年》："陈僖子囚王豹于句窦之丘。"此系景公嬖臣，非卫人。

鲁宣公二年，晋赵穿弑灵公于桃园。赵盾为正卿，亡不出境，反不讨贼，太史董狐直书"赵盾弑其君"以示于朝。孔子曰："董狐，古之良史也，书法不隐；赵宣子，古之良大夫也，为法受恶。越境乃免。"

赵鼎倔强　朱穆专愚

宋赵鼎，字元镇。南渡时凡使者至金，金人必问李纲、赵鼎安否。秦桧以其不附和议，徙鼎于吉阳军，鼎谢表有曰：“白首何归，怅余生之无几；丹心未泯，誓九死以不移。”桧见之曰：“此老倔强犹昔。”越三年，得疾，即自书墓中石，记乡里及除拜岁月，且书铭旌云：“身骑箕尾归天上，气作山河壮本朝。”遂不食，殁于吉阳。

汉朱穆，字公叔。锐意讲诵，不预人事。或时不自知，亡失衣冠，颠坠坑岸，其父尝以为专愚，几不知马之几足。○穆年五岁，便有孝称，父母有病，辄不饮食，差乃复常。○差与瘥同。

张侯化石　孟守还珠

汉张颢为梁相，一日雨后，见一鸟如山雀，坠地化为圆石，颢捶破之，得金印曰“忠孝侯印”，因表文，藏秘府。后议郎汝南樊衡夷上言，尧舜时旧有此官，今天降印，宜复置之。　○灵帝朝，颢官太尉。

汉孟尝，字伯周，顺帝朝为合浦太守。郡不产米谷而海出珠，前守贪婪，珠渐徙于交趾界，尝革前弊，去珠复还，商贾流通，百姓蒙利，称为神明。后被征，吏民攀留不得去，乃夜遁归，隐穷泽，身自耕佣，邻邑慕其德，就栖止者百余家。

毛遂脱颖　终军弃繻

周毛遂，赵平原君门下客。时秦攻赵邯郸，赵使平原君求救于楚，君约门下食客有勇力文武具备者二十人与偕，得十九人，余无可取。毛遂乃自荐。君曰：“贤士处世，譬如锥之处囊，其末立见。今先生三年于此，胜未有所闻也。”遂乃曰：“臣今请处囊中耳，若早处其中，当脱颖而出，非特末见而已。”因与至楚，卒赖其力。

汉终军，字子云。初从济南步入关，关吏与繻。军曰：“大丈夫西游，终不复传还。”弃繻去。后为谒者给事中，建节东出。关吏曰：“此前弃繻生也。”尝愿受长缨以羁南越王颈，致之阙下。时军年少，世谓之终童。 ○繻，帛边也，传还合以为信。繻，音胥。

佐卿化鹤 次仲为乌

唐徐佐卿，蜀中道士。天宝中，玄宗猎沙苑，见孤鹤，射之，带箭向西南逝。佐卿归山中，谓弟子曰：“吾出游，为飞矢所中。”乃挂箭于壁间，曰：“候箭主至此，付还之。”后玄宗幸蜀，游观中，识其箭，乃知前鹤佐卿所化也。 ○射，音石。

大翮、小翮，山名。秦羽士王次仲，少有异志，弱冠，变苍颉旧文为今隶。始皇时，官务烦多，以次仲所易文简，便于事要，奇而召之，三征不至。始皇怒，令槛车传送次仲，首发于迈，化为大乌，翻飞而去，落三翮于斯山，故其峰峦有大翮小翮之名。

韦述杞梓 卢植楷模

唐韦述，万年人。著作甚富，玄宗朝任史馆。禄山乱，抱国史藏南山。弟五人：迪、逌、迥、巡、逌。述与逌对为学士，与迪并为礼官，缙绅荣之。张说谓人曰：“韦家兄弟，人之杞梓。” ○又罗君章，荆楚之杞梓。

汉卢植，字子幹，刚毅有大节。师马融，融左右多列美姬，植侍讲数年，未尝一盼，融甚敬之。董卓议废立，众唯唯，植独抗论。曹操尝曰："植名著海内，学为儒宗，士之楷模，国之桢干。"昭烈微时，尝执经门下。

士衡黄耳　子寿飞奴

晋陆机，字士衡。家有骏犬，名曰黄耳，甚爱之。久羁京师，乃戏语黄耳曰："吴中久绝家音，汝能往取消息否?"犬摇尾作声。机以书贮竹筒，系颈，犬去一月而返，机视之，乃家书也，其后因以为常。及犬死，葬之，名黄耳冢。○又魏时鲜卑献千里马，色白耳黄，亦名黄耳。

唐张九龄，字子寿，擢进士，又以道侔伊吕科高第，为中书舍人，时号为文坛元帅。后为李林甫所挤，罢相。玄宗每拜相，辄犹问："风度得如九龄否?"少时喜养鸽，与亲知书，则系足依教往投之，谓之飞奴。

直笔吴竞　分议袁枢

唐吴竞，汴州浚仪人。尝与刘子玄撰《武后实录》，叙张昌宗诱张说诬执魏元忠事。及说为相，问竞曰："刘生书魏公事不少假借，奈何?"竞曰："子玄已亡，不可受冤地下，竞实书之。"说屡以情恳，辞曰："徇公则何名实录!"卒不改，世称董狐公。

宋袁枢，字机仲，建安人。乾道间，分修国史。章子厚家乃同里，力求润饰其传，枢曰："吾为史官，法难隐恶，宁负乡人，不可负天下后世公议。"时相赵雄叹曰："无愧古良史矣。"枢有《纲鉴纪事本末》行世。

陈胜辍锸　介子弃觚

秦陈胜，字涉，阳城人。尝与人佣耕，辍锸于陇上，曰：

“苟富贵，无相忘。”佣者曰：“若为耕佣，何富贵也?”胜叹曰：“燕雀安知鸿鹄之志哉!”遂举兵称扶苏、项燕，自立为将军，寻立为王，诸郡县争杀长吏以应。

汉傅介子，字武仲，茂陵人。年十四，好读书，尝弃觚而叹曰：“大丈夫当立功异域，何能坐屋子下作老儒生!”后以从军得官。先是，龟兹、楼兰尝杀汉使者，昭帝时介子以使大宛，至其国，斩楼兰王首，还诣阙下，以功封义阳侯。○觚，木简也。龟，音丘。

谢名蝴蝶　郑号鹧鸪

宋谢逸，字无逸，临川人。屡举进士不第，以诗文自娱，学者称溪堂先生。有句云：“贪夫蚁旋磨，冷官鱼上竿。”又云：“山寒石发瘦，水落溪毛凋。”大为黄鲁直称赏。又尝作蝴蝶诗三百首，多佳句，人因呼“谢蝴蝶”。

唐郑谷，字守愚，咸通十哲中人。七岁能诗，司空图奇之，拊其背曰：“当为一代风骚主。”曾改齐己《早梅》诗“数枝”为“一枝”，己遂不觉下拜，以为一字师。又《鹧鸪》诗极佳，人多脍炙之，称为郑鹧鸪。　○齐己，衡岳沙门，有《白莲集》。

戴和书简　郑侠呈图

汉戴和每得密友，焚香告于先祖，则书于简编，名为《金兰簿》。上书越人结交盟曰：“卿乘车，我戴笠，他日相逢下车揖；君担簦，我跨马，他日相逢为君下。”　○一作唐戴宏正。

宋郑侠，字介夫。初从王安石学，举进士，监东京安上门。时亢旱，侠以本门所见流民扶老携幼、饥寒困苦之状，呼画工刻为图上之，且曰：“陛下观臣之图，行臣之言，十日不雨，斩臣宣德门外，以正欺君之罪。”神宗览之，下诏责躬，罢方田等诸新法凡十八事，越三日大雨。

瑕邱卖药　邺令投巫

唐瑕邱，仲宁人。卖药百余年，因地动卒，或取仲尸弃水中，收其药，仲披裘造之取药，其人惧，叩头求哀。仲曰：“不恨汝也。”后为夫余王驿使，自北乘马至，宁人呼谪仙。○夫余，北夷，与赵、代邻。

周西门豹仕魏为邺令，开十二渠，引漳水灌田，民赖其利。邺俗素信巫，岁为河伯娶妇，选良民处女投河中。豹曰：“今岁幸来告吾，吾亦往送之。”至期，豹视其女曰：“丑，烦大巫入报。”即投巫于河中，继又取二人投之，群巫皆惊惧乞命，从此遂止。

冰山右相　铜臭司徒

唐玄宗以贵妃从兄杨钊为右相，赐名国忠。其为人强辩而轻躁，公卿以下，颐指气使。或劝进士张彖谒之，彖曰：“君辈以杨右相为泰山，吾以为冰山耳。若皎日既出，君辈得无失所恃乎？”遂隐居嵩山。　○又张九龄鄙朝士之附国忠者为向火乞儿。

汉崔烈，崔寔之从兄，有重名于北州，历位郡守、九卿。灵帝时，开鸿都门榜卖官爵。烈时因傅母入钱五百万，得为司徒。烈问其子钧曰：“吾居三公，外议何如？”钧曰：“议者嫌大人铜臭。”烈怒，举杖击之。钧时为虎贲中郎将，服武弁，戴鹖尾，狼狈而走。

武陵渔父　闽越樵夫

晋黄道真，武陵人。太康中，捕鱼缘溪行，忽逢桃花夹岸，异之，舍舟步入石洞。行数十步，豁然明旷，桑竹鸡犬，依然人间。问所从来，自言先世避秦乱，率妻子邑人来此，不知有汉。渔人留数日辞去，舟已腐，步回，归家言于郡守刘歆，歆欲偕往，迷不复得路。陶渊明为之记。

榴花洞在闽县之东山。唐永泰中，樵者蓝超遇白鹿，逐之。渡水，入石门，始极窄，忽豁然，见鸡犬人家，有主翁告曰："吾避秦人也，留卿可乎？"超答欲与亲旧诀乃来，因与榴花一枝而出，恍若梦中，后竟不知所在。宋蔡襄有记。

渔人鹬蚌　田父逡卢

赵且伐燕，苏代为燕说赵王曰："今者过易水，见川蚌出曝而鹬啄其肉，蚌合而钳其啄。鹬曰：今日不雨，明日不雨，必有死蚌。蚌曰：今日不出，明日不出，必有死鹬。两者不舍，渔人见而两得之。今燕赵久相支以敝大众，臣恐强秦之为渔父也。"惠王乃止。　○鹬音聿。蚌，音棒。

齐欲伐魏，淳于髡谓齐王曰："韩子卢者，天下之疾犬也；东郭逡者，海内之狡兔也。韩子卢逐东郭逡环山者三，腾山者五，兔极于前，犬废于后，田父见之无劳倦之苦，而擅其功。今齐魏久相持以苦其兵，敝其众，臣恐强秦大楚收田父之功也。"齐王乃谢将休士。　○父，孚上声。逡，平声，一音俊。

郑家诗婢　郗氏文奴

汉郑玄家奴婢皆读书。尝使一婢，不称旨，将挞之，方自陈说，玄怒，使人曳着泥中。须臾，复有一婢来，问曰："胡为乎泥中？"答曰："薄言往诉，逢彼之怒。"　○陆游诗：婢知书似郑康成。

晋郗愔，字方回。有苍头善知文章，王羲之爱之，每称奴于刘惔。惔问何如方回，羲之曰：“小人有意向耳，何遽比郗公！”惔曰：“不如方回，故常奴耳。”　〇郗，音希，汉世名奴为苍头，见《鲍宣传》注。

卷之二

八 齐

子晋牧豕 仙翁祝鸡

汉商丘子晋好吹竽，牧豕，年七十不娶，不老，食菖蒲根，饮水而已。贵戚闻而服之，不能终岁，辄止。孙绰赞曰：“商丘卓荦，执策吹竽。渴饮寒泉，饥食菖蒲。所牧何物？殆非真猪。倘遇风云，为我龙摅。” ○荦，音落，超绝也。

晋祝鸡翁，洛阳人。常养鸡千余头，皆有名字。朝放暮收，呼其名，即别种而栖。今世人呼鸡曰“祝祝”始此。唐李德裕贬雷州司户，遗段成式书曰：“海滨居人多养鸡，往往飞入寓舍，今乃作祝鸡翁矣。”本此。 ○祝祝，一作喌喌。

武王归马 裴度还犀

周王发姓姬，谥武，文王次子也。因商纣无道，奉太公望为师，率师渡盟津，灭商。反于丰，偃武修文，归马华山之阳，放牛桃林之野，示天下以不复再用。 ○盟、孟同。

唐裴度，字中立。相者云，当饿死。一日游香山寺，值妇人以其父被罪，假得犀带往赂要津，置于栏楯。祈祷毕，遂忘持去，度检得，访而还之。前相者复见度，喜曰：“子有阴德及物，前程万里，非所知也。”后果大贵。 ○《尚友录》：一作裴质事。

重耳霸晋　小白兴齐

晋文公，姬姓，名重耳，唐叔虞之后，献公之子犬戎，狐姬所生也，居蒲城。骊姬之乱，出亡十九年，其从者有狐偃、赵衰、颠颉、魏武子、司空季子诸人。后得反国，定襄王叔带之难，出谷戍，释宋围，一战而霸。

齐桓公姓姜氏，名小白，釐公子也。釐公卒，太子诸儿立，是为齐襄公。襄公无道，群弟惧祸及，子纠奔鲁，小白奔莒。无知弑襄公，小白与子纠争国，得先入。鲍叔牙荐管仲为相，尊周攘夷，大兴齐国，遂为五霸之长。　○釐，禧同。

景公禳彗　窦俨占奎

齐景公二十二年，彗星见。公坐柏寝，叹曰："堂堂！谁有此乎？"群臣皆泣。晏子笑其谀，公曰："彗当齐分，寡人以为忧。"晏子曰："君高台深池，赋敛如弗得，刑罚恐弗胜，茀星将出，彗何惧乎？"公使禳之，晏子曰："无益也，只取诬耳。天之有彗，所以除秽也；君无秽德，又何禳焉。"
○茀，音佩。禳，壤平声。彗，音遂。

宋窦俨，字望之。为翰林学士，善推步。与卢多逊、杨徽之同在谏垣，谓二公曰："岁在丁卯，五星当聚于奎。奎主文明，又在鲁分，自此天下始太平，二拾遗必见之，老夫不预。"乾德丁卯，五星果聚于奎。

卓敬冯虎　西巴释麑

明卓敬，字惟恭，浙江瑞安人。年十五，读书宝香山。风雨夜归，迷失道，得一物，谓是牛，冯归之，比入门，纵之，乃虎也。洪武二十一年，擢进士，除给事中，改名士寻，又改名士源，后死建文之难。越四十年，侍讲刘球始传其事，私谥忠贞。 ○冯，据也，古凭字。

周秦西巴事孟孙，孟孙猎得麑，使西巴载之。持归，其母随之不去，西巴弗忍而与之。孟孙大怒。逐之。居三月，复召以为子傅，曰："夫子不忍于麑，又且忍吾子乎！" ○麑，鹿子，色白，亦作麛。

信陵捕鹞　祖逖闻鸡

周魏公子无忌，号信陵君。方食，有惊鸠投入案下，一鹞在屋，公子纵鸠去，鹞逐杀之。公子暮为不食，曰："鸠避祸归吾，吾负之。"乃捕鹞得三百余，公子按剑曰："谁获罪?"一鹞低首伏罪，乃取杀之，尽纵其余。由是慈声满天下，而士归焉。

晋祖逖，字士雅，慷慨有志节。少每共刘琨寝，语及世事，则中宵起坐，相谓曰："若四海鼎沸，豪杰共起，吾与足下相避中原矣。"后俱为司州主簿，复共寝，中夜闻鸡鸣，逖蹴琨觉曰："此非恶声也。"因并起舞。元帝时为豫州刺史，渡江击楫，誓曰："不清中原而复济者，有如此江！"遂部兵与石勒相持，由是黄河以南，悉为晋土。

赵苞弃母　吴起杀妻

后汉赵苞为辽西太守，迎养其母，道经柳城，值鲜卑入寇，劫质其母。苞悲谓其母曰："欲以微禄奉养，恨为王臣，义不得顾私恩。"母答曰："人各有命，何得相顾，以亏忠义！"苞遂进战破贼，母因遇害。苞寻呕血死。

周吴起，魏人，仕鲁。齐伐鲁，鲁欲拜起为将。起妻齐女，鲁疑不果，起遂杀妻示信，求为之将。吕东莱曰："贪财货与贪功名，其贪则一。起之杀妻求将，毕竟是贪心所使。"

○起尝学于曾子，仕魏，与武侯浮西河而下，武侯叹山河之盛，起进曰：“在德不在险。”

陈平多辙　李广成蹊

汉陈平，阳武户牖乡人。家贫，居负郭穷巷，以敝席为门。里有富人张负女孙，五嫁而夫辄死，平欲娶之，负曰：“平虽贫，门外多长者车辙。”卒与女，诫曰：“无以贫故，事人不谨。”平自是富饶。后事高祖，凡六出奇计：一、请捐金行反间。二、以恶草具进楚使。三、出女子解荥阳围。四、蹑足封齐王信。五、请伪游云梦。六、解白登围。

李广，汉人。武帝尝谓其口不能出词，恂恂如鄙人，天下仰之，正谚所云“桃李不言，下自成蹊”者也。此语虽小，可以喻大。　○唐李乂进为吏部侍郎，请谒不行，时人语曰：“李下无蹊径。”

烈裔刻虎　温峤燃犀

秦始皇二年，有画工名烈裔，刻两白玉虎，其毛如生，不点目睛。始皇使余工夜往点之，及旦，虎飞去。明年，南郡献白虎二只，视之，乃玉虎也，命去目睛，乃不能复去。○详《拾遗记》。

晋温峤，字太真，山西祁人。初都督江州军事，过牛渚，深不可测。世传下多怪，峤燃犀照之，奇形怪状，有赤衣乘马者。须臾，水族覆火，夜梦告曰：“幽明自别，何故相犯？”○牛渚在今太平府城北，今名燃犀渚。

梁公驯雀　茅容割鸡

唐狄仁杰，字怀英，以功封梁国公。始居母丧，有白雀驯扰之祥。 ○又张九龄居母丧，有紫芝产坐侧，白鸠白雀巢于家树。 ○宋吴在木知馀干县，有白雀青鹿之瑞，民歌曰：“吴在木，政严肃。鸟有白翎雀，兽有青毛鹿。”

汉茅容，字季伟。年四十余，耕于野，避雨树下。众皆夷踞，容独危坐愈恭，郭林宗见而异之，因留宿。旦日，容割鸡为馔，林宗以为奉己，既而容以供母，余半庋置，自以草蔬与客饭。林宗曰：“卿贤矣哉，真吾友也。”因劝其就学。

九 佳

禹钧五桂 王祐三槐

五代窦禹钧，渔阳人。官谏议，广行阴德，置义塾，延名儒，给衣食以教四方游学之士。子五人：仪、俨、侃、偁、僖相继登高第。冯道赠诗曰：“燕山窦十郎，教子有义方。灵椿一株老，丹桂五枝芳。”一称“窦氏五龙”。

宋王祐使魏州，太祖许以王溥官职，及回，以百口明符彦直冤，反得贬。亲朋戏曰：“意公作王溥官职。”祐笑曰：“祐虽不及做，吾二郎当得之。”谓旦也。因手植三槐于庭曰：“吾子孙必有为三公者。”后旦果相真宗，因构“三槐堂”，东坡为作《三槐堂铭》。 ○祐，音又。 ○王溥，宋初位司空。

同心向秀 肖貌伯偕

晋向秀，字子期。少为同郡山涛所知，又与谯国嵇康、东平吕安友善，其进止无不同，而造事营生业亦不异。尝与康锻于洛邑，与安灌园于山阳，志同道合，当世所少。故颜延之《五君咏》云："交吕既鸿轩，攀嵇亦凤翥。"

唐张伯偕与弟仲偕，形貌相似。仲偕娶妻，新妆毕，见伯偕曰："妆好否?"伯偕答曰："我伯偕也。"趋避之。须臾又见，告曰："向大误，认伯为卿。"伯偕曰："我仍伯偕也。"妇大惭，遂不出户。后兄弟二人各以衣别之。　〇宋李易安《贺人孪生子启》："无午未二时之分，有伯仲两偕之秀。既系臂而系足，实难弟而难兄。"

袁闳土室　羊侃水斋

汉袁闳，父贺为彭城相，卒，闳往迎丧，不受赙赗，缞绖扶柩，手足流血，见者莫不伤悼。陈蕃荐其可登三事，桓帝以安车征之。及朋党事作，闳乃筑土室，潜身十八年，绝不见客，旦暮于室中向母礼拜，虽子往，亦不得见，子亦向户拜而去。　〇赙赗，音附讽。

南北朝羊侃，少瑰玮，膂力绝人。尝于兖州尧庙踏壁直上五寻，横行得七迹。雅好文史，尝即席应诏赋诗。性豪侈，善音律，初赴衡州，于两艖𦨴起三间通梁水斋，饰以锦缋，设帷屏，列女乐。乘潮解缆，临波置酒，缘塘傍水，观者填咽。　〇艖𦨴，舟也。

敬之说好　郭讷言佳

唐项斯，字子迁。擢进士，授丹徒尉。为人清奇雅正，尤工于诗。杨敬之赠以诗云："几度见君诗尽好，及观标格胜于诗。平生不解藏人善，到处逢人说项斯。"斯由此名益著。

晋郭讷，字敬言，官至太子洗马。讷尝入洛，听伎人歌，言佳。石季伦问其曲，郭曰不知。季伦笑曰："卿不识曲，那得言佳。"讷答曰："譬如见西施，何必识姓名然后知美。"

陈瓘责己　阮籍咏怀

宋陈瓘为礼部，与范淳甫同舍。淳甫曰："颜子不迁不贰，惟伯淳有之。"瓘曰："谁也?"淳甫默然久之，曰："不知有程伯淳耶?"瓘愧，因作责沈文，谓叶公沈诸梁，当世贤者，鲁有仲尼而不知，宜子路之不对也。以责己之不知伯淳。○淳甫，范祖禹也。

晋阮籍，容貌瑰杰，志气宏放，蒋济辟为掾，后谢病去。为尚书郎，迁步兵校尉。属文，初不苦思，率尔便成。晋文帝时，常虑祸患，故作《咏怀》诗八十余篇，昭明入选者十七篇，大约非作于一时，各因情景物候耳。《严沧浪诗法》分为正始体。

十　灰

初平起石　左慈掷杯

晋皇初平，一号赤松子，兰溪人。少牧羊，遇道士，引入金华山石室中四十余年，兄初起寻获之，问羊安在，平曰："山以东。"往视之，皆白石。平叱羊来，石皆起，成羊数万头，初起遂就平学道。　○叱，开口貌。皇，一作黄。

季汉左慈，字元放，庐江人。有仙术。曹操召之，闭于一室，断食期年，颜色如故。操欲学之，慈曰："学道当清静无为。"因欲杀之。设酒，慈以簪画杯中酒断，饮其左，以半与操，以杯掷屋栋，似鸟飞之状，一坐属目，因失其所在。○掷，音直。

名高麟阁　功显云台

汉宣帝朝，上以戎狄宾服，思股肱之美，乃图画其人于麒麟阁，状其形貌，署其官爵姓名，惟霍光不名，曰“大司马大将军博陆侯姓霍氏”。其次张安世、韩增、赵充国、魏相、丙吉、杜延年、刘德、梁丘贺、萧望之、苏武，凡十一人，皆以功德知名当世。　○阁在未央宫内。

汉明帝朝，上思中兴功臣，乃图画二十八将于南宫云台。以邓禹为首，次马成、吴汉、王良、贾复、陈俊、耿弇、杜茂、寇恂、傅俊、岑彭、坚镡、冯异、王霸、朱祐、任光、祭遵、李忠、景丹、万修、盖延、邳彤、姚期、刘植、耿纯、臧宫、马武、刘隆，又益以王常、李通、窦融、卓茂，合三十二人。马援以椒房之戚，独不与。　○台在洛阳。

朱熹正学　苏轼奇才

宋朱熹，字元晦，一字仲晦，婺源人。韦斋先生子也。初从刘子羽居崇安，后从延平李侗学，复遍交当世，著述六经，得洙泗正学之传。故记称绝学以来，集诸儒之大成，发先圣之要秘，熹一人而已。　○韦斋，名松。

宋苏轼，字子瞻，眉山人。父洵，弟辙，世称三苏。嘉祐中为翰林学士，召对便殿。宣仁太后曰：“先帝每诵卿文章，必叹曰奇才！奇才！但未及进用，今是以得此官。”轼感泣失声，后与哲宗亦泣。已而命坐赐茶，撤御前金莲烛送归院。○金莲烛送归院事，始于唐令狐绹，至宋乃有六人，东坡其一也。

渊明赏菊　和靖观梅

晋陶元亮，本名渊明，入刘宋改名潜。隐居栗里，种菊东篱。九日无酒，摘菊盈把，坐而怅望久之。见白衣人至，乃太守王弘遣之送酒，即欣然命酌，醉酩而归。

宋林逋，字君复。居西湖二十年，不履城市。构宅孤山，宅四面皆种梅，镇日观之不倦。其《咏梅》诗如“疏影横斜水清浅，暗香浮动月黄昏”，尤脍炙人口。家蓄二鹤，每泛舟湖中，客至，童子纵鹤使翔，逋即棹舟还晤客，卒谥和靖。

鸡黍张范　胶漆陈雷

汉张劭，字元伯。与范式为友，同游太学。告归，式约二年当过拜尊亲，乃共刻期。至期，劭白母具鸡黍待之。母曰：“二年之别，千里结言，何期之审耶?”对曰：“巨卿信士，必不乖违。”至其日，式果至，升堂拜母。尽欢而别。后劭死，见梦于式，式奔赴，丧已发，柩不肯前。须臾，式白马素衣，号泣而来，执绋，遂前。世称死友。

汉雷义，字仲公，鄱阳人。与陈重为友。顺帝朝，举茂才，让与重，刺史不听，义遂不应命。后同举孝廉，同拜尚书郎。时人语曰：“胶漆自谓坚，不如陈与雷。”义尝济人死罪，人谢以金，不受，人候其不见，投之承尘。后葺屋得之，金主已死，归之县司。　〇承尘，即今之顶板。

耿弇北道　僧孺西台

汉光武兵至邯郸，耿弇进谒，与俱北至蓟，官属皆曰：“死当南首，奈何北行入囊中?”光武指弇曰：“此我北道主人也。”后平齐，帝曰：“将军前在南阳，建此大策，常以为难，今乃知有志者事竟成。”　〇弇字伯昭。弇，音甘。

唐牛僧孺，字思黯。初为伊阙县尉。旧传县有人入台，县前水中先有滩出，石砾金沙。一日滩出，老吏曰：“此必分司御史，若是西台，当有一双鸂鶒。”牛祝曰：“既能有滩，何惜鸂鶒。”言讫，一双飞下。旬日，牛拜西台，官同平章事，封奇章郡公。　○鸂鶒，音溪尺，五色水鸟。

建封受贶　孝基还财

唐张建封，字本立。未遇时，尚书裴宽罢郡西归汴，日晚维舟，见一人坐树下，衣服极敝。宽屈与之语，大奇之，曰：“以君才识，岂长贫贱！”举船钱帛奴婢，悉以贶之，建封不让。登舟，奴婢偃蹇者，辄鞭之。裴公亦奇之，既而问其人，乃建封也。德宗朝，镇徐州十年，所辟僚佐，若韩愈、李藩皆名士。

宋张孝基娶同里富人女，富人只一子，不肖，斥逐之。富人病且死，悉以家财付孝基。后其子为丐，孝基恻然问曰：“汝能灌园乎？”曰：“能。”因使灌园，颇自力。复问曰：“能管库乎？”曰：“能。”更觉淳谨。孝基遂以其父财悉归之。孝基卒，有友游嵩山，忽遇孝基坐专车，仪从如守土大臣，告友曰：“吾以还财之故，上帝命主此山。”言讫不见。

準题华岳　绰赋天台

宋寇準，华州人。八岁时吟华山诗云：“只有天在上，更无山与齐。”其师谓其父曰：“贤郎怎得不作宰相！”又秋风亭诗云：“野水无人渡，孤舟尽日横。”时人以为必济巨川，后果如言，封莱国公。

晋孙绰，字兴公。博学能文。为永嘉太守，欲解印以向幽寂，闻天台神秀，可以长往，因使图其状，遥为之赋。赋成，示友人范荣期，曰：“卿试掷地，当作金石声。”刘义庆曰：“赤城霞起而建标，瀑布飞流以界道，此赋之佳处。”

穆生决去　贾郁重来

汉穆生少时与楚元王及白生、申公受诗于浮丘伯，后元王王楚，以生等为中大夫，敬礼之。生不嗜酒，每置酒，常为设醴。及王戊嗣位，亦常设，后乃忘设，生曰："可以逝矣，醴酒不设，王意怠矣！"遂决意去。　○醴，音李，甘也。

五代时，贾郁为仙游簿，秩满为令，邑人饷新果，郁曰："古人畏四知，今倍于昔，可不畏乎！"不受。及代去，一吏醉，郁怒曰："吾再来必惩之。"吏曰："公若再来，犹铁船渡海。"后果再任，醉吏盗库钱，狱具，批曰："窃铜镪以润家，非因鼓铸；造铁船而过海，不假炉锤。"

台乌成兆　屏雀为媒

汉朱博为御史大夫，府列柏树，有乌数千栖其上，故后称御史台为乌台，或称乌府。东坡诗"乌府先生铁作肝，霜风卷地不知寒"是也。　○唐柳仲郢为谏议大夫，每迁官，必乌集升平第，庭木桀戟皆满，五日而散。

南北朝窦毅，字天武。为周上柱国。有女方数岁，读《列女传》，一过不忘。闻隋祖受周禅，自投床下曰："恨我非男子，不能救舅家难。"毅奇其言，不妄与人。画二孔雀于屏间，求婚者射二矢，阴约中目。李渊最后射发二矢，各中一目，遂以归之，渊为唐祖，窦氏为后。

平仲无术　安道多才

宋寇準，字平仲。与张咏善，準入相，咏时知陈州，谓僚属曰："寇公奇才，惜学术不足耳。"及準知陕，咏过之，準严供帐以待咏。临别问咏曰："何以教準?"咏曰：《霍光传》不可不读。”準归取读之，至“不学无术”，笑曰：“张公谓我矣。”

宋张方平，字安道。少颖悟绝伦，凡书过眼不再读。尝因家贫无书，借人三史，旬日还之，曰：“已知其详矣。”生平属文，未尝起草。宋绶、蔡齐以为天下奇才，荐之。仁、英、神三朝，始终一节，时论高之。

杨亿鹤蜕　窦武蛇胎

宋杨亿，母韦氏，始生亿，梦羽衣人自言武夷君托化。既诞，则一鹤雏，尽室惊骇，弃之江。其叔父曰：“吾闻间世之人，其生必异。”追至江滨，开视则鹤蜕为婴儿矣，体有紫毳尺余，经月乃落。　〇又窦志公生木巢中，有东阳氏闻儿啼，收育之，遂冒朱姓。　〇亿，音益。蜕，音退。

汉窦武，字游平。初生有一蛇同产，送之林中。后母卒，及葬，有大蛇自林出，以首触柩，涕血皆流，若哀泣之容，有顷而去，人以为祥。　〇武封大将军槐里侯，时人语曰：“天下忠诚窦游平。”

湘妃泣竹　鉏麑触槐

尧以二女娥皇、女英妻舜，舜南巡，崩于苍梧，二妃从之，死于江湘之间，为湘水神，故世称湘妃。初，二妃至洞庭之山，泣恸挥泪，染竹成斑，故今有斑竹，又号湘妃竹。〇详《博物志》。

鉏麑，晋之力士。灵公使刺赵宣子，晨往，寝门辟矣，盛服将朝，尚早，坐而假寐。麑退而叹曰：“不忘恭敬，民之主也；贼民之主不忠，弃君之命不信。”遂触槐而死。　〇宣子，赵盾谥。

阳雍五璧　温峤一台

汉阳雍伯尝设义浆给行人，三年，有一人饮讫，问曰："何无菜羹?"答曰："无种。"其人怀中出菜子一升与之，且曰："种此生美玉，并得好妇。"北平徐氏有女，公求之，徐氏曰："得白璧一双当为婚。"公于所种处求之，得五双以聘，因名其地曰玉田。生十男，皆俊异，位至卿相。　○阳，一作羊。

晋温峤博学能文，丰仪秀整。峤姑有女，属其觅婿，答曰："佳婿难得，如峤者何如?"姑曰："何敢希汝辈。"久之报姑曰："得之矣，门第人才，不减于峤。"因下玉镜台一枚。既行婚礼毕，女披纱扇笑曰："我故疑是老奴。"　○老奴，峤之小字。

十一　真

孔门十哲　殷室三仁

孔子弟子分为四科，共十人，称十哲。程正叔曰："此特从夫子于陈蔡间者耳，门人之贤，不止于此。曾子传道而不与于十哲，固知为世俗之论也。"　○十哲之称，见唐开元二十二年八月之制。

殷纣无道，微子启，帝乙首子，纣从兄也，去之荒野，以存宗嗣。箕子，胥馀父师也。谏不听，囚之，乃被发佯狂为奴。王子比干，少师也，陈先王艰难，天命不易，请王洗心易行，伏于象门之外。纣怒曰："比干自以为圣，吾闻圣人心有七窍，信乎?"遂剖之，以观其心。孔子以其迹异而心同，称为“三仁”。

晏能处己　鸿耻因人

季汉何晏，字平叔。七岁，明慧若神，魏武奇爱之。因晏在宫中，欲以为子。晏乃画地令方，自处其中。人问其故，答曰：“何氏之庐也。”魏武知之，即遣还。

汉梁鸿，字伯鸾。少孤，尝独止不与人同食。比舍先炊已，乃呼伯鸾及热釜炊，伯鸾曰：“童子鸿不因人热者也。”灭灶更燃之。

文翁教士　朱邑爱民

汉文翁名党，舒人。少好学，通《春秋》，景帝时为蜀郡守，崇尚教化，兴学校以变风俗，遣俊士司马相如及张叔等十八人东诣博士受七教，还以教授学徒，麟萃比于齐鲁。故《地理志》曰：文翁倡其教，相如为之师。武帝时，天下皆建学，自文翁始。后终于蜀，蜀人祀之。

汉朱邑字仲卿，舒人。举贤良，迁北海太守，治行第一，入为大司农。天性廉正，及卒，天子惜之，曰：“大司农退食自公，无疆外之交，可谓淑人君子。”赐黄金以奉祭祀。初，邑病，属其子曰：“我故为桐乡啬夫，遗爱在民，民实爱我，死必葬我桐乡。”今墓在桐西二十里，民立祠祀之。

太公钓渭　伊尹耕莘

太公姓吕，名尚，字子牙，姜其氏也。年八十钓于渭水，得玉璜，刻曰：“周受命，吕佐之。”文王出猎，卜曰：“非熊非罴，乃王者师。”遇尚，以后车载之归，喜曰：“吾太公望子久矣。”因称为“太公望”。武王尊为师尚父，从之伐纣。

伊尹名挚，生于空桑，居于伊水，故氏曰伊，尹其字也。第考《太甲篇》自称尹躬，恐无君前称字之理。尹耕于有莘国之野，乐尧舜之道，汤三使往聘，因说汤伐夏救民焉。○故莘城在汴州陈留县东北。

皋惟团力　泌仅献身

唐曹王皋，代宗朝为江西节度使，教习所部兵惟以团力法。蔡州刺史李希烈为乱，皋败其将韩霜露于黄梅，斩之，拔黄州，进拔蕲州，又破其将杜少诚万余骑。希烈遂东畏曹王皋，西畏李兼，不敢复窥江淮。　○皋，唐宗室，袭封曹王。

唐代宗朝，端午各献服玩，上谓李泌曰："先生何独无献?"泌曰："自巾至履，皆陛下所赐，所余独一身耳。"上曰："朕所求正在此。既献其身，当惟朕所为，不为卿有矣。"○隋苏威，五月五日百僚上馈多以珍玩，威献《尚书》一部。

丧邦黄皓　误国章惇

季汉刘后主用内宦黄皓，皓专权自恣，屏逐姜维，以致后主昏庸。魏陈留王遣邓艾往征之，遂降魏，蜀汉亡。诸葛武侯曰："亲小人，远贤臣，此后汉所以倾颓也。"此有所指。○丧，桑去声。

宋章惇，字子厚。助王安石行新法，哲宗朝外斥，寻内召通判，陈瓘中道谒之，问曰："天子待公为政，何先?"惇曰："司马光奸邪，所当先辨。"瓘曰："公误矣，果尔，恐失天下之望。指司马为奸邪，必复改作，则误国亦甚。为今之计，消朋党，持中道，庶可以救弊。"惇不悦。○惇二弟九孙，皆及第。

鞅更秦法　普读鲁论

周商鞅，魏人。为秦相，徙木立信，尽变秦法，使民勇于公战，怯于私斗。后以公子虔之徒告鞅反，逃亡欲止客舍，客曰："商君之法，舍人无验者，坐之。"鞅叹曰："嗟乎！为法之敝，一至于此。"

宋赵普，字则平，蓟州人。沉厚寡言，手不释卷，历相两朝。太宗尝称之曰："普能断大事，尽忠国家，真社稷臣也！"每归私第，必阖户启箧，取《论语》读之。尝语上曰："臣有《论语》一部，以半部佐太祖定天下，以半部佐陛下定太平。"后卒，谥忠献。上撰《神道碑铭》，亲为八分书赐之。

吕诛华士　孔戮闻人

太公望封于齐，齐有华士者，义不臣天子，不友诸侯，人称其贤。公召之三，不至，命诛之。周公曰："此齐之高士，奈何诛之？"太公曰："夫不臣天子，不友诸侯，望犹得臣而友之乎？望不得臣而友之，是弃民也，召之三不至，是逆民也，而旌之以为教首，使一国效之，望谁与为君乎？"○华音话。

孔子为鲁司寇，摄政七日而诛乱政大夫少正卯于两观之下。子贡曰："少正卯，鲁之闻人也，何诛之？"孔子曰："天下有大恶五，窃盗不与焉。心逆而险，行僻而坚，言伪而辨，记丑而博，顺非而泽。少正卯兼有之，不可以不除。"

暴胜持斧　张纲埋轮

汉武天汉二年，泰山瑯琊盗起，遣直指使者暴胜之等衣绣持斧，分部逐捕，刺史郡守以下多伏诛。闻隽不疑贤，请见。不疑盛饰造门，胜之迎上座，不疑曰："凡作吏，太刚则折，太柔则废；威行济之以恩，乃可善后。”胜之改容纳焉，遂表荐不疑。　○胜之，字公子。

汉张纲，字文纪，皓子，彭山人。少负气节，顺帝朝为御史。时帝遣八使按行风俗，纲独埋车轮于洛阳都亭，曰：“豺狼当道，安问狐狸。”遂劾大将军梁冀及冀弟河南尹不疑等不法事，冀患之，使出为广陵守，以广陵有张婴之乱也。○八使：杜乔、周举、周栩、冯羡、栾巴、郭遵、刘班，并纲八人。

孙非识面　韦岂呈身

宋孙抃，皇祐中为御史中丞，荐唐介、吴敦复为御史。或问之曰：“君未与相识而荐之，何也？”抃曰：“昔人耻呈身御史，今岂求识面台官耶？”后二人俱以刚介著闻。

唐韦澳，字子斐。武宗朝，擢宏词，十年不调。高元裕欲荐之为御史，讽澳谒己，澳曰：“恐无呈身御史。”宣宗朝，官翰林，持身清节，不逐时流。

令公请税　长孺输缗

晋裴楷，字叔则。武帝朝累官散骑侍郎，后迁中书令。梁王，赵王国之近属，贵重当时，楷岁请二国租钱百万，以恤中表之贫者。或讥之曰：“何以乞物示惠？”叔则曰：“损有余以补不足，天之道也。”　○楷尝营新宅甚丽，当移住，与兄棣共游，床帐俨然，轩棂疏朗，兄甚欲之，而口不言。楷心识之，便推以与。

宋杨长孺帅番禺，将受代，有俸钱七千缗，悉以代下户输租。每对客曰：“士大夫清廉，便是七分人了。”以忤权贵见劾，陈肤中作《玉壶冰》《朱丝弦》二诗送行，后以学士致仕。○缗，音民。

白州刺史　绛县老人

唐薛稷为纸封九锡，拜楮国公、白州刺史，统领万字军，详《纂异记》。　○又晋桓温有主簿善别酒，好者为青州从事，恶者为平原督邮。青州有齐郡从事，谓到脐下；平原有鬲县督邮，言在膈上。下句绛县老人与青州从事对亦可。

鲁襄公三十年，晋悼夫人食舆人之城杞者，绛县老人与焉，问其年，曰："臣小人也。不知纪年。臣生之岁正月甲子朔，四百有四十五甲子矣。"盖七十三年也。赵孟召之而谢过焉，曰："武不才，任君之大事，以晋国事多虞，不能由吾子，使吾子辱在泥涂久矣，武之罪也。"遂仕之，使助为政，辞以老，使为君复陶，以为绛县师。　○复陶主衣服。

景行莲幕　谨选花裀

南北朝庾杲之，字景行。王俭用为卫将军长史。萧缅与俭书曰："盛府元僚，实难其选。庾景行泛渌水，依芙蓉，何其丽也。"时人以入俭府为莲花池，故缅书美之。

唐许慎，字谨选，放旷不拘小节，与亲友结宴花圃中，未尝张幄设座，只使僮仆聚落花铺坐，曰："吾自有花裀，何须坐具。"　○裀，《集韵》：伊真切。《韵会》：通茵。《博雅》：复襂谓之裀。

郗超造宅　季雅买邻

晋郗超，字嘉宾。每闻高尚隐退者，辄为办百万资，并为造立居宇。在剡为戴公起宅甚精，安道谓所亲云："近至剡，如官舍。"　○安道，戴公字。博学能文，善鼓琴，性高洁，孝武累征不就，谯国人，隐于剡溪。

南北朝宋季雅，罢南康，市宅居吕僧珍宅侧。僧珍问宅价，答曰：“一千一百万。”怪其贵，曰：“一百万买宅，一千万买邻。”及僧珍生子，季雅往贺，函曰“钱一千”，阍人少之，不为通，季雅强入，僧珍发之，乃金钱也。

寿昌寻母 董永卖身

宋朱寿昌，字康叔。七岁，父嫁其母，不知所在。及长，弃官，刺血写经求之，得于蜀中，计别五十年矣。东坡贺以诗云：“嗟君七岁知念母，怜君壮大心愈苦。羡君临老得相逢，喜极无言泪如雨。”

汉董永，千乘人。少失母，独养父。父死无以葬，从里人裴氏贷钱一万，约以身作奴。葬毕，忽遇一妇求为妻，俱诣钱主，主人令织缣三百匹以偿。一月毕，妇曰：“我织女也，因君至孝，上帝令我助君偿债。”言讫，凌空而去。后生子仲，送永抚之。

建安七子 大历十人

建安，汉献帝年号。七子谓王粲、陈琳、徐幹、刘桢、应玚、阮瑀、曹植也。七人俱以文章见于魏文帝，而曹、刘尤称绝唱。钟嵘曰：“若孔门用诗，则公幹升堂，子建入室，景阳、潘、陆可坐于廊庑之间。” ○景阳，张协字。潘，潘岳。陆，二陆也。

大历，唐代宗年号。十人谓卢纶、吉中孚、韩翃、钱起、司空曙、苗发、崔峒、耿沣、夏侯审、李端也。皆工诗，齐名，号“大历十才子”。《诗评》云：“大历之诗，高者尚未失盛唐。”宪宗诏中书舍人张仲素访集遗文。文宗尤爱其诗，遣中人索之，得五百篇。

香山诗价　孙济酤缗

唐白居易为江州司马，筑草堂于香炉峰下，称香山居士。工诗，初颇以规讽得失，其后更偶下俗好，至数千篇，士人争为传写。鸡林行贾售其国相，率篇易一金，其伪者国相辄能辨别之。　〇鸡林，新罗国名。

季汉孙济，孙权之叔。嗜酒，不治产业。常醉，屡欠酒缗，人皆笑之。济恬然自若，谓人曰："寻常行坐处欠人酒债，欲贷此缊袍偿之。"杜工部诗"酒债寻常行处有"本此。

令严孙武　法变张巡

周孙武，齐人，以兵法见吴王阖庐。王出宫中美女百八十人使武教之战。孙子分为二队，以二宠姬为队长。皆令持戟，三令五申，妇人大笑，斩二队长以徇。复鼓之，妇人左右前后跪起皆中规矩。王遂用武为将，西破强楚，北威齐鲁。武著有兵法十三篇。

唐张巡用兵未尝依古法，勒大将教战，各出其意。或问之，对曰："古者人情敦朴，故军有左右前后，大将居中，三军望之，以齐进退。今胡人务驰突，云合乌散，变态百出，故吾止使兵识将意，将识士情，上下相习，人自为战矣。"

更衣范冉　广被孟仁

汉范冉，一云丹，字史云。桓帝时为莱芜长。议者欲以为侍御史，遂遁去，卖卜于梁、沛之间。少与同郡尹包善，出入共一绛衣，到人门外，尹年长，常先着而入，比出，解与冉。冉尝候姊，姊具饭，以姊夫不德，密留钱五十而去。
〇着，音酌。

季汉孟仁，一云宗。少从李肃学，其母为作厚被大褥，人问故，母曰：“小儿无德致客，客多贫。故为广被，庶可得与气类接也。”后为官，作鱼鲊寄母，母封还之，与陶母湛氏事同。○又南北朝裴之横，少纵诞，兄之高为狭被蔬食以激之。之横叹曰：“大丈夫富贵，必作百幅被。”后除吴兴太守，作百幅被以成其志。

笔床茶灶　羽扇纶巾

唐陆龟蒙，字鲁望，长兴人。尝自忍饥，耻食屠沽儿酒肉，故亲党鲜会，伏腊丧祭，皆未尝及。无事时，乘小舟，赍束书、茶灶、笔床、钓具，棹船而游，少不会意，竟还不留。性嗜茶，辟园顾渚山下，岁收之。号天随子，又号甫里先生。

季汉诸葛亮与司马懿对于渭南，克日交战。懿戎服莅事，使人视亮，独乘素车，纶巾羽扇，指挥三军随其进止。懿叹曰：“诸葛君可谓名士矣。”亮寻卒，军退，懿行其营垒，复叹为天下奇才。　○纶字亦作绷，音关，说本明杨升庵。

灌夫使酒　刘四骂人

汉灌夫为人刚直使酒，不好面谀。贵戚有势力者，必凌之；诸士贫贱者，益恭敬。尝醉搏卫尉窦甫，后又以酒酣侵丞相田蚡，又怒蚡请魏其侯城南田，又因蚡取燕王女为夫人，往贺，骂坐不敬，得罪，引他事劾诛之。　○蚡，音粉。

唐刘子翼，有学行，性刚直，朋友有过，辄面责之，退无余訾。李百药尝语人曰：“刘四虽复骂人，人终不恨。”为隋秘书监，唐太宗征之，辞以母老不至。　○訾，音疵。

以牛易马　改氏为民

晋元帝南渡，是为东晋，传世十，享祚九十八年。初，玄石图有牛继马后之谶，故司马懿深忌牛氏。为二榼共一口以储酒，懿先饮佳者，而以毒酒鸩其将牛金。不知恭王妃夏侯氏竟通小吏牛氏，而生元帝。

季汉民仪，本姓氏，仕吴。孔融嘲之曰："氏字民无上，可改为民。"但考姓谱，并无民姓。《琅琊代醉篇》：珉与昬皆从民字。唐避太宗讳，故石经皆以氏字代之，则又改民为氏矣。或云仪改氏为是，俟再详考。　○昬，音敏。

圹先表圣　灯候沈彬

唐司空图，字表圣，虞乡人。举进士，避乱不仕，自号耐辱居士，又号知非子。尝预为冢圹，故人来者，引置圹内，赋诗对酌。人或难之，表圣曰："我非止暂游此中，公何不广耶?"出则以女家人鸾台自随。尝为王重荣作碑，赠绢数千匹，图置之节门，外人得取之，一日而尽。有《一鸣集》传世。

唐沈彬，字子文。隐云阳山学仙道，工诗，有《湘江行》云："数家渔网残烟外，一岸夕阳细雨中。"人脍炙之。后仕南唐为吏部郎，临终指葬地以示家人，穴其所，得石莲花灯三碗，有铜碑，篆文曰："佳城今已开，虽开不葬埋。漆灯犹未灭，留待沈彬来。"　○未灭，一作不爇。

十二　文

谢敷处士　宋景贤君

晋谢敷，字庆绪。澄静寡欲，入若耶山十余年，辟命皆不就。郗恢尝曰："庆绪识见虽不绝人，可以累心处都尽。"少微星一名处士星，初月犯少微，占者以隐士当之。时戴逵有美才，人或忧之，俄而敷死。越人嘲之云："吴中有高士，求死不得死。"

宋景公时，荧惑守心。心，宋分野也。召子韦问焉，韦曰："祸当君，可移于相。"公曰："相所与治国家者也。"曰："可移于百姓。"公曰："百姓死，寡人将谁为君？"曰："可移于岁。"公曰："岁荒人饥必死，谁以我为君乎？"韦曰："君有至德之言三，荧惑必退。"是夜果退舍。

景宗险韵　刘辉奇文

南北朝曹景宗，字振为，以胆勇闻。梁武朝为右将军，魏兵围钟离，景宗帅师解围，振旅而还。帝宴之，群臣联句，令沈约限韵。时韵用已尽，惟余竞病二字，景宗操笔立成云："去时儿女悲，归来笳鼓竞。借问行路人，何如霍去病？"帝大称赏。

宋刘几，字之道。为文好险语，欧公恶之，场中一人论曰："天地轧，万物茁，圣人发。"公曰："必刘几也。"因戏批："秀才剌，试官刷。"以朱笔横抹之，谓之红勒帛。后公为御试考官，试《尧舜性仁赋》有曰："静以延年，独高五帝之寿；动而有勇，刑为四罪之诛。"擢第一。及唱名，乃刘煇，即几易名也。公愕然久之。　○剌，音辣。

袁安卧雪　仁杰望云

汉袁安，字邵公，汝阳人。微时，客洛阳，时大雪，洛阳令按行至门，门无行迹，因除雪以入，见安僵卧，问何以不出？曰："大雪不宜干人。"令举为孝廉，后累官至司徒。○又胡定卧雪事与安同。

唐狄仁杰，武后朝为相，以功封梁国公。初为并州法曹参军，亲在河南，仁杰偶登太行，见白云孤飞，叹曰："吾亲舍在其下。"徘徊久之，云移乃得去。　〇并，音平。太行山在今山西绛县东。

貌疏宰相　腹负将军

宋王钦若，貌疏瘦，举止山野，复赘项。尝以文谒钱公希白，公颇蔑视之。有术者谓公曰："此乃人中之贵，何可轻也?"公曰："中堂内有此等宰相乎?"术者曰："第恐不免，事不远矣。"后果为真宗相，谥文穆。

宋苏轼闻弟子由瘦，寄诗云："十年京国厌肥羜，日日糕花压红玉。从来此腹负将军，今者固宜安脱粟。"俗云：大将军食饱，扪腹叹曰，我不负汝。左右曰：将军不负此腹，此腹负将军。未尝少出智虑之万一也。

梁亭窃灌　曾圃误耘

梁大夫宋就为边县令，与楚邻界。梁亭与楚亭皆种瓜，梁勤于灌，瓜美；楚灌稀，瓜恶。楚亭人搔梁瓜焦死，梁觉，欲报之。就曰："人恶亦恶，何褊之甚。我教子为楚人夜灌其瓜，勿令知也。"梁人如其言，楚瓜美，怪而察之，乃梁人为之也。楚王曰："此梁之阴让也。"谢以重币，因请交。

曾子耘瓜，误斩其根。父皙怒，大杖击之。曾子仆地有顷，乃苏。孔子闻之曰："参来勿纳。"曾子请之，孔子曰："舜事瞽叟，小杖则受，大杖则走。今参委身以待暴怒，身死，陷父于不义，不孝孰大焉。女非天子之民也，杀天子之民，其罪奚若。"曾子闻之，曰："参罪大矣。"遂造孔子谢过。

张巡军令　陈琳檄文

唐雷万春事张巡为偏将，令狐潮围雍丘，万春立城上与潮语。伏弩发六矢着面，万春不动，潮疑木刻人，谍得其实，乃惊，遥谓巡曰："向见雷将军，已知足下军令矣。"　〇谍，军中细作。

季汉陈琳，字孔璋，广陵人。初为何进主簿，后归曹操。操爱其才，军国书檄，多出琳手。操先苦头风，一日疾发，卧读琳作，翕然起曰："此愈我病。"数加厚赐，官至门下督，建安七子之一也。〇檄以木简为书，长尺二寸，以号召也。有急则插鸡羽，谓之羽檄。　〇檄，音吸。

羊殖益上　甯越弥勤

赵简子问成抟曰："吾闻羊殖贤大夫也，是行奚若？"对曰："臣抟不知也。"简子曰："子与友亲，何不知也？"抟曰："其为人也，数变。其十五年也，廉以不匿其过；其二十也，仁以喜义；其三十也，为晋中军尉，勇以喜仁；其年五十也，为边城将，远者复亲。今臣不见五年矣。是以不敢知。"简子曰："果贤大夫也，每变益上。"

周甯越，中牟人。苦耕稼之劳，谓其友曰："何为可以免此？"友曰："莫如学也。勤三十年则可以免矣。"越曰："然则人将休，吾不敢休；将卧，吾不敢卧。如是者十五年亦足矣。"乃发愤十三年，齐威公师事之。

蔡邕倒屣　卫瓘披云

季汉王粲，字仲宣。博物多识，问无不知。蔡邕奇其才略，闻粲在门，倒屣迎之。粲年少短小，一座皆惊，邕曰："此君奇才，吾不如也，吾家书籍当悉与之。"后仕魏。

○屣，履不躡跟也。邕，音雍。

晋乐广，字彦辅。善谈论，每以约言析理，遂餍人心。卫瓘见而奇之，曰："此人之水镜也，见之若披云雾而睹青天。"后仕至尚书令。女适卫玠，时有"妇翁冰清，女婿玉润"之语。

巨山龟息　遵彦龙文

唐李峤，字巨山。昆弟皆年三十而卒，母忧之，以峤寿问于袁天罡，袁答曰："神清气秀，苦寿不永耳。"因请与峤连榻而寝，视其鼻息，乃出入在耳中，遂贺曰："龟息也，必大贵寿。"后果验。　○罡，音刚。

南北朝杨愔，字遵彦。六岁受史书，十一岁受《诗》《易》。从兄昱器重之，曰："此儿驹齿未落，已是吾家龙文，更十年，当求之千里外。"后事梁武为太子少保，封开国公。幼时在学庭，群儿争取柰实，愔颓然独坐，季父玮异其恬裕。室内有茂林，为愔独葺一室，饭以铜盘重肉之食。　○龙文，良马名。

十三　元

傲倪昭谏　茂异简言

唐罗隐，字昭谏。工诗，尤长于咏史。性傲倪，少与桐庐章鲁风齐名，为宰相郑畋所重。畋女览隐诗，讽咏不已，畋疑有慕才意。隐貌陋，一日，女窥见之，遂绝口不咏。令狐绹子滈登第，隐贺以诗，绹曰："吾不喜汝得第，喜汝得罗公诗耳。”　〇滈，音缟。

宋吴简言，字若讷，以茂异决科，累官祠部郎中。尝经巫山神女庙，题诗云：“惆怅巫娥事不平，当时一梦是空成。只因宋玉闲唇吻，流尽长江洗不清。”是夜梦神女来谢。

金书梦珏　纱护卜藩

唐李珏，开成中拜相。李绛称其日角珠庭，非庸人相。时广陵有李珏，以贩籴为业，每斗惟求子钱二文，资奉父母。凡籴粜授人升斗，俾其自量。丞相珏节制淮南时，梦入洞府，见石壁金书姓名中有李珏，方自喜，有二童子云：“此是江阳部民李珏耳。”后百余岁仙去。　〇珏，音觉。

唐李藩，字叔翰。少沉静有检局，宪宗朝同平章事。尝问卜于葫芦生曰：“子纱笼中人也。”藩不省。后有新罗僧言，凡位当宰相者，冥司必潜以纱笼护其名姓，恐为异物所害。后为杜兼所诬，召藩诣长安，帝望见其仪度安雅，曰：“此岂为恶者耶?”

童恢捕虎　古冶持鼋

汉童恢，字汉宗。为不其令，民有为虎所害，恢捕二虎，谓曰：“王法杀人者死，若杀人者，垂头伏罪，不杀人者当号诉。”一虎低头瞑目，一虎视恢号鸣，恢乃杀一释一，吏民为之歌颂，迁丹阳太守，执法廉平。弟翊名高于恢，宰府先辟之，翊阳喑不出，及兄被命，乃就孝廉。　〇翊，音揖。不其，今山东即墨县。

齐景公渡河偶沉，鼋衔左骖没之，众皆惕，古冶子独仗剑从之。斜行五里，逆行五里，至于砥柱之下，左手持鼋头，右手挟左骖，燕跃鹄踊而出，仰天大呼，水为逆流三百步，观者皆比于河伯。

何奇韩信　香化陈元

汉萧何见韩信，与语奇之。汉王未及重用信，信亡去，何自策骑月下追返之，力荐于高祖，曰：“诸将易得耳，至如信，国士无双。”高祖遂筑坛，拜为大将，卒赖成功。○信，字君实。

汉仇览，一名香。为蒲亭长，有陈元者，母讼其不孝，览惊曰：“守寡养孤，奈何致子于法？”览因亲至其家，详谕元以大义，卒成孝子。邑令王涣署为主簿，曰：“闻不罪陈元而化之，得无少鹰鹯之志乎？”览曰：“窃谓鹰鹯不如鸾凤，故不为耳。”

徐幹中论　扬雄法言

季汉徐幹与陈琳等七人皆好文章，号建安七子。魏文帝尝与吴质书曰：“伟长抱文怀质，恬淡寡欲，有箕山之节，可谓彬彬君子矣。”疾时人美丽之文，不能敷散道教，故著《中论》行世，辞义典雅，当世嘉之。　○伟长，幹字。

汉扬雄，少好学，居岷山之阳，有田一廛，有宅一区。以经莫大于《易》，作《太玄》；传莫大于《论语》，作《法言》；篇莫善于《苍颉》，作《训纂》；箴莫善于《虞人》，作《九箴》；赋莫善于《离骚》，作《反骚》；辞莫丽于相如，作《四赋》。雄撰《法言》，蜀有富人，赍钱十万，愿载一名。子云曰：“富人无义，正如圈中之鹿，栏中之牛矣，安得妄载！”

力称乌获　勇尚孟贲

乌获，字文举，秦武王时人。力能扛鼎，秦武王好以力戏，获遂至大位，后举鼎折肱而卒。　○扛，音缸，对举也。○《论衡》云：“董仲舒、扬子云，文之乌获也。”

孟贲，齐人，能生拔牛角，往归秦武。尝过河，先其伍，船人虓之，不知其为贲也。中河贲怒，目裂发直，舟中之人尽扬播于河。○虓，孝平声。贲，音奔。《淮南子》注作卫人。

八龙荀氏　五豸唐门

汉荀淑，字季和。子八人，俭、绲、靖、焘、汪、爽、肃、敷并有名。淑居西豪里，县令苑康曰："昔高阳氏有才子八人。"遂署其里曰高阳里，号其子曰八龙。靖、爽尤知名，复有二龙之号，或称二玉。许邵曰："叔慈内照，慈明外朗。"陈太邱尝携诸子侄造之，于时德星聚，太史奏：五百里当有贤人聚。

宋唐坰、唐肃、唐询、唐介、唐淑问相继为御史，人称一门五豸。○按介，字子方，坰之叔。淑问，介之子，坰兄。肃则坰祖，询则坰父也。有足曰虫，无足曰豸。本音池，上声，俗讹为獬廌，廌字则柴上声矣。御史官服用獬廌，豸宜作廌。

张瞻炊臼　庄周鼓盆

江淮王生善卜，贾客张瞻将归，梦炊臼中，以问王生。生曰："君归不见妻矣，臼中炊，无釜也。字义：釜去声为妇。"瞻归，其妻果卒。见《酉阳杂俎》。

周庄周，蒙人，一称蒙庄。妻死，惠子吊之，周箕踞鼓盆而歌曰："堪叹浮世事，有如开花谢。妻死我必埋，我死妻必嫁。我若先死时，一场大笑话。田被他人耕，马被他人跨。妻被他人恋，子被他人打。以此动伤心，相看泪不下。世人笑我不悲伤，我笑世人空断肠，死后若还哭得转，我亦千愁泪万行。"惠子曰："不亦甚乎！"

疏脱士简　博奥文元

南北朝张率，字士简。嗜酒疏脱，在新安遣家僮载米三千斛还吴，耗失大半。士简问其故，答曰："雀鼠耗也。"士简叹曰："壮哉鼠雀！"竟不究。率初作颂赋，虞讷诋之，后更为之，托言沈约，讷便句句称赏。

唐萧颖士，谥文元。性严酷，有仆名杜亮，事之十余年，颖士每加棰楚，辄百余，不堪其苦。人或激之择木，亮曰："我非不能他从，所以迟留者，特爱慕其博奥耳！"　○陆放翁诗："奴爱才如萧颖士。"　○萧字茂挺。

敏修未娶　陈峤初婚

宋陈敏修，绍兴间中进士第三人。上问云："卿便是陈敏修，年几何?"对曰："七十三。"又问有几子，对曰："未娶。"上乃出内人施氏嫁之。年三十，资奁甚厚。时人语曰："新人若问郎年纪，五十年前二十三。"

宋陈峤，字景山，年近六十方及第。有儒家以女妻之，合卺之夕，作诗云："彭祖尚闻年八百，陈郎犹是小孩儿。"
○东坡谪惠州，邻有老举人年六十九，其妻三十岁诞子，公戏一联曰："令阁方当而立岁，贤夫已过古稀年。"见《侯鲭录》。

长公思过　定国平冤

汉韩延寿，字长公。为左冯翊，行县至高陵，民有昆弟相与讼田。延寿大伤之，曰："幸得备位，为郡表率，不能宣教明化，至令民有骨肉争讼，咎在冯翊。"因闭门思过，一县莫知所为，令丞以下，亦皆自系待罪。于是讼者自悔，肉袒谢罪，愿以田相让，终死不敢复争。　○冯，音平。翊，音亦。

汉于定国，累官廷尉，时称之曰："张释之为廷尉，天下无冤民；于定国为廷尉，民自以为不冤。"先是定国父于公为狱吏，闾门坏，父老方共治之。公曰："幸少高大，令容驷马高盖车，我治狱多阴德，子孙必有兴者。"至定国果拜相，封西平侯。生平谦厚，身为列卿，尚迎师执弟子礼，饮酒数斗不乱，酒后治狱益精明。

陈遵投辖　魏勃扫门

汉陈遵，字孟公。性好客，每会饮，取客车辖投井中，虽有急不得去。善书，凡与人尺牍，众皆珍藏之。初为京兆史，列侯中有与同姓字者，每至，入门，坐中莫不震动，既至而非，因号曰："陈惊坐。"

汉魏勃欲见齐相曹参，贫无以通，乃常早起扫齐相舍人门。舍人怪而问之，乃知是勃，询其故，勃曰："愿见相君。无因，故为扫之，借以自通也。"于是引见参，遂以为舍人。

孙琏织屦　阮咸曝裈

宋孙琏，家贫，嗜书，善吟咏。不应举，躬耕织屦以为食，寿百岁。尝赋《述怀》诗云："坐倦秋树根，摄衣步前丘。横河淡如练，波月西南流。独持一樽酒，悠然发清讴。俯仰无不足，吾生焉所求。"　〇琏，连上声。

晋阮咸，字仲容。任达不拘，当时莫不怪其所为，惟太原郭奕见之心醉焉。与叔籍齐名。咸与籍居道南，诸阮居道北，北富南贫。七夕日，北阮曝衣，锦绮熇日，咸以竹竿挂犊鼻裈于庭，曰："未能免俗，聊复尔耳。"出补始平太守。〇熇音郝。

晦堂无隐　沩山不言

宋黄庭坚，字鲁直。尝欲诠释“吾无隐乎尔”之义，再三不得其解。因问黄堂寺晦堂老子，晦堂不答。时暑退凉生，秋风满院，晦堂因问，曰：“闻木樨香乎？”山谷曰：“闻。”晦堂曰：“吾无隐乎尔！”山谷叹服。　○木樨，桂之别名。山谷，庭坚别号。

唐香岩禅师参沩山，沩山曰：“父母未生时，试道一句看。”师茫然，屡乞沩山说破。沩山曰：“我说底是我底，终不干汝事。”乃泣辞。过南阳，一日，芟除草木，偶抛瓦砾，击竹作声，忽省悟。遽沐浴焚香，遥礼沩山，赞曰：“和尚大慈，恩逾父母，若为说破，今日何有！”　○沩，音规。

十四　寒

庄生蝴蝶　吕祖邯郸

周庄周为漆园吏，字子休。尝梦化为蝴蝶，栩栩然不知周也。俄而觉，则蘧蘧然周也，不知周之梦蝶，蝶之梦周也，是谓物化。　○栩栩，忻畅貌。蘧蘧，自得貌。　○南北朝李愚，性疏旷不羁。尝曰：“予夙夜在公，不得烂游华胥国。欲构一蝶庵，以庄周为第一祖，陈抟配食，忙者难与注籍供职。”

唐开元中，吕岩得道，云游邯郸客邸，适主人炊黄粱。时有卢生在坐，言困厄欲求仕。岩乃取囊中枕授之，睡未几，梦登第，出入将相五十年，荣盛无比。及觉，黄粱尚未熟，卢生因求度世之术，后亦仙去。　○岩即纯阳子。邯，音寒。郸，音单。

谢安折屐　贡禹弹冠

晋谢安领扬州刺史。时苻坚入寇，安方在别墅对客围棋。侄玄以文武良将御敌，破坚淝水，捷至，安略无喜色。客问，但曰："小儿辈已破贼矣。"既罢弈还内，过门限，喜甚，不觉屐齿之折，其矫情镇物如此。　○屐，音极。

汉贡禹，字少翁。与王阳友善，阳为益州刺史，禹乃弹冠相庆，俟其荐己，阳果荐于成帝。　○一说禹初为河南令，以职事为上官所责，免冠谢，已而曰："冠一免，安可复冠！"遂谢去。世言王阳在位，贡禹弹冠，则前说为是。

颛容王导　浚杀曲端

晋王敦乱，从弟王导诣台待罪，亟呼周颛，曰："伯仁，以百口累卿。"颛直入不顾，见帝，申救而出，但谓左右曰："今年杀诸贼奴，取金印如斗大。"既又表明导无罪，导皆不知。敦至，问颛何如，导不答，遂杀颛。寻知之，导悔曰："我虽不杀伯仁，伯仁由我而死。"　○伯仁，颛字，颛音以。

宋曲端，字正甫。为威武将军，善战，得士卒心。与宣抚使张浚议不合，窜之。浚犹张其号以惧虏。寻召还欲用，吴玠与之有隙，书"曲端谋反"四字于手示浚。又端诗："不向关中兴事业，却来江上泛渔舟。"王庶诬其指斥乘舆，遂下端狱，武臣康随计杀之，谥壮愍。

休那题碣　叔邵凭棺

明姚康，字休那，桐城人。素恬淡寡营，研精坟史，不屑仕进。何史二相国先后敦请入幕，文章经济，略见一斑，而贫窭如故。七十初度，为诗自祭，有陶靖节风，又自题圹碣曰："吊有青蝇，几见礼成徐孺子；赋无白凤，免得书称莽大夫。”寿七十六，著述甚富。　○那，懦平声。

明方叔邵，字虎王，桐城人。豪放不羁，诗酒自适，书法媲美草圣，识者宝之。崇祯壬午夏，忽病齿，遂整衣冠坐棺中，凭棺授笔书曰：“千百年之乡而不去，争此瞬息而奚为？无干戈剑戟之乡而不去，恋此枳棘而奚为？清风明月如常在，翠壁丹崖我尚归。笔砚携从棺里去，山前无事好吟诗。”书毕就寝，遗命勿殓。　○凭，音平。

如龙诸葛　似鬼曹瞒

季汉诸葛亮隐居隆中，徐庶称为“卧龙先生”。因司马徽之荐，三顾乃克见，喜如鱼之得水，后为相，封武乡侯。兄瑾事吴，族弟诞事魏。时谓蜀得龙，吴得虎，魏得狗。　○今南阳之邓县，在襄阳城西三十里，号曰隆中，孔明躬耕处。

季汉曹操，小字阿瞒，机警有权术。临终戒其子，曰：“我死，当题云‘安汉公曹将军墓’。”恐人窃听，又但嘱众妾分香卖履，无一语及他事。故阳节潘氏论曰：“平生奸伪，死见真性，操之所以如鬼也。”盖本坡公祭诸葛君文，视亮如龙，视操如鬼。

爽欣御李　白愿识韩

汉李膺，字元礼。性简亢，无所交接，惟以荀淑为师。淑第六子爽尝就谒膺，因为其御。既还，喜曰：“我今日得御李君矣。”其见慕如此。故当时被其容接者，名为登龙门。○登龙门，任昉、袁昂事亦同。

唐韩会，字朝宗。玄宗朝为荆州刺史，以好士荐贤称。李白流落江汉，上书自荐，其简端曰：“白闻天下谈士相聚而言曰：‘生不愿封万户侯，但愿一识韩荆州。’何令人之景慕一至于此！”　○韩会即四夔之一。

黔娄布被　优孟衣冠

周黔娄子，齐隐士，守道不屈，威王师之。卒，覆以布被，覆头则足露，覆足则头露。曾西曰："斜其被则殓矣。"其妻曰："斜而有余，不若正而不足。"著书四篇，言道家之要，号黔娄子。

周优孟，楚乐人。楚相孙叔敖知其贤，善待之。叔敖将卒，嘱其子贫困则往见优孟。孟为叔敖衣冠，抵掌谈笑，庄王以为叔敖复生，欲以为相，孟请归与妇计。三日后来，曰："妇言慎无为楚相，孙叔敖尽忠于楚，今死，其子无立锥地，负薪以自衣食，如为相，不如自杀。"于是庄王谢孟，召叔敖子，封之宛丘。

长歌甯戚　鼾睡陈抟

周甯戚，卫人，家贫，为人挽车至齐，夜于车下饭牛，扣角而歌曰："南山矸，白石烂，生不逢尧与舜禅，短布单衣适至骭。从昏饭牛薄夜半，长夜漫漫何时旦？"桓公闻而异之，命管仲迎之，拜为上卿。　〇歌共三章，详《古诗纪》。

宋陈抟，字图南，号希夷，普州崇龛人。先隐武当山，有五老人来听讲。易曰："吾日月池中龙也，此非君之所栖。"令闭目，御风而行，顷之，已至华山石上。因喜鼾睡，每至百余日不起，盖五龙授以蛰法也，周世宗曾于禁中扃户式之。　〇鼾，音酣。抟，音团。

曾参务益　庞德遗安

曾子有疾，曾元抱首，曾华抱足。曾子曰："吾无颜氏之才，无以告子，然君子务益。夫华多实少者，天也；言多行少者，人也。夫飞鸟以山为埤，而层巢其岭；鱼鳖以滩为浅，而穿穴其内，然所以得者饵也。君子苟能无以利害身，则辱安从至乎！宦怠于官成，病加于小愈，祸生于懈惰，孝衰于妻子。”

汉庞德公隐居于岘山，不入城府。刺史刘表累召不赴，乃造访，公耕陇上，妻馌于前，相敬如宾。表曰：“先生不受官禄，何以遗子孙?”公曰：“人遗之以危，我遗之以安耳!”建安中，携妻子移隐鹿门山下，子涣，晋太康中牂牁太守。○牂牁，音臧歌。

穆亲杵臼　商化芝兰

汉公沙穆，字子义。少游太学，无资，乃变服客佣为吴祐赁舂。祐与语，大惊，遂共定交于杵臼之间。穆后为弘农令，螟虫食稼，乃设坛请以身祷，于是暴雨既霁，而螟虫自消、人称神明。　○公沙，复姓。

孔子曰：“吾死之后，商也日益，赐也日损。”曾子曰：“何谓也?”曰：“商也好与贤己者处，赐也悦不若己者处，不知其人，视其友。故曰与善人居，如入芝兰之室，久而不闻其香，即与俱化矣；与不善人居，如入鲍鱼之肆，久而不闻其臭，即与俱化矣。丹之所藏者赤，漆之所藏者黑，是以君子必慎所与处者焉。”

葛洪负笈　高凤持竿

晋葛洪，字稚川，句容人。家贫，篱落不修，常披榛出门，排草入室。屡遭延火，典籍都尽，故闭门却扫，绝少交游。或寻书问义，则不远千里，期于必得。常负笈徒步，借书抄写，自伐薪以货纸墨。夜辄燃火，或写或读，但所写多反复，人罕能读之，后得秘术仙去。　○笈，书箱也。笈，音及。

汉高凤，字文通，叶县人。家以农为业，妻尝之田，曝麦于庭，令凤护鸡。时天暴雨，凤持竿诵经，麦为流水所漂。妻还怪问，凤方悟。后成名儒，教授西唐山中，不应征辟，隐身渔钓而终。〇西唐山，一名唐子山，在今南阳府唐县南，见《水经注》。

释之结袜　子夏更冠

汉张释之，官廷尉，时有王生者善释老，隐居不仕。释之与之善，尝召公卿，王生立庭中，袜解，顾谓释之曰："为我结袜。"释之跪而结之。既退，或曰："奈何辱廷尉？"王生曰："吾老且贱，自度无益于廷尉，聊辱结袜，以重之耳。"诸公闻之，皆贤王生而重释之。

汉杜钦，字子夏。少好经书。家富，而目偏盲，故不好为吏。茂林杜邺，与钦同姓字，俱以才能称，故称钦为"盲杜子夏"以相别。钦恶以疾见诋，乃为小冠，高广才二寸，由是京师更谓钦为"小冠杜子夏"、而邺为"大冠杜子夏"云。王凤奏请钦为大将军、武库令。

直言唐介　雅量刘宽

宋唐介，字子方。仁宗朝为御史里行，劾文彦博结交后宫，窃取相位。帝怒，贬介英州别驾，寻遣使护行，又图其像于便殿。李师中送以诗，有"去国一身轻似叶，高名千古重如山"之句，由是介直声动天下。后神宗朝参知政事，简亢敢言，数与王安石辩，不胜愤忿，遂至疽发背死。

汉刘宽，字文饶。性仁厚，为南阳太守，吏民有过，但用蒲鞭示辱。嘉平中拜太尉，当朝会，夫人欲试宽令恚，使婢捧肉羹污其朝衣，宽神色不异，乃徐言曰："羹烂汝手乎？"又尝有人误认其牛，宽无所言，下驾步归。顷认者得牛，送牛还，叩头请责，宽反慰劳之。　〇恚，音惠。

捋须何点　捉鼻谢安

南北朝何点，字子晳。容貌方雅，博通群书，宋、齐累征不起。与梁武帝有旧，帝践阼，赐以鹿皮冠，手诏征之，召见华林园，欲拜为侍中。点以手捋帝须，曰“乃欲臣老子耶？”寻辞疾归。　〇李卓吾谓其可比严光。

晋谢安少有时名，朝命敦逼，皆不就。人为语曰：“安石不起当如苍生何！”虽处衡门，雅负公辅之望。时兄弟已有贵者，翕集家门，倾动人物。刘夫人，刘惔妹也，见安独静退，戏谓之曰：“大丈夫不当如此耶？”安乃捉鼻曰：“正恐不免耳！”弟既废，安年四十余，始应辟命，后破苻坚，赠太尉，谥文靖。

张华龙鲊　闵贡猪肝

晋张华，字茂先。学业优博，所著有《博物志》，时人比之子产。陆机尝遗华鲊，华曰：“此龙肉也。”遂以苦酒沃鲊，鲊中有五色光。因问鲊主，果自园中积茅下得白鱼以作鲊也。〇又汉昭帝时，有鲛鲊。又唐安禄山恩宠莫比，所赐品目中有野猪鲊。

汉闵贡，字仲叔。世称节士，虽周党之洁白，自以为弗及也。尝客居安邑，家贫，日买猪肝一片。屠者或不肯，安邑令闻之，敕吏常给之。贡怪焉，问知其故，叹曰：“闵仲叔岂以口腹累安邑耶！”遂去沛。建武中以博士征不就。

渊材五恨　郭奕三叹

宋彭渊材，宜丰人。平生喜游，一日，同一黥徒负布囊归，人疑金珠也。渊材曰："吾富可以敌国。"及开视，止李廷珪墨一丸，文与可竹一枝，欧阳公《五代史》稿一巨编而已。尝自言平生有五恨：一恨鲥鱼多骨，二恨金橘带酸，三恨莼菜性冷，四恨海棠无香，五恨曾子固不能诗。渊材善晓大乐，除协律郎。

晋郭奕，字太业。有才望，初为野王令，羊祜还洛，至界，奕遣人要之，便自往。既见，叹曰："羊叔子何必减郭太业！"复往，羊染小恙，还，又叹曰："羊叔子去人远矣！"祜既去，奕送之弥旦，举数百里，遂以出境免官。复叹曰："羊叔子何必减颜子！"

弘景作相　延祖弃官

南北朝陶弘景，字通明，读书万卷。一事不知，以为深耻。齐高帝引为诸王侍读。永明中，脱朝服挂神武门，上表辞禄，隐居茅山华阳洞。性爱松风，庭院皆植松，每闻其响，欣然为乐。筑三层楼，自处其上，弟子处其中，宾客处其下，行辟谷导引之术。梁武帝早与之游，即位，征之不出，每有大事，无不咨询，谓之山中宰相。

唐元延祖矢志不仕，年过四十，亲娅强勒之，再调春陵丞，辄弃官去，曰："人生衣食可适饥寒，不宜复有所须，每灌畦掇薪，以为有生之役，过此吾不思也。"子结为道州刺史。

二疏供帐　四皓衣冠

汉疏广，字仲翁，仕至太子太傅。兄子受，太子少傅。在位五年，广谓受曰："知足不辱，知止不殆；功成身退，天子道也，不去恐有后悔。"乃上疏乞骸骨，许之。赐黄金百斤，太子赠五十斤，公卿大夫设供帐，祖道东都门外，送者车数百辆。道路观者皆曰："贤哉二大夫！"

汉高帝欲易太子。吕后问策张良，良曰："此难以口舌争，顾上所不能致者四人，固请宣来，上见之，则一助也。"太子书迎至，省建成侯吕泽所。及宴，置酒，太子侍，四人从，年皆八十余，须眉皓白，衣冠甚伟。上怪问何自从吾儿游，四人曰："陛下轻士，臣等义不辱；太子仁孝，愿为之死。"出，上召戚夫人指视曰："羽翼已成，难动矣。"

曼卿豪饮　廉颇雄餐

宋石延年，字曼卿，宋城人。喜豪饮，与刘潜善。尝倅海州，潜访之，剧饮，中夜酒竭，有醋斗余，并饮之。每与客痛饮，露发跣足，着械而坐，谓之囚饮；坐于木杪，谓之巢饮；以藁束之，引首出饮，复就束，谓之鳖饮，人甚苦之。官太子中允，进《备边策》，不报。已而西方用兵，上思其言，欲召用，则死矣。

周廉颇为赵将，威震齐秦，伐燕有功，封信平君，为假相国。悼襄王立，使乐乘代颇，颇怒，遂奔魏。赵后困于秦，复使使视颇。仇人郭开赂使，令毁之。使见颇，颇一饭斗米，肉十斤，被甲上马，以示可用。使者报曰："廉将军虽老，尚善饭，然顷之三遗矢矣。"

长康三绝　元方二难

晋顾恺之，字长康。博学有才气，善丹青。每画人物，数年不点睛，曰："传神写照，正在阿堵中。"尤信小术，以为求之必得。故世传恺之有三绝：才绝，画绝，痴绝。为虎头将军，因号顾虎头。　〇阿堵，晋时方言，犹云这个耳。〇又宋友文工书，富文辞，有勇力，号三绝。郑虔自写其诗，并画以献玄宗，署其尾曰："三绝俱唐人。"

汉陈寔长子纪，字元方；次子谌，字季方。与寔并著高名，时号三君。元方子长文，季方子孝先，各论父功德，咨于祖太邱，曰："元方难为兄，季方难为弟。"

曾辞温饱　城忍饥寒

宋王曾，字孝先，山东益都人。咸平中，乡试、廷对皆第一。刘子仪戏之曰："状元试三场，一生吃着不尽。"曾曰："曾平生志不在温饱。"初，布衣时，以梅诗谒吕文穆云："雪中未问调羹事，先向百花头上开。"吕云："此生已安排作状元宰相。"后正色立朝。谥文正。

唐阳城，字亢宗。性好学，求为吏，隶集贤院。窃书读之，六年精通。去隐中条山，与弟堦、域常易衣而出。岁饥，屏迹不过邻里，屑榆为粥，讲论不辍。有奴都儿，亦化其德，或与之食，不受，糠则受。城后为谏议大夫。

买臣怀绶　逄萌挂冠

汉朱买臣，字翁子。家贫，常担薪自给，行讴道中，妻耻求去。后随计吏至长安，上书，严助复荐之，拜中大夫，授会稽太守。买臣衣故衣，怀其印绶，步归郡邸，诸吏方群饮不视。守邸见其绶，乃太守也，白守丞来谒，买臣徐乘传而之官。

汉逄萌，字子庆。家贫，为亭长，叹曰："大丈夫安能为人役哉！"遂去之长安求仕。时王莽杀其子宇。萌谓友人曰："三纲绝矣，不去，祸将及。"即挂冠东都城门，携家浮海，客辽东，光武即位始还，累征不起。

循良伏湛　儒雅兒宽

汉伏湛，字惠公，伏生九世孙。更始时，天下兵起，湛为平原太守，捐俸赈饥，一郡赖以保全。光武征拜大司徒，奏行乡饮酒礼。自伏生以来，世传经学，清净无竞，故东州号湛为“伏不斗”。

汉兒宽治《尚书》。家贫赁作，带经而锄。武帝朝，射策为掌故。迁左内史，雍容儒雅。尝守同州，以负租课殿，当免。民闻之，大家牛车，小家担负，输租不绝，课更以最。后为御史大夫。　○殿，下考；最，上考也。兒，读作倪。

欧母画荻　柳母和丸

宋欧阳修，字永叔。四岁失父，母韩国夫人郑氏，守节自矢，亲教育之。家贫，常以荻画地教书。后成进士，两试国学，一试礼部，皆第一，文章名冠天下。修父观为泗州司理时，尝秉烛治官书，屡废而叹。妻问之，曰：“此死狱也，我欲其生不得，故叹！”　○又陶弘景幼好学，四五岁恒以荻为笔，画地画灰学书。

唐柳公绰妻韩氏，相国休之曾孙，家法严肃，为缙绅家楷范。训其子仲郢，尝粉苦参、黄连、熊胆和为丸，使永夜习学，含之以助勤苦。后仲郢累官侍御史、京兆河南尹。退公布卷，不舍昼夜。九经三史一钞，魏、晋南北朝史再钞，手书分门三十卷，号《柳氏自备》。小楷精谨，无一字肆笔。

韩屏题叶　燕姞梦兰

唐僖宗宫人韩翠屏有感，因题诗红叶云：“流水何太急，深宫尽日闲；殷勤谢红叶，好去到人间。”置御沟水中流出，学士于祐得之，亦题一叶云：“曾闻叶上题红怨，叶上题诗寄阿谁？”亦置御沟，风送逆流而进，韩得之。后放宫人三千人，丞相韩泳为于作伐，礼成。各出红叶相视，乃曰：“事岂偶然！”翠屏因又题一绝。

郑文公有贱妾燕姞，梦天使与己以兰，曰：“以是为而子。”盖以兰有国香，人服媚之也。既而文公与姞兰而御之，辞曰：“贱妾有子，将不信，敢征兰乎？”公曰：“诺。”后果生穆公，名曰兰。后穆公有疾，曰：“兰死，吾其亡乎？”刈兰而死。

漂母进食　浣妇分餐

汉韩信，淮阴人。贫甚，钓于城下。漂母见信饥，饭信。信曰：“吾必有以重报母。”母怒，曰：“大丈夫不能自食，吾哀王孙而进食耳，岂望报乎！”又尝见辱于屠中少年曰：“子每好带剑，能，刺我死？不能，出我胯下。”信乃俯首，蒲伏出其胯下，市人皆笑其怯。后归汉，封淮阴侯。　〇漂母坟在泗口，信为楚王，立冢以报漂母。

伍子胥奔吴，至溧阳，见女子击漂濑水上。子胥乞食，女与之饭。子胥曰：“掩尔壶浆，勿令其露。”既去，回顾女已自沉水中。女姓史，子胥得志于吴，欲报，不知其家，投金濑水而去。　〇今溧阳有投金濑，李白作《贞义女碑铭》。浣，音缓。

十五　删

令威华表　杜宇西山

汉丁令威，辽东人。学道于灵墟山，后化鹤归辽东，集华表柱云：“有鸟有鸟丁令威，去家千年今始归。城郭如故人民非，何不学仙冢累累。”　〇《安徽通志》：灵墟山在太平府东三十五里，旧传丁令威化鹤于此。坛址犹存，有丹洞、丹井。　○化鹤事与苏耽同。

黄帝子昌意娶蜀女，生帝喾，后封其支庶于蜀。始称王者名蚕丛，后王曰杜宇，尝值大水，与居民避水于长平山。荆人鳖灵，其尸随水上，至汶山下，宇立为相，开峡治水，人得陆处。宇禅位与之，自居西山，道成升天，又号望帝，尝化为鸟，即今之子规。

范增举玦　羊祜探环

沛公先入关，项羽怒。沛公至鸿门谢之，羽留宴。居鄛人范增在坐，数举所佩玦示羽，令杀沛公，羽不听。后增以反间去，苏轼曰：“增不去，项羽不亡，增亦人杰也哉。”○玦，佩之不周者。居鄛，今巢县。增，字亚父。玦，音决。

晋羊祜，字叔子。生五岁，忽令乳母往邻家李氏园桑树中探取金环。李氏曰：“此吾亡儿所失。”因知李氏子，祜前身也。　○又五代文澹于杏林中取五色香囊，亦记前生世事。

沈昭狂瘦　冯道痴顽

晋沈昭略尝晚醉，负杖至娄湖苑，遇王约，张目视之，曰：“汝何肥而痴?”约答曰：“汝何瘦而狂?”昭略抚掌大笑曰：“瘦已胜肥，狂已胜痴，奈何奈何！王约，奈汝痴何！”○娄湖苑在江宁府东南，以张昭封娄侯名。

契丹灭晋，冯道朝耶律德光于京师。德光责道事晋无状，道不能对。又问何以来朝，对曰：“无城无兵，安敢不来?”德光因诮之曰：“尔是何等老子?”对曰：“无才无德痴顽老子。”德光喜，以道为太傅。　○契，音乞。契丹即匈奴，契丹主名德光。耶律，复姓。冯道，字可道。

陈蕃下榻　郅恽拒关

汉陈蕃，字仲举。为豫章太守，性方峻，杜门谢客。徐孺子名稚，蕃慕其贤，时为设一榻以礼之。去则悬之于壁。唐王勃《滕王阁序》“人杰地灵，徐孺下陈蕃之榻”是也。又乐安周璆，高洁之士，蕃每见之。字而不名，亦设一榻以待之。

汉郅恽，字君章，西平人。为上东门侯。光武尝出猎夜还，恽拒关不纳，乃从中东门入。明日，恽复上书谏，奏入，赐布百匹，而贬中东门侯为尉。　○郅，音智。恽，氲上声。

雪夜擒蔡　灯夕平蛮

蔡州吴元济叛，李愬奉命讨之，愬名位素微，淮西人轻之，不为备。愬夜半乘雪袭蔡州。至悬弧城，城傍池多鹅鹜，愬令击之，以乱军声。遂擒元济，槛送京师。先是讨蔡久无功，惟裴度言淮西必可取，悉以兵事委之。故愬屯于鞠场以待度，具櫜鞬出迎拜。度欲避，愬曰：“蔡人不知上下之分，愿公示之，使知朝廷之尊。”

宋狄青，字汉臣。宣抚广西，时蛮虏侬智高守昆仑关，青至宾州，值上元大张灯火。首夜享将佐，次夜享众军官。次夜二鼓，青称疾辄起，令孙元规暂主席，数使劳坐客，至晓未敢退。忽报三鼓已破昆仑矣。　○韩世忠有秀州张灯破敌事。

郭家金穴　邓氏铜山

汉郭况，光武郭后弟也。赏赐甚厚，累金数亿，时号金穴。错珍宝以饰台榭，悬明珠于四垂，昼视之如星，夜望之如日。故里语云：洛阳多钱郭氏室，夜日昼星富无匹。

汉邓通以棹船为黄头郎。文帝梦上天，有黄头郎推上，见其衣尻带后穿，觉而之渐台，见通衣后穿，宠幸之。使相者相通，当贫饿死。帝曰："能富通者我也，何谓贫乎？"于是赐以蜀严道铜山，得自鼓铸。邓氏钱遂布天下，官至上大夫。后景帝立，怨通，因失家产，竟寄死人家。　○尻，考平声，脊梁尽处也。

比干受策　杨宝掌环

汉何比干，字少卿。武帝时为廷尉，治尚仁恕，活者数千人。一日，有老妪造门，曰："公先世有功德，及公又治狱多平反，今天赐策，以广公后。"因出怀中策九十九枚，曰："子孙佩印者如此算。"　○反，音翻。《汉书》：录囚平反之，谓举活罪人也。

汉杨宝，华阴人。性慈爱，方九岁，至华阴山北，见一雀为鸱鸮所搏，坠地，蝼蚁攒之。宝怀归置巾笥中，饵以黄花。百余日，雀愈，朝去暮来。忽一夕，变为黄衣童子，以白玉环四枚与宝曰："善掌此环，使君子孙洁白，累世三公，当如此环。"光武封为靖节先生。子震，孙炳，曾孙赐，元孙彪，俱贵显，符其数。

晏婴能俭　苏轼为悭

晏婴相齐，节俭力行，食不重肉，妾不衣帛。祀先人，豚肩不掩豆，一狐裘三十年，人以为陋，而晏子自若。○又景公饮酒，陈桓子请浮晏子，以其弊车驽马而朝，为隐君之赐。晏子辞而后饮，曰："非臣之罪也，臣以君之赐，父党无不乘车者，母党无不足衣食者，妻党无冻馁者，国中待臣举火者数百家。如此为隐君之赐乎！"公曰："善。"

宋苏轼与李公择书："仆行年五十，始知作活大要是悭耳，而文以美名，谓之俭素。"故司马温公在洛为真率会，相约不得过五品。子瞻在黄州，复杀而为三，言此有三养：一曰安分以养福，二曰宽胃以养气，三曰省费以养财。 〇杀，音晒。

堂开洛水　社结香山

宋文彦博，字宽夫。以太尉留守西都，慕白乐天九老会，乃集洛中公卿年高德劭者富弼、司马光等为耆英会，就资圣院建耆英堂，命闽人郑奂绘像堂中，合席汝言、王尚恭、赵丙、刘几、冯行已、楚建中、王慎言、张问、张焘、王君贶，共一十三人。 〇奂，音绰。

唐白居易，字乐天。晚年放意诗酒，与嵩山僧如满为空门友，平泉客韦楚为山水友，刘梦得为诗友，皇甫明之为酒友。又与胡杲、吉皎、张浑、刘真、郑据、卢真、狄兼谟、卢贞等年高不仕者，共结香山社，日为赋诗宴集，人争慕之，因绘为《香山九老图》，惟卢真年未七十，虽与会而不及列。

腊花齐放　春桂同攀

唐武后天授二年腊，卿相欲诈称花发，请幸上苑，有所谋也。许之。寻疑有异图，乃遣使宣诏云："明朝游上苑，火速报春知。花须连夜发，莫待晓风吹。"凌晨，名花布苑，群臣惊异，事乃寝。

明仪真蒋、王二公未遇时，元旦同游于庙。闻桂花香，游人杂沓，分趋左右树，二公各折得已开桂花一枝。众诧之，持花出门。群儿歌曰："一布政，一知府，掇高魁，花到手。"众问之，儿曰："信口戏耳！"二公同中正德戊辰进士。蒋名南金，官知府；王名大用，官布政。

卷之三

一　先

飞凫叶令　驾鹤缑仙

汉王乔，河东人。明帝时为尚书郎，显宗时为叶令。汉法：畿内长吏，节、朔还朝。乔每自县来，帝怪其来数而不见车骑，令太史伺之。将至，见有双凫从南来。举罗张之，得二舄，乃四年中所赐尚书履也。后天下玉棺于堂前，乔沐浴寝其中而卒，百姓立祠祀之。　○又：蜀人王乔，得肉芝食之，仙去。叶音摄。叶县在今河南。

周灵王太子晋，一名迥，好吹笙，作凤鸣，游于伊洛之间，道士浮邱公接之上嵩高山，三十余年后见桓良，谓曰："可告我家：七月七日候我于缑氏山巅。"至期，果乘白鹤驻山头，可望不可即，俯首谢时人，数日方去。因立祠祀之。或称王子乔。　○缑，音钩。

刘晨采药　茂叔观莲

汉刘晨，剡溪人，永平中与阮肇入天台采药，路迷粮尽，望山头有桃，共取食之。下山见渡口流出一杯，有胡麻饭屑。因度山，遇二女子，便唤刘、阮姓氏，因邀还家，一切精丽。俄有群女各持三五桃，笑云："贺汝婿来。"遂行夫妇礼。居半载，辞归，诸仙作歌送之，至家，已传七世。晋太康八年，忽失所在。　○曹唐有诗咏其事。

宋周敦颐，别号濂溪，道州人。性喜莲，每当盛开，辄往观之。久，因作《爱莲说》，有云："香远益清，亭亭净植，可远观而不可亵玩焉。"又云："莲，花之君子者也。"皆寓意深远。公之生平，可于此想见。黄山谷曰："茂叔人品甚高，胸中洒落，如光风霁月。"

阳公麾日　武乙射天

《淮南子》曰：鲁阳公与韩构难，战酣日暮，援戈而麾之，日为之反三舍。全性保真，不亏其身，遭急逼难，精通于天也。　○又：虞公与夏公战，日欲落，公以剑指日，日遂不落。　○麾音挥，一作扮。

殷王武乙无道，为偶人，谓之天神。与之博，令人为行，天神不胜，乃僇辱之。又为革囊盛血，仰射之，命曰射天。在位四祀，猎于河渭之间，暴雷震死。　○盛，音承。

唐宗三鉴　刘宠一钱

唐魏徵卒，太宗悲恸，谓侍臣曰："以铜为鉴，可正衣冠；以古为鉴，可知兴替；以人为鉴，可明得失。朕尝保此三鉴，今魏徵逝，亡一鉴矣。"帝后登凌烟阁，观徵像，赋诗痛悼。封郑国公，谥文贞。

汉刘宠，字祖荣，会稽太守，征为将作监大匠。山阴五六老叟各赍百钱为饯，泣曰："自明府下车以来，狗不夜吠，民不见吏。今闻当见弃去，故自扶奉送。"宠曰："吾政何能及公言耶？勤苦父老！"各选一大钱受之。出山阴界，投于江，后名其江为"钱清"，今有一钱太守庙。　○赍，音鸡。

叔武守国　李牧备边

晋重耳出亡，曹、卫不礼。及反国，侵曹伐卫。卫人出成公于襄牛，以悦于晋。宁武子从。大夫元咺奉公弟叔武以受盟。或诉曰：“立叔武矣。”咺子角从公，公使杀之。咺不废命，奉叔武以入守。晋人复成公，前驱射杀叔武，元咺奔诉于晋。公不胜，执归京师。鲁僖公请之，得释。　○咺，喧上声。

李牧，赵良将，常居代雁门，备匈奴，日击牛享士，谨烽火，多间谍，虏入则急收保。赵王怒，使代之。虏来，出战辄不利。复用牧如前者数岁，士皆愿决一战，遂张左右翼，大破之，虏由是十余年不敢犯边。又大破秦军，以功封武安君。

少翁致鬼　栾大求仙

汉武李夫人卒，帝思念不已。方士齐人少翁言能致其神，乃夜张灯烛，设帷帐，陈酒肉，令帝居帷帐，遥见好女如夫人之貌，环幄帷而步，又不得就视。帝愈悲感，作诗，令乐府诸音家弦歌之。歌曰：“是耶？非耶？立而望之，偏何姗姗其来迟！”　○姗，音三。

汉武帝以方士栾大为五利将军，尚公主。大见上言曰：“臣尝往来海上，见安期、羡门之属曰：黄金可成，河决可塞，不死之药可得，仙人可致也。”帝崇信之，使治装入海求其师。后坐诬罔，腰斩。　○安期、羡门皆仙侣。栾，音鸾。

彧臣曹操　猛相苻坚

季汉荀彧。字文若，颍川人，淑之孙，何颙许以王佐之才。闻曹操有雄略，与从子攸往归之。操悦曰：“吾子房也。”以为奋武司马，军中事悉以咨之。后董昭欲进操九锡，密以访彧。彧曰：“君子爱人以德，不宜如此。”操憾之。彧偶病，操馈食。发之，空器也，遂饮药卒。　○攸从操征伐，奇策十二，操称为人之师表。　〇彧，音郁。

晋王猛，字景略，北海剧人。少贫贱，以鬻畚为业，遇异人于嵩高山。桓温入关，猛被褐谒之，扪虱与谈世务，旁若无人。温曰："江东无卿比也。"乃署为军咨祭酒，欲与猛俱还，猛不就。寻因吕婆楼荐，相苻坚，坚自谓如玄德之遇孔明，秦遂以大。临终，劝勿以晋为图。坚不从，致取灭亡。〇畚，音本，盛土器。苻，音扶。

汉家三杰　晋室七贤

汉高祖置酒洛阳南宫，语诸将曰："运筹帷幄，决胜千里，吾不如子房；镇抚百姓，馈饷不绝，吾不如萧何；连师百万，战胜攻取，吾不如韩信。三者皆人杰，吾能用之，所以取天下。项羽一范增而不能用，所以为我擒也。"群臣悦服。

晋嵇康文辞壮丽，好言老庄，而尚奇任侠。魏嘉平中，与陈留阮籍、籍兄子咸、河内山涛、河南向秀、琅琊王戎、沛人刘伶同居山阳，共为竹林之游，世号竹林七贤。然皆崇尚虚无，轻蔑礼法，纵酒昏酣，遗落世事。　〇袁宏、戴逵为《七贤传》，孙统为之《赞》。

居易识字　童乌预玄

唐白居易始生七月，即能展书，姆指"之""无"二字，即能记认，百试不差。后官至刑部尚书，诗数千篇。尝置二妓：一名小蛮，善舞；一名樊素，善歌。公诗曰："樱桃樊素口，杨柳小蛮腰。"一女名金鸾，十岁写《北山移文》，公为买石刻之。后公卒，葬龙门山，四方过者必奠酒。冢前方丈之土，常成泥泞。　〇姆，女师也。易音异。

汉扬雄草《太玄》，或嘲以玄之尚白，雄解之，号曰《解嘲》；又有难其太深者，又解之，号《解难》。刘歆亦曰："空自苦！吾恐后人用覆酱瓿也。"雄笑而不应。惟桓谭以为必传。子乌，称神童。《法言》曰："吾家童乌，九岁预吾《玄》矣。"　○刘向《别录》云："扬信，字子乌，雄第二子。"又晋王彧之子绚，亦小字童乌。瓿，音剖。

黄琬对日　秦宓论天

汉黄琬，字子琰，琼孙。建和元年正月日食，京师不见。琼为魏郡守，以状闻。太后诏问所食多少，琼思其对而未知所况。琬时七岁，在侧曰："何不言日食之余，如月之初？"琼大惊，即以其言应。后征拜少府，又为豫州牧。击平寇贼，威声人震，封阳泉乡侯。　○琬，黄香曾孙。

季汉秦宓，字子敕，蜀人。吴使张温来聘，丞相亮同百官往饯，促宓至。温忽问曰："天有头乎？"宓曰："有。《诗》云：乃眷西顾。"又问："有耳乎？"曰："有。天高听卑。《诗》云：鹤鸣于九皋，声闻于天。"又问："有足乎？"曰："有。《诗》云：天步艰难。"又问："有姓乎？"曰："有。""何姓？"曰："姓刘。""何以知之？"曰："当今天子姓刘。"温大惊异之。　○宓，音服。

元龙湖海　司马山川

汉陈登，字元龙，下邳人。许汜尝与刘玄德共论人物，汜曰："元龙湖海之士，豪气未除。"刘问故，汜曰："昔过下邳，见元龙无主客礼，自上大床卧，使客卧床下。"刘曰："君有国士名，而不留心救世，乃求田问舍，言无可采，是元龙所讳也。如我，自当卧百尺楼上，卧君于地下，何但上下床间哉！"　○汜，音犯。

汉司马迁，字子长，太史谈之子，生于龙门，南游江淮，上会稽，探禹穴，窥九疑，浮沅湘，涉汶泗，讲业齐鲁，乡射邹峄，过梁楚以归。本初中为太史。后因李陵事受腐刑，乃抽石室金匮之书，作《史记》。

操诛吕布　膑杀庞涓

季汉吕布，据下邳。曹操兵至下邳，攻布不下，用荀攸、郭嘉计，决泗沂之水灌之。月余，布将宋宪、魏续等举城降，擒布斩之，下邳遂属于魏。　○下邳，本作邳国。秦置下邳县，即今之徐州府邳县。

孙膑，武子之后。庞涓谮于魏，刖之，遂以膑名。齐淳于髡使魏，以计载归，威王师之。魏伐赵，齐田忌用膑计，直捣大梁，解赵围。时涓为魏将，膑用减灶计诱之，度其夜当至马陵，白书大树云：庞涓死此树下。涓至，取火视之，万弩齐发，因自刎，曰："遂成竖子之名！"　○刖，音月。膑刖，膝盖之刑。膑，频上声。涓，音蠲。刎，紊上声。

羽救巨鹿　準策澶渊

秦兵围赵巨鹿，项羽悉引兵渡河往救，皆沉船，破釜甑，烧庐舍，持三日粮，以示必死。九战，绝其甬道，杀苏角，虏王离。诸侯皆从壁上观。楚战士无不以一当百，呼声动天。诸侯军惴恐。项羽召见诸将，入辕无不膝行而前，莫敢仰视。由是羽为上将军，诸侯属焉。　○甬音勇，粮道也。壁，军垒临危之谓。

宋真宗朝，契丹大入。帝以问寇準，準曰："了此不过五日。"因决策请帝幸澶渊。及至南城，敌兵甚众。请驻跸以观军势。準独与高琼同议渡河。帝御北城楼，敌薄城下，诸士卒迎击之，斩获大半。帝还行宫。準居城上，与杨亿饮博欢歌，帝闻，喜曰："準如此，吾复何忧！"寻射杀统军挞览，敌因请盟。帝遣曹利用往议，岁币三十万。

应融丸药　阎敞还钱

汉应融为汲县令。时祝恬被征，道得瘟病，过其友郸令谢著，著拒之。至汲，诸生因往语融，融曰："伯休不世英才，当为国家干辅，何有默止客舍，邂逅不自贞哉！"即相随入传，亲为恬御，手自丸药，且制送终之具。恬病稍减，相对悲喜。凡止传中数十日，俟强健复故，乃别。　○伯休，恬字。应，音英。

汉阎敞，字子张，为郡五官掾。太守第五尝被征，以俸钱百三十万寄敞，敞埋置堂上。后尝举家病死，惟孤孙方九岁，闻尝说有钱三十万寄敞。及长，求之。敞一见悲喜不胜，即取钱还之。孙曰："祖惟言三十万，无百三十万。"敞曰："府君病困谬言耳，郎君勿疑！"　○第五，复姓。阎，音炎。

范居让水　吴饮贪泉

南北朝范柏年初见宋明帝，因言及广州有贪泉。帝问卿州有此水否，对曰："梁州惟有文川、武乡、廉泉、让水。"又问卿宅在何处，曰："臣所居在廉、让之间。"帝善之，授梁州刺史。　○又：陆慧晓与张融并宅，其间有池，池上有柳。何点曰："此泉便是醴泉，此木便是交让。"

晋吴隐之，字处默，介立有清操，与韩康伯邻。康伯母曰："汝居铨衡，必举如此辈人。"后为广州刺史，州二十里地名曰石门，有贪泉，饮者怀无厌之欲。乃酌泉饮之，赋诗曰："古人云此水，一歃怀千金。试使夷齐饮，终当不易心。"在州清操愈厉。及归，夫人刘氏赍沉香一片，隐之见之，投于湘亭之水。　○歃，音察。

薛逢羸马　刘胜寒蝉

唐薛逢，字陶臣，会昌中登进士，迁巴州刺史，民歌其德曰："日出而耕，日入而归。吏不到门，夜不掩扉。有孩有童，愿以名垂。何以字之？薛孙薛儿。"晚年厄于宦途，策羸马赴朝，值新进士出游，团司挥曰："回避新郎君！"逢曰："莫贫相！阿婆三五少年时，也曾向东涂西抹来。"　○羸，音雷。

汉杜密，字周甫，登封人，为北海相罢归，每谒守令，多所陈托。同郡刘胜，亦自蜀还，独闭门扫轨，无所干预。太守王昱谓密曰："刘季陵高士。"密知讽己，对曰："胜位列大夫，而知善不荐，闻恶无言，隐情惜己，自同寒蝉，此罪人也。"昱惭谢。党事起，密与李膺同坐。　○季陵，胜字。

捉刀曹操　拂矢贾坚

季汉崔琰，字季珪，武城人，声姿高畅，眉目疏朗，须长四尺。魏武将见匈奴使，自以形陋不足威远，乃使琰代，操自捉刀立床头。既毕，令间牒问曰："魏王何如？"匈奴使答曰："魏王雅望非常，然床头捉刀人乃真英雄也。"操令追杀此使。　○琰，音掩。

南北朝贾坚仕燕，弯弓三石余。烈祖以其善射，亲视之，乃取一牛置百步上，召坚曰："能中之乎？"坚曰："少壮之时能不中，今年老，正可中之。"恪大笑。射发，一矢拂脊，再矢摩腹，皆附肤落毛，上下如一。恪曰："复能中乎？"曰："所贵者不中耳，中之何难！"时年已六十余。　○恪，烈祖名。

晦肯负国　质愿亲贤

唐徐晦与杨凭善。李夷简弹凭，贬临贺尉，亲友无敢送者，晦独至蓝田与别。权德舆谓之曰："毋乃为累乎！"对曰："晦自布衣蒙杨公知奖，今日远谪，安得不与之别！"数日，夷简奏为御史，晦谢曰："平生未奉颜色，公何从而取之？"夷简曰："君不负杨临贺，肯负国乎！"

宋范希文贬饶州，举朝莫敢相送，王质独扶病饯于国门。大臣让之曰："君何自陷朋党？"质曰："范公天下贤者，质何敢望之！若得为范公党人，公之赐质厚矣。"九江王阮每云："听景文论古，如读郦道元《水经注》，名山大川，贯串周悉，咳唾皆成珠玑。"　○景文，质字。

罗友逢鬼　潘谷称仙

晋罗友，字它人，襄阳人，少有志气，博学能文。会有得郡者，桓温集僚佐饯之。友后至，温问之，友曰："中途逢鬼揶揄云：只见汝送人作郡，不见人送汝作郡。"温因表为襄阳太守。　○揶揄，举手相弄也。友从桓温平蜀，按行城阙，观宇内外道陌广狭，植种果木多少，皆能默记无遗。助温以达简文。

宋潘谷精墨法。黄山谷尝以锦囊贮其墨半丸。后饮酒三日，发狂赴枯井死。人下视之，趺坐其中，体背柔软，疑其解化，手尚持念珠也，因多图其像。坡公有"一朝入海寻李白，空看人间画墨仙"之句，盖言共为墨隐也。

茂弘練服　子敬青毡

晋王导，字茂弘，善于因事运机。初过江时，帑藏空虚，惟有練数千端，鬻之不售，而国用不给。导患之，乃与朝贤俱制練布单衣，于是士人竞翕然服之，練遂踊贵。乃令主者出卖，端至一金，其为时所慕如此。　○帑音倘，金帛藏也。練，所葅切。練，葛也，作練非。　○后汉祢衡着練巾。

凡居教地者坐青毡。晋王献之，字子敬，夜卧斋中。偷入其室，盗物都尽，子敬徐曰："偷儿！青毡我家旧物，可特置之。" ○子敬小字官奴，羲之尝呼为七郎。

王奇雁字　韩溥鸾笺

宋王奇，赣县人，少为县吏。令题雁字诗于屏云："只只衔芦背晓霜，昼随鸳鹭入寒塘。"奇密续云："晚来渔棹惊飞去，书破遥天字一行。"令奇之，因激使学。后游京师，真宗偶见其诗，召见赐第。奇作诗云："不拜春官与座主，愿逢天子作门生。"官至侍御史。　○赣，音绀。

五代韩溥，与弟洎俱有词学。洎尝轻溥曰："吾兄为文，绳枢草舍，庇风雨而已。吾之文，是造五凤楼手。"溥闻之，因人遗蜀笺题诗寄洎曰："十样鸾笺出益州，新来寄至浣溪头，老兄得此全无用，助汝添修五凤楼。"　○溥宋初举进士，官至郎中。　○梁周翰有《五凤楼赋》，乃东京也。洎，音忌。

安之画地　德裕筹边

唐严安之为治严肃。玄宗尝赐酺三日，御五凤楼，观者喧溢，乐不得奏，金吾白梃如雨，不能止，上患之。高力士奏河南丞严安之为理严，请使止之。安之至，以手板画地曰："犯此者死。"于是三日指其画以相戒，无敢逾者。　○酺，音蒲，饮酒作乐也。汉禁不得群饮，赐酺乃得聚会饮食。唐无禁而亦赐酺者，高年得赐酒面。

唐李德裕罢相，出为西川节度使，乃于成都府西建筹边楼，按山川险要，南道与蛮人相接者图之左，西道与吐蕃接者图之右。后德裕闲居，有平泉别墅，为游憩之所，花石园池殊异。内有醒酒石，醉卧则醒。

平原十日　苏章二天

秦昭王闻魏齐在平原君所，必欲为范雎报仇，乃遗书平原君曰："寡人闻君高义，愿与为布衣之友。君幸过寡人，寡人与君为十日之饮。"平原君畏秦，且以为然而入见。昭王与饮数日，因索魏齐。

汉苏章为冀州刺史，有故人任清河太守。章行其部，按其奸赃。太守为设酒肴，陈平生之好曰："人皆有一天，我独有二天。"章曰："今日苏孺文与故人饮者，私恩也；明日冀州刺史案事者，公法也。"遂正其罪，州境肃然。　○孺文，章字。

徐勉风月　弃疾云烟

南北朝徐勉，字修仁，六岁能为祈霁文，见称耆宿。宗人徐孝嗣曰："此人中骐骥，必能致千里。"后仕梁为吏部尚书。尝与门人夜坐，有虞暠求詹事五官，勉正色曰："今夕只可谈风月，不宜及公事。"累官至仆射中书令，尝曰："人遗子孙以财，我遗子孙以清白。"卒谥简肃。

宋辛弃疾，字幼安，理宗朝拥节钺，奉身勇退，因以家事付儿曹，作《西江月》云："万事云烟已过，一身蒲柳先衰。而今何事最相宜？宜醉宜游宜睡。早起催科了办，更量出入收支，乃翁依旧管些儿，管竹管山管水。"所著有《稼轩集》，自号稼轩居士。工词，与苏轼并称，谥忠敏。　○衰，如字。

舜钦斗酒　法主蒲鞯

宋苏舜钦，字子美，诗歌豪放，与梅圣俞齐名。好饮酒，读书外舅杜祁公家，每夕饮酒，以斗为率。一夕，公密视之，读《汉书》至“良与客狙击始皇”，抚案曰：“惜乎，击之不中!”遂满饮一大白。及至“臣始起下邳，与上会于留，此天以臣授陛下”，又抚案曰：“君臣相遇，其难如此!”复举一大白。公笑曰：“有如此下酒物，一斗不足多也。”

唐李密，字法主，才兼文武，志气雄远。微时，乘一黄牛，被一蒲鞯，牛角上挂《汉书》一帙，一手捉靷，一手翻书。越公杨素遇之，问何处书生，耽学若此。密下牛再拜，自言姓名。又问何书，答曰：《项羽传》。公与语，奇之，顾玄感曰：“汝等不如也。”后玄感起兵，以为谋主。寻归唐，封邢国公。　〇帙，音侄。玄感，素子。鞯，音笺。

绕朝赠策　苻卤投鞭

周绕朝，秦大夫。晋士会奔秦，晋人忌秦用士会，乃使魏寿余伪归秦，以诱士会。秦使士会如魏师，绕朝谏，不听。士会行，朝赠之以策曰：“子无谓秦无人，吾谋适不用也。”既济，魏人噪，以士会还。　〇杜预以策为马挝，服虔解策为策书，义较确当。绕朝后以漏言而诛，见《韩非子》。〇朝，音潮。

苻坚北定九州，将大举南伐，苻融等咸谏止之，不听，曰：“吾百万之众，投鞭于江，足断其流，何险之足恃!”至淝水，为谢玄等所败。　〇卤，音鲁。坚祖父蒲洪，以“草付王”之谶，改姓为苻。坚字永固，武都氐人，小字肩头。

豫让吞炭　苏武餐毡

赵襄子杀智伯，漆其头为酒器。其臣豫让，挟匕首入襄子宫中涂厕，以刺襄子，被获，义释之。遂漆身为癞，吞炭为哑，行乞于市。一日，伏桥下复图之，襄子马惊，搜获，责曰：“子尝事范中行，智伯灭之，不报仇何?”让曰：“中行氏众人遇我，我故众人报之；智伯国士遇我，我故国士报之。”因请襄子衣，拔剑三跃击之，伏剑而死。

汉苏武，字子卿，天汉初为中郎将，使匈奴，被留，使卫律说降，不屈。置阴山大窟中，啮雪餐毡，仗节牧羝。匈奴誓羝乳乃得归。寻复使李陵说降，不屈。羁漠北十九年始还，拜典属国。宣帝立，赐爵关内侯，图形麒麟阁。　○啮，音孽。羝，牡羊。

金台招士　玉署贮贤

燕昭王欲招贤以自强，郭隗曰：“昔有求千里马者，赍千金往，马已死，五百金买其骨。不期年，千里之马至者三。大王招贤，先从隗始。贤于隗者，岂远千里哉！”王乃筑黄金台，师事之。乐毅、邹衍、剧辛闻风而至。　○黄金台在易水东南。

宋苏易简，字太简，才思敏赡，太宗时进士第一，累官翰林学士承旨。上飞白书“玉堂之署”四字赐之，曰：“美卿居清华之地也。”一日赐酒，上曰：“君臣千载会”，对曰：“忠孝一生心。”上喜，尽以席上金器赐之。　○宋周麟之为学士，高宗亦书“玉堂”二字赐之。故称翰林为玉堂。

宋臣宗泽　汉使张骞

宋宗泽，字汝霖，义乌人，有文武才。李纲荐为东京留守，大败金师，十三战皆捷。金人惮之，对南人言必称宗爷爷。后为汪伯彦、黄潜善所沮，愤死，叹曰：“出师未捷身先死，长使英雄泪满襟。”呼渡河杀贼者三，无一语及家事。墓在京口岘山，谥忠简。

汉张骞，武帝时为郎，使西域，至大宛，得葡萄种，一名马乳，一名黑水晶，国人以酿酒，十年不败。至大夏，得筇竹。留西域十余年。元朔中，击匈奴，封博望侯。○《汉书》载骞穷河源，实无犯斗牛、得支机石事。此另是一人，见《博物志》。

胡姬人种　名妓书仙

晋阮咸，字仲容，先幸姑家鲜卑婢，及居母丧，姑当远移，初云当留婢，既发，遂将去。仲容借客驴，着重服自追之，累骑而返，曰："人种不可失。"即遥集之母也。　○遥集，阮孚字。《孚别传》云："咸与姑书曰：'胡婢遂生胡儿。'姑答书曰：'《鲁灵光殿赋》曰："胡人遥集于上楹。"可字曰遥集。'"

长安中，有妓女名曹文姬，尤工翰墨，为关中第一，号曰书仙。见《丽情集》。　○魏夫人曰："学书者执笔为先。真书者一寸三分，行草书三寸一分，执之下笔，点画波撇屈曲，皆须尽一身之力送之。"

二　萧

滕王蛱蝶　摩诘芭蕉

唐滕王元婴，善画蛱蝶。王建《宫词》云："内中数日无呼唤，拓得滕王蛱蝶图。"刘鲁封尝见其图，有江夏斑、大海眼、小海眼、村里来、菜花子诸品。其嗣王湛然亦善花鸟。○元婴，高祖子，曾为洪州刺史，后封滕王。蛱，音劫。

唐王维，字摩诘，善画，然不问四时。尝以桃、李、芙蓉、莲花同画。画《袁安卧雪图》，有雪里芭蕉，乃得心应手，意到笔随，自成妙品。

却衣师道　投笔班超

宋陈师道，字无已，彭城人，与赵挺之皆郭大夫婿。陈在馆职，当司侍祠郊坛，非重裘不能御寒。无已止一裘，其内子于挺之家假一裘衣之。无已诘所从来，内子以实告。无已曰："汝岂不知我不着渠家衣耶！"是夜遂忍冻病卒。　○无已家酷贫，傅尧俞尝怀金赠之，见其词色，不敢出。诗平淡雅奥，自成一家。

汉班固召诣校书郎，弟超与母随至洛阳。超居贫，尝为官佣书供养，久劳苦，因投笔叹曰："大丈夫无他志略，犹当效傅介子、张骞立功异域，以取封侯，安能久事笔砚间乎！"左右笑之。超曰："小子安知壮士之志哉！"相者曰："虎头燕颔，飞而食肉，万里封侯相也。"后果以平西域功封定远侯。

冯官五代　季相三朝

五代冯道，字可道，始事唐庄宗为翰林学士，寻复历事四姓二十八君，俱为相。自号长乐老子，著书数万言，陈已更事四姓及契丹所得阶勋官爵以为荣，人以叛国无耻鄙之。又耶律德光问道曰："尔是何等老子？"道曰："无才无德痴顽老子。"后封瀛王卒。长乐，地名。

季文子名行父，鲁之元卿，历相宣、成、襄三公，逐莒仆，作丘甲，归汶阳之田。襄五年卒，家无衣帛之妾，食粟之马，无藏金玉，无重器，备宰庀家器为葬具。君子是以知文子忠于公室也。　○丘甲，丘出一甲益兵也。庀，具也，披上声。

刘蕡下第　卢肇夺标

唐刘蕡，字去华，文宗朝对策，极诋宦寺，考官冯宿等皆叹服而不敢收。李郃曰："刘蕡下第，我辈登科，能不厚颜！"乃上疏言："蕡所对，臣实不及，乞回臣所授以旌蕡直。"不报。　○郃，音台，或作部，误。蕡，音焚。

唐卢肇，宜春人，与黄颇同举。郡守独饯颇，不及肇。明年，肇状元及第，归，太守请观竞渡，肇为诗云："向道是龙刚不信，果然夺得锦标归。"见《唐诗纪事》。　○肇为李文饶所知，王文懿公知贡举，因取之以作状头，所试《天河赋》，一时传诵。又进《海潮赋》，敕宣付史馆。

陵甘降虏　蠋耻臣昭

汉李陵，李广孙。武帝朝拜骑都尉，将步兵五千，与匈奴遇于浚稽山，击败之。单于欲引去，军候管敢具言："陵兵无后援，矢且尽。"单于遂引兵遮道，矢如雨下，陵力尽乃降。事闻，上怒，族之。　○单，音蝉。匈奴自谓其广大象天，故称单干。

王蠋，齐昼邑人，谏湣王不听，退耕于野。燕昭王使乐毅破齐，毅闻蠋贤，令军中环昼邑三十里无人，备礼请蠋。蠋谢不往，燕人曰："不来，吾且屠邑。"蠋曰："忠臣不事二主，烈女不更二夫。今国破君亡，吾何以存！"遂自到死。乐毅封表其墓而去。　○蠋，音孰。

隆贫晒腹　潜懒折腰

晋郝隆，字佐治。七月七日，富室皆晒衣，隆独仰卧日中。人问其故，曰："晒吾腹中书耳。"后仕桓温为蛮府参军。三月三日宴会，隆不能诗，仅作一句："娵隅跃清池。"桓公曰:“何为作蛮语?”隆曰:“千里投公,始得蛮府参军,那得不作蛮语!”　〇娵,音苴,蛮名鱼娵隅。

晋陶潜。字元亮,为彭泽令,在官八十余日,吏报郡遣督邮至,应束带见之。潜曰:“我岂能为五斗米折腰向乡里小儿!”即日解印绶去,赋《归去来》,自号五柳先生以自况。后颜延年私谥为靖节征士。　〇潜原名渊明,入宋改名潜。唐避高祖讳,又易渊为泉,故或称泉明云。

韦绶蜀锦　元载鲛绡

唐韦绶,万年人,在翰林,德宗尝至其院,韦妃从幸。会绶方寝,举士郑絪欲驰告,帝不许。时适大寒,帝以妃蜀缬锦袍覆之而去。弟贯之在宪宗朝,贯之子澳在宣宗朝,澳子庠在僖宗朝,庠弟郊在昭宗朝,三世五人,俱翰林学士。

唐元载芸晖堂户牖内设紫绡帐,得于南海,即鲛绡之类。轻疏而薄,无所障碍,虽凝冬而风不能入,盛暑则凉自生,其色隐隐然。或不知其为帐,谓卧内紫气之光而已。　〇南海有鲛人,居水室,织绡售之于市,去则泣珠以谢主人。鲛,音交。绡,音宵。

捧檄毛义　绝裾温峤

汉毛义,庐江郡人,家贫,以孝行称。南阳张奉慕其名,往候之,坐定而府檄适至,以义为安阳令。义捧檄而入,喜动颜色,奉心薄之。及义母死,去官行服。后举贤良,公车屡征不至。奉叹曰:“贤者固不可测!往日之喜,乃为亲屈也。”　〇庐江郡即今安庆府,今之庐江县袭其名,遂误以义为其县人。

晋温峤,谥忠武,博学能文,丰仪秀整。为刘琨右司马,奉表诣建康,其母崔氏固止之,峤绝裾而行。既至,屡求返命，帝不许。后母卒，因阻乱不得奔丧，终身以为恨。议者谓峤急于功名之会，不知天性之恩。峤恐无辞矣。　〇峤，山峣高也，啸韵同。

郑虔贮柿　怀素种蕉

唐郑虔，字弱齐。玄宗朝置广文馆，上爱其才，以为博士，居官贫约，淡如也。微时好书，苦无纸，尝于慈恩寺前扫柿树落叶，贮至数屋，日为隶书，久之殆遍。　〇又晋王育折蒲学书，徐伯珍以箬叶学书，俱究经史。

唐僧怀素，善草书，居零陵东郊，贫无纸，常于所居种芭蕉数万，取叶代纸，以供挥洒，号其所曰“绿天庵”，曰“种纸”。后道州刺史追作《绿天铭》。太白《草书行》：“少年上人号怀素，草书天下称独步。”又云：“吾师醉后倚绳床，须臾扫书数千张。”又：“恍惚如闻神鬼惊，时时只见龙蛇走。”皆道其实。

延祖鹤立　茂弘龙超

晋嵇绍，字延祖，康之子。或谓王戎曰：“昨于众中见绍，昂昂若野鹤立在鸡群。”戎曰：“君复未见其父耳。”官侍中，会河间王举兵，绍从惠帝临敌，侍卫皆奔溃，惟绍力战死，血溅帝衣。事定，左右请浣，帝曰：“此嵇侍中血，何必更!”　〇溅，音赞。

晋王导，小字阿龙，出将入相，戮力王室。元帝即位，进侍中司空。桓廷尉彝作两髻、葛裙、策杖，路边观之，叹曰：“人言阿龙超，阿龙故自超。”遂不觉至台门矣。

悬鱼羊续　留犊时苗

汉羊续，字兴祖，以功臣后累官庐江太守，清介自持，府丞尝馈生鱼，续受而悬之，后复进，续出前鱼示之，以杜其意。或以为河南南阳事，误。　○又有遗公仪休鱼者，休不受，答曰：“闻君嗜鱼，何故不受？”休曰：“以嗜鱼故不受。为相能自给鱼，受鱼而免，谁复给我者！”

季汉时苗，建安中为寿春令，驾车黄牸牛，岁余产一犊。及去任，谓主簿曰：“令来时本无此犊也，犊是淮南所生者。”群吏曰：“六畜不识父，自宜随母。”苗不听，竟留之而去。○又：宋凌冲令含山留砚，意同。　○犊，音读。

贵妃捧砚　弄玉吹箫

唐玄宗坐沉香亭，时牡丹盛开，意有所感，召供奉李白为乐章。时白已大醉，水頮其面。醉稍解。帝使贵妃杨玉环为之捧砚，白援笔立成《清平调》三章，婉丽精切。帝爱其才，令梨园子弟促歌，帝自调玉笛以倚曲。　○頮，音悔。

箫史善吹箫作凤鸣，秦穆公以女弄玉妻之，遂居凤楼教弄玉吹箫。后弄玉乘凤，箫史乘龙，共飞升而去。今陕西宝鸡县有凤女台，乃其遗迹。

三　肴

栾巴救火　许逊除蛟

汉栾巴，字叔元，成都人。桓帝朝，四迁桂阳太守，有道术，能役鬼神。帝正旦大会群臣，赐酒不饮，忽含酒西噀。有司劾巴不敬，巴云：“臣本县城东有火患，故噀酒救之。”数日，成都果奏火灾，云是日有雨从东北来，火息，有酒气。

○噀音巽。又郭宪噀酒救齐国火，佛图澄噀酒救幽州火。

晋许逊，字敬之，母梦金凤衔珠堕掌而生，从吴猛得秘法。太康初为旌阳令，弃官东归，遇谌母，传以道术，遂斩蛇诛蛟，悉除民患。虑豫章为蛟螭所穴，乃于牙城南井铸铁为柱，下施八索，镇锁地脉，自是水妖屏迹。至宁康二年一百三十六岁，举家同时上升，鸡犬亦随飞去。宋封“神功妙济真君”。

诗穷五际　易布三爻

《汉书·翼奉传》：“《易》有阴阳，《诗》有五际，《春秋》有灾异，皆列终始，推得失，考天心，以言王道之安危。”按《韩诗内传》：“五际：卯、酉、午、戌、亥也。阴阳终始际会之际，于此则有改变之形。”又《诗纬·汎历枢》：“午亥之际为革命；卯酉之际为改正；辰在天门，出入候听。卯，天保也，酉，祈父也，午，采芑也，亥，大明也。”

三国吴虞翻，字仲翔，会稽余姚人。翻初立《易注》，奏上曰：“臣郡吏陈桃梦臣与道士相遇，放发披裘，布《易》六爻，烧其三以饮臣，臣乞尽吞之。道士言：《易》道在天，三爻足矣。岂臣受命应当知经！”以所著《易注》示孔融，融答曰：“闻延陵之理乐，吾子之治《易》，乃知东南之美，非徒会稽之竹箭也。”又为《老子》《论语》《国语》训注，皆传世。

清时安石　奇计居鄛

晋谢安，字安石，尚从弟也。始有东山之志，寓居会稽，与王羲之及高阳许询，桑门支遁游。处则鱼弋山水，入则言咏属文。虽受朝寄，然东山之志始末不渝，每形于言色。王俭尝曰：“江左风流宰相，唯有谢安石。”　○又：唐有韦安石，宋有王安石。

范增，居鄛县人，年七十余，居家有奇计，说项梁立楚后。时楚怀王孙心为民间牧羊，梁立之。后事项羽，羽尊为亚父，以为谋主。陈平为高祖行间，羽疑，增遂乞骸骨归，疽发背死。　○按：居鄛即今皖省之巢县。居鄛亦作居巢。今其地有增故宅，又有亚父井。

湖循莺脰　泉访虎跑

苏州一郡最巨者为太湖。又有石湖，在吴江盘门外。女坟湖、澹台湖俱在吴县。昆湖、尚湖俱在常熟南北。外有莺脰湖在震泽西南，以其形似莺脰，故名。　○《越绝书》：太湖周回三万六千顷，亦曰五湖。

杭州大慈山，去清波门西南十里，唐元和间建定慧寺于此。寺有虎跑泉。金华宋濂叙云："唐元和十四年，性空大师栖禅其中。寻以无水，将他之，忽神人告：'自师驻锡于此，我等徼惠，奈何弃去！南岳有童子泉，当遣二虎来移。'翼日，乃见二虎跑山出泉，甘冽异常。"　○镇江府治南兽窟山招隐寺有虎跑、鹿跑二泉。

近游束皙　诡术尸佼

晋束皙，字广微，阳平元城人，汉太傅疏广之后，因避乱徙居，改疏为束也。官著作郎，性沉退，不慕荣利，作《玄居释》以拟《客难》，张华见而奇之。又尝作《近游赋》。又：《远游》，楚词名，屈平作。"皙"俗误作"晢"。《客难》，汉扬雄作。

汉《艺文志》有《尸子》二十篇。尸子名佼，鲁人，秦相商鞅师之。　○韩愈《送孟东野序》云："孟轲、荀卿，以道鸣者也。邹衍、尸佼、孙武、张仪、苏秦之属，皆以其术鸣。"

翱狂晞发 嵇懒转胞

宋谢翱，字皋羽，闽之福安人。元兵南下，文天祥由海至闽上，檄州郡勤王。翱倾家赴难，遂参军事。天祥被执，翱匿民间，隐于黄冠。工诗，筑汐社，与诸诗侣往来。有《晞发集》，自号晞发子，年四十七死，葬严陵钓台南岸，友人方凤建许剑亭于墓右。

晋嵇康，字叔夜，谯国铚人。其先姓奚，会稽上虞人，徙居铚之嵇山，因而命氏。康，长七尺八寸，所著有《养生论》、官中散大夫。山涛将去选官，举康自代，康与涛书告绝曰："游山泽，亲鱼鸟，心甚乐之。一行作吏，此事便废，安能舍其所乐而从其所惧哉！"又云："每常小便，忍而不起，令胞中略转，乃起耳。"康性懒，故如此。

西溪晏咏 北陇孔嘲

海陵西溪盐场，宋晏文静殊官于此，手植牡丹一本，有诗刻石。后范文正亦尝临莅，复题一绝云："阳和不择地，海角亦逢春，忆得上林色，相看如故人。"后人以二公诗笔，故题咏极多，而花亦为人贵重，护以朱栏，不忍采折，岁久茂盛，枝覆数丈，每花开数百朵，为海滨之奇观。详见《渑水燕谈录》。

南齐孔稚珪，字德璋，山阴人，有《北山移文》，其辞曰："南岳献嘲，北陇腾笑。"《文选》五臣注云："周颙先隐都北钟山，后出为海盐令，欲过北山，孔稚珪乃假山灵意作文移之。" ○按《齐书》：元徽中，颙出为剡令；建元中，为山阴令，未尝令海盐也。《选》注误。

民皆字郑 羌愿姓包

魏郑浑迁下蔡长、邵陵令。天下未定，俗皆剽轻，不念产殖，生子无以相活。浑所在夺其渔猎具，课使耕桑。又开稻田，重去子之法。民初畏罪，后稍丰裕，无不举赡，所育男女，多以郑为字。　○唐阳城为道州刺史，州产侏儒，岁贡诸朝。城哀其所生离，无所进。帝使求之，奏曰："州民尽短，不知何者可。"供自此罢，州人感之。

宋包拯，字希仁，庐州合肥人，天圣五年举进士，立朝刚毅。西羌俞龙珂既归，朝吏阁门引见，谓押伴使曰："平生闻包中丞拯朝廷忠臣。某既归汉，乞赐姓包。"神宗遂如其请，名顺。其后熙河之役，极罄忠力。又公极言时事，复为京尹，令行禁止，天下皆呼包待制。市井小民及田野之人、凡见徇私者，皆指笑之。

骑鹏沈晦　射鸭孟郊

唐李白有《骑鹏赋》。又何薳《春渚纪闻》云："沈晦梦骑大鹏，抟风而上，因作《大鹏赋》以纪其事，已而大魁天下。"　○《天中记》云："昆仑层期国大鹏，飞则蔽日，能食骆驼。人拾其翅，裁作水桶。　○贾彪亦有《鹏赋》。阮修有《大鹏赞》。

《建康志》："射鸭堂在平陵城。元和初，县尉孟郊建。"按郊诗："不知竹枝弓，射鸭无是非。"因名。平陵，地名，属溧阳。郊调溧阳尉，县有投金濑。郊间往来水旁，裴回赋诗，曹务多废。　○杨万里诗："溧水孟东野，南昌梅子真。平生一少府，千载两高人。"

戴颙鼓吹　贾岛推敲

晋戴颙，字仲若，谯郡人，逵子。春日携双柑斗酒，人问何之，曰："往听黄鹂声。此俗耳针砭，诗肠鼓吹，汝知之乎？"　○砭，石针刺病也。又孔稚珪为吏部尚书不乐，门庭内草莱不剪，中有群蛙鸣。或曰："欲为陈蕃乎？"稚珪曰："我以此当两部鼓吹，何必期效仲举！" ○又：郑遨以蛙为鼓吹长。 ○吹，去声。

唐贾岛，字浪仙。初为浮屠，号无本，居法乾寺。喜苦吟，每跨驴不避公卿。尝自吟云："僧敲月下门。"又欲作"推"字，于驴上以手作推敲势，不觉冲至京兆尹韩愈第三节，左右拥至马前诘之，岛以实对。愈曰："敲字佳。"与共论诗，遂为布衣交。令其改业，后举进士。 ○岛又有骑驴吟诗冲大京兆刘栖楚事。

四　豪

禹承虞舜　说相殷高

夏大禹，姓姒，字高密，崇伯鲧之子，其母孕十四月而生于僰道之石纽乡。取涂山氏女甫四月，遂往治水。功成，因受舜禅而家天下。 ○禹母暮夜获月精石如薏苡，吞之而生禹，故姓姒氏。僰，音匐。石纽，在今四川石泉县。涂山有四，此属今之凤阳府。

殷王高宗名武丁。傅岩在虞、虢之间。高宗时，道路为水所坏，使胥靡刑人筑之。傅说贫不自给，代为筑以供食。高宗梦上帝赉以良弼，乃审象旁求，得之版筑之间，与之语，果圣人，爰立作相。 ○虞、虢，二国名。胥靡，囚徒也。《蔡传》：筑，居也。作说居傅岩解，似胜。

韩侯敝袴　张禄绨袍

韩昭侯有敝袴，命藏之。侍者曰："曷不赐左右？"昭侯曰："吾闻明主之慎一嚬一笑，嚬有为嚬，而笑有为笑。兹袴岂特嚬笑已哉！吾必待有功者。"　○嚬，音贫。袴，《急就篇》注：胫衣也。《释名》：袴，跨也。两股各跨别也。

范雎，魏人，副须贾使齐。齐厚礼之。贾疑雎以阴事告齐，言于相魏齐，笞击，佯死，置厕中，得出。改名张禄，说秦昭王，拜相。贾使秦，雎敝衣私见之，贾惊曰："范叔一寒至此！"赠以绨袍，不知其为相君也。因肉袒谢罪，叔曰："汝之得无死，以绨袍恋恋，犹有故人意耳。"乃释之，索魏齐。　○叔，雎字也。唐高适有诗咏其事。绨，音题。

相如题柱　韩愈焚膏

汉司马相如，字长卿，成都人，将东游，成都城北十里有升仙桥，相如题其柱曰："不乘高车驷马，誓不过此桥也。"后果为中郎将，建节使蜀，太守以下郊迎，县令负弩前驱。○相如故宅在益州西笮桥北。

唐韩愈，七岁读书，日记数千言，比长不倦。为国子博士，尤贪多务得，焚膏油以继晷，经史百家皆搜抉无隐。宋苏轼为公作《潮州庙碑》有云："匹夫而为百世师，一言而为天下法。"又云："文起八代之衰，道济天下之溺。"　○晷，音轨，日影也。

捐生纪信　争死孔褒

项羽围荥阳急，汉王无计可全。纪信请乘汉王黄幄车，傅左纛以诳楚，汉王得间走出成皋，信遂被焚。后立忠祐庙于顺庆，诰曰："以忠殉国，与君任难，实开汉业，使后世知君为重，身为轻，侯何有焉！"　○纛，音读。顺庆府在西蜀。纪信，广安人。

汉孔褒，孔子二十代孙。山阳张俭为侯览所怨，亡抵褒，不遇。褒弟融年十六，匿之。事泄，俭脱，收融及褒。融自谓当坐，褒曰："彼来投我，请甘罪。"乃问其母，母曰："家事任长，妾当其辜。"一门争死，上谳独坐褒。

孔璋文伯　梦得诗豪

汉张纮作《枬榴枕赋》，陈琳在北见之，示人曰："此吾乡张子纲所作。"后纮见陈琳《武库赋》《应机论》，遗书美之。琳答曰："自仆在河北，与天下隔。此间率少于文章，易为雄伯，故使仆受此过善之誉。今景兴在此，足下与子布在彼，所谓小巫见大巫，神气尽矣。"　○孔璋，琳字。景兴，王朗字。子布，张昭字。

唐刘禹锡，字梦得，彭城人，登进士博学宏词科，累官至太子宾客，晚年以文章自适，白居易推为诗豪。尝作《九日》诗，以五经无"糕"字，辍不复成。后宋子京诗云："飙馆轻霜拂曙袍，糗餈花饮斗分曹，刘郎不肯题糕字，空负诗中一世豪。"盖讥之也。《周礼·笾人》职："糗饵、粉餈"，即糕类。"不肯"，一作"不敢"。

马援矍铄　巢父清高

汉马援，字文渊，茂陵人，少有大志，兄况曰："汝大才当晚成。良工不示人以朴，且从所好。"后事光武为伏波将军。援尝谓宾客曰："丈夫立志，穷当益坚，老当益壮。"至年六十二，五溪蛮乱，援复请行，帝愍其老，不许。援披甲上马，据鞍顾盼，以示可用。帝笑曰："矍铄哉，是翁也！"遂遣之。进营壶头，失利，病卒，封新息侯。　○援，音愿。矍，音镢。

巢父，尧时隐士，山居，不营世利。年老，以树为巢，寝处其上，因号巢父。尧让以天下，巢父曰："君之牧天下，犹予之牧犊，无用天下为?”乃过清泠之水，自洗其耳曰：“向闻贪言，污吾耳也。”或云许由以清泠之水洗耳，巢父牵犊见之，不饮而去。

伯伦鸡肋　超宗凤毛

晋刘伶，字伯伦，土木形骸，遨游一世，悠悠荡荡，无所用心。尝与俗士相牾，其人攘臂而起，必欲辱之。伶和其色曰：“鸡肋岂足以当尊拳!”俗士遂废然而返。　〇又：魏武伐蜀，至汉中不得进，欲弃之，发令曰：鸡肋。众不悟，杨修曰：“弃之则可惜，啖之则无得。”魏武乃还。　〇肋，音勒。

南北朝谢凤，字超宗，好学，有文词，尝作《殷淑仪诔》，孝武嗟赏，谓谢庄曰：“超宗殊有凤毛。灵运复出。”仕至宋义兴太守，坐公事免，诣东府门自通。其日风寒，齐高帝谓四坐曰：“此客至，使人不衣自暖。”

服虔赁作　车胤重劳

汉服虔，字子慎，将注《春秋》，欲参考同异，闻崔烈讲传，遂匿名为烈门人赁作食，每讲窃听。既知不能逾己，稍共诸生叙其短长。烈疑为虔。次早，及未寤，便呼：“子慎!子慎!”虔不觉，惊应，遂相与友善。先是，郑玄注《春秋》未竟，偶闻虔说，尽以付之，遂为服氏之注。　〇赁，音任。

晋车胤，字武子。太元中，领国子博士，迁吏部尚书。孝武将讲《孝经》，谢公兄弟与诸人私庭讲习，武子苦问难，因谓袁羊曰：“不问则德音有遗，多问则重劳二谢。”袁曰：“必无此嫌。”车曰：“何以知之?”袁曰：“何尝见明镜疲于屡照，清流惮于惠风。”

张仪折竹　任末燃蒿

周张仪与苏秦同师鬼谷子，以游说显名。二人微时尝为人佣书，遇圣人之文无题记，则以墨书掌内及股里，夜还，折竹写之，久而成帙。　○鬼谷子，王诩也。　○又：袁峻家贫无书，每从人假借，必皆钞写，日自课五十纸，纸数不登则不止。

宋任末，年十四便勤学，或依林木之下，编茅为庵，削荆为笔，夜则映月望星，暗则燃蒿自照，观书有合意，则题其衣裳及掌里以记其事。门徒悦其勤学，更以净衣易之。○又：顾欢贫无以受业，常于学舍壁后倚听，无遗忘者，夕则燃松节读书或燃糠以照。　○按：《后汉书》亦有任末。

贺循冰玉　公瑾醇醪

晋贺循，字彦先，山阴人，为吴内使，操尚清厉。建武初，拜太常，朝廷疑滞皆咨之。元帝渡江，宗庙制度皆循所定，为当世儒宗。宋帝曰："循冰清玉洁，位上卿而居室才蔽风雨。"赐六尺床荐席褥，并钱三十万。　○又：元黄漕升朝挺立，足不登巨公之门，世称其清风高节，如冰壶玉尺，纤尘弗污。

季汉周瑜，字公瑾，庐江舒人，英达有文武才。程普颇以年长，数凌侮瑜，瑜折节容下，终不与校。普后乃告人曰："与公瑾交，如饮醇醪，不觉自醉。"初，孙坚徙家于舒，子策与瑜同年，独相友善，瑜推道南大宅以舍策，登堂拜母，有无通共，遂定计下江东。

庞公休畅　刘子高操

汉庞德公与司马德操夹汉而居，望衡对宇，欢情自接，泛舟褰裳，率尔休畅。一日，德操诣之。值德公渡沔，德操入其室，呼其妻子使速为黍："徐元直向云当来就我与德公谈。"妻子罗拜堂下，奔走设供。须臾德公还，直入相就，不知何者是客。

南北朝刘訏与从兄歊及阮孝绪，各履高操，号为三隐。族祖孝标尝与之柬云："訏超凡绝俗，如天半朱霞，歊矫矫出尘，如云中白鹤，皆歉岁之良稷，寒年之纤纩。"尝着鹿皮冠，被衲衣，游山泽，风神颖俊，意气弥远，遇者以为神仙。孝绪撰《高隐传》，篇中所载一百三十七人。歊、訏卒，乃益二传，　○歊，音鸮。

季札挂剑　吕虔赠刀

周吴季札，虞仲十九世孙。兄诸樊让国丁札，不受，封之延陵，号延陵季子。尝聘鲁，过徐。徐君好季子剑，口不敢言。札心知之，为使上国，不赠。及使还，至徐，徐君已死，解剑挂其冢树而去。从者曰："尚谁予乎？"季子曰："始吾以心许之，岂以死倍吾心哉！"　○挂剑台在泗州大徐城。

晋吕虔有佩刀，工相之，以为必登三公可服此刀。因谓王祥曰："苟非其人，刀或为害。卿有公辅之量，聊以相赠。"祥固辞，强之乃受。后祥将死，以刀授弟览曰："汝后必兴，足称此刀。"览后奕世多贤才，兴于江左，言卒有验。○览,字元通。

来护卓荦　梁竦矜高

隋来护儿，幼卓荦，读诗至"击鼓其镗，踊跃用兵"，"羔裘豹饰，孔武有力"，舍书叹曰："大丈夫当如是！会为国灭贼，以取功名，安能区区事笔砚乎！"仕为大都督，以平陈功进位上开府，后屡击贼有功，进封荣国公。　○镗，音汤。荦，音落。

汉梁竦，字叔敬，生长京师，不乐本土。自负其才，郁郁不得意。尝登高望远，叹曰："大丈夫居世，生当封侯，死当庙食。如其不然，闲居可以养志，诗书足以自娱。州郡之职，徒劳人耳。"后辟命交至，并不就，著书名《七序》。班固曰："孔子作《春秋》而乱臣贼子惧，梁竦作《七序》而窃位素餐者惭。"后三子皆封侯。 〇竦，嵩上声。

壮心处仲 操行陈陶

晋王敦，字处仲，为荆州刺史，每醉后，以铁如意敲唾壶，歌曰："老骥伏枥，志在千里；烈士暮年，壮心不已。"歌阕，壶口尽缺。 〇唾，拖去声。四句系魏武乐府《龟虽寿》中语。

五代陈陶，操行高洁。郡守严撰欲试之，遣小妾莲花往试，陶竟夕不纳。妾献诗曰："莲花为号玉为腮，珍重尚书遣妾来；处士不生巫峡梦，空劳云雨下阳台。"陶答曰："近来诗思清如水，老去风情薄似云；已向升天得门户，锦衾深愧卓文君。"撰益重之。陶善诗，有"中原不是无麟凤，自是皇家结网疏"之句，人皆脍炙。

子荆爽迈 孝伯清操

晋孙楚，字子荆，才藻卓绝，爽迈不群。少时欲隐，谓王武子，当枕石漱流，误云"吾欲漱石枕流"。王曰："流可枕，石可漱乎？"子荆曰："所以枕流，欲洗其耳；所以漱石，欲砺其齿。"后为石苞骠骑参军，自负才气，入见不拜，但长揖曰："天子命我参卿军事。"

晋王恭，字孝伯，清操过人，自负才地高华，恒有公辅之望。尝言："名士不必须奇才，但使常得无事，痛饮酒，熟读《离骚》，便可称名士。"恭美姿容，人目之曰："濯濯如春月柳。”尝在京口，被鹤氅涉雪而行，孟昶见而叹曰：“真神仙中人！”　〇氅，音敞，鹙羽也。鹙，音秋，水鸟。

李订六逸　石与三豪

唐李白，其先为蜀之彰明人。父为任城尉，遂家焉。因与孔巢父、陶沔、韩準、裴政、张叔明订交，居徂徕山，号“竹溪六逸”。白又与贺知章、李适之、李琎、崔宗之、苏晋、张旭、焦遂为“饮中八仙”，杜甫曾作歌纪之。　〇任城，今济宁州。琎，音津。

宋石延年，字曼卿，永城人，气节自豪，不务世事，工诗，其句有“乐意相关禽对语，生香不断树交花”，为世所叹赏。徂徕作《三豪诗》，谓欧阳公豪于文，曼卿豪于诗，杜牧豪于歌也。　〇徂徕，石介号，默字师雄，历阳人。

郑弘还箭　元性成刀

汉郑弘，字巨君，山阴人。微时采薪白鹤山，得一遗箭。顷有人寻觅，弘与之。问弘所欲，曰：“常患若耶溪载薪为难，愿得旦南风，暮北风。”果如愿，至今犹然，俗呼为“郑公风”。弘后官淮阴太守，勤行德化，随车致雨，白鹿方道夹毂，主簿贺曰：“三公车幡画像鹿。明府其为相乎！”寻拜太尉。

汉蒲元性于斜谷口为孔明铸刀三千口，刀成，言汉水钝弱不堪淬，蜀江爽烈，是大金之元精，可命取之。水至，蒲以淬刀，言杂涪水不能用。使者捍言不杂，蒲以刀画水，言杂八升。使叩头，言于涪津覆水，果益八升。因易淬之。以竹筒盛满铁珠，举刀斫之，应手虚落，名曰神刀。　〇淬，音翠。

刘殷七业　何点三高

晋刘殷，字长盛，仕至刘聪太保。性至孝，曾祖母王氏，盛冬思堇食。殷方九岁，往泽中恸哭，堇忽生，得斛余。又尝梦神人谓西篱下有粟。掘之，果得十五钟，铭曰：“七年粟百石赐孝子。”刘殷有七子，五子受“五经”，一子授《史记》，一子授《汉书》。一门之内，七业俱兴。北州之学，殷门为盛。　○堇，音谨，根如荠，食之味甘。

南北朝何点，灊人，字子晰，明目秀眉，不簪不带，时人重其通，号曰“游侠处士”。宋、齐累征不起。梁武召至华林园，不屈，辞疾归。兄求、弟胤，皆隐遁不仕，世谓“何氏三高”。　○又世号点为大山，胤为小山，求为东山。求字子有，胤字子季。潜山有三高亭。

五　歌

二使入蜀　五老游河

汉李郃，知天文，通“五经”。和帝遣二使入蜀观风俗，向益州，宿候舍。郃时为候吏，因问曰：“君来时，可知二使何时发？”二人惊问：“何以知之？”郃曰：“有二使星临益部，故知之。”　○郃，音合。

《论语谶》八卷，载仲尼云：“吾闻帝尧率舜等游首山，观河渚。有五老游河渚：一曰河图将来告帝期，二曰河图将来告帝谋，三曰河图将来告帝书，四曰河图将来告帝图，五曰河图将来告帝符。有顷，赤龙衔玉苞，舒图刻板，题命可卷，金泥玉检封盛书。咸曰：“知我者，重瞳也。”五老乃飞为流星，入土、昴之间。

孙登坐啸　谭峭行歌

季汉孙登，字公和，隐汲郡北山土窟，夏编草为裳，冬散发自覆。好读《易》，抚一弦琴。人或投诸水以观其怒，登出，独大笑。尝谓嵇康才高识寡，难乎免于今之世矣。后栖苏门山，阮籍诣之，登相对不答，籍对之长啸，终不答，意尽而返，行至半岭，闻有声如凤鸾鸣，林谷传响，则登独啸也。籍因作《大人先生论》。

唐谭峭，字景升，幼聪敏，文史涉目无遗。坚心学仙，每行吟曰："线作长江扇作天，靸鞋抛在海东边，蓬莱信道无多路，只在谭生拄杖前。"后居南岳，丹成服之，入水不濡，入火不灼。夏则衣乌裘，冬则衣绿衫，或卧风雪中。后入青城山仙去。所著有《化书》，南唐宋齐邱窃其名，攘为己作以行世。

汉王封齿　齐主烹阿

汉高祖大封同姓，诸将坐沙中偶语，上望见之，问张良。良曰："陛下以若属取天下，而止大封同姓，诸将欲谋反耳。"因劝上急封所最憎之雍齿为什方侯。诸将曰："齿且侯，吾辈无患矣。"遂定。

齐威王时，即墨大夫毁言日至，使视之，而即墨治。阿大夫誉言日至，使视之，而阿不治。于是封即墨以万家，即日烹阿大夫及左右尝誉之者。群臣悚惧，务尽其情，齐国大治。　○阿，音窝，即今泰安府东阿县。即墨，今平度州。

丁兰刻木　王质烂柯

汉丁兰，河内人，早丧母，刻木像事之如生。邻人张叔假物，兰妻卜筶，木像不许。叔醉詈木像，且击之。兰归，见木像不怿，询之，即奋击张叔。吏至捕兰，木像为之垂泪。郡嘉其孝通神明，奏之，诏图其形。　○筶，音告。刻木为像事，唐刘师贞、宋汪与成亦同。金陵慈姥矶，相传以丁兰母得名。

晋王质，衢州人，入山伐木，至石室，见二童子围棋。质置斧观之，童子以一物如枣核与质含之，得不饥。比还，斧柯已烂。至家已数百年，亲戚无复存者。后复入山，得道，因名其山曰烂柯山。　○按《水经注》《东阳记》，任昉《述异》俱云质听童子琴歌，无观棋事。

霍光忠厚　黄霸宽和

汉霍光，为光禄大夫，出入禁闼二十余年，小心谨慎，未尝有过。武帝欲立太子弗陵。以其年稚，察群臣惟霍光忠厚，可任大事，乃使黄门画者画周公负成王朝诸侯图赐之。光寻为大司马大将军，受遗诏辅少主，是为昭帝。

汉黄霸，字次公，阳夏人，武帝朝为河南太守丞，温良有让，足智善御众，太守甚任之。武帝末，用法多深。昭帝立，霍光秉政，一遵武帝法度。由是俗吏尚严酷，而霸独用宽和。宣帝立，召为廷尉正，决狱称平。迁颍川太守，仁政大行，嘉禾生，凤凰至。帝赐黄金百斤，迁扬州刺史，治为天下第一，后为丞相。

桓谭非谶　王商止讹

后汉桓谭，字君山，以宋弘荐为议郎给事中。光武由《赤伏符》即位，遂欲以图谶决疑，因宣布天下。谭力谏，帝怒其非圣，欲斩之。谭叩头流血，黜为六安丞。藏书甚多，时人语曰："挟桓君山之书，富于猗顿。"　○《赤伏符》，儒生强华所奉谶书。猗顿，鲁富人。

汉王商，字子威，成帝朝为左将军。京师无故惊言大水将至，奔走蹂躏，大将军王凤以为太后与上当御船，令吏民上城避水。商曰："此必讹言，不宜重惊百姓。"有顷，稍定，果讹言。上于是美商，数称其议。凤乃大惭，自恨失言。○蹂，柔上声。躏，音吝，往来足践之意。

隐翁龚胜　刺客荆轲

汉龚胜，字君宾，哀帝时谏议大夫。王莽秉政，归隐，号隐翁。莽征之，使太守以下千人致诏。胜谓门人高晖等曰："谊岂一身事二姓乎！"遂称疾不食者十四日，死，年七十九。有老父来吊，哭甚哀，既而曰："嗟呼，薰以香自烧，膏以明自销。龚生竟夭天年，非吾徒也。"　○胜一字君实，与龚舍称"二龚"。

荆轲，字次非，卫人，燕太子丹客之，称荆卿，令劫秦王反侵地，不可则刺之。乃奉燕督亢地图与樊将军于期头入秦，太子宾客皆白衣冠送至易水，高渐离击筑，荆轲和而歌之，士皆瞋目，发尽指冠，时有白虹贯日之异。至秦，事败死之。　○筑，音竹。

老人结草　饿夫倒戈

晋文公之臣魏武子名犨，有嬖妾。武子疾，命子颗曰："必嫁是妾。"迨疾革，则又曰："必以为殉。"及卒，颗从治命嫁之。秦师伐晋，颗败之，获杜回。颗见老人结草以抗回，回踬而颠，故获之。夜梦老人曰："余，尔所嫁妇人之父也。尔用先人治命，余是以报。"　○犨，音酬。

晋赵宣子名盾，田首山，舍于翳桑，见灵辄饿，问其病，曰："不食三日矣。"食之，舍其半，问之，曰："宦三年矣，未知母之存否。今近焉，请以遗之。”使尽之，更与肉食。后为公介。灵公不道，伏甲攻盾，辄遂倒戈以御公徒，宣子得免。问何故，对曰：“翳桑之饿人也。”问其名居，不告，遂自亡。　○遗，音位。

弈宽李讷　碑赚孙何

唐李讷，性下急而酷嗜弈棋，每下子极宽缓。有时躁急，人家密以棋具置前，便欣然取子布算，都忘其恚。此癖之佳处。　○恚，音惠，怒恨也。讷，嫩入声。

宋孙何，字汉公，汝阳人，好古文，为转运使，性苛急，州县患之，乃求古碑磨灭者数本，订于馆中。孙至，读碑辨识文字，以爪搔发垢嗅之，往往至暮，不复省录文案。○赚，音暂。

子猷啸咏　斯立吟哦

晋王徽之，字子猷，尝暂寄居空宅，便令种竹。或问：“暂居何烦尔？”王啸吟久之，直指竹曰：“何可一日无此君！”一日过吴中，一士大夫家有竹，主人知子猷当往，洒扫施设相待。王肩舆径造竹下，啸吟良久，竟不通主人，遂直出。主大不堪，即令闭门。王更以此赏主人，留坐尽欢而散。

唐崔立之，字斯立，元和初为蓝田丞。邑庭有老槐四行，南墙有巨竹千梃，俨立若相持，水灇灇循除鸣。斯立痛扫溉，对树二松，日哦其间。有问者，辄对曰：“余方有公事，子姑去。”种学绩文，以蓄其有。

奕世貂珥　闾里鸣珂

汉金日磾，休屠王子，没入官，武帝奇其貌，拜为侍中，赐姓金氏。后为车骑将军，与霍光同受遗诏，辅昭帝。素著忠勋，封秺侯，二子赏、建，昭帝时俱为侍中。赏嗣侯爵，与张安世皆七叶貂珥。汉代衣冠，惟金、张为盛。　〇日磾，音密低。休屠，音朽除。秺，音妒，地名。珥，插也，朔方以貂皮温额，汉用金珰饰首，则插貂尾。

唐张嘉贞以张循宪荐天后，诏为监察御史，历梁、秦二州都督，开元中拜中书令。弟嘉祐，任金吾将军。每朝，轩盖驺从盈闾巷，时号所居坊曰鸣珂里。　〇珂，佩饰；有声，故云鸣。

昙辍丝竹　裒废蓼莪

晋羊昙，谢安之甥，为安所知。安亡后，昙辍乐弥年，行不出西州路。尝因过石头，大醉，扶路唱乐，不觉至州门。左右曰："此西州门。"羊悲泣不已，以马策叩扉，咏曹子建诗曰"生存华屋处，零落归山丘"，恸哭而去。　〇石头，金陵城名。昙，音潭。

晋文帝为魏安东将军时，以直言斩王仪。仪子裒，字伟元，痛父死于非命，未尝西向而坐，示不臣于晋也。隐居教授，累辟不就，庐于墓侧，攀柏悲号，涕泣着树，树为之枯。母在畏雷，死后，每雷鸣，辄至墓前曰："裒在此。"读《诗》至"哀哀父母，生我劬劳"，未尝不三复流涕。门人受业者并废《蓼莪》之诗，恐触其悲也。　〇裒，音浮。

箕陈五福　华祝三多

武王胜商，亲访道于箕子。箕子为之陈《洪范》九畴，次九曰飨用五福：一曰寿，二曰富，三曰康宁，四曰攸好德，五曰考终命。皆极之所感。　〇畴，类也。治天下之大法，其类有九，故云九畴。

帝尧观于华，华封人祝曰：“愿圣人多福多寿多男子。”尧辞曰：“多男子则多惧，多福则多事，多寿则多辱。”封曰：“天生万民，必授之职。多男而授之职，何惧之有！福而使人分之，何事之有！天下有道，与物皆昌，天下无道，修德施仁，何辱之有！”

六　麻

万石秦氏　三戟崔家

汉秦彭，茂陵人，六世祖名袭，为颍川太守，与群从五人同时为二千石，三辅号为万石秦氏。彭为山阳太守，有麒麟、凤凰、嘉禾、甘露之瑞，肃宗褒之。　○历朝号“万石”者六家。自汉石奋为九卿，长子建，次子庆，叔、季失名，皆官至二千石，景帝号奋为“万石”君家。后遂以“万石”为美谈。　○石，音食，俗读担误。

唐崔琳，开元中为中书令，弟珪为太子詹事，瑶为光禄大夫，列棨戟，时号三戟崔家。每宴集，组印相辉，华毂盈门，一榻置笏，重叠其上。　○又：张俭，兄文师，弟延师，并赐银青光禄大夫，亦号三戟张家。　○棨音启。戟，兵栏，双枝为戟，单枝为戈。

退之驱鳄　叔敖埋蛇

唐韩愈，字退之。宪宗迎佛骨，愈表谏，上怒，将加极刑，裴度、崔群为言，贬潮州刺史。问民疾苦，皆告曰：“鳄溪有鱼，食民生畜且尽。”愈作文祭之，即夕风雨大震，鳄鱼遂西徙六十里，民赖以安。集中有《祭鳄鱼文》。　〇又：宋陈尧佐通判潮州，网捕鳄鱼杀之。鳄，音谔。

楚孙叔敖，一名蔿艾猎。儿时出见两头蛇，杀而埋之，恐后人复见，归泣白母曰：“吾闻见两头蛇者死，恐不得事亲矣。”母曰：“有阴德者必有阳报。子埋蛇，阴德著，可不死矣。”后以虞丘子荐，庄王以车迎之，使为令尹。　〇蔿，音委。

虞诩易服　道济量沙

汉虞诩，字升卿，武平人。年十二，通《尚书》，孝养祖母，举顺孙，为朝歌长。时朝歌多盗，故旧皆吊之。诩曰：“不遇盘根错节，何以别利器！”大有治声。历迁武都太守，兵不满二千，羌万余围之，诩陈兵令从东郭出，西郭入，贸易衣服，回转数周，羌恐而退，设伏邀之，复增灶进兵，大破羌人。官至尚书仆射。

檀道济仕刘宋文帝，进爵司空。元嘉八年，使领兵伐魏，与魏兵三十余战。军至历城，以资粮竭引还，魏人追之。恐兵溃，夜乃唱筹量沙，以所余少米覆其上。及旦，魏人见道济资粮有余，以降卒妄告，斩之。道济因全军而返，雄名大振，魏甚惮之，图之以禳鬼。

伋辞馈肉　琼却饷瓜

周孔伋，字子思，孔子孙，居鲁邑，鲁缪公亟馈鼎肉。伋以劳于拜赐，摽使者出诸大门之外，北面稽首再拜而不受。〇鼎肉，熟肉也。亟，数也。摽，麾也。缪与穆通。

北齐苏琼，字珍之。长乐人，除南清河太守六载，绝不通馈饷。郡人赵颖，年八十余致仕归，恃年老，亲奉新瓜一双，琼乃留置梁上，竟不剖食。人闻受颖瓜，竞贡新果，至门，问知颖瓜犹在，相顾而还。百姓乙普明兄弟争田，积年不断，琼召之曰："难得者兄弟，易求者田地。假令得田地失兄弟，心何如？"因而泪下。明兄弟感之，遂不分。

祭遵俎豆　柴绍琵琶

汉祭遵，字弟孙，从光武征河北，赏赐尽与士卒，家无私财，韦袴布被，所在吏民不知有兵。范升奏曰："遵为将，取士皆用儒术，对酒设乐，雅歌投壶，虽在军旅，不忘俎豆。"帝每叹曰："安得忧国奉公之臣如祭征虏者乎！"封颍阳侯，图形云台。　○又：宋岳飞雅歌投壶，恂恂如诸生。○祭音债。

唐柴绍，字嗣昌，尚高祖平阳公主。主与绍同助太宗定天下，号娘子军。吐谷浑与党项寇边，绍御之。虏据高射绍军，矢下如雨。绍安坐，遣人弹胡琵琶，二女子对舞。虏异之，停射纵观。绍伺其懈，以精骑从后掩击之，虏遂溃。○吐谷浑，西番国名，三字音突浴魂。

法常评酒　鸿渐论茶

河阳释法常，性嗜酒，无寒暑风雨常醉，醉则熟寝，觉即朗吟曰："优游曲世界，烂漫枕神仙。"谓人曰："酒天虚无，酒地绵邈，酒国安恬，无君臣贵贱之拘，无财利之图，无刑罚之避，陶陶焉，荡荡焉，乐其可得而量也，转而入于飞蝶都，则又蒙腾浩渺而不思觉也。"

唐竟陵僧于水滨得婴儿，育为弟子，及长，自筮得《蹇》之《渐》，繇曰："鸿渐于陆，其羽可用为仪，吉。"乃姓陆氏，字鸿渐，名羽。尝论说茶之功效并煎煮之法，造茶具二十四事，以都统笼贮之。隐居苕溪。李季卿宣慰江南，召羽煮茶，羽野服挈具而入，李心鄙之，命取钱三十文酬博士。羽夙游江介，通狎胜流，遂收钱具去。

陶怡松菊　田乐烟霞

晋陶潜解组归田，赋《归去来辞》，有“三径就荒，松菊犹存”之句，盖以松菊自怡悦也。故唐韦表微擢进士，授监察御史，不乐曰：“爵禄譬滋味也，人皆欲之，吾年五十，取一班一级，不见其味。将为松菊主人，不愧陶元亮耳。”

唐田游岩，三原人，隐太白山，后入箕山，居许由祠旁，自谓东邻，频召不出。高宗幸嵩山，亲至其门，田野服出拜。帝命左右扶止，问曰：“先生比来佳否?”对曰：“臣所谓泉石膏肓，烟霞痼疾者。”召至京师，拜崇文馆学士。居奉天宫左。天子自书榜其门曰：处士田游岩宅。与韩法昭、宋之问为方外友。　○肓，音荒。乐，音洛。

孟邺九穗　郑珏一麻

北齐孟邺，字敬业，安国人，为东郡太守，以宽惠著名。郡内麦或一茎五穗，或三穗四穗，县人送嘉禾一茎九穗，咸以为政化所感。　○汉光武生于洛阳，是岁县界有嘉禾一茎九穗，因名曰秀。又张堪为渔阳太守，民歌曰：“桑无附枝，麦穗两歧，张公为政，乐不可支。”穗，音遂。

后唐郑珏与李愚同为学士，郑阁下一麻忽生，李曰：“承旨相矣。”及霜降成实，乃白麻也。珏大拜。　○唐制：拜相，诏用白麻纸。珏，音觉。同瑴。　○阳城居谏议时曰：“如相裴延龄，当取白麻坏之。”

颜回练马　乐广杯蛇

孔子与颜回俱上泰山，望吴阊门外系有白马，谓颜子曰：“若见吴阊门乎?”颜子曰：“见。”孔子曰：“门外何有?”颜子曰：“有匹练之状。”孔子曰：“噫，白马也。”详视果然，故马曰匹。

晋乐广，字彦辅，尝饮亲故以酒。忽告曰："前蒙赐酒，见杯中有蛇影，饮而疾作。"盖厅壁有角弓，其影落于杯中，似蛇形也。广因复置酒，问曰："有所见否?"客曰如初。广乃告以弓影之故，客疑遂释，而沉疴顿愈。

罗珦持节　王播笼纱

唐罗珦，庐州人，少贫困，尝投福泉寺随僧饭。历二十年间，持节归乡，书僧房云："二十年来此布衣，鹿鸣西上虎符归；故时宾从追前事，到处松杉长旧围；野老共遮官路拜，沙鸥遥认隼旗飞，春风一宿琉璃殿，惟有泉声惬素机。"

○作向字非。

唐王播，字明敭，穆宗朝拜相。微时客扬州木兰寺，随僧饭，僧厌之，饭后击钟，播愧恨，题诗于壁云："上堂已了各西东，惭愧阇黎饭后钟"，僧夺其笔，拂袖而去，后贵，出镇是邦，前诗已笼碧纱矣。因续云："三十年前尘扑面，而今始得碧纱笼。"　○阇，音蛇。阇黎，僧也。

能言李泌　敢谏香车

唐李泌与肃宗同寝，固请还山，上曰："卿以朕不从北伐之谋乎?"对曰："非也，乃建宁王事耳。臣非咎既往，欲陛下慎将来。昔天后忌杀长子弘，次子贤惧，作《黄台瓜辞》冀其感悟，辞曰：'种瓜黄台下，瓜熟子离离，一摘使瓜好，两摘使瓜稀，三摘犹为可，四摘抱蔓归。'今陛下已摘一矣，慎勿再摘。"上愕然曰："卿言朕当书绅。"

齐宣王为大室，盖百亩，堂上三百户，三年不成，群臣莫敢谏。香车问曰："荆王释先王之礼乐而为淫乐，敢问荆邦为有主乎?"曰："为无主。""为有臣乎?"曰："为无臣。"

车曰："今王为大室，三年不成，群臣莫敢谏。为有臣乎？"王曰："为无臣。"车曰："请避矣。"遂趋出。王曰："香子留！何谏寡人之晚也！"因止其役。　〇车，褚上声。

韩愈辟佛　傅奕除邪

唐韩愈谏宪宗迎佛骨，以为佛不足事，当付有司投诸水火，永绝根本。可谓辟之极矣。而韩文外集载其《与大颠三书》。东坡力言其书为伪，朱晦翁又力辩以为真。　〇按：《论佛骨表》，愈上于从平淮西作侍郎时。

唐傅奕上表请除佛法，萧瑀诘之。奕曰："萧瑀不生于空桑，乃遵无父之教。"太宗得胡僧，能立咒人死，复咒而苏，验之，以告。奕曰："此邪术也。邪不能干正。使咒臣，必不行。"咒之，不验，其僧立仆，遂不复苏。　〇瑀，音禹。

春藏足垢　邕嗜疮痂

南北朝阴子春，官至刺史，身服垢污，脚数年一洗，言每洗则失财。后于梁州洗足者再，竟败事。　〇商丘有刘姓者，饱闻人足臭而文思乃发越，亦一奇也。

南北朝刘邕，爱食疮痂，以为味似鳆鱼。尝诣孟灵休，灵休患灸疮，痂落在席，邕取食之。灵休大惊，痂未落者，悉褫以饲邕，灵休遂举体流血。邕袭父封南康郡公，国吏二百许人，不问有罪无罪，递与鞭，疮痂尝以给膳。　〇鳆，音薄，海鱼，一名石决明。

薛笺成彩　江笔生花

浣花溪在成都府西南，一名百花潭。任夫人微时，见一僧堕污渠，为濯其衲，百花满潭，因名浣花溪。杜甫结庐其上，节度使裴冕为筑草堂。后名妓薛涛亦家其傍，以潭水造十色彩笺，名薛涛笺。一云涛好制小诗，因易大为小，号薛涛笺。

南北朝江淹，字文通，少以文章显。令蒲城时，夜宿郭外孤山，梦人授以五色笔，文词日丽。后十余年，宿冶亭，梦一美丈夫自称郭璞曰："吾有笔在卿处多年，可见还。"淹探怀中笔还之，嗣后诗绝无佳句，人谓之才尽。 ○冶亭在金陵。又李白梦笔头生花，自是文思日进。

班昭汉史　蔡琰胡笳

汉班昭，班固妹，适曹世叔，早寡，作《女诫》七章，以示诸女。和帝朝，兄固著《汉书》未就而卒，诏昭就东观踵成之。数召入宫中，令皇后贵人事以师礼，号为曹大家。○家音姑。大家仅作《七诫》并《汉书》，坊刻《女孝经》，则唐郑氏所托以著者。

汉蔡琰，邕女，六岁知音律。及笄，适卫仲道，为胡骑所获，在胡十二年。曹操痛邕无子，以金帛赎归，琰感作《胡笳十八拍》。胡人卷芦叶吹之，名笳。琰作为歌词，载《汉魏诗乘》。 ○琰，音掩。笄，音鸡。一云琰归重嫁董祀。

凤凰律吕　鹦鹉琵琶

黄帝使伶伦采嶰谷之竹，吹之为黄钟之音，于是制十二管以听凤凰之鸣，其雄鸣为六律，雌鸣为六吕，谓之律本。《抱朴子》曰：轩辕听凤凰鸣而调律。 ○轩辕，黄帝讳。嶰谷在大夏之西。《抱朴子》，葛洪所著书。

宋蔡确，神宗时为相，贬新州。侍儿名琵琶，有鹦鹉甚慧。公每叩响板，鹦鹉传呼其名。琵琶卒后，误触响板，鹦鹉犹传呼不已。蔡悒悒不乐，因写怀曰："鹦鹉言犹在，琵琶事已非，伤心瘴江水，同渡不同归。”

渡传桃叶　村名杏花

晋王献之有爱妾名桃叶，其妹名桃根。子敬尝临渡，歌以送之，因名其渡曰桃叶渡，相传地在秦淮口。歌曰：“桃叶复桃叶，渡江不用楫，但渡无所苦，我自来迎接。桃叶复桃叶，桃树连桃根，相怜两乐事，独使我殷勤。”桃叶有答歌，又有团扇歌。　〇《演繁露》云：渡江不用楫，隐语也，言横波急也。

唐杜牧，诗情豪迈，人称小杜，以别杜甫。尝镇秋浦，清明日，有“借问酒家何处有，牧童遥指杏花村”之句，地在池州府治秀山门外。明太守顾元镜诗：“牧童遥指处，杜老旧题诗，红杏添新色，黄垆忆昔时，远山凭作画，好鸟解吹篪，偷得余闲在，官钱换酒卮。”

七　阳

君起盘古　人始亚当

自太极生两仪，两仪生四象，四象变化而庶类繁矣。相传首出御世者曰盘古氏，又曰浑沌氏，明天地之道，达阴阳之理，为三才首君。其时民风沕穆，居不知其所，行不知所之，闷闷然如人之方孩，兽之适野。　〇沕音沃。沕穆，深微貌。

《格致草》云：“造人之始，西经所载，以水土合和成男，复取男一肋成女。男曰亚当，女曰夏娃。生二子，一名迦音，一名亚伯。种类蕃息，秽染天地。自亚当生后一千六百五十六年，洪水稽天，仅留一善者名诺厄夫妇及三子夫妇共八人。三子一名生，一名刚，一名雅弗，种传贤圣，分掌天下。意盘古正当此时。

明皇花萼　灵运池塘

唐玄宗素友爱，宋王成器等请献兴庆坊宅为离宫，制许之，始作兴庆宫，仍各赐成器等宅，环于宫西南。置楼，题其西曰花萼相辉之楼，南曰勤政务本之楼。上或登楼，闻诸生奏乐，则召升楼同宴，或幸其所居尽欢，赏赐优渥。○唐李乂与兄尚一、尚贞所著诗文共为一集，号《花萼集》。

南北朝谢惠连，十岁能属文，族兄灵运嘉赏之曰："每有篇章，对惠连辄得佳语。"尝于永嘉西堂思诗竟日不就，忽梦见惠连，即得"池塘生春草"，大以为工。尝云："此语有神助，非吾语也。"　○又灵运性无所推，唯重惠连，与为刎颈交。

神威翼德　义勇云长

季汉张飞，字翼德，义释严颜。先主背曹向袁，败奔江南，曹追之，飞于霸陵桥瞋目横矛曰："身是张翼德也，可来决死。"敌皆无敢近者。史称其神威亚于关羽。魏谋士程昱等咸称飞与羽为万人敌。

季汉关羽，字云长，蒲州解人，善《左氏春秋》，与先主誓同生死。尝守先主家累于下邳，操围之，使张辽说降，羽表三约以明志。后于万众中斩颜良以示报效，尽封所赐而奔刘。及先主即位，假节钺，镇荆州，威震华夏。孔明遗羽书云："孟起兼资文武，雄烈过人，一世之杰，黥彭之俦，当与翼德并驱争先，不若髯之超群绝伦也。"

羿雄射日　衍愤飞霜

尧时十日并出，杀苗稼，命羿射去其九。后有穷国君亦善射，慕之而袭其名，详见《淮南子》。　○陈眉公《枕谭》曰：“传言羿日落九乌。乌最难射，而一日得九，言其射之捷也。后世遂以为日。谬矣。”

周邹衍闻燕昭王下士，乃自梁至燕。昭王拥篲先驱，筑碣石宫师事之。王崩，惠王信谗，系衍于狱。衍冤不能白，仰天而哭。夏月，天为降霜。　○篲，竹帚，音遂。碣石馆，今无复识其处。或谓蓟州东去抚宁县枕海，有石如甬道数十里，即《禹贡》冀州之碣石。

王祥求鲤　叔向埋羊

晋王祥，字休徵，沂州人，事继母朱氏极恭谨。冬月，母思食生鱼，天寒冰结，祥解衣，将剖冰求之。冰忽解，双鲤跃出。今望江县埠南岸有小池，相传每天寒，冰冻如人卧形。祥尝奉母避地于此，因名为卧冰池。　○宋罗孟郊事与祥略同，人目其池为曾子湖。　○又晋王延，冬月为母欲鱼，扣冰而哭，鱼忽跃出冰上。

叔向名肸，晋卿也。尝有攘羊者，以羊首遗向，向母不食，埋之。阅三年，攘羊事败，遣捕追问向家，起验之，羊首骨肉皆尽，唯一舌尚存。国人异之。向后遂以羊舌为氏。
○《左传·疏》：或曰：羊舌氏姓李名果，盗羊事发，辞连李氏，李氏掘羊头示之，以明己之不食。

亮方管乐　勒比高光

季汉诸葛亮，躬耕南阳，好为《梁父吟》，每旦抱膝长吟，以管仲、乐毅自比，时人莫许，惟博陵崔州平、颍川徐元直谓为信然。后出仕先主，三分鼎峙。　○梁父，泰山下小山，其所吟则晏婴谋以二桃杀三士事。君有德则封泰山、禅梁父。愿佐君王，致于有德，苦为小人所阻也。三士：公孙接、田开疆、古冶子。

后赵石勒因徐光谓其过于汉高，曰："卿言亦已太过！人岂不自知，朕遇高祖，当北面事之；若遇光武，可以并驱中原。大丈夫宜礌落如日月，终不效操与懿，欺孤凌寡，狐媚以取天下。"　○礌，磊同。

世南书监　晁错智囊

唐虞世南，字伯施，余姚人，十八学士之一，文章赡博。太宗尝称其五绝：一德行，二忠直，三博学，四文词，五书翰。上一日出行，有司请载书以从，上曰："虞世南在，行秘书监也，何用载书！"　○太宗尝令世南和宫体诗，竟不奉诏。

汉晁错学申商刑名于轵张恢生所，为人峭直刻深，上言太子宜令知术数。文帝善之，拜为太子家令，以其辩得幸，太子家号为智囊。　○晁音潮。轵音止，地名。又秦惠王弟疾居樗里，人称樗里子，滑稽多智，亦号智囊。

昌囚羑里　收遁首阳

周文王名昌，纣为不道，醢九侯，脯鄂侯。文王闻之窃叹。崇侯虎谮之，纣乃囚之羑里。文王因演伏羲八卦为六十四卦而系之辞，是为《周易》。其臣闳夭辈计释之，纣因命文王为西伯，赐弓矢，使专征伐。　○醢，音海，肉酱也。羑，音有。

南北朝薛收，字伯褒，闻唐高祖兴，遁入首阳山，将应义举。入唐，为秦王府主簿，从讨王世充及平刘黑闼，为书檄露布，或马上占辞，明敏如宿构。后封汾阴侯，早卒。太宗即位，谓房玄龄曰：“收若在，当以中书令处之。”　○露布，捷书也。

轼攻正叔　浚沮李纲

宋程颐，字正叔，年十八，伏阙上书，劝仁宗以王道为心，乞召对。哲宗朝为讲官，持己过庄，苏轼谓其不近人情，每加玩侮，遂属顾临等连章劾之，出为勾管西京国子监，力辞不报。绍圣间，追贬元祐诸臣，遂至目为奸党。

宋李纲，字伯纪，邵武人。钦宗朝为相，张浚为侍御史，劾纲以买马招军之罪。黄潜善、汪伯彦复力排之，遂贬提举洞霄观，在相位仅七十七日，议者惜之。　○洞霄观在杭州大涤山。卒赠太师，谥忠定。纲负天下重望，每宋使至燕山，必问李纲安否，其为远人所畏服如此。

降金刘豫　顺虏邦昌

宋刘豫为河北提刑，金人南侵，弃官居真州。张悫荐之，起知济南。时盗起山东，豫求易南郡，执政不许，豫忿而去，遂降金，兀术立为齐帝。高宗诏暴其罪逆于六师。　○《铁围山丛谈》云：刘豫为小官时，梦至阙里拜仲尼，仲尼辄答其拜。又尝梦拜释氏，释氏为之起，因独自负。

徽钦北狩，金人使吴幵等集百官，议立异姓。张叔夜请立太子，不许。张邦昌为相，遂受伪命，立为楚帝。舍人吴革等数百人，皆先杀妻子，焚所居，举义金水门外。范琼乃诈与合谋，而袭杀百余人。是日风霾，月晕无光，邦昌心亦不安，拜官皆加“权”字。高宗立，伏诛。　○幵，音坚。霾，音埋，风而雨土也。

瑜烧赤壁　轼谪黄冈

季汉周瑜，仕吴为建威中郎将。曹操治水军八十万征吴，议者欲迎降，瑜独请精兵三万往擒之。遂与程普等逆操师于赤壁，火攻破之，以功拜偏将军，领南郡太守。　〇按赤壁在今嘉鱼县西南大江滨，是周郎拒操真迹。东坡所赋黄州之赤壁，借摅感慨耳。《水经》谓赤鼻山有五：汉阳、汉川、黄州、嘉鱼、江夏。

宋苏轼出判杭州，中丞李定、御史舒亶摘其诗文，以为怨谤君父，逮下台狱。曹太后阅之，言轼为仇人中伤，乃得轻议，贬黄州团练副史。　〇中伤之中，音众。

马融绛帐　李贺锦囊

汉马融，字季长，新息侯援之后，美辞貌。后历南郡守，忤梁冀，免官。高才博学，世称通儒，从游者以千计。卢植、郑玄皆其高弟。善鼓琴，好吹笛。堂施绛纱帐，前授生徒，后列女乐，以次相传，鲜有入其室者。达生任性，不拘儒者之节，著《忠经》。　〇融受学挚恂。绛，音降，火赤色。

唐李贺，字长吉，耽苦吟。每旦出，骑弱马，小奚奴背锦囊随后，遇所得即投其中。暮归，母探囊，见属草，必怒曰："是儿呕出心乃已！"一日昼见绯衣人驾赤虬，持一版曰："上帝白玉楼成，召君为记。"遂卒。　〇凡男女没入官为奚，今奴婢也。虬，音求，龙无角者。

昙迁营葬　脂习临丧

释昙迁，游心佛义，兼谈老庄，工正书，与范蔚宗、王昙首游款。后蔚宗被诛，门有十二丧，交知无敢近者。昙迁抽货衣物，悉营送葬。宋孝武闻而叹赏，语徐爰曰："卿著

《宋书》，勿遗此士。”　○蔚宗下狱，宋文帝有白团扇，令书诗赋美句，蔚宗援笔书曰：“去白日之昭昭，袭长夜之悠悠。”上循览凄然。

季汉脂习与少府孔融相善。魏武为司空，威德日盛，融书疏倨傲，习常责之。及融被诛，许昌百官与融素善者，皆莫敢收恤。习独抚尸而哭曰：“文举！卿舍我死，我当复与谁语者！”魏武欲收治罪，以事直见原。后见魏武，特字之曰：“元升，卿故慷慨！”

仁裕诗窖　刘式墨庄

后蜀王仁裕著诗万篇，时号诗窖子，言所积之多也。○又五代王仁裕，喜为诗，少时尝梦人剖其肠胃，以西江之水涤之，顾见江中沙石，皆为篆籀之文，由是文思日进。汉初，知贡举，所收门生王溥、和凝、范质、皆仕至宰相。○窖，音教。

宋刘式，字叔度，清江人。太宗朝，掌邦计者十余年，既没而家徒壁立，惟遗书数千卷。其妻陈氏指示诸子曰：“此汝父墨庄也，今贻汝辈为学殖之具。”其后诸子及孙并起高第，为时名臣。

刘琨啸月　伯奇履霜

晋刘琨，字越石，少得俊朗之目，与祖逖俱以豪雄著名。永嘉初，为并州刺史，转战至晋阳，为胡骑所围，城中窘迫，琨乃乘月登楼清啸，贼闻之，皆凄然长叹。中夜奏胡笳，贼又流涕歔欷，人有怀土之念。比晓，胡遂弃围而走。　○又刘畴，字王乔，尝避乱坞壁。畴吹笳为出塞入塞之声，以动其思，贾胡皆垂泣而去。

周尹伯奇母死，父吉甫更娶后妻，生伯邦，谮伯奇。吉甫偏听而放伯奇于野。伯奇自伤无罪见逐，为作《履霜操》以歌之，冀感悟也。宣王出游，吉甫从，闻其歌，宣王曰："此孝子之辞也。"吉甫乃求伯奇于野，已化为伯劳。吉甫遂射杀后妻以谢之。 〇邽音规。伯劳，鸟名。歌详《古诗纪》。伯奇采楟花而食。

塞翁失马　臧毂亡羊

塞上之翁，马无故亡入胡，人吊之。翁曰："安知非福!"数月，其马带胡骏而归，人贺之。翁曰。"安知非祸!"其子乘之，坠折臂，人又吊之，翁又曰："安知非福!"胡兵后大战，丁壮者多死，其子以折臂仅存。固知祸福相倚而生也。见《淮南子》。 〇《淮南子》，汉刘安所著书。塞，音赛。

臧与毂二人相与牧羊，而俱亡其羊。问臧奚事，则挟筴读书。问毂奚事，则博塞以游。二人者，事业不同，其亡羊均也。事见《庄子·骈拇篇》，寓言也。博塞，局戏，今双六之类。筴、策同。

寇公枯竹　召伯甘棠

宋寇準，真宗朝大拜，张咏闻之喜曰："真宰相也。"寻以斥丁谓为佞，被谗三绌。乾兴初，再贬雷州道，出公安，剪烛插神祠前，祝之曰："準若无负朝廷，枯竹再生。"已而果然。居雷州有年，一日，沐浴具朝服，束所赐犀带，北面再拜，就榻而卒。丧过公安，民皆迎祭，斩竹挂纸钱，逾月皆生笋成林，因庙祀之，名为相公竹，不忍剪伐。

召公奭，周同姓，食采于召，谓之召康公，与周公分陕而治。陕以西，召公主之，故又称召伯。尝巡行南国，有棠树，决狱政事其下，自侯伯至庶人各得其所。公卒，民思之，为之赋《甘棠》，因爱其树，不忍剪伐。 〇奭，音释。武王封奭于北燕。

匡衡凿壁　孙敬悬梁

汉匡衡，字稚圭，东海承人。家贫好学，邑有大姓多藏书，衡为佣作而不求取值。主人怪问，衡曰："愿得藏书遍读之。"主人感叹，给以书。尝夜读无膏烛，凿邻壁借其光，遂致精诣绝人。十年之间，不出长安城门而致相位。朝廷有政议，辄引经以对。数上书陈便宜，后封乐安侯。

汉孙敬，字文宝，信都人。性嗜学，穷年闭户读书。或间一入市，人皆曰："闭户先生来也。"每夜读，恐其久睡，乃以绳悬其髻于梁上，少睡，则发顿而醒，仍读之。　〇又刘孝标寄人庑下，自课读书，常燎麻炬，从夕至旦。时或昏睡，爇其须发，及觉复读。

衣芦闵损　扇枕黄香

闵损，字子骞，鲁人。性至孝，早丧母。父娶后妻，惟爱己生之二子，独嫉损，冬日以芦花絮衣之。一日，损为父御车，体寒失靷，损不自理。父知之，欲去后母，损固启曰："母在一子寒，母去三子单。"父乃止。母因感悟，遂以慈终。〇衣，音意。靷，音孕。闵子墓在今南宿州，其地有闵子集。又闵子两弟，一名蒙，一名革。

汉黄香，字文强，江夏安陆人。年九岁失母，哀毁骨立。事父至孝，夏月扇枕席，冬则以身温被。比长，博通能文章。京师语曰："天下无双，江夏黄香。"肃宗诏诣东观，读所未见书。又召诣安福殿言政事，拜尚书郎，后迁尚书令。〇扇，平声。双叶，音舂。

婴扶赵武　籍杀怀王

程婴，晋人，与公孙杵臼为赵朔客。屠岸贾诛朔，朔妇生遗腹子，贾闻而索之，杵臼取他儿匿山中，令婴谬呼赵氏孤在。贾因攻杵臼及孤儿杀之。婴乃匿赵氏真孤。年十五，韩厥言于晋景公立之，是为赵武，灭屠岸贾。　○贾，音古。

项梁兵起，从范增言，求楚怀王孙心民间，立为怀王，以从民望。后项籍尊为义帝，都盱眙。及灭秦自王，乃使人徙义帝于长沙，阴令九江王布弑于江中。新城三老董公说汉王发丧，率诸侯之师伐籍。　○布，黥布。义帝向牧羊于盱眙。

魏徵妩媚　阮籍猖狂

唐魏徵事太宗，谏有不从，帝与语，辄不应。帝曰："应而后谏，何伤！"徵曰："昔舜戒面从。臣心知其非而口应陛下，是面从也，岂稷契事舜之意！"帝笑曰："人言魏徵疏慢，我视之更觉妩媚，正为此耳。"

晋阮籍，容貌瑰杰，任情不羁。或闭户读书，累月不出；或登山临水，竟日忘归。时率意独驾，不由径路，车迹所穷，辄痛哭而返。　○唐王勃《滕王阁序》有云："阮籍猖狂，岂效穷途之哭！"

雕龙刘勰　愍骥应玚

南北朝刘勰，字彦和，撰《文心雕龙》五十篇，论古今文体。欲取定于沈约，无由自达，乃负书候约于车前，状若货鬻者。约取读，大重之，谓深得文理，常陈之几案。又撰自古帝王贤达王于魏世，通三十卷，名为《要略》。后为沙门。　○一云王勰著《要略》，非刘事。　○勰，古协字。

季汉应玚，字德琏，汝阳人，建安七子之一，时遇董卓之乱，不得志于时，因作《愍骥赋》，愍良骥之不遇以自寓也。故谢灵运《邺中诗序》云："应玚汝颍之士，流离世故，颇有飘薄之叹。"又子建送应氏诗："清时难屡得，嘉会不可常。天地无终极，人命苦朝霜。"即其不遇可知已。　○愍，音敏。玚，音羊。

御车泰豆　习射纪昌

造父之师曰泰豆氏。造父始从学御，三年不告，造父执礼愈谨，乃告之曰："古言良弓之子必先为箕，良冶之子必先为裘。汝先观吾趋，趋如吾，然后六辔可持，六马可御。"乃立木为涂，仅可容足，履之而行，趋走往还，无失跌也。造父学之，三日即尽其巧。泰豆于是乃告以应心得手之妙。○为箕、为裘，取其相似易学也。

周纪昌学射于飞卫，卫曰："尔先学不瞬，而后可以言射。"昌归，卧于妻之机下，以目承牵挺。三年后，锥末到眥而不瞬。卫曰："未也，必视小如大，视微如著，而后告我。"昌以氂垂虱于牖，南面望之，寖大，三年后如车轮焉，以视余物如丘山，乃射虱之心而垂不绝。　○氂，音离，牛犬长采。

异人彦博　男子天祥

宋文彦博立朝端重有威，契丹使耶律永昌入觐，见彦博，却立数步，改容曰："此潞公耶？何其壮也！"东坡曰："使者见其容，未闻其语。其总理庶务，贯穿古今，虽少年名家有不如。"永昌拱手曰："天下异人也。"公少侍尊人监税阆郡，紫极宫道士何守贞见而异之曰："南极之灵，降而为国申甫。"遂自号南极贞子，后以太师致仕。

宋文天祥，字履善，号文山。宋亡，元主欲以为相，不屈，诏有司杀于柴市，天祥因南向再拜而死。其衣带中有赞曰："孔曰成仁，孟曰取义，惟其义尽，所以仁至。读圣贤书，所学何事？而今而后，庶几无愧。"元帝临朝叹曰："文丞相称男子，本朝将相皆不能及，诚可惜也。"

忠贞古弼　奇节任棠

南北朝古弼，代州人，仕魏以忠直闻。尝入奏减苑囿，太武方与刘树棋，弼侍坐良久，不获申，乃起，于帝前捽树，掣下床，以手搏之曰："朝廷不理，实尔之罪！"帝愕然曰："不听奏事，朕之过也。树何罪？"弼具状，帝奇之而可其奏。弼头尖，时称笔公。太武尝称为社稷臣，又称为国宝，封灵寿侯。　〇捽，音卒，持发也。

汉任棠，隐居教授，有奇节。汉阳太守庞参先候之，棠不与言，但以薤一大本、水一盂置户屏前，自抱孙儿伏户下。主簿白以为倨，参思其意，良久曰："水者，欲吾清也。拔大本薤者，欲吾击强宗也。抱儿当户，欲吾开门恤孤也。"叹息而还。参在职，果能抑强扶弱，以惠政得民。庞字仲达。〇薤，音械，叶似韭。

何晏谈易　郭象注庄

季汉何晏，字平叔，言《易》义精通，所不了者九事。一日，迎管辂共论。辂为剖析玄旨，九事皆明。时邓玄茂在坐，言"君善《易》，而语不及《易》中辞义何？"辂曰："善《易》者不论《易》。"晏含笑赞曰："可谓要言不烦。"

晋向秀，字子期。尝注《庄子》，于旧注之外，妙析奇致，大畅玄风，惟《秋水》《至乐》二篇未竟而卒。子幼，义遂零落。郭象遂窃为己注，乃自注《秋水》二篇，又易《马蹄》一篇，其余点定文句而已。　〇郗绍作《晋中兴书》而何法盛窃之，与此事相类。

卧游宗子　坐隐王郎

南北朝宗炳，字少文，好琴书，善画，精玄理。每临山水佳处，辄忘归。刘毅辟之，曰："吾栖丘隐壑三十年，岂可于王门折腰！"尝西陟荆巫，南登衡岳。因结宇衡山。有疾，还江陵，叹曰："老病俱至，名山恐难遍睹，惟当澄怀观道，卧以游之。"凡所游履，皆图之于室，谓人曰："抚琴动操，欲令众山皆响。"炳为远公白莲社十八贤之一。

晋王坦之誉辑朝野，标的当时，累迁侍中中书令，领北中郎将，故称中郎。《世说》云："王中郎以围棋为坐隐，支公以围棋为手谈。"《语林》云："王以围棋为手谈，故其在衰制中，祥后客来，方幅会戏。"

盗酒毕卓　割肉东方

晋毕卓，字茂世，鲖阳人，少放达，尝曰："得酒满数白斛，左手持酒杯，右手持蟹螯，拍浮酒船中，便足了一生。"大兴末为吏部郎，比舍郎酿熟，卓因醉夜至瓮下盗饮，为掌酒者所缚。明旦视之，乃毕吏部也。卓与阮孚等为八达。

汉东方朔，善诙谐滑稽。武帝朝，待诏金马门。帝社赐从官肉，大官未至，朔割肉以归。有司奏，帝令自责。朔再拜曰："受赐不待诏，何无礼也！拔剑自割，何壮也！割之不多，何廉也！归遗细君，又何仁也！"上笑曰："令卿自责，而反自誉。"复赐酒肉。　〇大官，主上食者。细君，妻之称。

李膺破柱 卫瓘抚床

汉李膺迁司隶校尉，时内侍张让弟朔为野王令，贪残无道，畏膺威严，逃还京师，匿于兄家合柱中。膺知其状，率吏卒破柱，取朔付洛阳狱，受辞毕，即杀之。自此内侍皆鞠躬屏气。

晋卫瓘，字伯玉，位侍中。惠帝为太子时，咸谓其不堪。瓘会醉，遂跪床前曰："臣欲有所启。"帝曰："卿何言?"瓘言而复止者三，因以手抚床曰："此座可惜。"帝意乃悟，因谬曰："公真大醉耶?" ○惠帝在华林园闻蛙声，问左右曰："此鸣者为官乎？为私乎?"贾胤对曰："在官地为官，在私地为私。" ○瓘，音贯。

营军细柳 校猎长杨

汉文朝匈奴入云中，以周亚夫次细柳，刘礼次霸上，徐厉次棘门。上自劳军，至霸上及棘门军，直驰入。已而之细柳，先驱曰："天子且至。"军门都尉曰："军中闻将军令，不闻天子诏。"上使使持节诏将军，亚夫乃传令开壁门。士请曰："将军约：军中不得驰骤。"上乃按辔徐行，至中营，亚夫曰："介胄之士不拜。"天子改容。

汉成帝羽猎，扬雄从，归作《羽猎赋》以讽。明年秋，又捕兽输长杨射熊馆以夸胡人，农民不得收敛。雄从至射熊馆还，上《长杨赋》，因笔墨成文章，故借翰林为主人，子墨为客卿以讽。俱详《文选》。

忠武具奠 德玉居丧

宋岳飞，谥忠武，家贫力学，尤好《左氏春秋》《孙吴兵法》。未冠，能挽弓三百斤、弩八石。学射于周同，能左右射。同死，朔望必鬻衣具酒肉诣同冢，奠而泣，引同所赠弓发三矢，乃归。父知而义之。

唐顾德玉，字润之，从俞观光学。观光无子，尝曰："吾昔病，润之侍汤药，情若父子，医为感动，弗忍受金。我老，必托之以死。"寻访医吴中，疾革，趋润之，次尹山而遂卒。润之奉其尸敛于家，衰绖就位。或问："敛于家，礼与?"润之曰："生服其训，死而委诸草莽，仁者弗为也。"明年，葬于顾氏先茔傍，岁时享祭惟谨。

敖曹雄异　元发疏狂

南北朝高昂，字敖曹，龙准豹头，姿体雄异。少不遵师训，专事驰骋，每言男儿当横行天下，自取富贵，谁能端坐读书作老博士也！其父尝曰："此儿不大吾门，必灭吾族。"北齐神武以为西南道大都督，渡河祭河伯，言曰："河伯水中之神，高敖曹地上之虎。"　○准，音拙。

宋滕达道，字元发，性疏豁。神宗时，力言新法之害，落职，知筠州，上章自讼，改知扬州。微时，为范文正公馆客，尝私就狎邪饮，范病之。一夕，候其出，径造书室，明烛读书以俟。元发大醉，入门长揖，问范读何书，曰："《汉书》。"问汉高祖何如人，范逡巡走入。

寇却例簿　吕置夹囊

宋寇準，真宗朝大拜，用人多不以次，同列颇不悦。堂吏尝持例簿以进，準曰："宰相所以进贤退不肖也，若用例，一吏职耳。"却去不用。寻为王钦若所谗，罢为刑部尚书，出知陕州，复知天雄军。契丹使过之，谓準曰："相公重望，何以不在中书?"公曰："主上以朝廷无事，北门锁钥，非準不可。"

宋吕蒙正，字圣功，河南人。淳化、咸平中，凡两居相位。夹囊中有册子，每四方人谒见，必问有何人才，即疏之，悉分门类。朝廷求贤，取之囊中而用无不当。封许国公，谥文穆。　○又晋山涛为吏部，甄别人物，各为题目，号山公启事。

彦升白简　元鲁青箱

南北朝任昉，字彦升，八岁能属文。初仕齐为太学博士，王俭、沈约皆推让其文。后仕梁武为御史中丞，每奏弹，必曰："臣谨奉白简以闻。"简，略状也。　○凡弹文，白纸为重，黄纸为轻。又魏制置殿中侍御史二员，簪白笔，侧阶而坐，伺察非法。

南北朝王淮之，字元鲁，自曾祖彪之博闻多识，练习朝仪，自是家世相传，并谙江左旧事，缄之青箱，世谓之王氏青箱业。自彪之至淮之，四叶为御史中丞。淮之尤百僚所惮。○淮之父名纳之，祖名越之。

孔融了了　黄宪汪江

汉孔融，字文举，十岁随父至洛阳。时李膺有盛名，诣门者多不得通。融谓阍者曰："我与李府君通家。"坐定，膺问曰："高明祖父与仆有旧乎？"对曰："昔先君仲尼与君先人伯阳相师友，则融与君累世通家也。"膺与宾客皆奇之。陈韪后至，人语之，韪曰："小时了了，大未必佳。"融曰："想君小时，必当了了。"韪大踧踖。　○韪，音委。

汉黄宪，字叔度，汝南人。郭泰至汝南造袁奉高，车不停轨，鸾不辍轭，至诣叔度，乃弥日信宿。人问故，曰："奉高之器譬诸泛滥，虽清而易挹。叔度汪汪若千顷波，澄之不清，淆之不浊，不可量也。"屡举孝廉不就，天下号曰征君。

陈蕃、周举相谓曰："时月之间不见叔度，鄙吝复生矣。"

僧岩不测　赵壹非常

南北朝赵僧岩寥廓无常，人不能测，与刘善明友。善明为青州，欲举为秀才，大惊，拂衣而去。后忽为沙门，栖迟山谷，常以一壶自随。一日谓弟子曰："吾今夕当死壶中。"至夜而亡。

汉赵壹，字元叔，恃才倨傲，作《穷鸟赋》以自遣。客游成州，上计到京，长揖司空袁逢。逢让之，壹曰："昔郦食其长揖汉王。今揖三公，何遽怪耶！"逢下执手敬重之。既出，造河南尹羊陟，不得见，因上堂大哭。陟知其非常人，出与语，奇之。明旦造访，诸计吏皆盛饰骑从，壹独柴车露宿。陟曰："良璞不剖，必有泣血以相明者。"荐之。

沈思好客　颜驷为郎

唐仙吕洞宾，于宋熙宁九年游湖州归安之东林，有沈思者号东老，能酿十八仙白酒。吕一日自称回道人，求饮，自午至暮，饮数斗，殊无酒容，谢曰："久不游吴中，为子有阴德，留诗赠子。"乃擘榴皮书于壁曰："西邻已富忧不足，东老虽贫乐有余。白酒酿成缘好客，黄金散尽为收书。"　○思字持正。

汉颜驷庞眉皓发，为郎。武帝辇过郎署，帝问何老也？对曰："文帝好文臣好武，景帝好美臣貌丑，陛下好少臣已老，是以三世不遇。"上拜为都尉。

申屠松屋　魏野草堂

汉申屠蟠，字子龙，陈留人。九岁丧父哀毁，致甘露白雉之祥，蔡邕称曰大孝。蟠隐居精学，博贯“五经”，兼明图纬，见汉室陵夷，累征不就，因松为屋，杜门养高。董卓废立，荀爽、陈纪等皆为所胁，独蟠得全，人皆服其先见。○纬，音位，天象也。申屠，复姓。

宋魏野，字仲先，陕州人，居东郊，架草堂，有水竹之胜，又凿土袤丈，曰乐天洞，无贵贱，皆纱帽白衣见之。出跨白驴，号草堂居士。好弹琴赋诗，有“棋进莫饶客，琴生却问儿”，“松风轻赐扇，石井胜颁冰”，“洗砚鱼吞墨，烹茶鹤避烟”诸佳句。太宗祀汾阴，与李渎并被荐，召之不至。一日方教鹤舞，忽报中使至，抱琴逾垣而走。

戴渊西洛　祖逖南塘

晋陆机，字士衡，赴假还洛，辎重甚盛。戴渊使少年劫掠，渊在岸上据胡床指挥，左右皆得其宜。渊神姿锐颖，虽处鄙事，神气犹异。机于船屋上遥谓曰：“卿才如此，亦复作劫耶?”渊便流涕投剑归机，辞语非常，机遂与定交，作笔荐渊。过江，仕至征西将军。　○渊字若思。假音驾，告休沐之谓。

晋祖逖，字士雅，过江时，公私俭薄，无好服玩。王、庾诸公共就祖，忽见裘袍重叠，珍饰盈列。诸公怪问之，祖曰：“昨夜复南塘一出。”祖微时，恒自使健儿鼓行劫钞，在事之人亦容而不问。仕至豫州刺史，卒于晋元帝四年。　○逖，音剔。

倾城妲己　嫁虏王嫱

商纣伐有苏，得美女妲己，色可倾城，纣嬖之。牝鸡司晨，惟言是用，劝纣为炮烙之刑，遂致亡国。李延年侍汉武起舞歌曰：“北方有佳人，绝世而独立，一顾倾人城，再顾倾人国。宁不知倾城与倾国，佳人难再得！”因以其妹为夫人。○姐，单入声。

汉武帝使画工图后宫，按图召幸。宫女皆赂工。昭君王嫱，姿容甚丽，志不苟求，工遂毁其状。匈奴入朝，命后宫愿往者赐之。嫱愿往，陛辞，光彩射人。帝悔恨无及，画工毛延寿等同日弃市。汉人怜嫱远嫁，多作歌送之，后生子为单于。

贵妃桃髻　公主梅妆

唐明皇在禁苑中，有千叶桃花盛开，帝与杨贵妃宴花下，帝曰：“不独萱草忘忧，此花亦能消恨。”　○又王仁裕《天宝遗事》载御苑有千叶桃花，帝亲折一枝插妃子宝髻曰：“此花亦能助娇态。”　○髻，音计。

南北朝宋武帝女寿阳公主，人日卧于含章殿檐下，梅花落额上，妆著如钿，益映其媚。后人效之，遂增饰巧制贴面，名曰寿阳妆。　○钿，音田，金华饰也。一云梅落公主额，成五色之花，拂之不去，经三日洗之乃落。

吉了思汉　供奉忠唐

秦吉了，鸟名，出川广，形如鹦鹉而色白，脑有黄肉冠，头红。耳聪心慧舌巧，人言无不通。白香山诗谓其彩毛青黑花颈红，未知孰是。尝有夷人买去，吉了曰：“我汉禽，不入夷地。”遂惊死。

五代唐昭宗播迁，随驾有弄猴，能随班起居，昭宗赐以绯袍，号供奉。罗隐诗：“何如学取孙供奉，一笑君王便着绯”是也。朱梁篡位，取猴，令殿下起居，猴望见全忠，径趋而前，跳跃奋击，遂杀之。　○《广雅》：猴一名王孙。王延寿有《王孙赋》可证。

卷之四

八　庚

萧收图籍　孔惜繁缨

汉萧何从沛公入关，秦王子婴来降，诸将争走财货之府，何独收秦丞相御史律令、图书藏之，沛公因具知天下阨塞、户口多少、强弱处并民所疾苦者。　○明宋潜溪遂言曰："当始皇焚天下诗书，而藏于秦博士者固在也。酇侯乃弃之，而取户口阨塞之图，方与咸阳宫殿一火俱尽。悲夫！酇侯万世之罪人也。"

卫孙桓子帅师伐齐，与齐遇，败。新筑人救桓子，是以免。卫人赏之邑，辞，请曲县繁缨以朝，许之。仲尼闻之曰："惜也！不如多与之邑。惟名与器，不可以假人。"　○县，音玄。天子乐县四面，诸侯缺南方，谓之轩县，即曲县。繁为大带，缨，马鞅也，诸侯之服。繁，音盘，本作鲦。

卞庄刺虎　李白骑鲸

卞庄子，鲁卞邑大夫，性好勇，尝刺虎，管竖子止之曰："两虎方食牛，牛甘，必争斗，则大者伤，小者亡。从伤而刺，一举必两获。"庄子然之，果获两虎。齐人欲伐鲁，忌庄子，不敢过卞。　○卞即今泗水县。

唐李白，天才独绝。贺知章见其文而叹曰："子谪仙人也。"后访族人李阳冰于当涂，泛舟游采石，大醉，见水中月影，狂叫捉之，堕水而死。后人因建捉月亭吊之。或云骑鲸上天而去，盖托言也。盐官徐仲华题诗云："舟舣江干吊谪仙，吟风弄月笑当年，骑鲸直上天门去，诗在人间月在天。"○太白墓在太平府青山北。

王戎支骨　李密陈情

晋王戎、和峤同遭大丧，王鸡骨支床，和哭泣备礼。武帝谓刘仲雄曰："卿数省王、和否？闻和哀毁过礼，使人忧之。"仲雄曰："和峤虽备礼，神气不损；王戎虽不备礼，而哀毁骨立。臣以和峤生孝，王戎死孝，陛下不应忧峤，而应忧戎。"

晋李密，字令伯，父早亡，母更适人，鞠于祖母刘氏。武帝征为太子洗马，密上表陈情，乞赐归养，其警句云："臣无祖母，无以至今日；祖母无臣，无以终余年。母孙二人，更相为命，是以区区不能废远。"帝览表叹曰："密不空有此名。"下诏褒之，赐奴婢二人，郡县时给精膳。　○密使蜀，与吴王曰："愿为人兄。为兄，事亲之日长也。"

相如完璧　廉颇负荆

赵得楚和氏璧，秦昭王请易以十五城。蔺相如奉璧入秦，秦竟无偿城意。相如乃绐云璧有瑕，取示之。乃令秦王斋五日而受璧，阴使使者怀归，以身待命于秦。秦王以为贤，礼而归之，赵终不与秦璧。　○蔺，音吝。

廉颇、蔺相如同仕赵，相如位居颇上，颇怒欲辱之。相如每称疾引避，人皆耻之。相如语舍人曰："秦人不敢加兵于赵，以吾两人在也。吾所为者，先国家之急而后私仇也。"颇闻之，肉袒负荆，造门请罪，卒成刎颈之交。　○颈，音景。

从龙介子　飞雁苏卿

晋文公返国，赏从亡者，不及介子推。推奉母隐于绵上，其从者悬书宫门曰："有龙矫矫，遭天谴怒。三蛇从之，一蛇割股。二蛇入国，厚蒙爵土。余有一蛇，弃于草莽。"公曰："噫！寡人之过也。"求之不出，因焚其山，母子俱死。故号其山曰介山。　○子推原名王光。公饥于曹，推割股食之。食，音寺。其歌不一，今从《吕氏春秋》。

汉苏武，字子卿，武帝遣使匈奴，迫降不得，屏居北海者十九年。昭帝即位，复遣使至匈奴。常惠夜见汉使，教使者谓单于，言天子射上林，得雁足系帛书，知武等俱在某泽中。单于惊谢，遣武等南还。　○常惠，与武同使者。

忠臣洪皓　义士田横

宋洪皓为大金通问使，至云中，金人迫使事刘豫，皓曰："万里衔命，不能奉两宫南归，恨力不能磔逆豫，忍事之耶？愿就鼎镬。"粘没喝怒，将杀之，旁一校曰："此真忠臣也。"为皓跪请，乃得流冷山，绍兴十二年始归。　○粘没喝，金臣名。磔，音窄，裂也。

齐田横，故齐王荣弟，自立为王。高帝即位，与其徒五百余人居海岛。帝召之，横与二客诣洛阳。未至三十里，自杀。二客传首洛阳，并拜为都尉，以王者礼葬。横既葬，二客穿冢自刎，其从五百人俱自杀。闻者皆窃叹，以为义士，作《薤露》《蒿里》之歌哀之。　○歌载《文选》。

李平鳞甲　苟变干城

诸葛亮军祁山，李平催督运事不继，遣人呼亮还。及还，乃阳惊以辞己责，又表说军伪退诱贼与战。亮因出前后手书，表平颠倒不职。复与蒋琬、董承书曰："孝起前为吾说：正方腹中有鳞甲。吾谓鳞甲者，但不当犯之耳，不图复有苏张游说事也。"遂徙平梓潼郡为民。　〇孝起，陈震字。正方，平字。

子思言苟变于卫侯曰："其材可将五百乘。"公曰："吾知其可将，然变也，尝为吏赋于民而食人二鸡子，故弗用也。"思曰："夫圣人之官人，犹匠人之用木，取其所长，弃其所短。君处战国之势，选爪牙之士，而以二卵弃干城之将，不可使闻于邻国。"公再拜曰："谨奉教。"

景文饮鸩　茅焦伏烹

宋明帝疾笃，赐王景文死。敕至之夜，景文方与客棋，看敕讫，置局下。待争劫竟，乃敛子纳奁中，已毕，徐言："奉敕赐死。"因出敕示客，而举赐鸩，乃谓客曰："此酒不可相劝。"遂仰饮而绝。　〇景文名彧，后兄，美丰姿，袁粲见之叹曰："景文非但风流可悦，乃哺歠亦复可观。"

秦吕不韦通太后，恐觉，以舍人嫪毐诈为宦者进之，生二子。事觉，夷三族，迁太后于雍，以谏死者二十七人。齐客茅焦请谏，王欲烹之，茅蕉徐前曰："秦方以天下为事，而陛下车裂假父，囊扑二弟，迁母于雍，残戮谏士，桀纣之行不至是。臣恐天下瓦解，无向秦者。"言讫，解衣伏烹。王下殿，手接之，爵以上卿，自驾迎太后归。

许丞耳重　丁掾目盲

汉黄霸为颍川太守，长吏许丞老病聋，督邮白欲逐之。霸曰："许丞廉吏，虽老犹能拜起送迎，正重听何伤！且善助之，无失贤者意。"或问其故，霸曰："数易长吏，有送故迎新之费。且吏缘为奸，新吏又未必贤，徒相益为乱。凡治道，去其太甚者耳。"

季汉丁仪，字正礼。曹操慕其才，欲妻以女，丕曰："正礼目眇，恐爱女不悦也。"后操数与语，甚奇之，责丕曰："丁掾即使两目俱盲，尚当妻以女，况但眇乎！是儿误我。"○掾，音砚。盲，音萌。

佣书德润　卖卜君平

季汉阚泽，字德润，吴人。家贫好学，为人佣书，所佣既毕，诵读亦遍。兼通历数。举孝廉，除钱塘长，累官至太子太傅。每朝廷大议，经典所疑，必咨访之。以儒学勤劳，封都乡侯。初，泽年十三，梦见名字炳然在月中。　○阚，音瞰。

汉严遵，字君平，临邛人，尝卖卜于成都，日得百钱自给，则闭户下帘，以著《易》为事。扬雄师事之，曰："风声足以激贪励俗，近古之逸民也。"富人罗冲资之，劝其仕，不听，叹曰："益我货者损我神，生我名者杀我身。"　○又林闾为扬雄之师，见《古文苑》。

马当王勃　牛渚袁宏

马当山在彭泽，去南昌七百里。唐王勃省父，舟次马当，梦水神告曰："助汝顺风一帆。"达旦，即抵南昌。值都督阎伯屿重修滕王阁，九日宴宾僚于上，欲夸其婿吴子章才，令宿构序文。故豫请客作，莫敢当者。勃年最少，受而不辞。阎恚，遣使伺句即报。至"落霞与孤鹜齐飞，秋水共长天一色"，乃叹曰："天才也！"极欢而罢。

晋袁宏，字彦伯，少贫，为人佣载运租于牛渚。值中秋夜，讽所为《咏史诗》以自适。时谢尚官征西将军，乘月泛江，闻估客咏诗声，甚有情致，因遣人讯问，答曰："是袁临汝儿郎诵诗。”尚即迎升舟，谈论申旦，自此名誉日茂。○宏或作虎，即宏小字。宏父官临汝令。

谭天邹衍　稽古桓荣

周邹衍闻燕昭王好士，乃自梁入燕，昭王作碣石宫师事之。燕有谷地，美而寒，不生黍稷，衍为吹律以分其气，黍乃生，因名黍谷。尤好谈天事，《战国策》曰“邹衍大言天事，号为谭天衍”是也。又刘向《别录》云：“驺衍所言五德始终，天地广大，尽言天事，故称谭天驺。”

汉桓荣，字春卿，少习欧阳《尚书》。光武朝拜议郎，授太子经，累迁太子少傅。车驾幸太学，会诸博士，论难于前。荣辩明经义。每以礼让相厌，不以辞长胜人。帝赐以辎车乘马。荣大会诸生，陈其车马印绶曰：“今日所蒙，稽古之力也，可不勉哉！”明帝立，犹尊以师礼，拜为五更。　○五更，通五行者。

岐曾贩饼　平得分羹

后汉赵岐，字邠卿，京兆长陵人。唐玹为京兆尹，进不由德。岐数为贬议，玹恚，欲收岐。岐乃变姓名于北海市中贩胡饼。孙嵩疑其非常人，问曰：“自有饼耶？”岐曰：“贩之。”嵩曰：“买几钱？卖几钱？”岐曰：“买三十，卖亦三十。”嵩遂载归。兴平中，岐以太仆持节使安惠天下，复与嵩遇，相对流涕。年九十余，建安六年卒。

唐李林甫子婿郑平为户部员外郎。一日，林甫见其须发斑白，谓平曰：“上明日当赐甘露羹，郑郎若食，纵华皓亦自转黑。”明日中使果至林甫第赐食，因以羹食平。一夕斑白尽黑。　○林甫，小字哥奴。

卧床逸少　升座延明

晋王羲之，字逸少。郗鉴遣门生求婿于王丞相导，导曰："往东厢任意选之。"门生归，白郗曰："王氏诸郎亦皆可嘉，但闻来觅婚，咸自矜持。惟有一郎在东床上，坦腹卧食胡麻饼，若不闻。"郗公曰："此正吾婿。"访之，乃逸少也，遂妻以女。仕至右军将军。

南北朝刘昞，字延明，年十四，就博士郭瑀学。瑀时弟子五百余人，通经业者八十余人。瑀有女始笄，妙选良偶，心属延明，遂别设一席，谓弟子曰："吾有女，欲觅一快婿，谁坐此者，吾当婚焉。"延明即奋衣升坐，神志湛然，曰："延明其人也。"遂妻之。　○昞，音炳。

王勃心织　贾逵舌耕

唐王勃，六岁能文，九岁得颜师古《汉书注》读之，作《指瑕》以摘其失。与卢照邻、骆宾王、杨炯齐名，号四杰。所至请托为文，金帛丰积。人或谓心织笔耕。每为文，先磨墨数升，引被掩面而卧，忽起，一笔书之，初不点窜，时人谓之腹稿。

汉贾逵，字景伯，微时教授为业，从学者不远千里，积粟遂至盈仓。或曰："逵非力耕所得。诵经不倦，乃舌耕也。"明帝朝，给笔札，使为《神雀颂》，拜为郎，与班固同校秘书。　○《南史》：王韶之尝三日绝粮，执卷不辍，家人怪其不耕，答曰："我常目耕。"

悬河郭子　缓颊郦生

晋郭象，字子玄，能清言。王衍云："每听象语，如悬河泻水，久而不竭。"　○裴遐善言玄理，音辞清畅，泠然若琴瑟。尝与象谈，一座叹服。

汉王闻魏豹反，方东忧楚，未及击，谓郦生曰："缓颊往说魏豹，能下之，吾以万户封君。"郦生说豹，豹谢曰："人生一世间，如白驹过隙耳。今汉王慢而侮人，骂詈诸侯郡臣，如骂奴耳，非有上下礼节也，吾不忍复见也。"于是汉王遣韩信击，虏豹于河东。　○郦生，食其也。郦，音力。

书成凤尾　画点龙睛

南齐江夏王锋，字宣颖，年四岁，即倚井栏为书，书满洗去，更复书。晨兴不拂窗尘，先于尘上书。至五岁，高帝使学凤尾诺，一学即工。帝大悦，以玉麒麟赐之，曰："麒麟偿凤尾也。"　○锋封江夏王，姓萧，作王锋误，南齐高帝十二子。　○自晋讫梁以来，东宫上书则曰笺。陆龟蒙云：凤尾则所诺笺之文也。

梁张僧繇丹青绝代，于金陵安乐寺画二龙于壁，不点睛。人问其故，曰："点之即飞去。"人以为妄，固请点之，才及一龙，须臾即雷电破壁，骧腾而去，惟未点者在。阎立本至荆州，见其旧迹，曰："虚得名耳。"再往曰："犹近代佳手。"三往曰："名下无虚士。"遂坐卧留宿其下。

功臣图阁　学士登瀛

唐太宗贞观癸卯十七年，命阎立本图功臣于凌烟阁：长孙无忌、李孝恭、杜如晦、魏徵、房玄龄、高士廉、尉迟恭、李靖、萧瑀、段志宁、刘弘基、屈突通、殷开山、柴绍、长孙顺德、张亮、侯君集、张公瑾、程知节、虞世南、刘政会、唐俭、李世勣、秦叔宝凡二十四人，盖象二十四气，所以转天而宏化也。

唐高祖武德三年，以秦王世民功大，擢为天策上将，令开府置属。太宗乃开馆于宫西，延四方之士，以杜如晦、房玄龄、虞世南、褚亮、姚思廉、李玄道、蔡允恭、薛元敬、颜相时、苏勖、于志宁、苏世长、薛收、李守素、陆德明、孔颖达、盖文达、许敬宗为文学馆学士，三番更直，暇则访以政事，讨论坟籍，或至夜分乃寝。

卢携貌丑　卫玠神清

唐卢携貌极丑，尝以文上尚书韦宙，韦氏子弟辄肆轻侮。宙曰："卢虽人物不扬，观其文章有首尾，异日必贵。"后竟如其言。　〇又左思貌丑而口讷，游遨于市，群妪唾之，委顿而返。

晋卫玠，字叔宝，神清韵远，咸称璧人。其舅王武子叹曰："珠玉在侧，觉我形秽。"又曰："与玠游，若明珠之在侧，朗然照人。"仕为太子洗马。后移家建业，士人观者如堵，卒年二十七，时人谓看杀卫玠。　〇玠即乐广婿，世称妇翁冰清，子婿玉润。

非熊再世　圆泽三生

唐顾况，字逋翁，海盐人，后隐茅山。暮年，一子非熊忽暴亡，况哀悼不辍，乃作诗曰："老人丧爱子，日暮泪成血。老人年七十，不作多时别。"非熊冥间闻之，以情告冥官，官悯之，复令生于况家，二岁能言冥间闻父苦吟，求再生事。及长，擢长庆进士，官盱眙尉。　〇非熊少时见坏绿裙化为蝶。

唐僧圆泽与李源善，约游峨嵋，舟次南浦，见妇人锦裆负罂而汲。泽曰："此妇孕三年，迟吾为子。今已见难逃，三日愿临，一笑为信。后十三年中秋月夜，杭州天竺寺当相见。"及暮，泽亡，而妇乳三日，往果一笑。后如期往，于葛洪井畔，闻牧童扣牛角歌曰："三生石上旧精魂，赏月吟风不要论，惭愧情人远相访，此身虽异性常存。"问泽公健否，答曰："李君真信士，然世缘未断，慎勿相近，惟勤修乃复相见。"又歌曰："身前身后事茫茫，欲话因缘恐断肠，吴越山川寻已遍，好回烟棹上瞿塘。"遂去，不知所之。

安期东渡　潘岳西征

晋王丞，字安期，去官东渡江，道路梗塞，人怀畏惧，每遇艰险，处之夷然，虽家人不见其忧喜之色。既至下邳，登山北望，叹曰："人言愁，我始欲愁。"谢太傅曰："当尔时觉形神俱往。"　〇涩，森入声。

晋潘岳，字安仁，荥阳人，才名冠世，藻思如锦，尝作《西征》《闲居》等赋。《文选纂注》云："《西征赋》，岳为长安令作。岳家在巩县东，故言西征，述所历古迹美恶，以为劝戒焉。"　〇杜少陵有《北征》诗，非征伐之征。

志和耽钓　宗仪辍耕

唐张志和，字子同，初名龟龄。肃宗朝，擢明经，授录事参军。亲丧不复仕，往来江湖，自称烟波钓徒。垂钓不设饵，志不在鱼也。陆羽问孰为往来，对曰："太虚为室，明月为烛，与四海诸公为友，未尝少别，何有往来！"御赐奴婢各一，名曰渔童、樵青，俾为夫妇。颜真卿见其舟敝，欲馆之，谢曰："不愿于尘土中埋侠骨也。"

宋陶宗仪，字九成，天台人。至元间避难华亭，雅好著述，往耕于田，恒携笔砚，置一瓮树下，遇有所得，书投其中，久之满贮，则取成帙，题曰《南村辍耕录》。又著《说郛》。后人渐为增益，不啻等身。　〇一作元人。

卫鞅行诈　羊祜推诚

秦使卫鞅伐魏，魏使公子卬御之，军既相拒，鞅遗卬书曰："吾始与公子欢，今俱为两国将，不忍相攻，可与公子面相见盟，乐饮而罢兵，以安秦魏。"卬以为然，会盟已饮，鞅伏甲士袭虏卬，攻其军，破之以归秦。惠王恐，割河西之地以献，遂去安邑，徙大梁。　○卬，音昂。

晋羊祜，字叔子，镇襄阳，绥怀远近，甚得江淮之心。在军轻裘缓带，身不披甲，铃阁之下，侍卫不过数十人。与吴将陆抗对境，使命交通，不为掩袭之计。进谲计者，辄饮以醇酒，使不得言。尝出军行吴境，刈谷为粮，计所侵送绢偿之。游猎常止晋地，若禽兽先为吴人所伤，而为晋兵所得者，皆封还之。

林宗倾粥　文季争羹

汉郭林宗尝止陈国问学，童子魏德公求为供给洒扫。林宗偶不佳，终夜命作粥。林宗呵之曰："为长者作粥，使沙，不可食。"以杯掷地，如是者三。德公无变容，反有悦色。林宗曰："始见子之面，今乃知子之心矣。"遂成妙学。

齐高帝既为齐王置酒为乐，羹脍既至，崔祖思曰："此味为南北所推。"侍中沈文季曰："羹脍吴食，非祖思可解。"祖思曰："炰鳖脍鲤，似非句吴之诗。"文季曰："千里莼羹，岂关鲁卫！"帝悦甚，曰："莼羹故应还沈。"　○千里，湖名，属今溧阳。

茂贞苛税　阳城缓征

唐李茂贞为凤翔节度使，赋税烦苛，油灯皆有征，遂不许松薪入城，恐以松薪为光，必减油税，故严禁之。时有优人为戏语讽之曰："臣请并禁月明。"

唐谏议大夫阳城，字亢宗，左迁道州刺史，治民如治家。州之赋税不登，观察使数加诮让，城自署其考曰："抚字心劳，征科政拙，考下下。"观察使遣判官督之，城自囚于狱，坐卧一故门扇。判官留一二日，不自安，辞去。后又他遣，所遣官至，遂载妻子中道遁去。

北山学士　南郭先生

宋徐大正，字德之，瓯宁人，省试过子陵钓台，诗云："光武初征血战回，故人长短尚论材，中兴若起唐虞业，未必先生恋钓台。"元祐中，苏轼见之，遂与定交。后筑室北山之下，号为闲轩。秦少游为记，东坡赋诗，人以北山学士呼之。

宋雍存，全椒人，隐居不仕，以文史自娱。居城南，号南郭先生。钱公辅《游山》诗："每从南郭先生到"，谓存也。绍圣初，曾肇为守，尝与文字交。　○后汉廖扶惮为吏，专心经史，居先人冢侧，时号为北郭先生。

文人鹏举　名士道衡

南北朝温子升，字鹏举，博学百家，文章清婉，孝庄以为主客郎中。济阴王晖业尝云："江左文人，宋有颜延之、谢灵运，梁有沈约、任昉，我子升足以凌颜轹谢，含任吐沈。"阳夏守傅标使吐谷浑，见其国主床头有书，视之，子升文也。○庾信至北，惟爱温子升寒山寺碑，后还，人问北方人物，信曰："惟寒山一片石，差堪共语耳。"

南北朝薛道衡，字玄卿。衡聘陈，作《人日》诗云："入春才七日，离家已二年。"南人嗤之曰："是底语！谁谓此虏解作诗！"及云："人归落雁后，思发在花前。"方喜曰："名下固无虚士。"裴献尝目之曰："鼎迁河朔，吾谓关西孔子罕遇其人，今复见薛君矣。”官至中书侍郎。

灌园陈定　为圃苏卿

陈定，字子终，楚王遣使持金百镒，聘以为相，子终谓妻曰：“今日为相，明日结驷连骑，食方丈于前。”妻曰：“结驷连骑，所安不过容膝；食方丈于前，所甘不过一肉。今以容膝之安，一肉之味，而怀楚国之忧，恐先生不保命也。”于是夫妻遁去，为人灌园，或云即陈仲子。

宋苏云卿，广汉人。绍兴间，结庐豫章东湖，人称曰苏翁。布褐草履，终岁不易，畚砾为圃，人争贸之，以故薪米不乏，有余则以周急。少与张浚为布衣交，浚为相，持书函金币属帅漕致之，曰：“此人非折简可致也。”帅漕力请，期以诘朝上谒，旦则扃户阒然，书币俱在，而翁已遁矣，竟不知所往。　〇阒音翕。圃址在今百花洲。

融赋沧海　祖咏彭城

南北朝张融，字思光，所著有《玉海集》。尝作《海赋》，警句云：“穷区没渚，万里藏岸。湍转则日月似惊，浪动则星河若覆。”以示徐凯之，凯之曰：“卿此赋实超玄虚，但恨不道盐耳。”融即索笔增曰：“漉沙构白，熬波出素。积雪中春，飞霜暑路。”　〇木华字玄虚，曾作《海赋》。中音仲。

南北朝王肃于省中咏《悲平城》诗云：“悲平城，驱马入云中。阴山常晦雪，荒松多朔风。”彭城王勰甚称其美，使肃更咏，乃失语平城为彭城，肃笑之，勰有惭色。时祖莹在坐，即云：“悲彭城，王公自未见。”肃请诵之，莹即应声曰：“悲彭城，楚歌四面起。尸积石梁亭，血流雎水里。”肃嗟赏之，勰亦大悦。

温公万卷　沈约四声

宋司马温公独乐园，文史万余卷，晨夕披阅，虽数十年皆新，若未手触者。尝谓弟子曰：“贾竖藏货贝，吾辈惟此耳，当极加宝惜。吾每岁必暴其脑，至启卷，先视几案洁净，藉以裀褥，然后敢启。每竟一板，即侧右手大指面衬其沿，而复以次指面捻而挟过。每见汝辈轻以两指爪撮起，是爱书不如爱货贝，其人可知矣。”

南北朝沈约，左目重瞳子，聪明过人，聚书二万卷，撰《四声韵谱》，以谓在昔词人累千载而不悟，而独穷其妙旨，自谓入神之作。武帝问周捨曰：“何谓四声？”捨曰：“天子圣哲是也。”　〇唐权德舆生三岁即知辨四声，四岁能赋诗。

许询胜具　谢客游情

晋许询，字玄度，好游山水，而体便登陟。时人云：“许非徒有胜情，实有济胜之具。”　〇陟，音职。刘尹云：“清风朗月，辄思玄度。”

南北朝谢灵运，寻山陟岭，必造幽峻，岩嶂数千里，莫不备尽。登蹑常着木屐，上山则去前齿，下山则去后齿。尝自始宁南山伐木开径，直至临海，从者数百人。临海太守王琇惊骇，谓为山贼，徐知是灵运，乃安。又要琇更进，琇不肯从。其后以叛徙广州。　〇灵运小字客儿。唐王棨赋：“谢客吟多。”

不齐宰单　子推相荆

宓不齐，字子贱，鲁人，孔子弟子，为鲁单父宰。邑有贤于不齐者五人，不齐师事而禀度焉，故身不下堂，鸣琴而治。既而巫马期亦宰是邑，以星出，以星入，日夜不处，以身亲之而单父亦治。巫马期问于子贱，子贱曰：“吾任人，子任力。任人者佚，任力者劳，虽治犹未至也。” ○单，音善。

介子推相荆，行年十五。孔子闻之，使人视之，还曰：“廊下有二十五俊士，堂上有二十五老人。”仲尼曰：“合二十五人之智，智于汤武；并二十五人之力，力于彭祖。以治天下，其固免矣。以治其国，有不济乎！” ○荆，楚之本号。子推，名光，平阳临晋人。

仲淹复姓　潘阆藏名

宋范仲淹，吴人。生二岁而孤，随母适长山朱氏，冒姓朱。大中祥符间举进士，改本姓，其谢启曰：“志在投秦，入境遂称夫张禄；名非霸越，乘舟乃效于陶朱。”时人服其亲切。举进士试《金在镕赋》云：“如令区别妍媸，愿为金鉴；若使削平祸乱，请就干将。”将相事业，于此可见。 ○张禄、陶朱系范雎、范蠡二人更名。

宋潘阆，自号逍遥子，工诗。其《苦吟》诗云：“发任茎茎白，诗须字字精。”又《贫居》诗：“长喜诗无病，不愁家更贫。”坐卢多逊党得罪，避潜山山谷寺为行者，题诗钟楼云：“顽童趁暖贪春睡，忘却登楼打晓钟。”孙仅见之曰：“此逍遥子也。”令寺僧呼之，已遁去。

烹茶秀实　漉酒渊明

五代陶谷，字秀实，幼有俊才，仕周为翰林学士。尝买得党太尉家故妓，命掬雪水烹团茶，谓曰：“党家有此风味乎？”妓曰：“彼粗人安得有此，但知销金帐内浅斟低唱，饮羊羔美酒耳。”陶有惭色。 ○党太尉名进。

陶渊明，性恬淡，嗜酒，公田半令种秫。客造辄设酒，若先醉，便语客曰："我醉欲眠，君且去。"尝曰："吾夏日虚闲，高卧北窗之下，清风飒至，自谓羲皇上人。"会邻家招饮，酒有滓，即脱巾漉之，漉毕，还着之。庐山僧惠远爱其清逸，招之入社，渊明曰："许饮即往。"惠远佯许之，既至无酒，攒眉而归。

善酿白堕　纵饮公荣

晋刘白堕，河东人，善酿酒，六月以罂贮酒曝于日中一旬，味不变，醉则经月不醒。朝贵相饷，每逾数千里，以其远至，号曰鹤觞。青州刺史毛鸿宾赍酒一罂，路逢盗，饮之即醉，皆被擒。时人语曰："不畏张公拔刀，惟畏白堕春醪。"此见《洛阳伽蓝记》。

晋刘公荣饮酒不论，人或讥之，答曰："胜公荣者，不可不与饮；不如公荣者，亦不可不与饮；是公荣辈者，又不可不与饮。"一日，阮籍与王戎饮，时公荣在坐，无预焉，而言语谈笑则三人无异。或问之，阮曰："胜公荣者，不得不与饮；不如公荣者，不得不与饮；惟公荣可不与饮。"

仪狄造酒　德裕调羹

昔帝女令仪狄作酒，进之禹，禹饮而甘之，曰："后世必有以酒亡其国者。"遂疏仪狄，绝旨酒。又周有杜康亦善造酒，以酉日死，故今造酒会客忌酉日。济南舜祠东庑下有杜康泉，康尝汲此酿酒。　〇杜字子宁。

唐李德裕，字文饶，在中书不饮京城水，悉用惠山泉，时谓之水递。有僧进曰："水递有损盛德。京师昊天观后一泉，与惠山相通。"因取称量，与惠山等，乃罢水递。德裕每食一羹，其费约须三万，杂珠宝、贝玉、雄黄、朱砂煎汁为之，三煎即去其渣。

印屏王氏　前席贾生

唐明皇所幸美人王氏，数梦人召饮，言于上。上曰：“此必术士所为。若再往，以物识之。”其夕，梦中又往，因就砚中濡手印于屏风。既寤，即告上，下令索之，果于东明观中得手纹，而道士遁。　○数，朔入声。

汉贾谊，年少多才。河南守吴公荐之文帝，召为博士。岁中，超迁至大中大夫。绛灌等毁之，出为长沙王太傅。帝忽思之，召见宣室，因问鬼神事。至夜半，帝不觉前席，寻叹曰：“吾久不见贾生，自谓过之，今殊不及也。”乃拜为梁太傅，上《治安策》。　○吴姓，公名。

九　青

经传御史　偈赠提刑

《三字经》初疑宋元人作，及得里中熊氏所藏大板《三字经》，明蜀人梁应井为之图，聊城傅光宅侍御为之序，较坊本多“胡元盛，灭辽金，承宋统，十四君。大明兴，逐元帝，统华夷，传万世”八句。又十七史为十九史，乃知出于明人，究未知谁氏也。明神宗居东宫时曾读此书。　○《三字经》相传宋儒王伯厚作，至后递增之。

宋舒州白云端禅师因郭功甫提刑到山，示众云：“夜来枕上作得个偈谢功甫大儒，说与大众，请已后分明举似诸方。此偈非惟谢功甫大儒，直要与天下有鼻孔衲僧脱却着肉汗衫。”乃云：“上大人，邱乙已，化三千，七十士。尔小生，八九子，佳作仁，可知礼”也。　○功甫名祥正，当涂人。

白云山海会寺，在今太湖县。

士安正字　次仲谈经

唐刘晏，字士安，曹州人。玄宗封泰山，晏八岁献颂，帝奇其幼，命张说试之。说曰："国瑞也。"赐游宫，贵妃坐之膝上，亲为总髻。宫人遗花授果，即授太子正字。上问曰："卿作正字，正得几字？"对曰："天下字皆正，惟有朋字未正。"代宗朝拜相，领江淮常平使，理财有绩。后为杨炎所诬，死之日，家惟杂书两乘，米麦数斛，天下以为冤。

汉戴凭，字次仲，平舆人，习《京氏易》，举明经，征拜侍中。建武中，正旦朝贺，帝令群臣说经，更相难诘，义有弗通，辄夺席以益通者。凭遂至，坐五十余席，故京师语曰："说经不穷戴侍中。"　○京氏，京房也。

咸遵祖腊　宽识天星

汉陈咸，字子康，父万年为郎，抗直数言事。元帝时，官至尚书。王莽专政，诛何武、鲍宣，咸喟然叹曰："吾可以逝矣。"即乞骸骨去。闭门不出，犹用汉家祖腊。或问之，答曰："我祖宗岂知王氏腊乎！"　○汉人蜡祭曰腊。蜡，岁终祭名。历家以运墓为腊。汉火运，墓于戌，故以大寒后戌日为腊。

汉武帝祀甘泉至渭桥，有女子浴于渭，乳长七尺，上怪而问之，女曰："帝后七车侍中，知我所来。"时张宽在第七车，对曰："此天星主祭祀者。斋戒不严，则女人星见。"《西京杂记》云："妇人乳长三尺者，北斗中第七星，惟东方朔知之。"

景焕垂戒　班固勒铭

宋景焕，成都人，隐居玉垒山，有《野人闲语》一书，载后蜀孟昶立《戒石碑》廿四句，如“尔俸尔禄，民脂民膏，下民易虐，上苍难欺”，即其书中语。　○宋绍兴二年以黄庭坚所书《戒石》十六字颁刻于州县，见《纲鉴》。

汉窦宪，永元初同耿秉将精骑万余，与北单于战于稽落山，大破之，出塞三千余里，登燕然山，命中护军班固刻石勒功，纪汉威德而还。铭曰：“铄王师兮征荒裔，剿凶虐兮截海外。夐其邈兮亘地界，封神兵兮建隆碣。熙帝载兮振万世。”　○班字孟坚。

能诗杜甫　嗜酒刘伶

唐杜甫，字子美，仕籍襄阳，父闲居杜陵而甫生，又称少陵，工部员外郎。博极群书，善为诗歌，涵泳汪洋，千态万状，忧时即事，世称诗史。客有病疟者，甫曰：“诵吾诗可疗之。”即诵“子璋髑髅血模糊，手持掷还崔大夫”之句，疟果愈。　○宋彭仲举与林谦之游天竺，谈诗至少陵好处，仲举曰：“少陵可杀。”

晋刘伶，字伯伦，放情肆志，性尤嗜酒，尝乘鹿车，携壶酒，使人荷锸随之曰：“死即埋我。”妻谏，伶曰：“当誓神断之。”妻乃具酒肉，伶跪祝曰：“天生刘伶，以酒为名。一饮一石，五斗解酲。妇人之言，慎不可听。”引酒御肉，陶然复醉。尝著《酒德颂》一篇。　○酲音呈，酒未醒。伶一作灵。

张绰剪蝶　车胤囊萤

唐咸通初，进士张绰有道术，尝养气绝粒，嗜酒耽棋。人或召饮，意合即剪蝴蝶二三十枚，以气吹之，成队而飞，俄而复在手中。人有求者，即不许。后因醉剪纸鹤二只，以水噀之，翔翥而去。　○又宋庆历中张九哥能以重罗剪蝶，飞去遮天蔽日，呼还，复为罗。

晋车胤，风姿美劭，太守王胡之谓其父曰："此儿当成卿门户，宜资令学问。"胤每笃学，贫无膏烛，夏月乃作练囊盛萤火以继日，因尝有大萤傍书窗，比常萤数倍，读讫即去，其来如风雨至。桓温引为博士，每张宴，胤必与，终吏部尚书。

鸜鹆学语　鹦鹉诵经

晋司空桓豁镇荆州，有参军于午日剪鸜鹆舌，令学人语。参军善弹琵琶，鸜鹆每倾耳移时。一日，司空大会宾客，使效四坐语，无不绝似。惟一人患鼻齆，语难学，因纳头于瓮中效之，遂绝肖。　○又宋天台黄岩寺鸜鹆能随人念佛，一旦立死笼中，埋之，舌端生紫莲花。

《法苑珠林》曰："东都有人养鹦鹉，以其慧甚，施于僧。僧教之，能诵经，往往架上不言不动，问其故，对曰：'身心俱不动，力求无上道。'及其死，焚之，有舍利。"　○又唐明皇宫中养一白鹦鹉，慧甚，上及贵妃呼为雪衣娘。上每与贵妃诸王博戏，稍不胜，即飞入局中乱其行。后死，埋苑中，封之，号鹦鹉冢。

十　蒸

公远玩月　法喜观灯

唐罗公远有道术，中秋夜侍明皇玩月，取拄杖掷之，化为大桥，色如银。行数里，精光夺目。至大城阙，远曰："此月宫门。"榜曰：广寒清虚之府。有素娥数十，皓衣白鸾，舞歌于大桂树下。远曰："此霓裳羽衣曲也。"帝默记其调，及回却步，桥随灭。召梨园制其曲。

唐开元十八年正月望日，帝问天师叶法喜曰："今日何处最丽?"对曰："广陵。"遂化虹桥起殿前，阁阑若画，帝步之，太真、高力士及乐官从行，顷至广陵，寺观陈设之盛，士女仰观，皆曰仙人现云中。帝敕乐官奏《霓裳》一曲。数日，广陵奏至，即是夕也。　○喜或作善。

燕投张说　凤集徐陵

唐张说，字道济，永昌中，策贤良方正第一。累官至中书令，封燕国公。初，说母梦玉燕投怀，乃孕而生说。早失爱于父，常以奴畜之，杂于佣类。说尝夜收枯树，焚光读书，遂至成名。朝廷大述作，多出其手，与苏颋同称大手笔。○说，音悦。

南北朝徐陵，字孝穆，八岁能文，十三通《老》《庄》。宝志公尝摩其顶曰："此天上石麒麟也。"仕梁武帝，官至尚书。后卒于陈后主时。初，陵母臧氏梦五色云化为凤集左肩，已而生陵。陵少子份性至孝，陵尝疾笃，焚香跪泣，诵《孝经》日夜不息，三日，陵疾豁然而愈。　○份，音彬。

献之书练　夏竦题绫

晋羊欣，字敬元，年十二，父不疑为乌程令，时王献之为吴兴守，甚爱欣。尝夏月过县，见欣着新练裙昼寝，遂书裙数幅而去。欣本工书，因之益进。沈约云："羊敬元尤长隶书，子敬之后，可以独步。"语曰：买王得羊，不失所望。○《翰墨志》云：羊欣书如婢学夫人，举止羞涩。

宋夏竦，字子乔，幼学于姚铉，使为《水赋》，限万字，即成。仁宗朝举制科，有老宦者曰：“贤良他日必大用。”以吴绫手巾乞诗。公题曰：“殿上衮衣明日月，砚中旗影动龙蛇。纵横礼乐三千字，独对丹墀日未斜。”杨徽之见而叹曰：“真宰相才也！”皇佑中拜枢密副使。　○竦，息勇切。

安石执拗　味道模棱

宋王安石，字介甫，临川人。性不好华腴，自奉至俭，衣垢不浣，面垢不洗。世多贤之。苏洵独曰：“此不近人情者。”作《辨奸论》以刺之，谓王衍、卢杞合为一人。性强忮，事无可否，自信所见，执意不回，当时称为拗相公。然议论高奇，能以辨博济其说，故神宗排众论而力倚任之。

唐苏味道，赵州人，九岁能辞赋。武后朝同平章事，前后在位者数岁，未尝有所发明，惟依阿取容。尝谓人曰：“决事不欲明白，误则有悔。但模棱持两端可也。”时谓之模棱手。　○四方木摸之可左可右，故谓摸棱。摸一作模。摸，音模。棱，卢登切。

韩仇良复　汉纪备存

汉张良，五世相韩。秦灭韩，良往见沧海君，破产募力士，椎始皇于博浪沙中，误中副车，始皇大索十日乃止。良遂以身属汉高，引兵入咸阳，秦灭。韩立成为王，良归相。及项羽杀成，良复归汉，画策灭羽，始终为韩复仇。

季汉刘先主备，中山靖王胜后也。尝奉密诏讨曹操，不克。曹丕篡汉，备乃正位武儋。紫阳作《纲目》，直以昭烈继献帝，示天下万世知正统也。陈寿《三国志》误以正统与魏，明新安谢陛改其志为《季汉书》，仍以正统归备，斯得之矣。○武儋，山名，属成都。

存鲁端木　救赵信陵

齐田常欲乱，惮高、国、鲍、晏，故移兵伐鲁。孔子曰："鲁坟墓所处，国危矣，二三子何莫出！"端木赐请行，至齐说田常伐吴。时兵已加鲁，赐因说吴救鲁伐齐。吴虑越，复说越以兵从，与齐战艾陵，破之，因举兵加晋。赐又说晋与吴战，因会黄池，越遂袭吴。孔子曰："乱齐存鲁，吾之初愿。强晋以敝吴，吴亡而越霸，赐之说也。"

秦围赵，魏公子无忌用侯生之计，使如姬窃兵符于王之卧内，命力士朱亥椎杀晋鄙，夺其军以救赵。秦兵遽退，围解，无忌益重于赵。　○信陵君名无忌。侯生名嬴。晋鄙，魏将也。如姬，王宠姬。

邵雍识乱　陵母知兴

宋邵雍，至和间至洛下，偶与客步天津桥，闻杜鹃声，愀然曰："天下将治，地气自北而南；将乱，地气自南而北。禽鸟得气之先。洛阳从无此鸟，今有之，是地气自南而北也。国家必将用南人作相，从此多事矣。"熙宁初，果相王安石，行新法而天下坏。　○至和，仁宗年号。熙宁，神宗年号。

汉王陵，沛人，聚众属汉。项羽执陵母以招陵，陵使至，母泣曰："幸为语陵：善事汉王。汉王长者，终当得天下，无以老妾故持二心。"遂伏剑而死。

十一　尤

琴高赤鲤　李耳青牛

《列仙传》：琴高，赵人也，以鼓琴为宋康王舍人。后辞入涿水中取龙子，与弟子期曰：“可洁斋候于水旁，设祠屋。”未几，果乘赤鲤来，观者万人。留月余，复入水去。　〇又福建仙游县有九鲤湖，何氏兄弟九人居湖侧，丹成，各乘赤鲤而去。

周李耳，楚苦县人，生李树下，因指树为，名之曰耳。相传母怀之八十一岁乃生，生即白首，故号老子，字伯阳，又曰聃。始为周守藏史，后迁柱下史，博通古今。孔子往问礼焉，叹为犹龙。周衰，乃乘青牛西出函谷关。关吏尹喜望紫气而知真人至，求其术，乃授以所著《道德经》五千余言，渡流沙而去。

明皇羯鼓　炀帝龙舟

唐明皇好羯鼓不好听琴，时方奏琴，弄未毕，上叱去曰：“速召花奴取羯鼓来，为我解秽。”　〇花奴，宁王子汝阳王琎小字也，善羯鼓。时戴砑绢帽，帽上安葵花，曲终花不落。明皇又尝取羯鼓临轩纵击，曲名《春光好》，回顾杏花皆发，笑曰：“此一事可不唤我作天公可乎？”　〇琎，音津。羯，音结。

隋大业元年八月，炀帝御龙舟幸江都，以左武卫大将军郭衍为前军，右武卫大将军李景为后军，文武官五品以上给楼船。九品以上给黄蔑，舳舻相接二百余里，嗣后不复回銮。

○黄蔑，小舟也。舳，音逐，船后持舵处。舻，音卢，船头刺棹处。炀，音漾。

羲叔正夏　宋玉悲秋

帝尧命羲和二氏制历授时，分职考验。羲叔掌夏，故申命之使居南方交趾之地，凡夏月时物长盛所当变化之事，则必平均而秩序之，以授于民。又于夏至之午，敬以致日，验其影之长短。又考夏至昼果六十刻为最长，初昏果大火为中星在午位，则仲夏可正而民时可授矣。

宋玉，屈原弟子，为楚襄王大夫，悯屈原被放，作《九辩》以悲之，有曰："悲哉秋之为气也！萧索兮草木摇落而变衰。鸠噫噫而南游，鹍鸡啁哳而悲鸣。独申旦而不寐，哀蟋蟀之宵征。"　○又作《神女》《高唐》二赋，皆寓言托兴，有所讽也。

才压元白　气吞曹刘

唐杨嗣复长庆中继放两榜。父於陵入觐，嗣复率门生往迎，遂大宴宾客于新昌里第。时元稹、白居易皆预，坐客俱即席赋诗，惟杨汝士后成，诗最佳，元、白览之失色。汝士醉归，语子弟曰："我今日压倒元、白。"其警句云："文章旧价留鸾掖，桃李新阴在鲤庭。"　○汝士小字沙哥。嗣复文宗朝入相。稹，音轸。压，音押。

曹植，字子建。刘桢，字公干。元稹曰："杜子美诗上薄风骚，下该屈宋，志夺苏李，气吞曹刘，掩颜谢之孤标，杂徐庾之纤丽。诗人以来，未有如子美者。"稹题杜诗，又有"目短曹刘墙"之句。

信擒梦泽　翻徙交州

楚王韩信，字君实。初之国，陈兵出入，人有告其反者。高帝用陈平计，伪游云梦。信迎谒，就擒之，载车而归。信叹曰："人言狡兔死，走狗烹；飞鸟尽，良弓藏；敌国破，谋臣亡。天下已定，臣固当烹。"至洛阳，赦之，封淮阴侯。〇云梦，泽名，在湖广德安，方九百里。

季汉虞翻，字仲翔，余姚人。曹操辟不就，吴孙权用为骑都尉。性疏直，触权怒，放置交州，上书曰："自恨疏节，体骨不媚，犯上获罪，当长没海隅。生无可与语，死以青蝇为吊客。使天下有一人知己，足以无恨。"垂髫时，有客候其兄而不过翻，翻遗书曰："琥珀不取腐草，磁石不受曲针。过而不存，宜矣。"客大奇之。

曹参辅汉　周勃安刘

汉曹参，沛人，以功封平阳侯。惠帝时为齐相，用盖公黄老清净之术，齐国以安。闻萧相薨，告舍人趣治行："吾且入相。"居无何，使者果召参。代何为相，举事无所变更，一遵何约束。吏舍日夜饮酒，欲有言者，辄饮以醇酒，莫能开说。为相三年，薨。民歌曰："萧何为法，讲若画一。曹参代之，守而勿失。载其清净，民以宁一。"

汉绛侯周勃，椎朴少文，可属大事。高帝与吕后论相曰："曹参可代萧何。王陵戆，陈平可以佐之。然安刘者必勃也。"后吕氏之乱，勃果持节入北军令曰："为吕氏者右袒，为刘氏者左袒。"军中皆左袒，乃悉捕诸吕斩之，汉室以安。

太初日月　季野春秋

季汉夏侯玄，字太初，少知名，仕魏为散骑黄门侍郎，后徙太常。为人清净和温，时人或语之曰："夏侯太初朗朗如日月之入怀。" ○又尝倚柱作书，适狂雷破柱，衣服焦而神色不变，书亦如故。著《乐毅》《张良》及《本无肉刑论》，辞旨通远，咸传于世。

晋褚裒，字季野，阳翟人，少有盛名。桓彝目之曰："褚季野有皮里春秋。"言其外无臧否，内有褒贬也。谢安亦曰："裒虽不言，而四时之气已备。"仕终镇北将军，名冠中兴。○裒，音桴。否，音鄙。

公超成市　长孺为楼

汉张楷，字公超，通《严氏春秋》《古文尚书》。门徒宾客慕之，自父党宿儒皆造其门，车马填街，徒从无所止，黄门贵戚家皆起舍巷次，以候过客之利。楷辄徙避之，学者辄随之，所居成市，华阴山南遂有公超市。五府连辟举贤良，皆不就。

宋孙长孺嗜学聚书，经史百家悉备，建楼藏之，人号书楼孙氏。祥符八年赐五经出身，知广西浔州，政尚仁恕，累官太子中允。 ○又曹曾积石为仓以藏书，世名"曹氏书仓"。又唐李磎家世藏书，多至万卷，号"李书楼"。张正亦称"书楼张家"。

楚邱始壮　田豫乞休

楚邱先生被裘带索见孟尝君，孟尝君曰："先生老矣，春秋高矣，何以教文?"先生曰："使我投石超距乎，追车赴马乎，我则老矣；使我深计而远谋乎，设精神而决嫌疑乎，吾乃始壮耳，何老之有!" ○文，孟尝君名。

季汉田豫，字国让，仕魏为卫尉，乞逊位。司马宣王以豫壮，未听。豫报书曰："年过七十而居位，犹钟鸣漏尽而夜行不休，是罪人也。”遂引疾去，拜大中大夫，食卿禄而终。○又南北朝虞玩之《请退表》云：“四十进仕，七十悬车。壮即驰驱，老宜休息。知足不辱，臣知足矣。”

向长损益　韩愈斗牛

汉向长，字子平，朝歌人，隐居不仕。性尚中和，尝读《易》至“损”“益”卦，喟然叹曰：“吾已知富不如贫，贵不如贱，但未知死何如生耳。”嫁娶毕，敕断家事，云：“当如我已死。”与同好禽庆游五岳名山，不知所终。　○禽庆，字子夏。

唐韩愈，修武人，作《三星行》云：“我生之初，日宿南斗，牛奋其角，箕张其口。牛不见服箱，斗不挹酒浆，箕独有神灵，无时停簸扬。”东坡尝自谓生时与退之相似，盖退之身宫在斗牛，而坡公之命宫在焉，故赠术士谢正臣诗有“生时宿直斗牛箕”之句，所谓磨蝎宫也。两公生平遭遇相似以此。

琎除酿部　玄拜隐侯

唐李琎，宁王子，封汝阳王，尝取云梦石甃泛春渠以蓄酒，作金银龟鱼浮沉其中为酌酒具，自称酿王兼曲部尚书。少陵《饮中八仙歌》所云“汝阳三斗始朝天”，指琎也。○甃，音绉，砌也。琎，音津。

汉王玄隐侯山，景帝再征不屈，就其山封侯，因名侯山。宋之问诗：“王玄拜隐侯。”荆公《草堂怀古》诗：“周颙宅作阿兰若，娄约身归窣堵波，他日隐侯孙亦老，为寻陈迹到烟萝。”俱用此。　○窣堵波，言塔也。兰若之若，音惹。

公孙东阁　庞统南州

汉公孙弘，字次卿，家贫，牧豕海上，年四十余乃学《春秋》、杂说。武帝初举贤良，对策第一，拜博士，待诏金马门。元朔中为丞相，封平津侯，开东阁以延贤者，与参谋议。俸禄皆以佐宾客，无余资。饭止脱粟，尝为布被。汲黯指其为诈，而上益厚之。弘尝云："人主病不广大，人臣病不节俭。"

季汉庞统，字士元，德公从子，司马徽称为南州士之冠冕。昭烈使守耒阳，不治，免官。鲁肃遗书先主曰："庞士元非百里之才。使处治中、别驾之任，始得展其骥足耳。"昭烈召为治中从事，从昭烈入蜀，为流矢所中，卒。

袁耽掷帽　仁杰携裘

晋袁耽，字彦道，阳夏人，俊迈多能。桓宣武少游于博徒，戏大输，债主敦求甚切，莫知所出，欲求救于耽。耽时居艰，应声许诺，略无嫌吝。遂变服怀布帽随温与戏，耽有艺名，债主闻而不识，曰："卿当不办作袁彦道也。"遂就局。十万一掷，直上百万，耽投马叫绝，探布帽掷地曰："汝今识袁彦道否?"　〇温，宣武名。掷，音直。

唐武后赐张昌宗集翠裘，后复令狄仁杰与昌宗赌此裘，狄因指所着紫絁袍曰："臣以此相敌。"后曰："为不若矣。"狄曰："此大臣朝见奏对之服也。"昌宗累局皆北，梁公遂携裘拜恩而出。

子将月旦　安国阳秋

汉许劭，字子将，少峻名节，与从兄靖好核论乡党人物，每月辄更其品题，故汝南俗有"月旦评"。初，劭拔樊子昭于市肆，出虞承贤于客舍，召李叔才于无闻，擢郭子瑜于小吏。后为郡功曹，太守徐璆甚敬之。司空杨彪辟举方正，不就。○劭谓曹操曰："君，乱世之英雄。"

晋孙盛，字安国，自少至老，手不释卷，著《晋阳秋》，世称良史。桓温见其书枋头败衄之事，怒谓盛子曰："枋头诚失利，何至如乃公所言！若此史行，自是关君家门户。"诸子泣请为百口计，盛大怒不从，诸子潜改之。　○桓温伐燕至枋头，秦救燕，遂至败于襄邑。

德舆西掖　庾亮南楼

唐权德舆，字载之，天水人，德宗朝知制诰，在西掖凡八年，风流蕴藉，为缙绅羽仪。后结庐练湖上，蓬蒿满径，宴如也。每遇一胜境，得一佳句，怡然独笑，如获珍宝。元和中同平章事，凡贵人名士殁后以铭记请者十有八九，为一世宗匠。　○掖，音亦。

晋庾亮，字元规，镇武昌。秋夜气佳景清，佐吏殷浩、王胡之之徒共登南楼理咏，音调始遒，亮忽率左右十许人步来。诸贤欲起避，公徐云："诸君少住。老子于此兴复不浅。"因复据胡床与浩等谈咏竟夕。后王逸少下与丞相言及此事，丞相曰："元规尔时风范不得不小颓。"右军答曰："惟邱壑独存。"　○庾，音与。

梁吟傀儡　庄梦髑髅

唐梁锽为《傀儡吟》云："刻木牵线作老翁，鸡皮鹤发与真同，须臾弄罢寂无事，还似人生一梦中。"傀儡始于陈平造木偶为汉高解白登之围，后翻为戏。其引歌舞者曰郭郎，秃发善戏笑。故《风俗通》云："诸郭皆讳秃，先世有郭姓病秃者，滑稽调戏，后人为其象，呼之曰郭秃。"　○傀儡一作窟磊。汉有寓龙寓车马，皆刻木为之。

庄子之楚，见空髑髅，檄以马捶，问曰："夫子贪生失理而为此乎？将子有亡国之事、斧钺之诛而为此乎?"云云，语卒，援髑髅枕而卧。夜半，髑髅见梦曰："子所言皆生人之累也，死则无此。无君于上，无臣于下，亦无四时之事，从然以天地为春秋，虽南面王乐不能过也。" ○髑，音读。

孟称清发　殷号风流

唐孟浩然，学不为儒，务掇菁藻，文不按古，匠心独步。闲过秘省，秋月新霁，诸英华赋诗，浩然咏曰："微云淡河汉，疏雨滴梧桐。"举坐叹其清绝。文不为仕故或迟，行不为饰故似诞，游不为利故常贫。士源笔赞曰："导漾挺灵，实生楚英，浩然清发，亦其自名。" ○浩然名浩，以字行。

晋殷浩，羡子，字深源，西华人，识度清远，弱冠有盛名，好《老》《易》，为风流谈论者所宗。屏居几十年，时人比之管葛。王蒙、谢尚伺其出处，以卜江左兴亡，曰："深源不起，当如苍生何!" ○简文时假节钺，后为桓温所忌，竟废。

见讥子敬　犯忌杨修

晋王献之，字子敬，数岁时，观逸少门生摴蒱，曰："《南风》不竞。"门生曰："此郎于管中窥豹，特见一斑。"献之怒，拂衣而去。 ○摴音枢，从手。摴蒱，老子入胡作，今人掷之为戏。

季汉杨修，字德祖，为曹操主簿，从操至江，读曹娥碑，背有八字云："黄绢幼妇外孙齑臼"。操不解，问修曰："卿知否?"修曰："知之。"曰："且勿言，待吾思之。"行三十里乃得之，令修解曰："黄绢，色丝；色丝，绝字。幼妇，少女；

少女，妙字。外孙，女子；女子，好字。齑臼，受辛；受辛，辞字。乃绝妙好辞也。”操曰：“正合孤意。”由是深忌修，后诬他事杀之。

荀息累卵　王基载舟

晋灵公造九层台，三年不成，人力困敝。息曰：“臣能累十二棋子，加九卵于上。”公曰：“危哉！”息曰：“不危。公造九层台，三年不成，男不耕，女不织，危孰甚焉！”公悟，乃辍工谢之。　○累，音雷。

季汉王基，仕魏为征南将军，迁中书侍郎。魏主丕土木繁兴，基上疏曰：“古人以水喻民曰：水所以载舟，亦所以覆舟。颜渊曰：东野之子御，马力尽矣，而求进不已，殆将败矣。今事役劳苦，男女离旷，愿陛下深察东野之敝，留意水舟之喻。”

沙鸥可狎　蕉鹿难求

《列子》曰：“海上之人有好沤鸟者，每旦之海上从沤鸟游，沤鸟之至者百数而不止。其父曰：‘吾闻沤鸟皆从汝游，汝取来吾玩之。’明日之海上，沤鸟舞而不下也。故曰：至言去言，至为无为。”　○李商隐箴：“海翁忘机，鸥故不飞；海翁易虑，鸥乃飞去。”　○鸥、沤同。

《列子》曰：郑人有薪于野者，遇骇鹿，毙之，恐人之见之也，藏于隍中，覆之以蕉。俄而遗其所藏之处，遂以为梦焉，顺途咏其事。傍有闻者，用其言而取之，归告其室人，以为彼真梦者矣。薪者归，乃梦藏之之处，又梦得之之主。爽旦，讼而归之士师，二分之，以闻郑君。郑君曰：“嘻！士师将复梦分人鹿乎？”　○隍，音皇，濠也。

黄联池上　杨咏楼头

宋黄镒，七岁不能言，其祖喜其风骨之美，遇物诲之。一日，携至池上，祖曰："水马池中走。"忽对曰："游鱼波上浮。"后任台阁。　○镒，一作鉴。　○宋许应龙，五岁通经旨，客曰："小儿气食牛。"应声对曰："丈夫才吐凤。"四座嘉叹。

宋杨亿，祖文逸，南塘玉山令，梦怀玉山人来，觉而亿生。数岁不能言，一日，家人抱之登楼，误触其首，即吟曰："危楼高百尺，手可摘星辰。不敢高声语，恐惊天上人。"七岁善属文，从祖徽之常与语，叹曰："兴吾门者在汝矣。"后擢进士，两为翰林学士。　○《金玉诗话》载此诗为太白作。

曹兵迅速　李使迟留

曹操以江陵有军实，恐先主据之，乃将精骑三千急追之，一日一夜行三百余里，败先主于长坂。诸葛亮说孙权曰："操众远来疲敝，所谓强弩之末，势不能穿鲁缟者也。故兵法忌之曰必蹶。"权遂以水军三万与先主并力拒曹兵于赤壁，纵火焚其军。　○缟，音杲，缯也。

汉李郃，南郑人，为府吏。窦宪纳妻，天下皆通礼庆，守欲遣使往贺，郃曰："窦将军恃宠骄纵，危可立待，幸勿与交。"守不听，郃乃请行。道次，故为迟留，至扶风而宪已败，凡交通者悉免官，惟汉中守不与，郃之力也。后累官至司空。　○郃，音合，李固之父。

孔明流马　田单火牛

季汉后主建兴九年，诸葛亮复出祁山，以木牛运粮，尽退敌军。与魏张郃战，射杀郃。十二年春，亮悉大众由斜谷出，以流马运，据武功五丈原，与司马懿对于渭南，恐粮尽，分兵屯田。　〇作木牛流马法见亮集。又葛由，成王时好刻木羊卖之，一日忽骑羊上绥山仙去。

周田单，齐人，初为临淄市掾。燕伐齐，尽降其地，惟莒、即墨不下。即墨人以其智，立为将军。单乃收城中千余牛，衣以绛缯，画豹文，束刃于角，缚苇于尾，灌脂于苇，夜凿城数十穴，燃苇端，以壮士五千人随其后。奔燕师，大败之，尽复齐七十余城，迎襄王于莒而立之，封平安君。

五侯奇膳　九婢珍馐

汉楼护，字君卿，元成间人。时王氏五侯不相能，宾客不得往来，惟楼护丰辨，传食五侯间，各得其欢心，与谷永同为五侯上客。长安语曰："谷子云笔札，楼君卿唇舌。"言其见信用也。每旦，五侯竞致奇馐，护乃合以为鲭，世称五侯鲭，以为奇味焉。　〇子云，永字。鲭，音征。

唐段文昌，字墨卿，封邹平公，精馔事，第中庖所榜曰"炼珍堂"，在涂号"行珍馆"。家有老婢掌其法，指授女仆，凡阅百婢，独九婢可嗣法。文昌又自编《食经》五十卷，时称"邹平公食宪章"。

光安耕钓　方慕巢由

汉严光，一名遵，字子陵，小字狂奴，少与光武同学。光武物色求之，光被裘钓泽中，使三反后至。幸其馆，光卧不起，帝抚其腹曰："咄咄子陵，不可相助为理耶?"寻共卧，又足加帝腹。太史奏：客星犯帝座甚急。帝笑曰："朕与故人严子陵共卧耳。"不屈，归耕富春山，前临桐江，上有钓台，清丽奇绝，号锦峰绣岭。

汉薛方，字子容，王莽时清节士也。莽以安车迎之，方谢曰："尧舜在上，下有巢由。今明王方隆唐虞之德，小臣欲守箕山之节。"莽悦，不复强。　〇许由，字武仲，阳城槐里人。尧让以天下，不受，与友巢父遁，耕于中岳颍水之阳，箕山之下。

适嵇命驾　访戴操舟

晋吕安与嵇康善，每一相思，千里命驾。尝造康，值康不在，康兄喜延之，不入，书"凤"字于门而去。喜以为善，康归，示之，曰："凤"字，凡鸟也。　〇王摩诘诗"到门不敢题凡鸟"，用此。　〇李安义谒富人郑生，辞以他出，安义大书"午"字于门，谓牛不出头也。嵇，音奚。

晋王徽之，字子猷，风流冠一时。为桓冲参军，冲曰："卿在府日久，比当相料理。"徽之初不酬答，但以手板拄颊云："西山朝来，致有爽气。"尝居山阴，夜雪初霁，月色清朗，眠觉，开室命酌，四望皎然，因咏左思《招隐》诗，忽忆戴安道，戴时在剡溪，便乘小舟诣之，经宿方至，造门不前，曰："乘兴而来，兴尽而返，何必见戴！"

篆推史籀　隶善钟繇

《书断》云：古文者，黄帝史苍颉所造也；大篆者，周宣王太史籀所作也。或又云：籀，秦时卜士，变鸟迹为大篆；李斯变为小篆。　〇李阳冰与李夫人书云：某意在古篆，于天地山川得方圆流峙之状，于日月星辰得经纬昭回之度，于云汉草木得敷布滋曼之容，于文物衣冠得揖逊周旋之体。

季汉钟繇，字元常，长葛人。善隶书，少随刘胜往抱犊山学书三年，比还，见蔡邕笔法于韦诞，苦求不与，及诞死，乃盗其墓得之。尝曰："用笔者，天也；流美者，地也；非凡庸所知。"临终，探囊授子会曰："吾精思学书，学其用笔。

若与人居，画地广数步，卧画被穿过表，如厕至于忘归，见万类皆画象之。”

邵瓜五色　李橘千头

秦邵平，广陵人，封东陵侯。今广陵有东陵亭，疑即平所封地。秦亡，为布衣，种瓜长安城东。瓜有五色，甚美，世称之东陵瓜，又云青门瓜，青门即东门也。见阮籍《咏怀诗》。　○按召平有三人。《史记》无种瓜事。《六国表》：楚怀王十年城广陵。《项羽本纪》：“广陵人召平于是为陈王。”

季汉李衡，武陵人，为丹阳太守，每欲治家，妻习氏不许。衡密遣十人于龙阳洲作宅，种橘其上，临终，敕其子曰：“汝母恶吾营家，故家贫如此。吾汜州有千头木奴，不责汝衣食，岁可得千绢，亦足汝用矣。”汜州在龙阳县，长二十里。○东坡诗：“山中奴婢橘千头”，用此。

芳留玉带　琳卜金瓯

东坡在金山留玉带镇山，佛印报以裙衲，千古韵事。明李春芳，少读书句容崇明寺，世庙中掇大魁，寄主僧诗云：“年年山寺听鸣钟，匹马长安忆远公，异日定须留玉带，题诗未可着纱笼。”后大拜，留玉带寺中，架楼贮之，名玉带楼。工于袭取如此。又杨文襄留玉带镇焦山，方豪有诗。文襄名一清，云南人，卜筑京口。

唐崔琳，玄宗朝大拜，先书其名，覆以金瓯，会太子入，帝谓曰：“此宰相名，若自意之谁乎？”太子曰：“非崔琳、卢从愿乎？”帝曰：“然。”两人有宰相名望，然开元贤相各有长：姚崇尚通，宋璟尚法，张嘉贞尚吏，张说尚文，李纮、杜暹尚俭，韩休、张九龄尚直，而两人不预。　○瓯，音讴。

孙阳识马　丙吉问牛

孙阳即伯乐，善相马，一顾而价增十倍。尝过虞坂，有骐骥伏于盐车之下，伯乐下车泣之。骥于是俯而喷，仰而鸣，声闻于天，以伯乐之能知己也。　○伯乐本星名，阳以为字。又九方皋之相马，得之于牝牡骊黄之外。

汉丙吉，字少卿，又云字子阳。宣帝朝为相，尚宽大，好礼让。尝出逢群斗，死伤不问，闻道旁牛喘，使问：逐牛行几里矣？或讥之，吉曰："民斗，京兆所当禁。方春未热，恐以暑致喘，则时气失节，三公燮理阴阳，职当忧也。"时人以为知礼。　○喘，音舛。

盖忘苏隙　聂报严仇

汉盖勋，字元固，敦煌人，家世三千石。梁鹄为州刺史，欲杀从事苏正和，访之于勋。勋素与正和有隙，或劝其乘此以报，勋曰："乘人之危，不仁。"乃谏鹄而止。正和造谢，勋不见，曰："吾为梁使君谋耳，非为苏郎也。"董卓废少帝，勋与言曰："贺者在门，吊者在庐，可不慎哉！"　○按此盖字当作盍。

周聂政，轵人。时严仲子与韩相侠累有仇，欲报之，闻政勇，乃奉黄金百镒为政母寿。政以母在，不许。及母死，伏行独剑刺杀侠累，自披面抉目而死。暴尸购识者。其姊往哭之，曰："是轵深井里聂政也，妾敢畏诛而没贤弟之名！"遂死尸傍。

公艺百忍　孙昉四休

唐张公艺，寿张人，九世同居。高宗封泰山还，幸其宅，召见，问所以能睦族之道，公艺请纸笔以对。乃书"忍"字百余以进，帝善之，命赐缣帛百匹。　○又南北朝博陵李凡，七世共居同财，家有二十二房，一百九十八口，长幼济济。太原郭世儁亦七世同居。南唐江州陈氏五代同居。明初浦江郑氏同居九世，称“天下第一家”。

宋孙昉，字景初，为太医，自号四休居士。山谷问其故，对曰：“粗茶淡饭饱即休，补破遮寒暖即休，三平二满过即休，不贪不妒老即休。”山谷曰：“此安乐法也。”　○三平二满与七上八下同，见《山堂肆考》。

钱塘驿邸　燕子楼头

宋代陶谷，字秀实，新平人。使江南，崖岸甚峻。寓钱塘驿，韩熙载命妓秦弱兰诈为驿吏女，进洒扫，谷悦之，弱兰求词，谷作《风光好》赠之云：“好姻缘，恶姻缘，奈何天，只得邮亭一夜眠，别神仙。琵琶拨尽相思调，知音少，再得鸾胶续断弦，是何年？”李后主煜宴谷，命妓歌之，谷大沮，即日北还。

唐张建封，镇徐州，有舞妓盼盼居燕子楼。公殁，誓不他适，有《燕子楼诗》三百首，白乐天序之。又作二绝云：“满窗明月满楼霜，被冷灯残拂卧床。燕子楼中霜月苦，秋宵只为一人长。”“今春有客洛阳回，曾到尚书冢上来。见说白杨堪作柱，争教红粉不成灰。”盼盼见诗，坠楼而死。

十二　侵

苏耽橘井　董奉杏林

南北朝苏耽，桂阳人，事母以孝闻，将仙去，留柜与母曰："所需即有。"预知后二年里当大疫，乃植橘凿井曰："食橘一叶，饮水一盏自愈。"忽有白鹤数十降于门，遂仙去。后果疫，母用其言以疗疾，皆愈。后化鹤来止郡城，以爪攫楼板云："城郭是，人民非，三百甲子一来归。吾是苏仙，惮我何为？" ○耽一作聃，宋赐号冲素真人。

晋董奉，字君异，侯官人。居庐山，有道术，为人治病不取钱，病重者令种杏五株，轻者一株。数年成林，子熟时作一仓，令买者随器之大小易以谷。若置谷少取杏多，群虎辄吼逐之。所得谷悉以赈贫者，兼供给行旅。岁消三千斛，谷尚有余。 ○奉后仙去，其妻女犹守其宅，卖杏取给。有欺之者，虎逐如故。

汉宣读令　夏禹惜阴

汉宣帝时，魏相奏请明经通知阴阳者四人，各主一时之令，明言所识，以和阴阳，如高祖时令谒者赵尧举春、李舜举夏、倪阳举秋、贡禹举冬之类。帝从之。 ○谒者，汉官名。

夏大禹尝言人当惜寸阴。陶侃为荆州，语人曰："大禹圣人，乃惜寸阴，至于吾等，尤当惜分阴，岂可逸游荒醉，生无益于时，死无闻于后，是自弃也。" ○今桐城枞阳镇有惜阴亭，盖侃曾为枞阳令，后人立亭志思耳。又葛洪束发从师，老而不倦，贱尺宝而惜分阴。

蒙恬造笔　太昊制琴

秦蒙恬始作笔，以枯木为管，鹿尾为柱，羊毛为被，非若今之兔毫竹管也。昌黎《毛颖传》似误。又许慎《说文》云："楚谓之聿，吴谓之不律，燕谓之弗，秦谓之笔。"如此，则诸国皆有其制，始皇并吞，灭前代之美，而秦笔始独称。

恬或稍为损益耳。《尔雅》云：不律谓之笔。《博物志》又云：舜作笔。是古已有笔矣。

太昊金天氏，伏羲也。断桐为琴，絙丝为弦，弦二十有七，以通神明之贶，以合天人之和，而音乐始兴。陈旸《乐书》则云："或谓伏羲作，或谓神农作，或谓帝俊使晏龙作。而其详言之制，则只属中古以后，非伏羲初制也。"　○今琴七弦，则宫、商、角、徵、羽加少宫、少商。

敬微谢馈　明善辞金

南北朝宗测，字敬微，性静退不乐人，闲居江陵，欲游名山，赍《老》《庄》自随。子孙拜送悲泣，测长啸不顾。遂往庐山，止祖少文旧宅。鱼复侯子响为江州，厚馈遗，测曰："少有狂疾，寻山采药，远来至此，量腹而进松籽，度形而衣薜萝，澹然已足，岂容当此横施！"谢不受。

元元明善尝副一蒙古出使交趾，及还，国人赆以兼金，蒙古受之，明善不受。国王曰："彼使臣已受矣，公何固辞？"明善曰："彼所以受者，安小国之心；我所以不受者，全大国之体。"　○明善有《檥槎亭记》。　○蒙古，北夷之仕元者。

睢阳嚼齿　金藏披心

唐安禄山反，张巡守雍丘，屡与贼战。安庆绪杀禄山，使贼将尹子奇攻睢阳。巡守睢阳，与许远拒却之。每战大呼，嚼齿皆碎。后巡死，子奇视之，齿之存者不过三四耳。故东坡帖云："张睢阳生犹骂贼，嚼齿穿龈；颜平原死不忘君，握拳透爪。"　○龈，音银，齿根肉也。睢，音虽。

武后时有诬皇嗣反者，后命来俊臣鞫。安金藏时为太常工人，大呼曰："皇嗣不反。公若不信，吾请剖心明之。"即引佩刀自剖其腹，五脏皆出。太后令舆入宫，傅以药，经宿始苏。后叹曰："吾有子不能自明，使汝至此。"乃命停鞫。睿宗由是得免。 〇鞫，音菊。舆，音预。

固言柳汁 玄德桑阴

唐李固言未第时，行柳树下，闻有弹指声，问之，答曰："吾柳神九烈君，已用柳汁染子衣矣。果得蓝袍，当以枣糕饲我。"未几，状元及第。文宗朝拜中书同平章事。见《三峰集》。

季汉刘备，字玄德，家涿县，少孤，与母贩屦织席为业。舍东南角篱上有桑树生高五丈余，遥望童童如车盖，往来者皆怪此树非凡。邑人李定云："此家必出贵人。"玄德少时，与宗中诸小儿常戏桑阴之下，曰："吾必当乘此羽葆盖车。"叔父子敬曰："汝勿妄语，灭吾门也。"后为徐州牧，与吴魏争衡，卒都蜀。

姜桂敦复 松柏世林

宋晏敦复，字景初，初为左司谏，两月间论驳二十四事，举朝惮之。秦桧使人致意曰："公能委曲，要路旦夕可致。"敦复曰："姜桂之性，老而愈辣。吾岂为身计误国耶！"高宗尝曰："卿骨鲠敢言，可谓无忝尔祖矣。" 〇敦复，晏殊曾孙。

季汉宗世林与魏武同时，而甚薄其为人，不与之交。及魏武作司空，总朝政，从容问曰："可以交未？"答曰："松柏之志犹存。"世林既以忤志见疏，位不配德。文帝兄弟每造其门，皆独拜于床下，其见重于此。 〇又诸葛亮每造庞德公，独拜床下，德公初不令止。

杜预传癖　刘峻书淫

晋杜预，字元凯，西安人，耽思经籍，为《春秋左氏经传集解》。又参考众家谱第，谓之释例，备成一家之学，比老乃成，人未知之，惟挚虞亟称其美。时王济解相马，又甚爱之。而和峤颇聚敛。预常称济有马癖，峤有钱癖。武帝闻之，谓预曰："卿有何癖？"对曰："臣有《左传》癖。"　○预又称杜武库，以平吴功封当阳伯。　○癖，音僻。

南北朝刘峻，字孝标，自课读书，常燎麻炬从夕达旦，时或昏睡，爇其鬓发，及觉复读。闻有异书，必往祈借。崔慰祖谓之书淫。梁末，隐金华山，著《山栖志》，注《世说新语》，识者谓前无古人。　○爇，音雪。又窦氏子弟皆喜武，独窦威尚文，诸兄诋为书痴。

钟会窃剑　不疑盗金

晋钟会为荀勖从舅，二人情好不协。荀有宝剑值百万，母钟夫人收藏。会善书，学荀手迹，作书与母取剑，遂窃去不还。荀知是钟而无由得，恒思报之。适钟兄弟以千万起一宅，甚精丽。未及移居，荀极善画，乃潜往画钟门堂，作太傅像，衣冠状貌如生平。二钟入门，便大感恸，宅遂空废。

汉直不疑，南阳人，文帝时为郎。同舍有告归者，误持同舍郎金去。金主意不疑，不疑谢有之，买金偿。后告归者来归金，而前郎之亡金者大惭，以此称为长者。景帝朝为御史大夫，以功封塞侯。　○不疑系楚人，直躬之后。

桓伊弄笛　子昂碎琴

晋桓伊，字叔夏，亳人，善音乐，为江左第一。得蔡邕柯亭笛，尝自吹之。王子猷泊舟轻溪，知伊名而不相识。偶自岸上过船中客呼伊小字曰："此桓野王也。"子猷令人语之曰："闻君善笛，试为我一奏。"时桓已贵显，闻王名即便下车，踞胡床为作三调。弄毕，遂上车去，主客不交一言。今其地名邀笛步。

唐陈子昂，字伯玉，梓州射洪人，累迁右卫参军。初入京未遇，有卖胡琴者价百万，豪贵传示无辨者。子昂辇千缗市之，众惊问，曰："余善此乐，明旦可即宣扬里。"众如期至，饮毕，笑曰："蜀人陈子昂，有文百轴，碌碌尘土，不为人知。此乐贱工耳，岂足留心！"举琴碎之，以文轴遍赠诸人，一日名震京师。

琴张礼意　苏轼文心

周琴牢，字子张，与子桑户、孟之反三人为友，相视而笑，莫逆于心。子桑户死，孔子使子贡往待事焉。二人鼓琴而歌曰："嗟来桑户乎，嗟来桑户乎！而已反其真，而我独为人。猗！"子贡趋进曰："敢问临丧而歌，礼乎？"二人相视而笑曰："是恶知礼意！"子贡以告。孔子曰："彼游方之外者也，而某游方之内者也。"　○猗，音伊，叹辞。

宋苏轼为文浑涵光芒，雄视百世。尝谓刘景文曰："某生平无快意事，惟作文，意之所到，则笔力曲折，无不尽意，自谓世间乐事，无复逾此。"　○景文，刘季孙字。又杨大年作文则与门人宾客饮博，投壶弈棋，语笑喧哗，而不妨缔思。

公权隐谏　蕴古详箴

唐穆宗见观察判官柳公权书迹，爱之，以公权为右拾遗侍书学士。上问柳书何能如是之善，对曰："用笔在心，心正则笔正，笔正乃可法矣。"时帝荒纵，故公权及之。上默然改容，悟其以笔谏矣。　○柳字诚悬，华原人。兄公绰寓书宰相李宗闵，言：“家弟本志儒学，先朝以侍书见用，颇类工祝，愿徙散秩。”乃改弘文馆学士。

唐张蕴古武德末上《大宝箴》，其略曰：“圣人受命拯溺亨屯，故以一人治天下，不以天下奉一人。壮九重于内，所居不过容膝，彼昏不知，瑶其台而琼其室；罗八珍于前，所养不过适口，惟狂罔念，丘其糟而池其酒。勿浑浑而浊，勿皎皎而清，勿汶汶而暗，勿察察而明。虽冕旒蔽目，而视于未形；虽黈纩塞耳，而听于无声。”

广平作赋　何逊行吟

唐宋璟，字广平。皮日休序其集曰：“广平为相，贞资劲质，刚态异状。疑其铁肠与石心，不解吐婉媚辞。睹其文，有《梅花赋》，清便富艳，得南朝徐、庾体，殊不类其为人。”○徐，徐陵。庾，庾信。李纲自云：广平《梅花赋》已缺，已尝补作之。

南北朝何逊，字仲言，剡人，官水利部郎，仕梁为扬州法曹。公廨有梅一株，逊常吟咏其下。后居洛阳，思梅花不得，因请再任扬州，从之。至日，花适盛开，逊于东阁延诸名士醉赏之，笑傲终日。杜诗“东阁官梅动诗兴，还如何逊在扬州”用此。　○一云逊为梁建安王掌书记，乃建业之扬州。以广陵为扬州，自隋始。

荆山泣玉　梦穴唾金

卞和，楚寿春人，得荆山璞玉，献之楚王，以为诈，刖左足。又献之武王，以为诈，刖右足。文王即位，和抱璞泣血而言曰：“臣非悲刖，宝玉而题之以石，贞士而名之以诈，所以悲也。”王使玉人琢之，果得璧，封零陵侯，不就。今怀远县抱璞岩，相传和之遗迹。　○刖，音月。

南康武都县西沿江有石室，名梦穴。尝有船人，遇一人通身黄衣，担黄纸二笼，求寄载。过崖下，其人唾船上，径下崖，入石中。船人初甚忿，见其入石，始知神异，视船上唾，悉是黄金。见任昉《述异记》。　○唾，拖去声。

孟嘉落帽　宋玉披襟

晋孟嘉，字万年，江夏鄂人。少知名，大尉庾亮领江州，辟为从事。亮尝正旦大会客，豫章太守褚裒问嘉安在，亮曰："在坐，卿当自觅。"裒历观嘉曰："此君小异。"亮由是益重嘉。后为桓公参军。温九日宴龙山，佐使并着戎服，风吹嘉帽堕落，嘉不觉。良久，如厕，温命孙盛为文嘲之。嘉还，即请笔作答，文辞超卓，四坐叹赏。

楚襄王游于兰台之宫，宋玉、景差侍。有风飒然而至，王乃披襟而当之曰："快哉此风，寡人所与庶人共之。"玉曰："此大王之风，士庶人安得共之！夫风入于深宫，经于洞房，清清泠泠，愈病析酲，发明耳目，宁体便人，此谓大王之雄风。塕然起于穷巷之间，动沙块，吹死灰，憝溷郁邑，驱温致湿，此谓庶人之雌风也。"

沫经三败　获被七擒

鲁人曹沫，以勇力事庄公。桓公伐鲁，庄公请献隧邑以平。鲁与齐会盟于柯，沫以匕首劫桓公于坛上曰："反鲁之侵地！"桓公许之，遂归沫三败所亡之地于鲁。诸侯闻之，皆信齐而归附焉。　○匕首，剑属。沫，音昧。

雍闿杀永昌太守附吴，使郡人孟获诱诸夷叛。诸葛亮往讨之，马谡送之曰："用兵之道，攻心为上。愿公服其心。"亮至南中斩雍闿，收孟获。七擒七纵，亮犹遣获，获止不去，曰："公天威也，南人不复反矣。"于是悉收获等以为汉之官属。　〇闿，音恺。谡，音速。

易牙调味　钟子聆音

易牙，雍人，名巫，牙其字也。善调味，能辨淄渑之水，有宠于齐桓公夫人卫共姬，乃因寺人貂荐于公。公曰：“子善调味乎？吾盖尝天下之味矣，惟蒸婴儿之味未尝。”巫遂蒸其子以献，自是亦有宠于公，因说立共姬子武孟，许之。〇淄，音支，渑，音成，二水名。易，音亦。

钟子期，楚人，钟仪之族。伯牙学于成连先生，善鼓琴。子期听之。意在高山，子期曰：“巍巍乎若泰山！”志在流水，子期曰：“荡荡乎若流水！”子期死，世无知音，伯牙遂绝弦，不复鼓琴。　〇《吕氏春秋》高诱注：伯氏牙名，或作雅。又云：钟子期夜闻击磬而悲。　〇今汉阳北二里有琴台，相传钟子期遗迹。

令狐冰语　司马琴心

晋令狐策梦立冰上，与冰下人语。索紞曰：“冰上为阳，冰下为阴。为阳语阴，乃媒介事也。士如归妻，迨冰未泮。君其为人媒介乎！”会太守田豹因策求张公徵女为妇，至仲春而成婚。又索充梦虏脱上衣，紞曰：“此男字，当生男。”张邈奉使诣州，梦狼啖脚，紞曰：“脚肉被啖，却字也，必不行。”占皆验。　〇令狐文子之后。令，音陵。

汉司马相如，小字犬子，宦游不遂，过临邛，素与令王吉善，吉重之。富人卓王孙为具召之，并召令。酒酣，吉请相如鼓琴自娱。是时王孙有女新寡，好音，故相如谬与令相重，而以琴心挑之。文君心悦而好之，遂夜亡奔相如。相如乃与驰归成都，当垆贯酒焉。

灭明毁璧　庞蕴投金

澹台灭明，字子羽，费人，赍千金之璧渡河，河伯欲其璧，波大起，两蛟挟舟。子羽曰：“吾可以义求，不可以威劫。”乃左操璧，右操剑斩蛟，蛟死波平，乃投璧于河，三投辄跃起，子羽乃毁之而去。　〇后子羽子溺死于江，弟子欲收葬之，子羽曰：“蝼蚁何亲？鱼鳖何仇？”遂不收葬。

唐庞蕴，字道玄，衡阳人，在家修道，徙居襄阳，世号为庞居士。《金刚科仪》云：居士庞公将家财而悉沉沧海。注云：居士曾造铁船，将家财金帛载之沉于海，临终招刺史于頔谓曰：“但愿空诸所有，慎勿实诸所无。”女灵照，亦修行。

左思三赋　程颐四箴

晋左思，字太冲，欲赋蜀、吴、魏三都，因求为秘书郎，构思十年，门庭藩溷，皆著纸笔，偶得一句，即便疏入。赋成，张华见曰：“君文未重于世，宜经高明之士。”乃就皇甫谧。谧作序，非之者乃转相传写，洛阳为之纸贵。初，陆士衡亦拟作，与弟书有曰：“此间有一伧父，欲赋三都，须成以覆酒瓿。”及赋出，乃叹服辍笔。　〇伧，音枨。

宋程颐，世称伊川先生，谥曰正。作视、听、言、动四箴以自警。朱子备录于《颜子问仁章》注内，盖以其发明亲切，学者所宜深思玩索而服膺弗失也。　〇《内则》云：纫箴请补缀。又医者以箴石刺病。故凡有所讽刺而救其失谓之箴。

十三　覃

陶母截发　姜后脱簪

晋陶侃母湛氏，新淦人，为陶丹妾而生侃。家酷贫，一日，范逵过访，会大雪，湛乃撤所卧荐，剉给其马，密剪其发，易酒肴款之。逵闻而叹曰："非此母不生此子。"因荐侃孝廉。侃平王敦、苏峻有功，拜太尉，封长沙郡公。　○剉，蹉去声。

周宣王尝晏起，姜后脱簪珥待罪于永巷，使傅母通言于王曰："妾不才，至使君王乐色而忘德，失礼而晏起。祸乱之兴自婢子始，敢请罪。"王曰："寡人不德，实自生过，非夫人罪也。"自是勤于政事，早朝晏罢，卒成中兴。　○永巷，内庭长巷，中有禁狱。

达摩面壁　弥勒同龛

达摩大师，南天竺国香至王第三子，遇西天二十七祖，得法，泛重溟，三周寒暑，达于南海。梁武迎至金陵，机不相契，潜止于嵩山少林寺，面壁而坐，终日默然，人莫之测，谓之壁观。越九年，以法付慧可，于千圣寺涅槃，葬熊耳山。魏宋云奉使西域回，遇于葱岭，携只履独游。云问师何往，师曰："反西天耳。"

《淳化阁帖》唐褚遂良书内有云："法师道体安居，深以为慰耳。复闻久弃尘滓，与弥勒同龛，一食清斋，六时禅诵，得果已来，将无退转也。"　○东坡《自金山放船至焦山》诗云："只有弥勒为同龛"，亦指老僧言。　○藏经云：弥勒佛，元日生。

龙逢极谏　王衍清谈

夏桀暴虐，瞿山地裂及泉，桀发徒凿之，谏者死。关龙逄曰："人君节用爱人。今君用财若无穷，杀人若不胜，民心已去，天命不祐，盍少悛乎！"桀曰："吾有天下，如天之有日，日亡吾乃亡。"遂囚龙逄杀之。汤使人往哭，桀怒，囚汤夏台，久乃得释。　〇悛，音迁。逄，音旁。

晋王衍，字夷甫，惠帝朝为尚书令，善谈《老》《庄》，世号口中雌黄。初为元城令，终日清谈，县事亦理。每捉玉柄麈尾，与手同色。少时，山涛见之，嗟叹良久曰："何物老妪，生此宁馨儿！然误天下苍生者，未必非此人也。"为石勒所害。　〇麈，音主。群鹿所往，以麈尾所转为准，故谈者执之。

青威漠北　彬下江南

汉卫青，本姓郑，字仲卿。微时，一钳徒相之曰："贵人也，官至封侯。"青笑曰："人奴之生，得无笞罪足矣。"武帝朝拜大中大夫，七出击凶奴，果立大功，威镇漠北。待士卒有恩，遇士大夫以礼，封长平侯。　〇钳，音黔。漠北，阴山之北。

宋曹彬，字国华。李煜据江南，宋太宗命彬往下之。彬缓师不迫，冀煜来归。城垂克，彬忽称疾。诸将问之，彬曰："余疾非药所能愈，惟诸公诚心自誓城下之日不妄杀一人，则自愈。"诸将许诺，焚香为誓。明日，城陷，煜诣军门降，待以宾礼。彬还朝，自云："奉敕差往江南勾当公事回。"其有功不伐如此。谥武惠。

遐福郭令　上寿童参

唐郭子仪，华州人，从军沙漠，间以役回银州，七夕夜见空中赤光軿车，绣幄中坐美女，垂足于床，自天而下。子仪意是织女，乃拜祝。女笑曰："大富贵，亦寿考。"言讫，冉冉而去。后仕至中书令，凡二十四考。家人三千。麾下士多贵至王公，常颐指役使。八子七婿皆朝廷显官。诸孙数十人，每问安不能尽辨，惟颔之而已。

宋童参，瓯宁人。性淳朴，隐于耕。仁宗元年，参年百有三岁，赐敕慰劳云："古者天子巡狩方岳，问百年者就见之。今汝黄发鲐背，以上寿闻，其可使与编氓齿乎！往以忠孝教而子孙。"授承务郎，逾年卒。子珪，登进士。　○老人气衰，皮肤消瘠，背若鲐鱼，故曰鲐背。

郗愔启箧　殷羡投函

晋郗超，字景兴，金乡人，与王珣俱为桓温掾。府中语曰："髯参军，短主簿，能令公喜，能令公怒。"温入朝，谢安、王坦之诣温，温令超卧帐中听客语。风开帐，安笑曰："郗生可谓入幕之宾。"超将死，以箱授门生曰："父若哀悼，可呈此箱。"愔果损眠食，门生呈箱，皆与温往来密札。愔怒曰："死晚矣！"遂不复哀。　○愔，音阴。箧，音怯。

晋殷羡，字洪乔，西华人。建元中为豫章太守，郡人多附书者，羡行至石头城下，悉以百余函投水中，曰："沉者自沉，浮者自浮。殷洪乔不能为人作致书邮。"　○金陵有投书渚。

禹偁敏赡　鲁直沉酣

宋王禹偁，字元之，九岁能文，甚敏赡。父以磨面为生。

毕士安为州倅，禹偁代父输面，士安方命诸子属对云：“鹦鹉能言争似凤。”禹偁从旁应声曰：“蜘蛛虽巧不如蚕。”士安叹曰：“子文章满腹，必当名世。”后举进士，为右拾遗，献《端拱箴》及《御戎十策》，独步当时，迁翰林学士，有《小畜集》。○偁，音称。

宋黄庭坚，字鲁直，沉酣经史，诗文与苏轼齐名。尝云：士大夫三日不读书，则义礼不交于胸中，对镜觉面目可憎，向人则语言无味。○又殷仲堪曰：“三日不读《道德经》，便觉舌本闲强。”○强，姜去声。

师徒布算　姑妇手谈

唐僧一行求访师资，至天台国清寺，见一院古松十数，门有流水。立于门屏之间，闻院僧布算，谓其徒曰：“今日当有弟子远来求吾算法，已合到门。”即除一算曰：“门前水当却西流，弟子亦到。”一行承其言而趋入，稽首请法，门前水果西流。

唐王积薪从明皇西幸，寓宿深溪，一家但有姑妇，止给水火，才暝阖户。积薪闻姑谓妇曰：“良宵无以为适，与子手谈可乎？”堂内无烛，姑妇各在室对谈。已而姑曰：“子已北矣，吾止胜九枰耳。”迟明，请问于姥，姥顾妇曰：“是子可教以常势耳。”妇乃指示攻守之法，积薪自是棋艺精妙。

十四　盐

凤仪李揆　骨相吕嵓

唐李揆，字端卿，陇西人。乾元中，同平章事，美风仪，善奏对。帝曰："卿门第、人物、文章，当世第一，信朝廷羽仪。"故时有"头头第一"之说。德宗朝，卢杞恶之，使入吐蕃。及至，诸酋长曰："闻唐有第一人李揆，公是否？"揆畏留，因绐之曰："彼李揆安肯来！"还至凤翔，卒。　○酋，音啾。

唐吕嵓，平阳蒲州人，生天宝十四年四月十四日巳时。喜顶华阳巾，衣黄白襴衫，系大皂绦，状类张子房。始在襁褓，马祖见之曰："此儿骨相不凡，他时遇庐则居，见钟则叩，留心记取。"后以进士授德化县令，私行庐山，遇钟离真人，授天仙剑法，得九九数，号纯阳子，仙去。　○嵓，古岩字。

魏牟尺縰　裴度千缣

魏牟见赵王，王方使冠工制冠，问治国于牟。对曰："大王诚能重国若此二尺縰，则国治。"王曰："社稷至重，比之尺縰何也？"曰："大王制冠不使亲近，而必求良工者，非谓其败縰而冠不成欤？今治国不求良士而任其私爱，非轻国于尺縰欤？"王无以对。　○牟，音谋。縰，音徙，黑缯也。

唐皇甫湜，字持正，与李翱、张籍齐名。裴度辟为判官。度修福先寺，求碑文于白居易，湜曰："近舍湜而远求居易，请辞。"度乃使作之，立就，酬以车马缯彩甚厚。湜大怒曰："自吾为《顾况集序》，未尝许人。今碑文三千字，一字三缣，何遇我薄耶？"度笑曰："不羁才也，当应足数。"　○湜，音寔。缣，音兼，缣，丝绢也。或云一字一绢，未详孰是。

孺子磨镜　麟士织帘

汉徐稚，字孺子，尝事江夏黄琼。琼没，孺子往会葬，无资自致，赍磨镜具自随，所在取值，然后得前。稚前后为诸公所辟，虽不就，及其死。万里必以只鸡絮酒往奠，奠毕即返，不见丧主。 〇又负局先生，语似燕代间人，常负磨镜局徇吴市中街磨镜，得一钱即磨之，见葛洪《神仙传》。

南北朝沈麟士，字云祯，武康人，居贫，织帘读书，口手不息，乡里号为织帘先生。麟士尝行路，邻人认其所着屐。麟士曰："是卿屐耶?"既跣而反。邻人得屐，送前者还之。麟士曰："非卿屐耶?"笑而还之。初应里选入都，仆射何尚之命子师之。后归余杭山中，从游者数百人。

华歆逃难　叔子避嫌

汉华歆，字子鱼，高唐人，与王朗俱乘船避难。有一丈夫欲依附，歆难之。朗曰："幸尚宽，何为不可!"后贼追至，朗欲舍所携人。歆曰："本所以疑，正为此耳。既已纳其自托，宁可以急相弃耶!"遂携拯如初。 〇难，乃旦切。

周颜叔子，鲁人，独处一室，夜大雨，比舍屋崩，一女子趋而投之。叔子使执烛于手，烛尽，焚燎以继之，至明不二。其避嫌之审如此。 〇又鲁男子独处，邻妇因风雨室坏趋托之。男子不纳，妇人曰："何不学柳下惠，妪不逮门之女，国人不称其乱。"男子曰："柳下惠固可，吾固不可。吾将以吾之不可学柳下惠之可。"

盗知李涉　虏惧仲淹

唐李涉，南康人，过皖口遇盗。其豪首审知是涉，遂曰："既是李博士，不用剽夺。久闻诗名，愿赠一首足矣。"涉题绝句云："风雨潇潇江上村，绿林豪客夜知闻。相逢不用相回避，世上而今半是君。"盗喜曰："确言也。"一笑而去。〇涉号清溪子，与弟渤隐居庐山白鹿洞中，屡辟不就。

宋范仲淹镇延安，夏人相戒曰："毋以延安为意。小范老子胸中有数万甲兵，不比大范老子可欺也。”公与韩魏公在军，名重当时，称为韩范。谣曰：“军中有一韩，西贼闻之心胆寒；军中有一范，西贼闻之惊破胆。”　○夏，元昊也。大范谓范雍，曾镇延安。

尾生岂信　仲子非廉

鲁尾生名高。师古曰：即微生高也。尝与女子期于梁下，女子不来，水暴至，生不去，欲以全信，遂抱桥柱而死。○东方朔书曰：“信如尾生。”梁，一云即蓝桥，在今陕西蓝田县。后裴航得玉杵臼，娶云英，在此处。

王季木云：“陈仲子与齐同姓，愤宗人之为乱，避兄离母，虽有所托而逃，赵威后问齐使，乃曰：於陵仲子尚存乎？是其为人也，上不臣于王，下不治其家，中不索交诸侯，此率民而出于无用者，何为至今不杀乎？”又桓温尝读《高士传》至於陵仲子，便掷去曰：“谁能作此溪刻自处！”是诚不得为廉。

由餐藜藿　鬲贩鱼盐

仲由少贫贱，食藜藿之食，百里负米以供二亲。亲殁后，徙游于楚，从车百乘，积粟万钟，累裀列鼎，叹曰：“愿欲食藜藿，为亲负米，不可复得也。枯鱼衔索，几何不蠹；二亲之寿，忽若过隙。”夫子曰：“由也事亲，可谓生事尽力，死事尽哀者矣。”

殷胶鬲，遭殷乱末流，鬻贩鱼盐。文王知其贤，举之以贡于纣。后武王伐纣，纣使候师于鲔水。问师将何之，武王曰：“将之殷。”鬲曰：“以何日至之？”武王曰：“将以甲子至殷郊，子以是日报矣。”会大雨日夜不休，武王疾行不辍，曰：“吾以救胶鬲之死也。”　○鬲，音格。鲔，音委。武王入殷，问殷之所以亡，胶鬲日中为期，明日不至。

五湖范蠡　三径陶潜

范蠡，字少伯，三户人，越大夫，佐勾践灭吴。勾践欲与分国，辞曰："君行令，臣行意。"遂携西施泛舟五湖，浮海入齐。变姓名，自号鸱夷子皮。后散财，辞齐相，止于陶，自号陶朱公，复致资累巨万。越王求之不得，以良金写其状而朝礼之。　〇五湖：滆、洮、射、贵俱入太湖，总称之也。《国语》曰：吴越战于五湖。实笠泽一湖耳。

陶潜《归去来辞》有"三径就荒"之语，盖以潜所居柴桑旧宅蒿莱满径，仿佛张仲慰之杜门养性，三径蓬蒿没人也。〇又蒋元卿还杜陵，荆棘塞门，舍前有三径，不出。惟羊仲、求仲从之游。二仲皆挫廉逃名之士。

徐邈通介　崔郾宽严

季汉徐邈，字景山。或问卢钦："徐公当武帝之时，人以为通；自凉州还京师，人以为介。何也？"钦答曰："往者毛孝先、崔季珪用事，贵清素之士，人皆变易车服以求名高，而徐公不改其常，故人以为通。比天下奢靡，转相仿效，徐公雅尚自若，不与俗同，故人以为介也。"　〇孝先，毛玠字。季珪，崔琰字。武帝指曹操。邈，音莫。

唐崔郾，字广略，初治虢以宽，月不笞一人。及莅鄂，则严法一无所贷。或问其故，曰："陕土瘠而民劳，吾抚之易服。鄂土沃民剽，杂以夷俗，非威莫能制。政贵知变也。"累官礼部尚书，家不藏赀，周给亲旧。　〇郾，音宴。虢，音国。

易操守剑　归罪遗缣

汉王烈，字彦方，少师陈寔，以孝义闻。乡里有盗牛者，主得之，盗请罪曰："刑戮是甘，但勿使王彦方知之。"烈闻，谢之，遗以布一端。后有老父遗剑于路，行道一人见而守之，求其人，乃先盗牛者。凡有争讼往质于烈，或至途而返，或望庐而还，其德感人如此。

汉陈寔，字仲弓，平心率物，乡里有争讼，辄求判正，曰："宁为刑罚所加，不为陈君所短。"尝夜读书，有盗止梁上，寔呼子弟谓曰："不善之人，未必本恶，习与性成，遂至于此，梁上君子是已。"盗惊投地，稽首归罪。寔曰："当由贫困所致。"遗绢二匹遣之。　〇遗，音位。

十五　咸

深情子野　神识阮咸

晋桓伊，字叔夏，小字野王，或称子野，善音乐，尽一时之妙，每闻清歌，辄唤奈何。谢公闻之，曰："子野可谓一往有深情。"　〇伊又于孝武前命奴吹笛，自抚筝而歌曹子建怨诗曰："为君既不易，为臣良独难。忠信事不显，乃有见疑患。"时谢太傅为王国宝所构，感而泣下，越席就之，捋其须曰："使君于此不凡。"

晋荀勖，暗解律吕，因正雅乐。每公会作乐，阮咸必谓不调。勖忌之，遂出阮为始平太守。后有耕者得周时玉尺，荀以校己所制乐器，觉皆短一黍，于是服阮神识。　〇唐元澹得古冢铜器似琵琶，声正圆。澹曰："此阮咸所作器也。"

命以木弦之，其声亮雅，乐家遂谓之阮咸。

公孙白纻　司马青衫

公孙侨，郑大夫。吴使季札来聘鲁，通嗣君也。故遂聘于齐，旋聘于郑，以及晋、卫。于郑见子产，如旧相识，与之缟带，子产献纻衣焉。　○纻衣，白纻之衣也。　○《左传》郑注：吴地贵缟，郑地贵纻，故各献己所贵，示损己而不为彼货利。　○纻，除上声。

唐白居易谪江州司马，喜曰："匡庐在念久矣，今得青山绿水，为风月主人，幸甚。"一日送客湓浦口，夜闻邻舟琵琶声，问之，乃长安老妓也。为作《琵琶行》，末云："凄凄不似向前声，满座重闻皆掩泣，座中泣下谁最多？江州司马青衫湿。"　○或谓浔阳妓即裴兴奴。

狄梁被谮　杨亿蒙谗

唐狄仁杰，以功追封梁国公。武后尝谓公曰："卿在汝南，有谮卿者，欲知之乎？"公谢曰："陛下以为过，臣当改之；以为无过，臣之幸也。彼谮臣者，臣不愿知。"谥文惠。○又吕蒙正初入朝堂，有朝士指之曰："此子亦参政耶！"蒙正佯为不知。同列者不平，诘其姓名，蒙正遽止之曰："若一知其姓名，则终身不忘，不若不知为愈。"时服其量。

宋杨文忠公亿为执政者所忌，言事者攻之不已，公谢启有曰："已落沟壑，犹下石而未休；方因蒺藜，尚弯弓而不已。"　○亿谥文。

布重一诺　金慎三缄

汉季布为河东太守，诋曹邱生于窦长君。曹邱生请见曰：

"楚人谚曰：得黄金百斤，不如得季布一诺。足下何以得此声于梁楚间哉？且仆楚人，足下亦楚人，仆游扬足下之名于天下，顾不重耶？何拒仆之深也！"布大悦，厚赠之，由是名益著。

孔子适周，入后稷庙，见金人，三缄其口，而铭其背曰："古之慎言人也。无多言，多言多败。无多事，多事多患。安乐必戒。无所行悔。勿谓何伤，其祸将长。勿谓何害，其祸将大"云云。又："君子知天下之不可上也，故下之；知众人之不可先也，故后之"云云。顾谓弟子曰："小子识之！此言实而中情。"　○《集语》云入太庙，铭亦小异。

彦升非少　仲举不凡

南北朝任昉，字彦升，八岁能属文。梁武时，历黄门侍郎，出为义兴新安太守。为政清省，所著文章数十万言。褚彦回语其父遥曰："卿有令子，相为喜之，所谓百不为多，一不为少。"昉由是名声藉甚。　○又陆琼年八岁，号神童，从祖襄叹赏之，亦引此二语。　○少，上声。

汉陈蕃，字仲举，汝南人。薛勤为郡功曹，蕃年十五，为父赍书诣勤，勤顾察之。明日，造焉，蕃父出迓。勤曰："足下有不凡之子，吾来候之，不从卿也。"时庭宇荒芜，勤曰："孺子何不洒扫以待宾客？"蕃曰："大丈夫当扫除天下，安事一室！"勤益奇之，言论终日。

古人万亿　不尽兹函

十千曰万，十万曰亿，言古人之多也。

函，书帙也。言学问无穷，人当博洽，非仅得此函可遂已也。二语总结。

跋

宋次道云："校书如扫尘，随扫随有。"余素有点勘之癖，历试之，乃知其确。辛巳，馆于白门，偶取杨氏原刻，校雠讹字及删润小注，亦颇乐此不疲。甲申夏，为周菉陔中翰聘往庐西，中翰适见此稿，谓简而明，详而核，不独扩童蒙之闻见，且便于句读师之讲授也。余未敢深信。中翰家园多乔木，清篁疏帘，绿阴如水。余复倾行縢所携之书及中翰插架之所有，按条目一一疏证之。凡事涉新颖，与辨驳忠佞及考据名物者，皆笔之于简端。久又捃成一帙。拟续补之，而篇幅已溢，碍难搀入，今且纳诸簏中。特梓其先补注者，以饷朋好，徇中翰之怂恿也。噫！半生沉溺词章，毫无表见，村学究之伎俩，尽在是矣。考杨先生古度（今《安徽通志》误作古渡）为皖桐遗老，博闻强记，此外有《禹贡笺》《礼经会元》等著。今书皆未见，独藉此篇以传，足见《兔园册》之尚餍人心也。余系出龙眠公后，万历间，始由舒迁润州杨家，于龙眠乃得先后缔一重翰墨缘，或亦乡先生所默许乎？杨氏之误，余既僭订之；余之误，有能扫涤尘封，以匡驽骀之所未逮者，吾将执鞭慕之。

时光绪十一年，岁乙酉孟夏，恩绶跋于肥西紫蓬山房之心太平盦。

二集上卷

一　东

篇承古度　集续汉冲

《前集》为萧汉冲先生所著，杨古度先生所增订者，今承其集而续之。

搜罗子史　诱掖儿童

子史，《前集》已有注。

诱，引也。掖，扶也。

明锐韩愈　完粹李侗

唐韩愈，字退之。性明锐不诡随，与人交，始终不少变。成就后进士，往往知名，经愈指受者，皆称韩门弟子。

宋李侗，字愿中。退居山中，谢绝世故凡四十年。常教人曰："学问之道不在多言，但默坐澄心，体认天理。"朱晦庵从侗受学，每称其充养完粹，无复圭角。平居恂恂，无甚可否，及酬酢事变，断以义理，则有截然不可犯者。学者称延平先生。

清呼一叶　德颂二冯

明永乐间，叶宗人为钱塘令。按察使周新尝过其室，潜入厨中，见惟鱼腊一裹，叹息而已。时呼为“钱塘一叶清”。

汉冯野王，字君卿，官陇西太守。立字圣卿，迁西河上郡。民歌之曰：“大冯君，小冯君，兄弟继踵相因循，聪明贤知惠吏民，政如鲁、卫德化钧，周公康叔犹二君。”

谅辅祷雨　陈茂诃风

后汉谅辅为五官掾，大旱，太守自出祈祷山川，连日不雨。辅乃自暴庭中，慷慨咒曰：“辅为股肱，不能进谏纳忠，和调阴阳，至令天地否隔，万物焦枯，咎尽在辅。今敢自祈请，若至日中不雨，请以身塞无状。”遂积薪柴、聚茭茅将自焚。未及日中，天云晦合，须臾澍雨。

汉陈茂尝为交趾别驾，旧刺史行部不渡涨海，刺史周敞涉海遇风，船欲覆没，茂拔剑诃骂水神，风即止。

四如给事　三旨相公

宋给事李邺使金还，云金人上马如龙，步行如虎，渡山如獭，登城如猿。时人号为四如给事。

唐王珪为相，一无建白。上殿进呈，云取圣旨；上可否讫，云领圣旨；退谕禀事者，云已得圣旨也。时称为三旨宰相。

怀橘陆绩　辨李王戎

三国陆绩，字公纪。年六岁，于九江见袁术，术出橘，绩怀三枚去，拜辞堕地。术谓曰：“陆郎作宾客，而怀橘乎？”绩跪答曰：“欲归遗母。”术大奇之。

晋王戎，七岁与诸小儿戏，道傍李树，子多枝折，诸小儿竞取，唯戎不动。人问之，答曰：“树在道边而子多，必苦李也。”取之信然。

盗琶黑黑　记曲红红

唐太宗时，西国进一胡人，善弹琵琶，上使罗黑黑隔帷听之，一遍而得，谓曰：“此曲吾宫人能之。”遂于帷下令黑黑弹之，不遗一字，胡人谓是宫女也，惊叹辞去。

大历初张红红，丐人女也。随父丐食，过将军韦青，青纳为姬，自负其艺，颖悟绝伦。有乐工取新更《长命女》歌于青第，红红以小豆记其拍数，在内给云：“女弟子久歌此，非新声也。”隔屏奏之，一声不失。乐工大惊，青令与相见，复云：“有一声不稳，今已正矣。”寻达上听，召入宜春院，宠泽隆异，号记曲娘子，拜为才人。

管辂画地　殷浩书空

三国管辂，年八岁便喜仰观星辰，夜不肯寝。父母常禁之，不止。辂曰：“我虽年少，然目中喜观天文。家鸡野鹤犹知时，况于人乎。”与比邻儿共戏土壤中，辄画地作天文及日月星辰。

晋殷浩被废，在信安终日恒书空作字，扬州吏民寻义逐之，窃视拟议，唯作“咄咄怪事”四字而已。及得桓温召，大喜，作书启谢，虑有谬语，开封数四，竟达空函，温怒，遂绝。尝恨简文，顿足曰：“上人百尺楼头，担将梯去。”悒悒而卒。

欧公白耳　窦子赤瞳

宋欧阳修尝曰：“少时有僧相我耳白于面，名满天下；唇不着齿，无事得谤，今果然。”

唐窦轨为益州行台仆射，袁天罡瞻之良久，曰：“目色赤，脉贯童子，语浮面赤，为将必多杀人，愿深自识。”后果多行杀戮，坐事见召。天罡曰：“公无忧，面上辅角右畔光泽，不久必还。”果授益州都督。

裂服张咏　挂帻易雄

宋张咏，太平兴国三年试《不阵成功赋》，咏赋有“包戈卧鼓，岂烦师旅之威；雷动风行，举顺乾坤之德”，颇自负，有司以对偶韵失黜之，选胡旦为状元。咏愤然毁裂儒服，欲学道于陈希夷，趋豹林谷以弟子事之。希夷善风鉴，谓其异日贵为公卿，不可学道，后二年及第。

晋易雄，少为县吏，念无由自达，乃脱帻挂县门而去。举孝廉，迁舂陵令，会王敦作逆，雄奋义兵讨之，为魏乂所虏，抗词不屈，遂被害。

良将五鸽　廉官一骢

宋曲端长于兵略，屡战有声。魏国公张浚，尝按视端军，端执槌以军礼。见傍无一人，公异之，谓欲点视，端以所部五军籍进。公命点其一，则于庭开笼，纵一鸽以往，而所点之军随至。张愕然。既而欲尽观，于是忽纵五鸽，则五军顷刻而集，戈甲焕灿，旗帜精明。魏公虽面奖而心实忌之。

汉鲍昱，字文泉，永之子。仕至太尉，三世皆为司隶，而共乘一骢马。京师歌曰：“鲍氏骢，三入司隶再入公。马虽瘦，行步工，奉法守正有祖父风。”拜三公。

浚沮武穆　敞短文忠

宋张浚谓岳飞曰：欲以淮西军付王德、吕祉或张浚、杨沂中何如？飞曰：“德与郦琼不相下，恐必争；吕尚书不习军旅，恐不能服众；张宣抚暴而寡谋，沂中视德等耳，岂能御北军哉！”浚艴然曰：“我固知非太尉不可也。”飞遂与浚忤，即日上表乞终丧，步归庐山。浚怒，奏飞求去要君，乃以张宗元监其军。

宋刘敞，字原父。博学通经，欧阳文忠公尝折简问：“入阁起于何年？阁是何殿？开延英起何年？五日一起居遂废正衙不坐起何年？三者孤陋所不详，乞示本末。”原父方与客对食，遽索笔一一答之，详尽无遗。原父私谓所亲曰：“好个欧九，极有文章，可惜不甚读书。”东坡后闻之，笑曰：“轼辈将如之何？”

汉王颁露　魏帝逼虹

汉东方朔游吉云之地，谓武帝曰：“其国以云占吉凶苦乐之事，吉则满室云起五色，照耀著于草木皆成五色，露味甚甘。”帝曰：“可得否？”朔东走至夕而还，得元精露，盛之琉璃器以授帝，帝遍赐群臣，得尝者衰老皆少，疾病皆愈。

后魏时，首阳山中有晚虹下饮于溪泉，樵人见之，良久化为女子，年十五六。问之不言，乃告蒲津戍将取之以问。明帝召入宫，见其美，问之，曰：“我天女也。”帝欲逼幸，而色甚难，复令左右拥抱，声如钟磬，化为虹霓而上天。

啖饼刘晏　抵肉李充

唐刘晏五鼓入朝，使人买饼，以袍袖包而啖之，语同列曰：“美不可言。”　〇啖，音淡。

汉李充，字大逊。延平中，诏公卿各举隐士大儒，特征充为博士。大将军邓骘以充高节，每卑敬之。尝置酒请充，宾客满堂，酒酣，骘跪曰：“幸托椒房，位列上将，幕府初开，欲辟天下奇伟，以匡不逮，惟诸君博求其器。”充乃为陈海内隐居怀道之士，颇有不合。骘欲绝其说，以肉啖之，充抵肉于地，曰：“士犹甘于肉？”遂去。

饬儿还椹　促侄贩葱

隋赵轨，洛阳人。有行检，后周蔡王引为记室，隋初转齐州刺史，以清苦闻。其东邻有桑椹落其家，轨遣诸子悉拾以还其主，而谓之曰：“吾非以此求名，意者非机杼物不取于人。汝等宜以为戒。”　〇椹，音甚。

梁吕僧珍，其兄子宏业以贩葱为业，见僧珍，欲求州官。僧珍曰：“吾荷国重恩，无以报，汝等有常分，岂可妄求叨越，但当速反葱肆耳。”

罜通异弩　混填神弓

南越王尉佗攻安阳，安阳王有神人罜通，为王治神弩一张，一发杀人三百，佗败乞和，遣太子始入赘。始姿容端美，安阳王女眉珠通之，始与珠入库盗截神弩，亡归报佗，佗出其不意攻之，安阳王大败奔窜。　〇见《水经注》，又曰《南传》作杀人三万。

扶南之先，女人为主，名柳叶。有模趺国人字混填，好事神，神感至意，夜梦赐之神弓一张，教载贾人舶入海。混填入庙，于神树下得弓，便乘贾舶入海，神回风送至扶南，柳叶欲劫取之，混填举神弓西射焉，贯船，遂渡，柳叶乃举众降，遂王扶南。　〇见《南史》。

张湛诈善　机氾学恭

汉张湛矜严好礼，动止有则，居处幽室，必自修整，虽遇妻子，若严君焉。人或谓为诈，湛闻而笑曰：“我诚诈，人皆诈恶，我独诈善，不亦可乎？”

鲁有恭士者曰机汜，行年七十，其恭益甚。冬日行阴，夏日行阳，市次不敢不行参，行必随，坐必危。鲁君问曰：“机子年甚长矣，不可释恭乎？”对曰：“君子好恭，小人学恭以除其刑，誉人者少，恶人者多，年七十常恐斧质之加于汜者，何释恭为？”

狎客江总　弄臣邓通

陈后主起三阁，各高数十丈，连延数十阁，皆以沉香为之，金玉珠翠为饰，珠帘宝帐服玩，瑰丽近古未有。江总为宰辅，不亲政务，日随后主侍宴后庭，号为狎客。与妃嫔赋诗，采其尤艳丽者，被以新声，其曲有《玉树后庭花》《临春乐》等，大略皆美妃嫔之容色，君臣酣饮，自夕达旦。

汉申屠嘉为丞相，邓通方爱幸入朝，居上旁，有怠慢之礼。嘉罢朝坐府，为檄召通，通至，责曰：“夫朝廷者，高皇帝之朝廷也。通小臣，戏殿上，大不敬，当斩。”通顿首出血，不解。上度丞相已困通，使使持节而谢丞相曰：“此吾弄臣，君释之。”

秀才胆大　府尹声雄

赵璧，字宝仁，怀仁人。世祖为亲王，闻其名，召见呼秀才而不名。宪宗即位，问赵璧天下何如而治？对曰：“请先诛近侍之尤不善者。”璧退，世祖曰：“秀才，汝浑身是胆耶！”官至枢密副使。

明陈谔，番禺人。顺天府尹，遇事刚果，弹劾不避权贵，奏事声响甚大，上每呼“大声秀才”。

女遗螺壳　生寄鹅笼

谢端年十七未娶，于海中得大螺，贮之瓮中。每出游还，见饮食盈案，疑之，于帘外窥见一少女从瓮中出炊，便入问之，答曰："妾天汉中白水女也。天帝哀卿孤贫恭顺，使我相为守舍，侍卿娶妇还去。今无故相伺，不可复留，留此壳贮米谷，可不乏。"忽风雨而去。　○出《搜神记》。

许彦相绥安山行，遇一书生，云足痛，求寄鹅笼中。戏许之，书生便入笼与双鹅并坐，负之不觉重。至一树下，书生出笼，于口中吐一铜盘，盘中珍馐具备。及酒数行，又吐一美女，旋又吐一美男，日晚相别，将男女次第吞之而去。○出《续齐谐记》。

从难王达　捽恶杨忠

宋屯田郎中李昙，有仆姓王名达。昙以子学妖，妄言事，父子皆流岭南。众家人曰："我不能从君之死乡也。"遂皆辞去。惟达慨然曰："我主人也，岂不得送之乎？"数日，昙感恚自缢死，旁无一人，达使母守昙尸，出为之治丧事，朝夕哭如亲父子，见者皆为流涕。

宋四明戴献可雄于财，殁时，其子伯简年少，未历世故，里中恶少因得与交狎邪，仆杨忠谏哭不已。一日，伯简又与其徒会饮呼蒲，忠拔刀而前，执其尤者顿之地，数曰："我事主人三十余年，尔辈诱之为不善，家产扫地，幸我保有此业，汝必荡之，靡有孑遗耶？我断汝首。告官请死。"其人哀号，伏罪遁去，以后无复至者。

不疑盗嫂　伯鱼挝翁

汉直不疑，南阳人。迁中大夫。或毁之曰："状貌甚美，然特无奈其善盗嫂何也!”不疑曰：“我乃无兄。”然终不自明也。

汉第五伦，字伯鱼。明帝戏问之曰：“闻君为吏挝妇翁，宁有诸乎?”对曰：“臣三娶皆无父。”《魏志》太祖令曰：“第五伯鱼，三娶孤女，谓之挝翁，以白为黑。”

丕曜佯哑　杜微诈聋

唐仲长子光，字丕曜。服药养性，隐诸北渚，守令至者不与交言，辞以瘖疾，著《独游颂》以自喻。

三国杜微，字国辅。称聋不出，丞相亮与书曰：“君但以德辅时，不责君军事。”乃出，拜谏议大夫。

杨嘲四畏　刘慨三同

宋王文穆公夫人悍妒，贵为一品，欲置姬侍，竟不可得。尝于宅后作堂名三畏，杨文公戏之曰：“可改作四畏。”公问其说，曰：“兼畏夫人。”

南北朝刘峻，字孝标。常自为序云：“余自比冯敬通，有同之者三。敬通雄才冠世，余虽不及之，而节亮慷慨。一同也。敬通中兴逢明君，而终不试用；余逢命世英主，亦摈斥当年。此二同也。敬通有忌妻，至于身操井臼；余有悍室，亦令家道坎坷。此三同也。”

覆镜郭璞　咒杯柳融

晋王文献令郭璞筮一年吉凶，璞曰：“有小不吉，可取二罂盛以水，置床二角，各覆镜以掩之，某时撤去，其灾可消。”因如其言。至某日，忘撤去，寻失镜所在，寻见镜在罂中，罂口数寸，镜大尺余。怪之，问璞，璞曰：“违期故致，此妖邪所为，无他故也。”使烧车辖。其镜立出。

南极子者，姓柳名融，取杯咒之，即成龟，肠脏皆具，煮之可食，食讫剩壳，而壳还成杯矣。　○事见《云笈七签》。

赌姬严续　斩妓石崇

南唐相严续有狐姬，给事唐镐有通天犀带，皆一代尤物。一日，二公呼卢，因出姬解带，唐采得胜，乃酌酒命美人调唱一曲奉别，严慨然与之俱去。

晋石崇豪富，每宴客，常令美人行酒，客不尽欢，使黄门立斩美人。王导与敦常共诣之，丞相素不能饮，辄勉强至醉，及到大将军前，固辞不饮，以观其变。已斩却三美人，颜色自若，不饮如故。丞相不忍，让之，敦曰：“彼自杀伊家人，何预卿家事。”崇为气夺，令不复行。

试子夷简　弹婿敏中

宋吕夷简，字坦夫。生四子，公弼、公著、公奭、公孺，皆颖异。其少时，夷简与其夫人语：“四子他日皆显重，但未知谁作宰相，吾将验之。”他日四子居外，夫人使小鬟擎四宝器贮茶而往，教令至门，故跌而碎之。三子皆失声，或走归告夫人，独公著凝然不动，夷简谓夫人曰：“此儿必作相。”元祐中果大拜。

宋向敏中，字常之。其婿皇甫泌，少年纵逸，敏中忧之。一日，奏事毕，方欲开陈，真宗圣体不和，遽离扆坐。敏中迎前奏曰：“臣有女婿皇甫泌。”语方至此，真宗连声曰：“甚好，甚好，会得。”已还内矣。敏中词不及毕，莫知圣意如何，已而传诏中书，皇甫泌特转两官。

传诗辕固　通易吕蒙

汉辕固，齐人也。以治《诗》，孝景帝时为博士，作传以授夏侯始昌，始昌授后苍，苍兼通《诗》《礼》，授翼奉、匡衡、师丹、伏理，由是《齐诗》有翼、匡、师、伏之学。又武帝时以贤良征固及公孙弘，弘侧目而视固，固曰："公孙子，务正学以言，毋曲学以阿世！"其人品如此。

三国吕蒙入吴，吴主劝其学业，蒙乃博览群书，以《易》为主。尝在孙权座上酣醉，忽卧，于梦中诵《周易》一部。俄而惊起，众人皆问之，蒙曰："向梦见周公、孔子、文王与我论世祚兴亡之事，日月贞明之道，莫不穷精极妙。"众座皆云："吕蒙呓语通《周易》。"

黎丘奇鬼　枣阳怪童

黎丘有奇鬼焉，善效人之子弟之状。邑丈人有之市而醉归者，鬼效其子之状，扶而道苦之。丈人醒而谯其子，其子泣曰："无是事也。"父曰："嘻！是必奇鬼也，明日遇而杀之。"明旦之市而醉，其子迎之，丈人疑其鬼也，拔剑刺之。○事见《吕览》。

元顺帝时，枣阳民张氏妇生男，甫及周岁，暴长四尺许，容貌异常，皤腹拥肿，见人嬉笑，如世俗所画布袋和尚。

王烹云母　柳遇雨工

明王敕，字竹泉。少得道术，后举鼎甲，官翰林，出督学某省。一日，集诸生，遥见白云一片起顶上，急驰两骑，使疾驱数十里，视云落处，掘得白石莹洁如雪，辇之以归，命饔人切细片烹为腐，遍食诸生，甘美非常味。众问何物，曰："此云母也。"

唐柳毅，中宗时游泾阳，遇妇人牧羊，自言洞庭龙小女。问牧羊何用，女曰：“非羊也，雨工也。”问何谓雨工？曰：“雷霆之类也。”复视之，则皆矫顾怒步，饮龁甚异，而大小毛角则无别羊焉。

二 冬

爱信乐正 诲让德容

齐索谗鼎于鲁，以其伪往，齐曰：“使乐正子春来，将听。”鲁君谓乐正子，对曰：“君胡不以真往?”曰：“我爱之。”答曰：“臣亦爱臣之信。”

唐朱仁轨，字德容。诲子弟曰：“终身让路，不枉百步；终身让畔，不枉一段。”

扣镮道辅 备榇刚峰

宋仁宗废郭后，孔道辅率范仲淹等入诣垂拱殿伏奏：“皇后天下之母，不当轻废，愿赐尽言。”殿门阖，不为通，辅扣镮大呼曰：“奈何不听台臣言?”寻有旨令吕夷简谕后当废状。孔语吕曰：“大臣之于帝后，犹子事父母，奈何顺父出母乎?”吕曰：“废后有汉、唐故事。”孔曰：“人臣当道君以尧、舜，岂得以汉、唐失德为法耶?”夷简语塞。

明海瑞，号刚峰，广东人。为户部主事。上疏言世宗妄求长生，不视朝政，法纪弛矣。数年捐纳，名器滥矣。二王不相见，则薄于父子。戮辱臣下，则薄于君臣。乐西苑而不返，则薄于夫妇。帝得疏大怒，抵之地，顾左右曰：“趣执之，无使遁。”宦官黄锦曰：“臣闻此人上疏时，诀妻子，市一棺，待罪于朝，是不遁也。”帝怒稍解，系之狱。

郭璞活马　思邈医龙

晋将军赵固良马死，惜之，郭璞请见，曰：“吾能活马。”赵固因出见之，璞随令三十人持竿东行三十里，见丘林社庙，以竹竿击树，得一物似玃，持归。见死马嘘呼其鼻。顷之，马果起，奋迅如故，不复见前物。

唐孙思邈，通百家，善言老子、庄周。居太白山，隋文帝辅政，以国子博士召，不拜。密语人曰：“后五十年有圣人出，吾且助之。”于阴阳、推步、医药无不善，有虎伤人，被金钗插于喉，虎跪张口示之，思邈为出其钗。有龙病鳞，思邈为针之。

惔屈孙盛　云折充宗

晋刘惔，字真长，宿州人。少孤，织芒屩养母，荜门陋巷，晏如也。时孙盛善谈《易》，殷浩不能难，简文帝曰：“须真长来。”乃迎惔至，盛辞，遂屈一坐抵掌。

汉朱云为国子监博士，是时少府五鹿充宗贵幸，为《梁丘易》，元帝令充宗与诸《易》家论。充宗乘贵辩白，诸儒莫能与抗。有荐朱云者，召入，登堂，抗首而请，音动左右。既论难，连折五鹿君，故诸儒为之语曰：“五鹿岳岳，朱云折其角。”

蔡占白鼠　丁卜黄蜂

刘宋蔡铁善卜，刘义宣射一白鼠，置函中，召铁使卜，兆成，笑曰：“兑色之背明户，弯弧射之绝左股，鼠孕三雄而两雌，剖腹而立知。”公乃使剖腹，皆如铁言，遂赐钱一万。

宋赵晋公在中书，闻丁文果善覆射，召至，函置一物，令文果射。文果书四句云：“太岁当头坐，诸神列四旁。其中有一物，犹带洞庭香。”发而视之，乃用历日第一幅裹绿橘一枚。又太宗置一物器中，令文果射，亦书四句云：“花花华华，山中采花。虽无官职，一日两衙。”启之，乃黄蜂也。

桓悲杨柳　石主芙蓉

晋桓温自江陵北行，见少在琅琊时所种杨柳皆十围，慨然曰：“柳犹如此，人何以堪。”攀枝折柳，泫然流涕。

宋石曼卿卒后，其故人有见之者，恍忽如梦，言：“我为仙，主芙蓉城。”欲呼故人往游，不得，遂乘一素驴而去。

直言高适　善辩张松

唐高适，沧州人。玄宗时举进士科，官至谏议大夫。负气敢言，权贵侧目，出为蜀彭州刺史。

三国张松，为人短小，精敏有才辩。刘璋遣诣曹操，杨修与语，深器之。以操所撰《新书》示松，松一览即朗然诵之，一字无遗。

荐羊致富　画虎卫凶

汉宣帝时，阴子方腊日晨炊，而灶神现，子方再拜受庆，家有黄羊，因以荐之。自是暴富，田有七百余顷，舆马仆隶比于邦君。子方尝言，吾子孙必将强大，至识三世，而遂繁昌。故后常以腊日祀灶，荐黄羊焉。

上古时有神荼、郁垒昆弟二人，性能执鬼，度朔山上，章桃树下，简阅百鬼无道理妄为人祸害，神荼与郁垒缚以重索，执以食虎。于是县官腊除夕，饰桃人垂苇茭画虎于门，皆追效于前事，冀以卫凶也。　〇见《风俗通》。

张霭拾齿　钱唐袒胸

宋张霭，字伯云。除侍御史，太祖弹雀后苑，霭请入奏事，及见所奏乃常事，上怒，霭曰："窃谓急于弹雀。"上以斧柄撞其齿，齿落，徐拾之。上曰："欲讼朕耶？"霭曰："臣何敢讼陛下，但有史官在耳。"

明太祖尝读《孟子》至"草芥寇仇"之说，大不然之，欲去其配享，诏有谏者，以不敬论，且命金吾射之。刑部尚书钱唐舆榇入谏，袒胸受箭，曰："臣得为孟轲死，死有余荣。"帝见其诚恳，命太医疗其箭疮，孟子得不废享。

投河丐子　触石菜佣

明末宏光遁出，百官星散，百川桥下，一乞儿题诗于桥柱云："三百年来养士朝，如何文武尽皆逃。纲常留在卑田院，乞丐羞存命一条。"遂掷笔跃入秦淮河而死。

明末菜佣汤文琼见怀宗梓宫过，恸哭触石而死。

梁媛高行　阮女乏容

梁媛者，寡妇也。为人荣于色而美于行，夫死早寡，不嫁，梁贵人争欲取之，不能。梁王闻之，使相聘焉，媛乃援镜持刀割其鼻曰："今刑余之人，始可释矣。"于是王大其义，尊其号曰高行。

晋许允妇，阮卫尉之女。奇丑，交礼竟，许见妇即欲出，因谓曰："妇有四德，卿有几德？"答曰："新妇所乏者容耳，士有百行，君有几行？"许曰："皆备。"妇曰："百行以德为首，君好色不好德，何谓皆备。"允有惭色，遂相敬重。

唾盘成鲤　喷饭为蜂

刘纲与其妻樊夫人俱有道术，一日纲唾盘成鲤，其妻唾盘成獭而食之。又中庭有两桃树，夫妻各咒其一，桃便相斗，纲所咒桃走出篱外。　○出《神仙传》。

葛仙翁与客对食，客曰："当请先生作一奇戏。"食未竟，翁即吐口中饭，尽成飞蜂满屋，或集客身，莫不振肃，但皆不螫人耳。良久，翁乃张口，峰还飞入口中，悉复成饭。○见《葛仙别传》。

对水蠢吏　献日憨农

宋庆历中河北大水，仁宗忧形于色，有走马承受使臣到殿，上问水势如何？对曰："怀山襄陵。"又问百姓如何？曰："如丧考妣。"上觉可笑，乃诏阁门令后武臣上殿，并须直说，不得文饰。

宋有田夫曝日于野，美之，不识广厦棉纩之属。谓其妻曰："吾负日之暄以献吾君，必获重赏。"里之富室谓曰："昔人有美茎萍子者，对乡豪称之，乡豪取尝，蜇于口，惨于腹，哂而怨。子此类也。"　○出《列子》。

气相王锷　魂摄李邕

王锷为辛果裨将，尝向天呵气，高数丈，若匹练之冲云。果谓妻曰："此极贵相。"以女妻之。　○事见《合璧》。

唐叶法善，隐松阳卯酉山中，有铁镜，人有病，照之，尽见五脏所滞之物。常骑白鹤，门皇赠以诗云：“清溪道士人不识，上天下天鹤一只。洞门深锁白云间，滴露研珠点《周易》。”尝为其祖叶国重求刺史李邕碑文，已成，并求书，邕不许，法善乃夜具纸笔，摄其魂使书毕，持以示邕，邕大骇，世谓之追魂碑。

读疏宣庙　埋帖太宗

唐宣宗得谏疏，必焚香盥手读之。

唐太宗有二王真迹三千六百纸，率以一丈二尺为轴，宝惜者《兰亭序》为最。尝附耳谓高宗曰：“吾千秋万岁后，与《兰亭》将去。”后因以玉匣贮藏昭陵。

师旷驳马　张华痴龙

晋平公出，见乳虎伏而不动，平公谓师旷曰：“闻之霸王君出，猛兽伏而不敢起，今寡人出，乳虎伏而不动。”师旷对曰：“鹊食猬，猬食鵕鸃，鵕鸃食豹，豹食驳，驳食虎。夫驳之状似驳马，吾君骖驳马以出。”平公曰：“然。”

晋张华，字茂先。洛下有田穴，妇欲杀其夫，推而下之。久乃至底，得穴，行数十里，见人皆长三尺，披羽衣，如此九处。最晚行至，告饥，长人指中亭柏树下有一羊，令跪，捋羊须三捋，得三珠，令食所得珠，后遂不饥。复寻穴出交州，还洛门。茂先云，九处地仙名九馆大夫，羊为痴龙。初一珠，天地等寿，次者延年，又次疗饥而已。

三江

柳清第一　任智无双

隋柳俭，字道约。帝谓尚书牛弘曰："其中清名天下第一者为谁?"乃以俭对，赐帛二百匹。

汉任文公，阆中人。闻武担石折，曰："西方智者死，吾其应之。"益部谣曰："任公智无双。"

浩然遭放　药崧避撞

唐孟浩然与王维友善。一日，随入内署，俄而玄宗驾幸维第，浩然不得已，急匿床下。帝觉之，问为谁，维以实告。上曰："朕久闻其名，未识其面。"诏使出见，令诵平生得意诗，浩然诵至"不才明主弃，多病故人疏"，上不悦曰："卿不求仕，朕未尝弃卿，奈何怨望乃尔?曷不云'气蒸云梦泽，波撼岳阳城'之句耶?"乃放归不用。

汉明帝性褊察，好以耳目隐发为明，公卿大臣数被诋毁，近臣尚书以下，至见提曳。尝以事怒郎药崧，以杖撞之，崧走入床下，帝怒甚，疾言曰："郎出。"崧乃曰："天子穆穆，诸侯皇皇，未闻人君，自起撞郎。"帝乃赦之。　○提，音底，掷也。曳，音叶，带也。

樊英嗽水　吴猛渡江

后汉樊英，隐于壶山。尝有暴风从西方起，英谓学者曰："成都市火甚盛。"因含水西向嗽之，乃命记其日时。后有从蜀来者，云："是日大火，有云从东起，须臾大雨，火灭。"

晋吴猛，字世云。年四十，丁义授以神方。还豫章，江波甚急，不假舟楫，以白羽扇画水而渡，观者异之。

不忠徐勣　亏孝刘邦

唐高宗欲立武氏为后，褚遂良、韩瑗、长孙无忌、来济皆以为不可。他日，徐勣入见，上问之，曰："朕欲立武昭仪为后，遂良执以为不可，事当且已乎？"对曰："此陛下家事，何必更问外人。"上意遂决。上尝谓侍臣曰："朕虚心求谏，而竟无谏者，何也？"徐勣对曰："陛下所为尽善，群臣无得而谏。"其谄谀如此。

汉高帝父太公，为楚所获。项羽曰：楚食少。为高俎，置太公其上，告汉曰："今不急下，吾烹太公。"王曰："吾与若俱北面受命怀王，约为兄弟，吾翁即若翁。必欲烹若翁，幸分我一杯羹。"羽怒，欲杀之，项伯曰："为天下不顾家，杀之无益，只益祸耳。"又帝既即位，六年始尊父为太上皇，帝之天性薄矣。

元振丝幔　山谷彩缸

唐郭元振，美丰姿。宰相张嘉贞欲纳为婿，语曰："吾女各有姿色，不知谁是匹偶。吾欲五女各持一丝于幔后，子牵之，得者为妇。"元振牵一红丝，得第三女。

宋黄山谷子求婚于东坡子迈之女，定亲以红彩缠其缸。

苏颋吹灶　无垢倚窗

唐苏颋少失父意，仆夫杂处，苦学不倦。常于马厩灶中炊火光以照书读，后仕至相位。　○颋，音挺。

宋张无垢谪横浦，寓城西宝界寺，其寝室有短窗，每日昧爽，辄抱书立窗下就明而读，如是者十四年。洎北归，窗下石上双趺之迹隐然，前辈为学，勤苦如此。

疏氏改束　严姓冒庞

汉太傅疏广之后因避乱徙居，改疏为束，盖存其偏旁也，晋著作郎束皙即其后。

唐庞严及第，《登科录》讹本倒刻为严庞，有江淮举子严姓者，冒认为从侄，往京谒庞，延纳极喜。及问族人都非，庞氏乃讶之，因询："君何姓?"其人怪曰："叔父姓严，侄自严姓，何更相诘?"庞大笑曰："予乃姓庞，君今谬矣。严为予名，何事相攀为族?"举子大惭，狼狈而退。

四　支

友谅献麦　孝标进芝

梁宋州节度使衡王友谅献瑞麦，一茎三穗。梁太祖曰："丰年为上瑞，今宋州大水，安用此为!"诏除本县令名，遣使诘责友谅，以惠王友能代之。

宋茹孝标知无为军，献芝草，仁宗曰："朕以丰年为瑞，贤臣为宝，草木之异，何足道哉!"免孝标罪，而诏州郡勿复献。

拥炉修史　击钵催诗

宋宋子京修唐史，一日大雪，添帟幕，燃椽烛，左右炽炭两巨炉，诸姬环侍。方磨墨濡毫，以澄心堂纸草一传未成，顾诸姬曰："汝辈俱曾在人家，见主人如此否?"皆曰："无有。"其间一人在宗子家来，子京曰："汝太尉遇此天气，亦复如何?"对曰："只是拥炉，命歌舞以杂剧引满大醉而已，如何比得内翰乎!"京点头曰："也自不恶。"

南齐萧文琰、邱令楷、江拱并以才称。竟陵王萧子良夜集赋诗，约四韵，刻烛一寸。文琰曰："何难之有。"乃与江拱等击铜钵立韵，响绝而诗成。　○琰字恭，避庙讳。

秦桧十客　侂胄四姬

宋秦桧有十客：曹冠以教其孙为门客，王会以妇弟为亲客，郭知运以离婚为逐客，吴益以爱婿为娇客，施全以剸刃为刺客，李季以设醮为羽客，龚全以治产为庄客，丁禩以出入其家为狎客，曹泳献计取林一飞为说客。初止有九客，秦死葬于建康，蜀人史叔者，夜怀鸡絮号恸墓前，其家大喜，因厚遗之，遂为吊客，足十客之数。

宋韩侂胄有四妾，皆郡夫人，其三夫人号满头花，新进者号四夫人，尤宠幸，通籍宫中，慈明尝召入赐座，四夫人即与慈明偶席。　○侂，音铎。

对策刘显　隶事王摛

南北朝沈约于座策刘显经史十事，显对其九，约曰："老夫昏忘，不可受策，虽然御试数事，不可至十。"显问其五，约对其二，陆倕闻之，喜曰："刘郎可人，虽吾家平原诣张壮武，王粲诣伯谐，必无此对。"

南北朝王俭尝使宾客隶事，多者赏之。庐江何宪为胜，乃赏以五花簟、白团扇。王摛后至，俭以所隶示之，曰："卿能夺之乎?"摛操笔便成，文章既奥，词亦华美。摛乃命左右抽宪簟，手自掣取扇，登车而去。俭笑曰：“所谓大力者负之而趋。”

蒙正非执　伯鱼有私

宋吕蒙正在中书，太宗欲遣人使朔方，蒙正以名上，帝不可。他日三问，三以其人对。帝怒曰：“卿何执耶?”对曰：“臣非执，盖陛下未谅耳。”卒用之，果称职。帝叹曰：“蒙正器量，我不如也。”

汉第五伦，字伯鱼，京兆长陵人也。或问之曰：“公有私乎?”对曰：“昔人有与吾千里马者，吾虽不受，每三公有所选举，心不能忘，而亦终不用也。吾兄子尝病，一夜十往，退而安寝；吾子有疾，虽不省视，而竟不眠。若是者，岂可谓无私乎！”

佯仆留正　诈睡羲之

宋光宗有疾，适寿皇崩，未克主丧。尚书左选郎官叶适语留正曰：“帝疾而不执丧，将何辞以谢天下？今嘉王长，若预建参决，则疑谤释矣。”正然之，入奏云：“皇子仁孝肃成，宜早正储位，以安人心。”不报，越六日，又请，御札付丞相云：“历事岁久，念欲退闲。”正得之，大惧，因朝佯仆于庭。即日上表，称老遁归。

晋王羲之十岁，大将军王敦甚爱之，恒置帐中卧。敦先出，羲之未起，须臾，钱凤入，与敦屏人论事，都忘右军在帐，便言逆谋。右军觉，因闻所议，知无活理，乃呕吐污秽，诈作熟睡。敦语甫半，方意及羲之，大惊曰：“不得不除之。”急开帐，见其纵横狼藉，信为真睡，遂获免。

怀清巴妇　行义桓嫠

汉巴蜀寡妇清，其先得丹穴而擅其利数世，家亦不訾，清寡妇能守其业，用财自卫，人不敢犯。始皇以为贞妇而客之，为之筑怀清台。　〇不訾，谓财多无限数也。

汉刘长卿妻者，同郡桓鸾之女也。生一男五岁而长卿卒，妻防远嫌疑，不肯归宁。儿年十五又夭，乃刑其耳以自誓。宗妇相与愍之，曰："何贵义轻身之甚哉！"对曰："昔我先君五更，学为儒宗，尊为帝师。五更以来，历代不替，男以忠孝显，女以贞顺称。是以预刑剪以明我志。"沛相王吉上奏高行，显其门闾，号曰"行义桓嫠"。

得得和尚　何何尊师

唐末僧贯休，俗姓姜氏，号禅月大师，字德隐，金华兰溪人。以诗得名，晚年入蜀，以诗投王建，有"一瓶一钵垂垂老，万水万山得得来"，常呼为"得得和尚"。

唐何尊师，不知何许人。龙朔中常往来封康间，来无所慕，去无所斁，至百年，人见之状貌不改，如四十者，行步如风。人问氏族，但云"何何"，诘其乡里，亦云"何何"，因号为"何何尊师"。

登山羊祜　临江曹丕

晋羊祜，乐山水，常造岘山，置酒言咏，终日不倦。顾谓从事中郎邹湛等曰："自有宇宙，便有此山。由来圣达贤士，登此远望，如我与卿者多矣！皆湮灭无闻，使人悲伤。如百岁后有知，魂魄犹应登此山也。"湛曰："公令德令望，必与此山俱传。但湛辈乃当如公言耳。"

魏曹丕临江观兵，有东渡之志，忽见波涛汹涌，且吴人严守甚固，乃叹曰："长江天堑，固天之所以限南北也。"乃引还。

将军禳鬼　都护怖儿

刘宋檀道济，迁征南大将军，元嘉中都督征讨诸军事，北略地，与魏三十余战，雄名大震，魏甚惮之，时人图之以禳鬼。

宋刘锜，高宗初为陇右都护，与夏人战，屡败夏人。夏人小儿啼，辄怖之曰："刘都护来！"儿啼即止。尝在顺昌败金兀术十万众，金主南下，枚举南朝诸将，问其下孰敢当者，皆随姓名以对，独问至锜，则莫有应者。望见其旗，惊曰："此顺昌旗帜也。"辄遁去。　〇又杨大眼、郝玭俱怖啼儿。

贵妃剪发　莹娘修眉

唐杨贵妃尝不逊，忤上，送归铦第，上遂不食。至夜，高力士奏请迎妃归院，遂开禁门而入。后复忤旨，遣归，宦官言于上曰："陛下何爱宫中一席地，使辱之于外舍耶?"上亦悔之，遣中使赐以御膳，妃对使者涕泣，曰："金玉珍玩，皆陛下所赐，惟发者父母所与。"乃剪发一缭而献之。上遽召还，宠待益深。　〇铦，贵妃兄也。

莹娘，平康妓也。玉净花明，犹善梳掠画眉，日作一样。唐斯立戏之曰："西蜀有十眉图，汝眉癖若是，可作百眉图，更假岁年，当率众同志为修眉史矣。"　〇见《潜确类书》。

普惜国法　通定朝仪

宋郑州团练使侯莫陈利用，以幻术得幸，骄恣不法，居处服御，僭拟乘舆。赵普按其十罪，既命配商州，普复力请诛之，帝曰："岂有万乘之主，不能庇一人乎？"普曰："陛下不诛，则乱天下法。法可惜，此一竖子，何足惜哉！"帝不得已，命诛之。已而复遣使贷之，使至新安，马旋泞而踣，及出泞，易马至商州，已磔于市矣。　〇侯莫陈三字，姓也。利用，名也。

汉高祖已并天下，群臣饮酒争功，醉或妄呼，拔剑击柱，上患之。叔孙通曰："夫儒者难与人进取，可与守成。臣愿征鲁诸生，与臣弟子共立朝仪。"于是征鲁诸生三十余人，习之月余，会长乐宫成，置酒，诸侍坐殿上皆伏抑首，以尊卑次起上寿。觞九行，无敢喧哗失礼者。帝曰："吾乃今日知为皇帝之贵也。"

库狄杖吏　东昏畏妃

南北朝库狄连性愚鲁，居室常患蝇，乃呼门吏杖之，曰："汝所引何事，乃故放其入来。"　〇库狄，双姓也。

南齐东昏侯宠畏潘妃，动遭呵杖，略不敢忤。但敕虎贲不得进大荆子，私心自喜，以为得计。

众歌裴侠　民爱贾逵

南北朝裴侠除河州北郡守，躬履俭素，爱民如子，其所食惟菽麦盐菜而已。罢旧制渔猎夫三十八人，曰："吾不以口腹累人。"侠又有丁三十人，供郡守役，侠亦不以入私，并收庸为市官马，去职之日，一无所取。人歌曰："肥鲜不食，丁庸不取。裴公贞惠，为世规矩。"

汉贾逵，襄陵人。为绛邑长，郭援攻河东，所经城邑皆下，逵坚守不拔，乃召单于并军急攻之。城将溃，绛父老与援要不害逵。既溃，逵不屈，援怒，将斩之。绛吏民皆乘呼曰："负要杀我贤君，宁俱死耳。"左右义逵，多为请，乃免。

相分公媪　皇别父儿

宋徽宗时，丞相蔡京、太傅童贯共秉国政，宠幸无比，时人目京为公相，贯为媪相。

晋高祖事契丹甚谨，奉表称臣，谓契丹主为父皇帝。其后契丹主屡止晋主上表称臣，但令为书“儿皇帝”，如家人礼。

樊哙排闼　栖楚叩墀

汉高帝有疾，恶见人，诏户者无得入群臣十余日，舞阳侯樊哙排闼直入，大臣随之，上独枕一宦者卧。哙等流涕曰：“始陛下与臣等起丰沛，定天下，何其壮也！今天下已定，又何惫也！且陛下独不见赵高之事乎？”帝笑而起。

唐穆宗视朝每晏，左拾遗刘栖楚进言曰：“陛下嗣位之初，当宵衣求理，而嗜寝乐色，日晏方起。梓宫在殡，鼓吹日喧。令闻未彰，恶声遐布。臣恐福祚之不长，请碎首玉阶，以谢谏职之旷。”遂以额叩墀，见血不已，上命中使宣慰令归，擢为起居舍人，不拜。

羲之书几　信本观碑

晋王右军尝诣一门生家，见有一新斐几滑净，因书之，草正相半。门生送王归郡，比还家，其父已刮去，惊懊累日。

唐欧阳询，字信本，官太子率更令，善书。尝行见古碑是索靖所书，驻马观之良久，而去数步复还，下马伫立，疲倦，则席地坐观，因宿其下，三日乃去。

主司头脑　学士肚皮

唐郑侍郎熏主文，疑颜标为鲁公之后，即以为状元。谢日，问及庙院，标曰："寒畯无此。"时举子嘲之曰："主司头脑太冬烘，错认颜标作鲁公。"

宋苏学士轼自云："谪居黄州时，有人传我与曾子固同日化去，又有人传吾乘小舟入海，不返京师，皆云鬼子书言之。要之吾不死，谤亦不息，满肚皮不合时宜，正苦无处发泄耳。"

汉王尊鼎　宋后卜棋

汉武帝时，汾阴巫见地如钩状，掊视得鼎。鼎大异于众，鼎文镂无款识，吏以闻，公卿大夫皆议请尊宝鼎。

宋显仁后在北地，未知高宗即位，尝用象棋局裹以黄罗，书康王字贴于将、士，焚香祷曰："令三十二子俱掷于局，若康王字入九宫者，必得天位。"一掷，其将字果入九宫，他子皆不近。后喜甚，具奏徽庙，大喜。

安石授扇　长倩馈丝

晋袁宏警辨，出为东阳郡，公卿饯于冶亭，谢安欲猝迫试之，就左右取扇授之曰："聊以赠行。"宏应声答曰："当奉扬仁风，慰彼黎庶。"合座称善。又尝倚马作征鲜于露布，手不停挥，俄成七纸。

汉公孙弘举贤良，故人邹长倩赠以素丝一襚，为书以遗之曰："五丝为䋣，倍䋣为升，倍升为緎，倍緎为纪，倍纪为緵，倍緵为襚。此自少之多，自微之著也。士之立功勋，效名节，亦复如之，勿以小善为不足修而不为。"

食鬼尺郭　擘妖钟馗

南方有人焉，身长七尺，朝吞恶鬼三千，暮吞三百，以鬼为饭，以露为水，名曰尺郭，一名食邪。　○事见《神异经》。

唐明皇昼寝，梦一小鬼，衣绛，犊鼻，跣一足，履一足，腰悬一履，盗太真绣香囊。上叱问之，奏曰："臣乃虚耗也。"上怒欲呼力士，俄见一大鬼顶破帽，衣蓝袍，鞹朝鞋，径捉小鬼，先刳其目，然后擘而食之。上问："尔为谁?"对曰："臣终南进士钟馗也。"

问字载酒　借书还瓻

汉刘棻尝从扬雄学作奇字，雄素贫，嗜酒，好事者载酒肴以问之。

李匡乂《资暇录》曰："借之书籍，俗曰借一痴，借与二痴，索三痴。"又案《王府新书》杜元凯遗其子书曰："书勿借人。古人云：古谚借书一嗤，后人更生其辞至三四，因讹为痴。"《集韵》释瓻字，酒器也。古以借书为馈酒一瓻，还书馈酒一瓻，故山谷从人借书，有诗曰："勿辞借我千里，他日还君一瓻。"

王莽买婢　程松献姬

汉王莽伪为恭俭，匿情求名，赈施宾客，家无所余，虚誉隆洽，倾其叔父。敢为激发之行，处之不惭恧。尝思买侍婢，昆弟怪之，莽因曰："后将军朱子元无子，莽闻此儿种宜子，为买之。"即日以婢奉博。　○朱子元，名博。

宋宁宗时，韩侂胄为相，程松谄媚之。松自知钱塘县，不二年为谏议大夫，满岁未迁，殊怏怏。乃市一妾献之，名曰"松寿"。侂胄曰："奈何与大谏同名?"答曰："欲使贱名常达钧听耳。"侂胄怜之，遂除同知枢密院事。

秉三不惑　洽五无欺

汉杨秉，字叔节，震之子也。官太尉，每朝廷有得失，辄进忠规谏，上多改容纳焉。性不饮酒，早丧夫人，不复娶，所在以廉著。常曰："我有三不惑，酒色财也。"

明黄洽，侯官人。质直端亮，以大学士致仕，常言："家居不欺亲，仕不欺君，仰不欺天，俯不欺人，幽不欺鬼神，无是五欺，何用求福为哉。"

登床常侍　避躄主司

唐贞观十八年，赐宴于玄武门，太宗作飞白书，群臣乘酒竞取，刘洎登御床引帝手然后得之。帝笑曰："昔闻婕好辞辇，今见常侍登床。"

宋谢泌解送国学，举子黜落甚众，群言沸腾，怀甓以俟其出。泌知之，潜由他途入史馆，避宿数日。太宗闻之，笑曰："泌职在考校，岂敢滥收，小人不自揣分，反怨主司。"因问何官职驺导严肃，都人畏避。左右奏曰："惟台省知杂呵拥难近。"遂以是职除之。

守珪置酒　汝霖围棋

唐张守珪慷慨尚气节。为瓜州刺史，督众完城，西戎掩至，众相顾失色，守珪置酒城上，会诸将作乐。虏疑有备，引去，守珪纵兵击败之。

宋宗泽，字汝霖，义乌人。时金兀术自郑抵白沙，去汴京密迩，都人震恐，僚属入问计，宗泽乃对客围棋，笑曰："何事张皇？刘衍等在外必能御敌。"乃选精锐数千使绕出敌后，伏其归路，金人方与衍战，伏兵起，前后夹击之，金人果败。

赞宁命薄　李广数奇

宋太宗时，僧赞宁充史馆编修，寿八十四。王处纳推其命孤薄，谓宁曰："卿生时正得天贵星临门，必有列土侯王在户。"宁曰："母尝谓其生时方卧草，钱文穆、王元瓘往临安拜茔，至门雨作，避于茅檐，徘徊移时方去。"

汉李广，陇西成纪人也。善射，帝尝谓李广材气，天下无双。才出广下以军功取侯十数人，而广与匈奴数十战，不得一侯。元狩四年，大将军击匈奴，广数请行，帝不许，广苦请，乃许之。上阴戒大将军曰："李广数奇，毋令当匈奴，恐不得所欲。"

扬雄吐凤　刘赞吞龟

汉成帝时，有荐扬雄文似相如者，召雄待诏承明之庭，正月从上幸甘泉，还奏《甘泉赋》，赋成，梦口吐白凤。

五代刘赞文思迟钝，乃祷乾象乞文才，一旦，梦吞一小金龟，自此大有文思，后为学士，著《玉堂集》。一日，吐金龟投水中，不老而卒。

妻唾冯邈　母杖尧咨

后汉李氏，蜀将冯邈妻，邓艾以冬月入阴平，邈不为备，乃归己室，与妻拥炊。妻曰："边告急，君豫然，何也？"邈曰："主人听信黄皓，溺于酒色，祸不远矣。魏兵至，吾其降乎。"李唾面曰："负国如此，吾何面目与君共立也！"已而闻邈出降，李即自缢。

宋陈尧咨，母冯氏。咨为荆南守，秩满归，母问曰："尔典名藩，有何异政？"对曰："州当孔道，过客以儿善射，莫不敬服。"母曰："忠孝辅国，尔父之训也。尔不能以善化民，顾专卒伍，一夫之技，岂父训哉？”因击以杖，堕其金鱼。

韩驱五鬼　柳骂三尸

韩愈以不遭于世，时命窭穷，乃作《送穷文》。一曰智穷，二曰学穷，三曰文穷，四曰命穷，五曰交穷。

唐柳宗元有《骂尸虫文》。盖人身中有三尸神，每逢庚申日，伺人睡熟，辄上诣天曹，言人过失。修养家每遇庚申日，达旦不寐，以禁三尸。

觞酒木妓　踏曲杖尼

唐殷文亮刻木为人，衣以缯帛，酌酒行觞，皆有次第。又作木妓女，唱歌吹笙，皆能应节。

唐张延赏在蜀时，有梵僧难佗得如来三昧。初入蜀与三少尼俱行，戍将夜会客，与之剧饮，僧假裲裆巾铅黛饰其三尼，及坐，含睇调笑。酒将阑，僧谓尼曰：“可为押衙踏某曲。”因徐起对舞，技又绝伦。良久喝曰：“妇女风邪。”忽起，取戍将佩刀斫之，皆踣于地，血及数丈。戍将呼左右缚僧，僧笑曰：“毋草草。”徐举尼，三枝筇杖也，血乃酒耳。

陆云笑疾　李益妒痴

晋陆机诣张华，华问云何在？机曰：“云有笑疾，未敢进见。”俄而云至，华为人多姿致，有好帛绳缠髻，云见而大笑，不能自已。云又尝着缞绖上船，于水中顾见其影，因大笑落水，人救获免。

唐李益多猜忌，防闲妻妾，过为苛酷。常散灰扃户，时人谓之妒痴。

书帖敬德　拜剑审知

隋末有书生，家贫，所居近官库，穴而入，见有钱数万，遂欲携挈。一金甲神曰："汝要钱，可取尉迟公帖来。"生访求至冶铁处，见敬德方袒露煅炼，拜之，乞钱五百贯，公怒，生曰："但赐一帖。"尉迟不得已与之，生接帖至库，金甲神令系梁上，遣生取钱。后敬德赐钱一库，欠五百贯。将罪主者，忽于梁上得帖，乃打铁时所书。

唐刘行全，众推为将军，辞曰："我不及王潮，请以为主。"潮苦让不免，乃除地划剑祝曰："拜而剑三动者，我以为主。"至审知，剑跃于地，众以为神，皆拜之。审知让潮，自为副，按审知，潮弟也。

鬻书戒子　质史斥儿

唐杜暹藏书万卷，每卷题云："清俸买书手自校，汝曹读之知圣教。坠之鬻之为不孝。""坠之鬻之"四字，一本作"鬻及借人"。

南北朝谢侨素贫，一朝无食，其子启以班史质钱，侨曰："宁饿死，岂可以此充食乎！"

五　微

上官马瘦　卜式羊肥

汉上官桀，始以力幸得为未央厩令，上尝体不安，及愈，见马，马多瘦。上大怒曰："令以我不复见马乎?"桀对曰：

"臣闻圣体不安，日夜忧惧，意诚不在马。"言未卒，泣数行下，上以为爱己，由是亲近。

汉卜式以田畜为事，不愿为郎。上曰："吾有羊在上林中，欲令子牧之。"式既为郎，布衣草蹻，而牧羊岁余，羊肥息，上过其羊所，善之。式曰："非独羊也，治民亦犹是矣。以时起居，恶者辄去，毋令败群。"上奇其言，欲试使治民，拜缑氏令。

疾恶伯厚　奖善元晖

汉朱震，字伯厚。初为州从事，奏济阴太守单匡赃罪，并连匡兄中常侍车骑将军超，桓帝收匡下廷尉以谴超，超诣狱谢，三府谚曰："车如鸡栖马如狗，疾恶如风朱伯厚。"

谢朓，字玄晖。好奖人才，会稽孔觊有才华，未为时知，孔珪尝令草让表以示朓。朓咏良久，自折简写之，谓珪曰："士子声名未立，应共奖成，无惜齿牙余论。"

老媪泣乐　稚子饯韦

北齐乐预，建武中为永世令，民怀其德，卒时有老妪行担斛蔌，若将诣市，闻预死，弃担号泣。

唐韦景骏为肥乡令，后为赵州长史，路出肥乡，人吏惊喜，竞来犒饯。有童稚数十人，甫十余岁，亦在其中。景骏曰："吾去此时，汝辈未生，何殷勤之甚也？"对曰："此闻长宿传说，县中廨宇学堂馆舍，并是明公遗迹，将谓古人，不意亲得瞻睹。"

头闲触怒　手重贻讥

张逸密学知成都，僧文鉴求见。时华阳簿张唐辅同在客次，唐辅欲搔首，方脱乌巾，睥睨文鉴，置于其首。文鉴大怒，诉于张公，公问其故，唐辅曰："某方头痒，取下幞头，无处顿放，见大师头闲，遂权顿少时，不意其怒也。" ○见《古今诗话》。

陆余庆善论事而短于判，时人讥之曰："陆公说事，喙长三尺，判事，手重千斤。" ○见《山堂肆考》。

麻面赵孟　缺唇雄飞

晋赵孟为尚书令，善谈，面有疵点，时人言诸事不决问麻面，号为"麻面尚书"。

唐方干，字雄飞，桐庐人。唇缺，工于诗，积书极多，四壁为阁以藏之，榜曰"富文"。应举不第，隐居鉴湖，任情渔钓，葛常之称"野渡波摇月，空城雨翳钟"。及遇医者补唇，年已老矣。

纸驴张果　木马段晖

唐张果老隐于终南山，常乘白驴，日行数万里。休则叠之如纸，置巾箱中，乘则以水噀之，复成驴焉。

后魏段晖，师事欧阳汤。有童子与晖同学，后二年，童子辞归，从晖请马，晖戏作木马与之，童子甚悦，曰："我泰山府君，予奉敕游学，今将归，蒙子厚赠，无以报德，此后位至常伯封侯，非报也，聊以为好耳。"言毕，乘木马腾空而去。

深源万拜　子显一挥

宋朱浚，字深源，晦庵之曾孙也。官浙漕，每有札子禀事，必称万拜复，时人谓之朱万拜。迨元兵入闽，执朱浚，欲降之，曰："岂有朱晦庵后而失节者？"遂自杀。

梁萧子显为吏部尚书，负才气，见九流宾客，不与交言，但举扇一挥而已，由是衣冠切恨之。

玩之蹑屐　江湛浣衣

齐虞玩之蹑屐造席，太祖问曰："卿屐已着几载？"对曰："初释褐拜征北行佐买之，已着二十年矣。"

宋江湛为吏部尚书，家甚贫约，不营财利，无兼衣余食。尝为上所召，值浣衣，称疾经日，衣成然后起。

道济掷帻　有功掩扉

刘宋檀道济，立功前朝，威名甚重。诸子俱有才气，出镇浔阳，朝廷疑畏之。会文帝疾笃，召回，因执之，道济奋怒，目光如炬，脱帻投地曰："乃坏汝万里长城！"魏人闻之曰："道济死，吴子辈不足惧。"

唐武后既杀窦妃，妃母庞氏夜请祠祷而其事发，御史薛季昶按之当斩，其子希瑊诣侍御史徐有功讼冤，有功论之为无罪。季昶奏有功阿党，罪当绞，有功叹曰："岂我独死，诸人永不死耶。"既食，掩扉熟睡，太后诏有功谓曰："卿按狱，失出何多？"对曰："失出人臣之小过，好生圣人之大德。"太后默然，由是妃母得减死。

卧云师复　玩月知微

宋管师复，浙江人。性高尚，尤善诗。仁宗闻其名，召见曰："卿所得何如？"对曰："满岛白云朝不卷，一川明月钓无痕。臣所得也。"赐爵不受，人称卧云子。

赵知微有道术，皇甫元真等师事之，咸通庚寅中秋，淫雨不止，知微忽命寺童曰："可备酒果，登天柱峰玩月。"既出门，皓月如昼，扪萝援筱，吟饮山岭，既归就榻，则风雨宛然。　〇见皇甫牧《三水小牍》。

钧书蝇字　实卖牛衣

南齐衡阳王钧，尝自细书写"五经"置巾箱中，以备遗忘，侍读贺价问曰："殿下家自有坟索，复何须蝇头细书，别藏巾箱中?"答曰："巾箱中有"五经"，于简阅既易，且一经手写，则永不忘。"诸王闻而争效为巾箱"五经"，巾箱"五经"自此始也。

晋刘实少贫苦，卖牛衣以自给，然好学，手约绳，口诵书，博通古今，清身洁己，行无瑕玷。

景宗思猎　唐帝罢围

南北朝曹景宗，字子震。谓所亲曰："我昔在乡里骑快马如龙，与年少辈拓弓弦作霹雳声，箭如饿鸱叫，驰平泽中逐麞数肋射之，渴饮其血，饥食其肉，胃甜如甘露浆，耳后生风，鼻头出火，此乐使人忘死，不知老之将至。今来扬州作贵人，动转不得路行，开车幔小人辄言不可，闭置车中如三日新妇，使人气尽。"

唐太宗猎洛阳苑，有群豕突出，前及马镫。民部尚书唐俭投马搏之，上拔剑斩豕，顾笑曰："天策长史不见上将击贼耶，何惧之甚?"对曰："陛下以神武定四方，岂复逞雄心于一兽!"上悦，为之罢猎。

六　鱼

青钱学士　白衣尚书

唐张鷟，早慧绝伦，为儿时梦紫文大鸟，五色成文，止其庭。大父曰："吾闻紫文鸑鷟也，若壮，殆以文章瑞朝廷乎？"遂以命名。调露初，登进士第，员外郎员半千称鷟文辞犹青铜钱，万选万中，时号青钱学士。

汉东平郑均矜尚廉节，屡辟不就，章帝东巡，特幸其舍，赐尚书禄以终身，时号白衣尚书。

似道斗蟋　秦桧进鱼

宋贾似道，号秋壑。度宗时为相，不事朝政，于半闲堂日与诸妾据地斗蟋蟀。狎客廖莹中入见，笑曰："此岂平章军国重事耶？"

宋秦桧妻尝入禁中，显仁太后曰："近日子鱼大者绝少。"桧妻对曰："妾家有之，当以百尾进。"归告桧，桧咎其失言，与其馆客谋，进青鱼百尾。显仁抚掌笑曰："我道这婆子村，果然。"盖青鱼似子鱼而非，特差大尔。

推衣思革　裹饭子舆

思革子、户文子、叔衍子三人相与为友，闻楚成王好士，三子相与往见之。于豪嵚岩之间，卒遇飘风暴雨，俱伏于空柳之下，衣寒粮乏，度不俱活。三人相视叹曰："与其俱死也，岂若并衣粮于一人哉！"二子以革为贤，推衣让之。

〇出蔡邕《琴操》。

子舆与子桑友，而霖雨十日，子舆曰："子桑殆病矣。"裹饭而往食之。　〇见《庄子》。

碎车道穆　行酒朱虚

魏高道穆为御史尉，庄帝姊寿阳公主行犯清路，执赤棒卒呵之不止，道穆令卒棒碎其车。公主深以为恨，泣以诉帝。帝谓主曰："高中尉清直之人，彼所行者公事，岂可以私责之?"

汉高后时吕氏专权，朱虚侯刘章年二十，有气力。忿刘不得职，尝入侍宴饮，太后令为酒吏。章自请曰："臣将种也，请得以军法行酒。"太后许之。酒酣，章为《耕田歌》曰："深耕溉种，立苗欲疏。非其种者，锄而去之。"太后默然。顷之，诸吕有一人醉亡酒，章追斩之。还报，左右皆大惊，业以许其军法，无以罪也，自是诸吕惮之。

仲彧牧豕　世忠跨驴

汉孙期，字仲彧，成武人。习《京氏易》《古文尚书》。家酷贫，牧豕泽中养母。从学者皆执经垄畔。黄巾起，相戒不犯孙先生舍。郡举方正，赍羊酒请期，期驱豕入草莽中不顾。

宋韩世忠深以和议为不然，及魏良臣使金，抗疏言秦桧误国之罪。桧讽言官论之，帝不听。而世忠连疏请罢，遂罢为醴泉观使，封福国公。世忠自是杜门谢客，绝口不言兵，时骑驴携酒，从二童奴，纵游西湖以自乐，澹然若未尝有权位者，平时将佐罕得见其面。

莱妻弃畚　鲍妇挽车

周老莱子耕于蒙山之阳，楚王驾至其门，曰：“守国之孤，愿见先生。”莱曰：“诺。”妻曰：“妾闻之，可食以酒食者，可随以鞭箠；可授以官禄者，可随以斧钺。今先生食人酒食，受人官禄，为人所制也，妾不能为人所制。”委畚而去。老莱子随而隐。

后汉鲍宣妻桓少君，装送资贿甚盛。宣曰：“少君生富骄，习美饰，而吾贫贱，不敢当礼。”少君乃悉归侍御服饰，更作小布裳，与宣共挽鹿车归乡里。拜姑礼毕，提瓮出汲，修行妇道。

獐头元载　熊背专诸

唐苗晋卿数荐元载，李揆轻载地寒，谓晋卿曰：“龙章凤姿士不见用，獐头鼠目子乃求官耶？”载闻大衔之。

周专诸方与人斗，就敌，其怒有万人之气，甚不可当，其母一呼即还。伍子胥怪而问其状，专诸曰：“夫屈一人之下，必伸万人之上。”子胥因相其貌碓颡而深目，虎膺而熊背，知其勇士，阴结之，欲以为用。

关澥钓鳖　李章移鱼

宋关澥有俊才，而容止不扬。过南徐，见一绯鱼朝士倨坐，关揖而问之，谑关曰：太子洗马高垂鱼。良久询关，关答：“某之官，乃是皇后骑牛低钓鳖。”朝士骇曰：“是何官职？”关笑曰：“且欲与君对偶精切。”　〇澥，音蟹。

宋李章，姑苏人。赴邻人集，主人素鄙，既进馔，其主人鱼特大。章即谓主人曰：“每见人书‘蘇’字不同，其鱼合在左边是？合在右边是？”主人曰：“古人作字，不拘一体，移易从便也。”章即手取鱼示众云：“领主人指捣，今日左边之鱼，亦合从便移过右边。”一座辄饮大笑。

隋帝引镜　梁主焚书

隋炀帝性残暴，然性敏捷善悟。自知所为非保国之道，尝引镜自照，叹曰：“可惜好头颅，不知为谁人斫去?”

梁元帝好谈玄，闻魏兵至，尚谈玄于龙光殿，百官戎服以听。破城，乃聚古今图书四十万卷而焚之，叹曰：“读书万卷，乃有今日，文武之道尽矣。”遂降。

先见献可　远识太初

宋吕晦，字献可，端之孙也。时王安石执政，士大夫皆以为得人，吕晦独言其不可大用。将入对，司马光问所言何事，晦曰：“袖中弹文乃新参也。”光愕然曰：“众喜得人，奈何论之?”晦曰：“君实亦为是言耶? 安石好执偏见，听其言则美，施于政则疏，置之宰辅，天下必受其祸。”疏入，出知邓州。

宋李沆、王旦同相真宗，四方奏报祥瑞，沆故灭之；如有灾异，再三疏陈，以为失德所招。退朝，旦谓沆曰：“公何苦违戾如此，似非将顺之美?”沆曰：“今上富于春秋，须以不如意事裁挫之，使心不骄，则可为持盈守成之主。沆老矣，公他日当见之。”旦不以为然，至晚年，东封西祀，礼无不讲，时沆已薨，旦叹曰：“文靖真圣人也。”

七　虞

陆家双璧　王氏三珠

陆玮与弟恭之并有时誉，洛阳令贾祯见之曰："仆已年老，更睹双璧也。"　〇见《世说》。

唐王福畤子勮、勔、勃皆著才名，杜易简称为"三珠树"，其后助、劼又以文显，少子劝亦能文。福畤谒韩思彦，思彦戏曰："武子有马癖，君有誉儿癖，王家癖何多耶？"因使助出其文，思彦曰："有子若是，可夸也。"

何存信后　成匿固孤

汉淮阴侯韩信被戮后，有客匿其少子投相国萧何，何曰："中国不可居矣，我当托之南粤赵佗。"佗重信义，育为己子，封以地，改其姓为韦，后广南有韦土官，即其后也。

汉王成为李固门人，遇之特厚。固难作，子燮年十二，其姊文姬匿之，谓成曰："君执义先公，今以六尺孤委君，李氏存灭，其在君矣。"成将燮变姓名为酒家佣，而自卖卜于市，阴相往来。梁冀伏诛，燮已二十余，乃出。

梅香窦臭　滕屠郑酤

宋梅询，庆历中为翰林侍读。好洁，衣服裹以麝，每晨起视事，必焚香两炉，以公服罩之，撮其袖以出。坐定徐展，浓香满室。又窦元宾者，有文行而不事修洁，衣服垢污，未尝沐浴，时人谓之梅香窦臭。

宋王荆公素不乐滕元发、郑毅夫，目为滕屠、郑酤。然二公豪迈，不殊病其言。毅夫为内相，一日送客出郊，过朱亥家，俗谓之屠儿原者，作诗曰：“高论唐虞儒者事，卖交负国岂胜言。凭君莫笑金椎陋，却为屠酤解报恩。”

楚野辩女　鲁国义姑

辩女，楚国昭氏妻也。郑大夫聘于荆，至于狭路，一妇人毂击而折车轴。大夫怒，欲鞭之。辩女曰：“君子不迁怒，不贰过，今于狭路之中，妾已极矣，大夫之仆不肯少引，是以败子之车，而反执妾，岂非迁怒？既不怒仆，而反执妾，岂非贰过？《周书》曰：不侮鳏寡，而畏高明；今释仆执妾，轻其微弱，可谓不侮鳏寡乎？”大夫惭，释之。

齐攻鲁，见一妇人携一儿、抱一儿而行，及军至，弃其所抱，抱其所携。齐将问之，对曰：“抱者，妾兄之子；弃者，妾之子也。”齐将按兵而去，曰：“鲁未可伐也，妇人犹持节而行义，况朝中乎？”鲁君闻之，赐以束帛，号曰“义姑。”　○出《列女传》。

救帝诚意　负主秀夫

明太祖方与陈友谅鏖战，诚意伯大呼曰：“难星过，速更舟。”太祖急更之，则旧舟已为敌炮碎矣。

宋陆秀夫，字君实。二王立，进端明殿学士，佥书枢密院事。益王殂，群臣皆欲散去，秀夫曰：“度宗一子尚在，天若未绝，宋岂不可为国耶？”乃立卫王于海上。及崖山破，乃先驱其妻子入海，谓帝曰：“国事至此，陛下当为死。德祐辱已甚，陛下不可再辱。”负帝溺死。

嵇康灭烛　元长掷符

晋嵇康弹琴，忽见一人而初甚小，须臾转大，单衣葛带。嵇视之既熟，灭其烛曰："予耻与鬼魅争光！"

许元长善视鬼，一夕坐西轩下，巨人忽至，出一符飞之，中其臂，有声堕地，巨人即去，视其臂乃一枯木枝。明日，堂隅有枯树，符在其上。　○见《宣室志》。

仲涂烹仆　孝寿杖奴

宋柳开，字仲涂。夜宿驿中，闻妇人哭声，询之，乃临淮令之女。令贪墨，委仆主献纳，及还，仆迫其女为室，故哭。柳谒令，得其故，怒曰："愿假此仆一日，为子除害。"仆至，俟夜阑，叱仆曰："胁主人女为妇者汝耶？"奋匕首杀而烹之。翼日，召令同饮，云共食卫肉。饮毕，令问仆安在？柳曰："适共食者，乃其肉也。"

宋李孝寿知开封府，有举子为仆所陵，忿甚，具牒欲送府，为同舍所劝，久乃释。自取其状，戏学孝寿花书判："不用勘案，决臂杖二十。"仆翼日持诣府，告其主仿尹书判，私决人。孝寿幡然谓仆曰："秀才所判，正与我意同，不用勘案。"命吏就读其状，如数杖之，自是凡仆畏戢，无敢肆者。

魏舒领袖　边让襜褕

晋魏舒堂堂人之领袖，又裴秀有风标，八岁能文，时人语曰："后进领袖有裴秀。"

后汉边让，字文礼，陈留浚仪人也。少辩博，能属文，孔融尝荐于桓帝曰："让为九州之被则不足，为单衣襜褕则有余。"

袁绍横揖　孙堪缓趋

汉末董卓欲废少帝立陈留王，袁绍曰："汉有天下四百余年，恩泽深渥，兆民戴之。今上富于春秋，未有不善宣于天下，公欲废嫡立庶，恐众不从。"卓曰："天下之事，岂不在我，尔谓董卓刀为不利乎！"绍勃然曰："天下健者，岂惟董公！"引佩刀横揖，径出，悬节上东门外，逃奔冀州。

后汉孙堪尝为县令，谒府，趋步迟缓，门亭长谴堪，便解印而去。

季龙沉璧　继善种珠

晋石季龙起河桥于灵昌津，石无大小，投下辄流去，用工五百余万而不成。季龙遣使致祭，沉璧于河，俄而所沉璧浮于渚上。

南唐陈继善自江宁尹拜少傅致仕，富于资产，杜绝宾客，惟自锄理小圃畦，取珠珍布上，间若种蔬状。既种，俯拾，周而复始，以此为乐。

巩申放雀　胡广饲猪

宋光禄卿巩申，佞而好进，老为省判，趋附不已。王荆公为相，每生日，朝士献诗颂，僧道献功德疏以为寿，舆皂走卒，皆笼雀鸽就宅放之，谓之放生。申既不娴诗颂，又不能诵经，于是以大笼笼雀诣客次，搢笏开笼，且祝曰："愿公一百二十岁。"

明燕兵渡江时，解缙、胡广与周是修约同死于难。既而缙使人觇广动静，广方问家人饲猪否，缙闻而笑曰："一猪尚不肯舍，况肯舍性命乎？"初皆无意于死也，惟是修竟行其志。

隐之双鹤　萧放二乌

晋吴隐之事母孝，及执丧，家贫无鼓，哭临之时，恒有二鹤警叫。

北齐萧放居丧以孝闻，庐室前有二白乌驯集，每侯放哭泣，亦为之悲鸣，乡人异之。

张咏守蜀　况钟治苏

宋张咏，字复之，鄄城人。两知益州，治行优异，真宗尝传谕咏曰："得卿在蜀州，朕无西顾之忧矣。"

明况钟为苏州知府，初视事，阳为木讷，胥有弊蠹，辄默识之，通判玩肆谩侮，钟亦不校。及期月，一旦，宣敕召府中胥悉前，大声言曰："某日某事窃贿若干，某日某事亦如之。"群胥骇服，不敢辩，立杀六人肆诸市，复出属官贪暴者五人，庸懦者十余人，由是吏民震悚，苏人称之况青天。

驯鸡纪渻　刻凤公输

纪渻子为王养斗鸡。十日而问："鸡已乎？"曰："未也，方虚骄而恃气。"十日又问，曰："未也，犹应响景。"十日又问，曰："未也，犹疾视而盛气。"十日又问，曰："几矣，鸡虽有鸣者，已无变矣，望之似木鸡矣。"异鸡无敢应者。○出《庄子》。

公输之刻凤也，冠距未成，翠羽未树，见其身者，谓之龙鵄；见其首者，名曰鶨鸈，皆訾其丑而笑其拙。及凤之成，翠冠云耸，朱距电摇，锦身霞散，绮翮焱发，翙然一翥，三日而不集。　○见刘勰《新论》。

何称学海　朱号书厨

后汉何休木讷多智，三坟五典，阴阳算术，河洛谶纬，及远年古谚，历代图籍，莫不成诵。门徒有问者，则为注记，而不能说，作《左氏膏肓》《公羊墨守》《穀梁废疾》，谓之三关，时人目为学海。

朱遵度避耶法先之召，挈妻子，携书籍，杂商贾奔走，楚王待之甚薄，杜门却扫。诸学士每为文，必问古今首末于遵度，时号为“幕府书厨”。　○事见刘恕《十国纪年》。○南宋陆澄亦号“书厨”。

尘甑范冉　蜡屐阮孚

汉范冉，字史云。桓帝时以冉为莱芜长，遭母忧，不到官。议者欲以为侍御史，遁身于梁、沛之间，所止单陋，有时绝粒，穷居自甘，言貌无改。闾里歌之曰：“甑中生尘范史云，釜中生鱼范莱芜。”　○《汉书》注：冉一作丹。

晋阮孚，字遥集。明帝时，官侍中，从平王敦，赐爵南安县侯。除都督交广宁三州军事、镇南将军。性好屐，有诣孚者，见其自理蜡屐，叹曰：“未知一生当着几量屐!”神色闲畅。

三言苏轼　廿字郇模

宋神宗召苏轼问方今政令得失，对曰：“陛下天纵文武，不患不明，不患不勤，不患不断，但患求治太急，听言太广，进人太锐。”帝悚然曰：“卿三言，朕当熟思之。”

唐大历八年，晋州男子郇模以麻辫发，持竹筐苇席哭于东市。人问其故，曰：“愿献二十字，一字为一事，若言无所取，请以席裹尸贮筐中，弃于野。”京兆以闻，上召见，赐新衣，馆于客省。其言“团”者，请罢诸州团练使也；“监”者，请罢诸州监军也。

白马张湛　苍鹰郅都

后汉张湛，拜光禄勋。光武临朝，或有惰容，湛辄陈谏其失。常乘白马，帝每见湛，辄言曰：“白马生且复谏矣。”

汉郅都，河东大阳人也。景帝时为中郎将，后迁为中尉，敢直谏，面折大臣于朝。执法严酷，不避贵戚，列侯宗室见都侧目而视，号曰苍鹰。

秦王击缶　齐君投壶

赵惠文王与秦昭王会于渑池。秦王曰：“窃闻赵王好音，请鼓瑟。”赵王鼓瑟。秦御史前书曰：“某日，秦王与赵王会饮，赵王鼓瑟。”蔺相如曰：“窃闻大王善秦声，请击缶以相乐。”秦王不许，相如曰：“五步之内，请得以颈血溅大王矣。”左右欲刃，相如张目叱之，皆披靡。秦王不怿，为一鼓缶，相如顾御史曰：“秦王为赵王鼓缶。”　〇缶，音否。

晋侯与齐侯宴，中行穆子相。投壶，晋侯先，穆子曰：“有酒如淮，有肉如坻，寡君中此，为诸侯师。”中之。齐侯举矢曰：“有酒如渑，有肉如陵，寡人中此，与诸君代兴。”亦中之。伯瑕谓穆子曰：“子失辞。吾固师诸侯矣，壶何为焉，其以中隽矣。”

沥觞仁轨　覆舟尧夫

唐刘仁轨与李义府不睦。仁轨当浮海运粮，遭风失船，义府命袁异式往鞫曰：“君能办事，勿忧无官。”异式至，谓仁轨曰：“君宜早自为计。”仁轨曰：“当官失职，国有常刑，无所逃罪。若遽自引决以快仇人，窃所未甘。”具狱以闻，上命除名，以白衣从军自效。及为大司宪，异式惧，不自安。仁轨沥觞告之曰：“若念畴昔也，有此觞。”

宋范纯仁，字尧夫。谪永州，夫人不如意，辄骂章惇。舟过橘州，大风雨，船破，仅得及岸。公次子正平持盖，公自负夫人以登，燎衣民舍。公顾夫人曰：“岂亦章惇所为耶？”

文渊薏苡　长房茱萸

汉马援，字文渊。征交趾，以薏苡能胜滞气，载一车归。梁松上书谮之，以为所载皆明珠文犀，帝大怒。会援卒，妻子惶恐，不敢以丧还葬，乃藁葬城西。

汉桓景随费长房学，长房谓曰：“九月九日汝家当有灾厄，急宜去。令家人各采茱萸，以彩囊盛之系于臂上，登高饮菊花酒，此祸可免。”景如言，夕还，见鸡犬牛羊，一时暴死。

束皙辨简　蒋乂诵图

晋束皙博学多闻，时有人于嵩高山下得竹简一枚，上两行蝌蚪书，莫有知者。司空张华以问皙，皙曰：“此汉明帝显节陵中策文也。”检验果然，人服其博识。

唐蒋乂博学多闻，一日，帝登凌烟阁，视左壁颓剥，题文漫缺，行才数字，命录以问宰相，无能知者。召乂至，曰：“此圣历中侍臣图赞。”为帝诵之，一字不失。帝曰：“虽虞世南默写《列女传》，不是过。”

八　齐

截耳胡女　剔目房妻

明胡广、解缙同直文渊阁，上曰：“广、缙少同业，仕同官，缙有子，广宜妻之以女。”广曰：“臣妻有孕，未卜男女。”上曰：“必女。”后果生女。既而缙遭谗，合家徙边，广欲使女改适，女以刀截去其耳曰：“薄命之婚，皇上主之，父面承之，一语之盟，终身不改。”越数年，解氏蒙宥归，女卒归解氏。

唐房玄龄微时，病将死，谓妻卢曰：“吾病革，尔年少，不可寡居，善事后人”。卢泣，入帷，剔一目以示信。房曰：“无他。”会房病愈，礼之终身。

敦洽忤楚　郤克聘齐

陈有丑人名敦洽，庞眉权颡，广眼垂肩，唇薄鼻昂，皮肤皴黑。陈侯说之，外使治国。后为楚兵所围，发言拙僻，楚人大怒，伐陈。人有言曰：“敦洽貌陋足以骇人，语拙足以丧国，陈侯可谓爱忘其丑。”　○出《吕氏春秋》。

晋郤克跛，鲁季孙行父秃，卫孙良父眇，曹公子手偻，同聘于齐。齐使秃者御秃者，跛者御跛者，眇者御眇者，偻者御偻者。萧同叔子处台而笑之，克怒，遂有鞍之师。
○郤，音隙，与卻异。

任请防水　尊欲填堤

后汉任文公为治中从事。时天旱，白刺史曰：“五月一日，当有大水，其变已至，不可防救，宜令吏人预为备。”刺史不听，文公独备大船，百姓或闻，颇有为防者。到其日，旱烈，文公急命促载，使白刺史，刺史笑之。日将中，天北风起，须臾大雨，至晡时，湔水涌起十余丈，突坏屋舍，所害数千人。

汉王尊为徐州刺史，迁东郡太守。久之，河水盛溢，泛漫瓠子金堤，老弱奔走，恐水大决为害。尊躬率吏民，投沉白马，祀水神河伯。尊亲执圭璧，使巫策祝，请以身填金堤，因止宿，庐居堤上。吏民数千万人争叩首救止尊，尊终不肯去。及水盛堤坏，吏民皆奔走，惟一主簿泣在尊旁，立不动。而水波稍却回还。

三爵刘表　一簏轩輗

汉末刘表有三爵，大曰伯雅，次仲雅，小曰季雅。伯雅容七升，仲雅六升，季雅五升。又设大缺于杖端，客有酒，辄以劖之，验醉醒也。

明轩輗，字惟行，鹿邑人。劲节精操，皎皎不挠，仕至刑部尚书。以太监曹吉祥等怙势侵官，力请致仕。帝召问曰：“昔浙江廉使考满归，行李仅一簏，乃卿耶？”　○簏，音鹿。

达道赋犬　龙友颂鸡

宋滕达道未遇时，读书僧舍，盗其犬烹之。僧闻于郡守，守素闻其能赋，因谕之曰：“汝能作《盗犬赋》则释之。”即口占曰：“僧既无状，犬诚可偷。辍梵宫之夜吠，充绛帐之晨羞。抟饭引来，喜掉续貂之尾；索绹牵去，惊回顾兔之头。”守大笑，即置不问。　○一本作冯京事。

宋甄龙友尝游僧舍，具馔延款，僧有雌鸡久畜，请烹为供。僧曰：“公能作《鸡颂》，当不靳也。”甄援笔立成，中警句云："头上无冠，不报四时之晓；脚跟欠距，难全五德之名。不解雄飞，但能雌伏。汝生卵，卵复生子，种种无穷；人食畜，畜又食人，冤冤何已。若要解除业障，必须先去本根。"即烹以侑酒。

阴妻怀刃　代妃摩笄

阴瑜妻荀氏名采，爽女也。年十九而瑜卒。同郡郭奕丧妻，爽以采许之，因诈称病笃，召采。采怀刃自誓，爽令婢执夺其刃，抱载之。女既至，伪为欢悦，命建四灯，盛装饰，请奕入见，共谈，言辞不辍。奕敬惮之，遂不敢逼至曙而出。采因令左右办浴，既入室而掩户，以粉书扉上曰："尸还阴。""阴"字未成，惧有人至，遂以衣带自缢。

代妃者，赵襄子之姊也。襄子诱代王，使厨人持斗以食代王及从者，行斟，阴令宰人各以一斗击弑代王及从者，因举兵平代地而迎其姊赵夫人。夫人曰："吾受先君之命事代之王，今十有余年矣。代无大故，而主君残之，今代已亡，吾将奚归？"遂摩笄自杀。　○见《列女传》及《史记》。

子野买妾　明复娶妻

宋张子野年八十五尚买妾，东坡作诗曰："锦里先生自笑狂，莫欺九尺鬓毛苍。诗人老去莺莺在，公子归来燕燕忙。柱下相君终有齿，江东刺史已无肠。平生谬作安昌客，略遣彭宣列后堂。"

宋孙复居泰山之阳，须鬓皓白，家贫不娶。故相李迪见之，叹曰："先生年五十一，室独居，谁侍左右？不幸风雨饮食生疾奈何？吾弟之女甚贤，可以奉先生箕帚。"复固辞，迪曰："吾女不妻先生，不过一官人妻，先生幸婿李氏。"复于是曰："宰相女不妻公侯而嫁山谷衰老，予不敢不成相国之贤名。”遂允取之。

起宗削柳　文正断齑

元秦起宗生长兵间，学书无从得纸，父顺削柳为简，写以授之，成诵，削去更书。

宋范文正公仲淹，读书长白山，日煮粟米二升作粥，待其凝，画为四块，断齑数茎，旦暮啖之。尝作《齑赋》，其警句云：“陶家瓮内，淹成碧绿青黄；措大口中，嚼出宫商角徵。”

崔剖瘤雀　褚医腹鸡

李言吉目上生瘤，渐大如鸭卵，其根如弦，常压其目。母舅崔尧封饮之酒，令大醉，遂剖去之，中有一黄雀，鸣噪飞去。　〇见《异苑》。

齐褚澄为吴郡太守，民有李道念者，有冷疾，澄诊之曰：“由食白瀹鸡子过多致此。”令取苏子二升煮服之，乃吐一物，状如升，剖看是一鸡雏，羽爪目口俱全，即能行走，病方瘥。

夸父追日　文子击霓

夸父逐日，渴饮河渭。不足，北饮大泽，未至，道渴而死。　〇出《山海经》。

周朱文子学仙于王子乔，化为白霓，以药与之，文子惊怪，以戈击之，因堕其药。

悲感徐广　叹叱薛奎

宋王刘裕篡晋，秘书监徐广流涕哀恸，裕为坛于南郊即位，广又悲感流涕。侍中谢晦谓之曰：“徐公得无太过?”广曰：“君为宋朝佐命，身是晋室遗老，悲欢之事，固不可同。”

宋薛奎谋议正直，或志不伸，归辄叹吒不食。家人笑曰：“何必如是?”奎曰：“吾仰惭古人，俯愧后世尔!”尤能知人，范仲淹、庞籍、明镐自为吏部选人，皆以公辅许之。卒如其言。

文忠奏事　武穆降乩

宋徽宗幸宝箓宫，醮延其主疏，道流伏地，久之方起。上诘之，答曰：“值奎宿奏事。”上问何神？曰：“本朝臣苏轼也。”上大惊。

《挥麈新谈》：有请仙者，乩书一诗云：“百战间关铁马雄，尚余壮气凛秋风。有时醉倚箕山望，肠断中原一梦中。”后书一鄂字，始知武穆岳公也。

九　佳

翳丑王莽　用短李谐

汉王莽时，有用方技待诏黄门者，或问以莽形貌，黄门待诏曰：“莽所谓鸱目虎吻豺狼之声，故能食人，当为人所食。”问者乃告之，莽诛灭待诏而封告者，后常翳云母屏面，非亲近莫得目也。　〇注：屏面即便面，扇之类也。

后魏李谐，形貌短小，兼是六指。因瘿而举颐，因跛而缓行，因蹇而徐言，人谓李谐善用其短。

钱镠铁券　袁珙金牌

唐钱镠，字具美，杭州临安人。封吴越王，谥武肃。昭宗赐铁券如瓦，高尺余，阔二尺许，券词用黄金镶嵌，一角有斧痕。　〇镠，音求。

明袁珙，号柳庄。精通相术，尝于酒肆一见文皇，即拜趋于前曰："异日太平天子也。"文皇登极，欲官之，珙曰："相陋福薄，不堪仕禄，但求杖头不缺，到处酣饮足矣。"上乃赐以金牌一面，御书诏云："赐汝金牌，任汝行走。过库支钱，遇坊饮酒。有人问汝，道是永乐皇帝好友。"　〇珙，音拱。

戮卒公弼　斩吏乖崖

宋吕公弼治成都，政令尚宽，人嫌其少威。有营卒犯法当杖，扞不受，曰："宁以剑死。"公弼曰："杖者国法，剑者自请。"既杖而后斩之，军府肃然。

宋张咏，字复之，自号乖崖。知益州，时有小吏忤乖崖，乖崖械其颈。吏恚曰："枷即易，脱即难。"乖崖曰："脱亦何难。"即就枷斩之，吏俱悚惧。

仲元拾叶　侯瑾燃柴

董谒，字仲元，武都郁邑人也。性好学，尝游山泽，负挟图书，患其繁重，拾树叶以代书简，取其易卷怀也，编荆为床，聚鸟兽毛以寝其上。　〇出郭宪《洞冥记》。

后汉侯瑾，字子瑜，敦煌人也。少孤贫，依宗人居。性笃学，恒佣作为资，暮燃柴读书。尝以礼自牧，独处一房，如对尊宾。

屈到嗜芰　克渊梦槐

楚屈到嗜芰，有疾，召其宗老而属之曰："祭我必以芰。"及祥，宗老将荐芰，屈建命去之，宗老曰："夫子属之。"屈建曰："夫子不以其私欲干国之典。"　〇芰，音妓。

广陵王元渊，梦着衮衣倚槐树立。问于汤元慎，元慎曰："三公之祥也。"退而语人曰："广陵死矣，槐字木旁鬼，死后当得三公。"　〇出《伽蓝记》。

四友题署　三畏名斋

明仁宗简廷臣为郡守，李骥以监察御史受玺书，出知河南府，署后植松竹梅，退食盘桓其中，因曰："三友而益一老夫，得非四友乎？"遂号署堂曰"四友"。

宋尹焞，和靖人。金人陷洛，焞阖门被害，焞死复苏，门人舁至山谷中而免。刘豫聘之，不从，以兵恐之，焞自商州奔蜀至阆，得程颐《易传》，拜受之。因止于涪州，辟"三畏斋"以居，州人不识其面，后范冲荐于高宗以自代。

甄后蛇髻　潘妃鸾钗

魏甄后既入宫，宫中有一绿蛇，每日后梳妆，则蛇盘髻于前，因效而为之，巧夺天工。故后髻每日不同，号"灵蛇髻"，拟者十不得一。

唐咸通中，同昌公主有九玉钗刻九鸾，皆五色，上有字曰"玉儿"，巧妙非人工所及。公主一日昼寝，梦绛衣奴云："潘淑妃取九鸾钗。"钗遂亡。或云玉儿，潘妃小字也。

祖珽偷爵　仁凯穷鞋

北齐祖珽，有文无行。为显祖功曹，一日陪宴，尚食收酒器，失去金叵罗，于祖珽髻上检得之，了无怍容。显祖爱其才，不责。

郑仁凯性贪，为密州刺史，家奴告鞋敝，即呼公署吏鞋新者上树采果，令其奴窃鞋以去。吏诉之，仁凯曰："刺史不是守鞋者。"　○见《朝野佥载》。

十　灰

味道贺雪　勉仲吟雷

唐武后时，三月雨雪，苏味道以为瑞雪，帅官入贺。王求礼止之曰："三月雪为瑞雪，腊雷为瑞雷乎？今阳和布气，草木为荣，寒雪为灾，岂得诬以为瑞！贺者皆谄谀之臣也。"太后为之罢朝。

宋黄勉仲未第时，尝有魁天下之志。元封四年，南剑州一柱忽为雷所击，勉仲口占四句云："风雷昨夜破枯株，借问天公有意无？莫是卧龙踪迹困，放开头角入云衢。"次年，对策为天下第一。

染髭天泽　剃眉渊材

元中书丞相史忠武王天泽髭髯已白，一朝忽尽黑，世皇见之，惊曰："史拔都，汝之髯何乃更黑耶？"对曰："臣用药染之故也。"上曰："染之欲何为？"曰："臣览镜见髭髯白，窃伤年且暮，尽忠于陛下之日短矣，因染之使玄，而报效之心不异于畴昔耳。"上大喜，人皆以王捷于奏对。　○汉人赐称拔都者惟王及张弘范、张兴祖耳。

宋彭渊材初见范文正公画像，惊喜再拜曰："有奇德者必有奇形。"乃引镜自照曰："大略似之，只无耳毫数茎耳。"又至庐山太平观见狄梁公像，眉目入鬓，又前再拜，熟视久之，呼刀镊者剃其眉尾，令作卓枝入鬓之状。家人笑之，怒曰："何笑？吾前见范文正公，恨无耳毫；今见狄梁公，不敢不剃眉，何笑之乎？"

文德啮被　景让擎杯

南北朝乐颐之，字文德，邓人。少时父亡郢中，即号泣徒步而往，负归营葬。尝得疾，忍而不言，啮被至碎，恐母闻之也。

唐大中间丞郎宴席，蒋伸在坐，忽酌一杯言曰："坐上有孝于家、忠于国者，饮此爵。"众皆肃然，无敢举者。独李公景让引此爵，蒋曰："固宜。"按让母郑氏早寡，居贫，子幼，自教之。宅后墙陷，钱盈船，母祝之曰："愿诸孤有成，此不敢取。"命筑而掩之，盖其得于母教者深也。

孙山答友　苗振绷孩

宋孙山应举，缀名榜末。有同试者托探得失，答曰："解名尽处是孙山，余人更在孙山外。"览者大笑。

宋苗振以第四人及第，既而召试馆职，晏殊曰："君久从吏事，必疏笔砚，宜稍温习。"振曰："岂有三十年老娘而倒绷孩儿者乎？"既而试《泽宫选士赋》，韵叶有王字，曰："普天之下莫非王"，遂不中选。晏殊曰："苗君竟倒绷孩儿矣。"

万卷杜镐　千轴柳开

宋杜学士镐，博闻强记，凡有检阅，先戒小吏某事见某书第几行，取视无差。士大夫有所著撰，多以古事询知，无不知者。虽末学卑品，应对不倦，时号为“杜万卷”。性和易有懿行。士论推之。　〇镐，音皓。

宋柳开少好任气，大言凌物。应举时以文章投主司于帘前，多至千轴，载以独轮车。引试日，衣襕，自拥车入，欲以此骇众取名。时张景能文，有名，惟袖一书帘前献之，主司大称赏，擢景优等。时人为之语曰：“柳开千轴，不如张景一书。”

衣颂魏击　襬示彦回

魏文侯封太子击于中山，舍人赵仓唐奉使，文侯问之：“子君长大，孰与寡人？”仓唐曰：“君赐之外府之衣，则能胜之。”文侯遣太子衣一箧，令鸡鸣时至。太子拜赐发箧，衣尽颠倒。太子趣具驾，曰：“赐之衣，非以为寒也，欲召击也。《诗》曰：东方未明，颠倒衣裳，颠之倒之，自公召之。”

宋明帝疾，召褚彦回入，帝坐帐中，流涕曰：“吾近病笃，故召卿，欲使卿黄罗襬耳。”指床头大函曰：“文书函内，吾此函不复开矣。”彦回亦悲不自胜。　〇注：黄罗襬，乳母服也，盖命其辅翼少子。

致一发解　无言抡魁

宋黄致一初进场方十三岁，出《腐草为萤赋》，未审有何事迹，同场皆以其年忽之，漫告之曰：“萤则有若所谓聚萤读书，草则若所谓青青河畔草，有若所谓君子之德风，小人之德草，皆可用也。”致一乃举此为一隔句曰：“昔年河畔，曾叨君子之风；今日囊中，复照圣人之典。”遂发解。

宋刘无言十七岁在太学，时称俊才，先季试读《司马穰苴传》曰：“将在外，君命有所不受。”乃谓同舍曰：“某明日策中必用此句。”明日，问《神宗日录》，所用乃与昨日事殊，无言乃对曰：“秉笔权犹将也，虽君命有所不受。”遂作魁。

鸟名希有　虫号怪哉

昆仑铜柱下有鸟名希有，南向，张左翼覆康王，张右翼覆王母。其喙赤黄，自黄如金，其肉苦咸，仙人甘之。○出《神异经》。

汉武帝幸甘泉，长平坂道中有虫赤如肝，耳目口鼻齿牙悉具，人莫之识。时朔在属车中，令往视焉。朔曰：“此虫名怪哉，此地必秦狱处也。”上使按地图，果秦狱地。朔曰：“夫积忧者得酒而解。”乃取虫置酒中，须臾而烂，后上出车中必载酒，为此也。

亚夫讨箸　齐丘画灰

汉景帝召条侯周亚夫赐食大胾，不置箸，条侯不平，顾谓尚席取箸。帝笑曰：“此非不足君所乎?”条侯免冠谢上。上目送之曰：“此鞅鞅非少主臣也!”居无何，亚夫子为父买工官尚方甲楯可葬者，为人所告，事连污亚夫。召诣廷尉，不食五日，吐血而死。　○注：尚席，官名。鞅，同怏。工官，即尚方之工。

五代宋齐丘，吴以徐知诰为行车副使，以代徐温，知诰进用齐丘，用其捐丁之谋，于是国以强富，而徐温妒嫉不已。知诰乃夜引齐丘于水亭屏语，常至夜分，或居高堂，悉去屏障，独置大炉，以铁箸画灰为字，随以匙灭去之，故其所谋，人莫得而知也。

魏主求智　吴人卖呆

魏主珪问博士李先曰：“天下何物可以益神智?”对曰：

“莫若书籍。”珪曰：“书籍有几，如何可集？”对曰：“自书契以来，世有滋益，至今不可胜计。苟人主所好，何忧不集。”珪命郡县大索书籍，悉送平城。

吴俗：民间于除夕令小儿绕街呼叫，云“卖汝痴！卖汝呆！”世传吴人多呆，故儿讳之，欲卖其余。　○事出《吴中风俗》。又范成大诗云：“除夕更阑人不睡，厌禳钝滞迎新岁。小儿呼叫走长街，云有痴呆召人买。二物于人谁独无，就中吴侬仍有余。巷南巷北买不得，相逢大笑相揶揄。”

四乳都督　三耳秀才

南齐王敬则母为女巫，常谓人云：“敬则生时，胞衣紫色，应得鸣鼓角。”人笑之曰：“汝子得为人吹鼓角可矣。”及年长，而腋下生乳，各长数寸，后封寻阳郡公，加都督。

张审通梦太山府君召为录事，令一鬼为一耳安于额上。既寤，数日额角痒，遂涌出一耳，尤聪俊。时人笑曰：“天有九头鸟，地有三耳秀才。”　○见《幽怪录》。

武帝探策　太祖祝杯

晋武帝登祚，探策得一。凡王者世数，视此多少，帝不悦，群臣皆失色。侍中裴楷进曰：“天得一以清，地得一以宁，帝王得一以为天下贞。”帝大喜。

宋王审琦微时与太祖相善，后以佐命功，尤为亲近。性不能饮，太祖每宴近臣，尝尽欢，而审琦持空杯，太祖意不惬。一日酒酣，举杯祝曰：“审琦布衣之旧，方共享富贵。酒者，天之美禄，惜不令饮之。”祝毕，顾审琦曰：“天必赐汝酒量，可试饮。”审琦受诏，不得已，连引尽釂无苦。自是每侍宴，辄饮，可与众辈，退还私第则如故。

融无第宅　準乏楼居

南北朝张融为中书郎，假出，武帝问融住在何处，答曰："臣陆处无屋，舟居无水。"后问其从兄绪，绪曰："融近东出，未有居止，权牵小船于岸上住。"上大笑。

宋寇莱公居官，四十年无田园邸舍，魏野献诗曰："有官居鼎鼐，无地起楼台。"辽使至，问公曰："莫是'无地起楼台'相公否？"

十一　真

诚正元晦　忠信居仁

宋朱熹，字元晦，又字晦庵。周必大荐为江西提刑。入奏，或要于路曰："正心诚意之论，上所厌听，慎勿复言。"熹曰："吾平生所学，惟此四字，岂可隐默以欺吾君乎？"

明胡居仁，余干人。受业吴与弼，其学以忠信为本，以求放心为要，以圣学成始成终在于敬，因以"敬"名其斋。所著有《居业录》《敬斋集》，而于佛老尤详辩之，唯恐其陷溺人心。

范缜辟佛　吕琦讼神

齐竟陵王萧子良好佛，范缜盛称无佛。子良曰："君不信因果，何有贵贱？"缜曰："人生如树花同发，随风而散，或拂帘幌在茵席上，或落篱墙在粪溷中，在茵席者殿下也，在溷中者下官也。贵贱虽别，因果何在？"缜又著《神灭论》，子良使人谓之曰："卿美才，何患不至中书郎，乃乖剌如此。"缜曰："使缜卖论取官，已至令仆矣。"

宋仁宗时，光禄寺卿吕璹少为漳州漳浦令，时有邑媪之子，戏于陈将军庙盗其所供之果，出门扑阶下而死，媪哭之甚哀。公闻之恻然，因以文讼于庙，引盗宗庙酒食律，罪当诛，而将军人臣，宜处以等杀，则盗食供果益不当死，且蠢愚者法所赦，宜不废公直也。文既焚而媪子复苏。　○璹，音受。

状元崇嘏　学士若莘

蜀女黄崇嘏伪作男子，以诗谒蜀相周庠，庠荐为状元，屡摄府掾，吏事明敏，胥徒畏服。庠爱其才，欲妻以女，崇嘏以诗献云："一辞拾翠碧江滨，贫守蓬茅但赋诗。自服蓝衫居掾吏，永抛鸾镜画蛾眉。立身卓尔青松操，挺志坚然白璧姿。幕府若容为坦腹，愿天速变作男儿。"庠览诗大惊，乃知黄使君女也。见《玉溪编事》。

唐宋延芬五女：长若莘，次若昭，俱善属文。若莘训诸妹如严师，帝尝召入禁中问经史大义，呼"女学士"。

箸锡宋璟　袍赐全斌

唐宋璟为宰相，朝野归美。时春日御宴，帝以所用金箸令内侍赐璟，璟受赐莫知其由，帝曰："非赐汝金，盖赐卿以箸，以表卿之直也。"　○箸，音住。

宋遣王全斌伐蜀，时汴梁大雪，太祖曰："我被服至此，尚觉寒，念西征将士，何可堪此！"即解所着紫貂裘帽，遣中使驰赐斌，复谕诸将，云不能遍及也。斌拜受感泣，故所向有功。

诙谐郑綮　质讷刘昆

唐郑綮好诙谐，常作歇后诗，帝以为能，遂除同平章事。制下，自言曰："笑杀天下人。"既视事，谓宗戚曰："歇后郑五作宰相，时事可知矣。"才三月，即以疾归，乞骸致仕。

汉刘昆为弘农太守，三年，仁风大行，虎皆负子渡河。帝闻而异之，诏问昆曰："尝在河陵返风灭火，行守弘农，虎北渡河，行何德政而致是乎？"昆对曰："偶然。"左右皆笑其质讷，帝叹曰："此乃长者之言也。"顾命书诸策。

撰书皇后　争矢贵嫔

唐长孙皇后好读书史，务崇节俭。太宗尝与之议赏罚，后曰："牝鸡无晨，牝鸡之晨，惟家之索，妾妇人，安敢预闻。"后尝采自古妇人得失事，著为《女则》十卷，及崩，宫司奏闻，上览之悲恸，以示群臣曰："皇后此书足以垂百世，朕非不知天命而为无益之悲，但入宫不复闻规谏之言，失一良佐，故不能忘怀耳。"

晋武帝胡贵嫔，名芳，镇军胡奋女也。帝多简良家子女以充内职，芳下殿号泣，左右止之，曰："陛下闻声。"芳曰："死且不畏，何畏陛下！"帝每有顾问，不修言辞，率尔而答。帝尝与樗蒲争矢，并伤上指，帝怒曰："此固将种也。"芳曰："北伐公孙，西拒诸葛，非将种而何？"帝惭。

三语为掾　一字拔人

晋王戎为司徒，与世浮沉，委事寮采，无所匡救。阮咸之子瞻尝见戎，戎问曰："圣人贵名教，老庄明自然，其旨异同？"瞻曰："将无同。"戎咨嗟良久。遂辟之。时人目为"三语掾"。

晋蔡谟父克，未仕时，河内山简尝与琅琊王衍书曰：“蔡子尼今之正人。”衍以书示众人曰：“山简欲以一字拔人。”〇克字子尼。

袖绐掩鼻　段乐沉身

楚郑袖谓美人曰：“王爱子甚矣，然恶子之鼻，子见王必掩其鼻。”美人从之，王谓郑袖曰：“美人见寡人必掩其鼻，何也？”对曰：“似恶闻王之臭。”王令劓之。

刘伯玉妻段氏，性妒忌，伯玉尝诵《洛神赋》，语其妻曰：“娶妇如此，无憾矣。”段曰：“君何得以水神美而轻我，死何患不为水神。”其夜自沉而死。后七日梦见，语伯玉曰：“君本愿神，吾今神矣。”伯玉遂不敢渡水，后妇人渡此水者皆坏衣素妆，毁容以济，遂相传为妒妇津云。　〇见《酉阳杂俎》。

老媪投牒　小吏污茵

唐高宗时，戴至德为右仆射，刘仁轨为左仆射，更日受牒诉。仁轨常以美言许之，至德必据理难诘。有老媪欲诣仁轨，陈牒误诣至德，至德览之未终，媪曰：“本谓解事仆射，乃不解事仆射耶，归我牒。”至德笑而授之。

汉丙吉，宣帝时为丞相，驭吏醉吐丞相车上。西曹主吏白欲斥之，吉曰：“以醉饱之失去士，此人将何所容？西曹第忍之，此不过污丞相车茵耳。”

霍光无术　赵普不纯

汉大将军霍光，班固赞谓其不学无术。盖昌邑王无道，延年劝之废立，光曰：“于古尝有此否？”延年以伊尹相殷废太甲事对，光遂与张安世图计。王出游，夏侯胜谏曰："天久阴而不雨，臣下必有谋上。"光让安世泄语，安世实不言，乃问胜，对言在《洪范》传。光大惊，以此益重经术士。

宋赵王普，字则平。两京起第，门皆柴荆，不设正寝。始入门，小厅三间，椅子十只，式皆古朴，后苑亭榭，制作雄丽。太祖幸洛，初见柴荆，既而至堂筵以及后苑，哂之曰："此老子终是不纯。"

荐侄蒙正　举子曹彬

宋真宗封岱祀汾，两过洛阳，皆幸吕蒙正第。问曰："卿之子孰可用?"对曰："臣诸子皆不足用。侄夷简，宰相才也。"夷简由是进用，累擢知开封府，严辨有声，真宗识其姓名于屏风，将大用之。

宋曹彬疾，帝临问，因询其后事，对曰："臣无事可言，臣子璨、玮，材器皆堪为将。"帝问其优劣，对曰："璨不如玮。"及卒，帝哭之恸，赠中书令，追封济阳王，谥武惠。

书诵骂鬼　记撰搜神

王延寿《梦赋序》云："臣弱冠，尝梦鬼与臣战，遂得东方朔与臣作骂鬼之书，臣遂作赋一篇以叙梦。后人梦者，诵读以却鬼，数数有验。"

晋干宝，字令升。兄尝病气绝，积日不冷，后悟醒。云见天地间鬼神，如梦觉，不自知死。宝因撰古今神祇灵异、人物变化，名为《搜神记》。以示刘惔，惔曰："卿可谓鬼之董狐。"

简当祖禹　精博景珍

宋范祖禹，字淳甫，镇从孙。镇每器之曰："天下士也。"

苏轼荐曰："淳甫为今讲官第一，言简而当，无一冗字长语。"官学士，因纂《神宗实录》，直书王安石过举。

南北朝李琰之，字景珍，狄道人。少称神童，于书无所不读，朝廷大典多咨访焉。每自云："崔博而不精，刘精而不博，我既精且博，可兼二子。"官大司徒。　○崔、刘，谓崔光、刘芳也。

裹巾辱吏　赐绢羞臣

唐李封为延陵令，吏人有罪不加杖责，但令裹碧头巾以辱之，随所犯轻重以日数为等级，日满乃释。着此冠出入者以为大耻，皆相劝励，无敢再犯。税赋尝先诸县，竟去官，未尝笞一人。

唐将军长孙顺德受人馈绢，事觉，于殿廷赐绢数十匹。大理少卿胡演以为不可，上曰："彼有人性，得绢之辱，甚于受刑；如不知愧，一禽兽耳，杀之何益？"

澹泉进履　子敬赠囷

明李远庵，性廉介，一毫不取。郑澹泉乃其得意门生，一日，侍坐最久，有布鞋在袖，逡巡不敢进。公问何物？对曰："晓妻手制一履，欲送老师。"公见其诚，取而着之，生平所受止此。

吴鲁肃，字子敬。周瑜尝过候之，并求资粮。肃家有两囷米，三千斛，肃乃指一囷与瑜。瑜益知其奇也，遂相亲结，定侨札之分。

颜竣建第　杨玢让邻

宋颜延之为金紫光禄大夫，布衣茅屋，萧然如故。及子竣，凡所资供，一无所受。每乘羸牛车，逢竣簿，即避道左，曰："吾生平不喜见要人，今不幸见汝。"及竣起第，复曰："善为之，毋令后人笑汝拙也。"

宋杨玢，官尚书，以老致仕，反长安，旧居多为邻里侵占。子弟欲诣府诉，玢自批状尾云："四邻侵我我犹伊，毕竟须思未有时。试上仓元殿基望，秋风茨草正离离。"子弟不敢言。　○玢，音瑸。

刺称触触　图唤真真

南北朝熊安生，字植之。专以《三礼》教授，弟子自远方来者千余人。尝投刺，见徐之才、和士开二人相对，以徐之才讳"熊"，和士开讳"安"，乃称"触触生"。

唐赵颜得一软障，图一妇人甚丽，颜曰："如能生，愿纳为妻。"工曰："余神画也，此亦有名曰真真，呼其名百日，必应，应即以百家彩灰酒灌之必活。"颜如其言，遂下，终岁生一子。友曰："此妖也，必为患。"真真知而泣曰："妾南岳地仙也，君疑妾，妾不可住。"遂携子上软障，吐出所饮百家彩灰酒，睹其障，惟添一小儿。

思称巧丙　性笑迂辛

宋僧怀丙，巧思出天性，构木为浮图，人称"巧丙"。

唐白居易诗："笑劝迂辛酒，闲吟短李诗。"自注："辛大丘度，性迂嗜酒。"

藩王举手　县尉回身

汉景帝时，诸王来朝，有诏更前称寿歌舞，长沙定王发但将袖小举手，左右笑其拙。上怪问之，对曰："臣国小地狭，不足以回旋。”帝乃以武陵、零陵、桂阳益焉。

商则任廪邱尉，性廉洁，县令、丞皆贪，因宴会，令、丞舞皆动手，尉则回身而已。令问其故，曰：“长官动手，赞府亦动手，尉更动手，百姓何活耶？”人皆大笑，曰：“令丞皆动手，县尉但回身。” ○见《语林》。

鼓棹张禹　投杯李纶

汉张禹，字伯达。尝行部入境，众谓江有子胥神，不易涉。禹厉声曰：“子胥若灵，岂不知吾志在察冤理枉，岂危我哉？”遂鼓棹而过。

宋李纶，字世美。提举广东，适伯兄维守恩平，酌别江上，兄弟相砺以清白，纶曰：“倘负君民，有如此水。”遂投杯于江。杯停不没者久之，观者惊叹。

唾图妃子　饮鸩夫人

南宋刘绘妹为鄱阳王妃，伉俪甚笃，王为明帝所诛，妃追伤成疾，绘乃令殷倩画王与宠姬共照镜状，密令人示妃，妃见乃唾之，骂曰：“固宜早死。”于是悲愤遂歇，病亦痊。

唐兵部尚书任瓌，敕赐二宫女，皆国色。妻刘氏妒，烂二女秃其发尽，太宗闻之，赐以金瓶酒，人饮之立死，不妒即不须饮。刘氏拜敕曰：“妾与瓌俱出微贱，更相辅翼，遂致荣宦，令多内嬖，诚不如死。”乃一饮而尽。然非鸩也，既醒，帝曰：“人不畏死，卿其奈何？”诏二女别宅安置。

赐绢胡质　却布黎淳

晋胡质为荆州刺史，其子威自京都定省，质赐绢一匹，威跪曰：“大人清高，不省安得此？”质曰：“是吾俸禄之余，以为汝粮耳。”威始受之。武帝问威曰：“卿与父孰清？”威曰：“不如也，臣父清恐人知，臣清恐人不知。”

明黎淳，字太朴，天顺元年丁丑状元。性耿介，门生尹华亭以云布寄，淳责之曰：“古之为令，拔葵补桑，今之为令，织布添花，吾不用妖服。”后官至礼部尚书，谥文僖。

民争杜衍　盗降耿纯

宋杜衍，字世昌。知乾州，未期，安抚使察其治行，以衍权凤翔府。二邦之民争于界上，一曰：“此我公也，汝何夺之？”一曰：“今我公也，汝何与焉？”后年高，以太师致仕。

汉耿纯为东郡太守，后坐免，以列侯奉朝请。从击董宪，道过东郡，百姓老小随车驾涕泣，云“愿复得耿君”。帝曰：“纯年少，被甲胄为军吏耳。”建武八年，东郡盗贼群起，遣大司空李通、大将军王常击之。帝以纯威信著于卫地，拜太中大夫，与大兵会东郡。盗贼闻纯入界，九千余人皆诣纯降，大兵不战而还。复以为东郡太守。

十二　文

龙褒趁韵　良孙盗文

唐权龙褒，景龙中为左武卫将军。夏日侍皇太子宴，献诗云：“严霜白皓皓，明月赤团团。”或曰：“岂是夏景？”答曰：“趁韵而已。”太子援笔讥之曰：“龙褒才子，秦州人氏。明月昼耀，严霜夏起。如此诗章，趁韵而已。”

宋欧阳修知制诰，旧著有文十篇，邱良孙盗为己作，人言之，欧笑而已。因得召拜官，又以令狐挺所著兵法上之，欧复为奏陈。

象林桂父　金陵茅君

桂父者，象林人也。色时黑时白，时黄时赤，南海人见而尊师之。常服桂及葵，以鱼脑和之，今荆州之南，尚有桂丸焉。　○出《列仙传》。

周末茅濛，字初成。不仕，师鬼谷子授长生术，入华山修道合药，乘龙驾云，白日升天。先是邑人谣曰："神仙可得者茅初成，驾龙上升入太清。时下玄洲戏赤城，继业而往在我盈。帝若学之腊嘉平。"其孙盈得道于金陵勾曲山，受金匮九锡之命为司命真君，邦人改勾曲山为茅君山。

纯仁忠恕　傅翙清勤

宋范纯仁，字尧夫。性夷易宽简，不以声色加人，义之所在，则挺然不少屈。尝曰："吾平生所学，得之忠恕二字，一生用不尽。以至立朝事君，接待僚友，亲睦兄弟，未尝须臾离也。"

南北朝傅翙，琰子，有能名。为吴令，有问："丈人发奸摘伏，惠化如神，何以至此？"答曰："无他也，惟勤而清。清则宪纲自行，勤则事无不理。宪纲行则吏不能欺，事理则物无凝滞，欲不理得乎。"

钱镠骨法　陶侃手纹

《吴越世家》：有术者善望气，于临安见钱镠，谓曰："子骨法非常，侯王之贵，愿自爱。"

晋陶侃，左手有纹，直达中指上横节便止。有相者师圭谓曰："君左手中有竖理，若彻于上，位在无极。"侃以针挑之令彻，血流弹壁作公字，后果如其兆。

四铁御史　百纸参军

明御史冯恩疏劾汪鋐，上怒，命鋐会大臣鞫之。鋐高坐，令校士持其膝而跪之，恩遽起直。鋐曰："汝上书欲死我，今不在我手中乎？"恩曰："汝杀我，我为厉鬼以杀汝。"鋐益怒，谓何故敢叱大臣，恩曰："大臣而无君，人人得而诛之，何但叱！"观者叹曰："是真御史。始以膝，铁也；听其口辨，亦铁；今觉其胆与骨皆铁。"遂号"四铁御史"。

唐杜暹为婺州参军，秩满将归，吏以纸万番赠暹，暹惟受百幅。人叹之曰："昔清吏受一大钱，何异哉？"号"百纸参军"。

惟吉不肖　殷羡无勋

宋薛惟吉，居正之子也。素无行，居正卒，帝亲临其丧，为之流涕，因曰："不肖子安在？颇改节否？不克负荷先业，奈何！"惟吉伏丧恻惧，赧不敢起，自是尽革故态，读书亲贤士，修节为善。其后帝素委以大藩，所到皆治。

晋元帝生子，普赐群臣，殷羡谢曰："臣无勋，猥蒙颁赉。"帝大笑曰："此事岂可使卿有勋？"　〇南唐时，宫中尝赐洗儿果，有近臣谢表云："猥蒙宠数，深愧无功。"李主曰："此事卿安得有功！"

袁韶佛子　孔奂神君

宋袁韶，嘉定中为临安太守，理讼清简，平反冤狱，道不拾遗，时人呼为佛子。　〇又余崇龟守九江，自夏涉秋不雨，公到郡，举家蔬食，为民祷祈，既而雨霪，遂有秋，民举手加额，呼余为佛。

南北朝孔奂，字休文。为晋陵太守，清白自持，俸秩分赡孤寡，号曰神君。

智永瘗笔　刘蜕埋文

晋智永禅师，逸少七代孙。克嗣家法，居吴兴永欣寺阁上，学三十年，所退笔头置大竹簏，簏受一石余，五簏皆满。人来觅书并请题额者如市，所居户限为穿，乃用铁叶裹之，谓为铁门限。后取笔头瘗之，号为退笔冢。

唐刘蜕，荆南人。聚生平所作文，不忍弃草，掘土埋之，且封焉，号为文冢，因作《文冢铭》。　○蜕，音税。

扼吭立信　啮指霁云

宋汪立信在高邮闻似道师溃，叹息曰："吾今日犹得死于汉土。"乃挥拳抚膺者三，遂仰天扼吭而卒。后伯颜入建康，闻立信二策，曰："宋果用之，吾安得至此？"求其家厚恤之，曰："忠臣之家也。"　○吭，音航。

唐禄山反贼攻睢阳，巡守使南霁云求援于贺兰进明，无出师意，爱霁云，欲留之，为大飨。霁云泣曰："昨出睢阳，军士绝食弥月，云欲食，不能下咽。大丈夫坐拥强兵，无救患之意，岂义士所为！"啮落一指示进明曰："不能达主将之意，请留一指以示信。"不食，驰去。将出城，抽矢射佛寺浮屠，矢着，曰："吾破贼还，必灭贺兰。"

陶谷易眼　吴雷割筋

宋陶谷梦数吏奉符换眼，吏附耳曰："求钱十万，安第一眼。”谷不应。又云：“钱五万，安第二眼。”复不答。吏曰：“止安第三眼。”既以弹丸纳眼中，既觉，眼色深碧，后善相道士陈子扬曰：“贵人骨气，奈一双鬼眼，必不致显位。”

吴雷一足被创，屈不伸，曰：“今天下扰乱，我屈足在闾巷间，存亡无以异。”乃自割其筋，遂引伸其足，后至左将军。

赵妃广袖　马后练裙

汉赵后飞燕，妹合德，肤滑，出浴不濡，为卷发号新兴髻，为薄眉号远山黛，施小朱号慵来妆。常与飞燕并坐，误唾其袖，合德曰：“姊唾染人绀袖，正是石上花，假令上方为之，未必能若此。”乃号“石华广袖”。

汉马后常衣大练裙，朔望诸姬主朝请，以为绮縠，就视，乃笑。后曰：“此缯特宜染色，故用之。”六宫莫不叹美。

殷怖闻蚁　沈怒驱蚊

晋殷师，仲堪之父也。病虚悸，闻床下蚁动，云是牛斗。

宋沈伦好释氏，盛夏，恣蚊嘬其肤，仆秉箑至，辄为之驱，大声叱之，冀以徼福。

轼折辽使　婴辱楚君

宋元祐间，辽使来聘，欲难宋介。谓曰：“吾有一对：三光日月星。”介莫能对，举问苏轼，轼曰：“我能而君不能，亦非全大国之体。四诗风雅颂，天生对也，盍以此先复之。”翼日，介如言以对。方共叹愕，轼徐曰：“某亦有一对：四德元亨利。”使睢盱欲起辩，轼曰：“而谓我忘其一耶？谨阙而言，两朝兄弟邦。”使臣出意外，大骇服。

齐晏婴使楚，楚人因其矮短，乃作小门而延之。婴曰："使狗国者从窦而入，臣今使楚，恐不当由此门。"傧者无词，更请大门而入，及见，王曰："齐无人耶，何为使子？"对曰："齐命使各因其主，贤者使贤主，不肖者使不肖主，婴最不肖，故使楚耳。"王大惭，与左右曰："彼未可与辱也，寡人徒取辱焉。"厚礼而遣之。

伶人谑史　参军诮殷

宋史弥远权势煊赫，引布憸壬。李知孝、梁成大等为之鹰犬，搏击善类，士流无耻者多以钻刺进秩。宫宴时，有伶人执拳石以大钻钻之，久而不入，叹曰："钻之弥坚。"一伶人扑其首曰："汝不去钻弥远，却来钻弥坚，可知钻不入也。"举坐弁栗，翼日杖伶而出之境。

晋桓南郡与殷仲堪、顾恺之作危语，桓曰："矛头淅米剑头炊。"殷曰："百岁老翁攀枯枝。"顾曰："井上辘轳卧婴儿。"有一参军在坐，曰："盲人骑瞎马，夜半临深池。"殷曰："咄咄逼人。"仲堪目眇故也。

镇恶将种　马璘祖勋

刘宋王镇恶，猛之孙也。喜论军国大事，或荐于刘裕，裕与语，悦之，曰："吾闻将门有种，信然。"

唐马璘，伏波将军援之孙也。尝读援传至"大丈夫当死于边，以马革裹尸"，慨然曰："使吾祖勋业坠于地乎？"遂发愤而为名将。

武借碧玉　杜索紫云

唐武后时，补阙乔知之有妾曰碧玉，善歌舞，武承嗣借教歌舞不还，知之作《绿珠诗》寄之，碧玉饮泣而卒。　○一本承嗣作延嗣，碧玉作窈娘。

唐杜牧自御史分司洛阳，时李愿罢镇闲居，声妓豪华，为当时第一。尝宴客，女妓百余人皆殊色，牧瞪目注视，问李曰："闻有紫云者孰是?"李指视之，牧复凝睇良久，曰："名不虚传，宜以见惠。"李俯而笑，诸妓皆回首破颜，牧自饮三爵，朗吟而起曰："华堂今日绮筵开，谁遣分司御史来。忽发狂言惊满座，两行红粉一时回。"

虏重司马　敌畏长孙

宋元祐元年，以司马光为左仆射兼门下侍郎，时光已得疾，而青苗、免役、将官之法犹在，西伐之议未决，光叹曰："四害未除，吾死不瞑目矣。"遂力疾视事，辽人闻之，敕边吏曰："中国相司马矣，毋轻生事，开边隙。"

南北朝长孙晟为秦川行军总管，取晋王广节度出讨。王引晟同饮，有突厥达官来降，言突厥畏长孙总管，闻其弓声，谓为霹雳，见其走马，称为闪电。王笑曰："将军震怒，威行域外，遂与雷霆为比，一何壮哉!"

独孤侧帽　茂德露裈

南北朝独孤信美风度，在秦州尝因猎日暮驰马入城，其帽微侧，诘旦而戴帽者咸慕信而侧帽焉。

宋宗室茂德，性极庸呆，为郢州刺史，暑月露裈上厅事。○裈，音昆。

十三　元

伴食宰相　渴睡状元

唐卢怀慎与姚崇同居相位，俭素，不营资产，俸赐辄散亲旧，妻子不免饥寒，所居不蔽风雨。惟短于才，所有政事，委决姚崇，时人谓之“伴食宰相”。

宋吕蒙正，字圣功。未第，薄游一县，时胡大监旦随其父宰是邑，遇之甚薄，客曰：“吕公能诗，宜少加礼。”胡问警句，客举曰：“挑尽寒灯不成梦。”胡笑曰：“是一渴睡汉耳。”吕甚恨之，明年首中甲科，寄声于胡曰：“渴睡汉已中状元矣。”胡曰：“待我明年及第，逊君一等耳。”明年果中首选。

扪膝汝砺　叹足昌言

宋喻汝砺，字迪儒。气节独高，以不附和议致仕，尝扪膝曰：“我不屈汝。”号“扪膝先生”。

宋梅询，字昌言。博学富词，历官侍读，晚以足疾，出知许州，尝抚足叹曰：“是中有鬼耶，令我不登二府者，汝也。”

崔琦忤冀　周颛詈敦

汉崔琦，字子玮。游学京师，以文章著名。梁冀慕其才，折节引纳，琦作《外戚箴》进，冀不省；复成《白鹄赋》以寓讽。冀怒曰：“君何激刺之过也？”因遣琦归，寻令刺客阴求杀之。客见琦于垄上且耕且咏，不忍害，乃以实告，曰：“将军索子急，可自逃，吾亦从此逝矣。”

晋王敦作乱，周顗与戴渊俱被执，路经太庙，顗大言曰：“天地先帝之灵，贼臣王敦，倾覆社稷，枉杀忠臣，陵虐天下，神祇有灵，当速杀敦，毋令纵毒以倾王室。”语未终，以戟伤其舌，不得复言，血流至踵，颜色不变，观者皆为流涕。

之亨放鲤　韦丹赎鼋

梁南郡太守刘之亨，梦二人姓李。诣之乞命，明日适有遗生鲤二头，放之，其后又梦来谢曰：“当令君延寿。”

唐韦丹未第时，于洛阳桥见渔者得大鼋系桥柱，引头四顾，有求救之意。丹以乘驴赠之，投鼋于水中，徒步而归。数日诣葫芦生问命，生与俱往元长史家，有老人元濬之尽礼款待，出文字一通曰：“此公一生官禄行止，聊报活命之恩。”即此鼋也。

乳母守义　庶女衔冤

魏节乳母，魏公子之乳母也。秦破魏，杀魏王，诛众公子，一公子不得，令曰：“得者，赐千金；匿者，夷族。”魏之故臣教乳母献之，乳母吁曰：“夫见利而反上者，逆也；畏死而弃义者，乱也。今持逆乱以求利，吾不为也。”遂抱子逃于山泽之中，故臣告秦军，秦军追至争射之，乳母以身为公子蔽，着矢数十，与公子俱死。　○《列女传》。

庶女者，齐之寡妇也。养姑，姑女利母财而杀母，以告寡妇，妇不能自白，以冤诉天，而大风袭于齐殿。　○出《说苑》。

匿表钦若　说易朝恩

宋马知节，素恶王钦若之为人，论议未尝少屈。钦若每奏事，必怀数奏，但出一二，匿其余，退则以己意称上旨行之。知节尝于帝前顾钦若曰："怀中奏何不尽出之?"钦若不悦。会泸州都巡检王怀信等上平蛮功，钦若久不决，既而擅超擢之，知节因面诋其短，争于帝前，帝召王旦质之，旦至，钦若犹哗不已，于是俱罢。

唐鱼朝恩判国子监，中书舍人常衮言成均之任，当用名儒，不宜用宦者为之，听令宰相百官送上。朝恩执《易》升高座，讲《鼎》折足以讥宰相。王缙怒，元载怡然。朝恩曰："怒者常情，喜者不可测也。"

红线盗盒　石醋求幡

唐薛嵩镇潞，魏博节度使田承嗣欲并之，嵩忧焉。青衣红线能解主君之忧，到魏郡观其形势，衣紫绣短袍，着青丝履，胸挂龙文匕首而行。嵩秉烛掩扉，移时，一叶堕落，红线回矣。曰："幸不辱命，往还七百里，携得金盒为信。"嵩遂发使入魏，遗以书曰："昨夜客从魏来，从元帅床头得一金盒，不敢留，谨以奉还。"田乃捐念。

唐天宝中，崔元徽春日遇数美人，一李氏，一杨氏，一陶氏，又一绯衣少女，姓石名醋，随有封家十八姨来。诸人命酒，十八姨性颇轻佻，酒污醋衣，醋作色，拂衣而起，谓元徽曰："诸女伴为恶风所挠，求处士作朱幡，图日月五星其上，树苑中，则免矣。"崔许之，其日立幡，风大作，苑中花不动，乃悟十八姨风神，石醋，石榴也。

赚帖萧翼　窃画桓玄

唐太宗锐意二王，知《兰亭序》在逸少孙处，屡诏索之不得。乃遣萧翼至辨才庵佯与款洽，谈至书法，翼出古帖，互相评驳，辨才曰：“此未尽善，贫僧有《兰亭》真迹。”乃于梁槛出以示翼，故指陈疵，自是不复藏。辨才赴斋，翼私窃径告永安驿：“我萧御史，奉命来此。”都督齐善驰往拜谒，辨才见御史乃庵中书生，至是始悟。

晋顾恺之，字长康。丹青妙绝于时，尝以一厨画寄桓玄，皆其绝妙者。深所珍惜，糊题其前，桓乃发厨后窃之，而缄闭如故以还之。恺之不疑被窃，直云妙画通灵，变化飞去，犹人之登仙。

同甫斩马　齐贤啖豚

宋陈同甫闻辛稼轩名，访之。将至，过小桥，三跃而马三却。同甫怒，拔剑斩马首，推马仆地，徒步而进。稼轩遥倚楼望之，大惊，遣人询之，则已及门，遂定交。

宋张齐贤为布衣时，倜傥落魄，有群盗攻劫，聚饮逆旅，居人遑恐窜逃，齐贤独径前揖之曰：“贱人贫困，欲就一饱。”盗曰：“秀才自屈耶？”齐贤曰：“盗者非龌龊儿所为，乃世之英雄耳。”乃取大杯满酌而饮，取豚肩瓜分为数段啖之，势若狼虎，群盗相视叹曰：“真宰相也。”

清言卫玠　俚语柳浑

晋卫玠，字叔宝。丰姿秀异，王平子负才傲世，少所推服，每闻卫玠清言，辄叹息绝倒，时人为之语曰：“卫玠谈道，平子绝倒。”

唐柳浑与张延赏数议事异同，延赏使人谢曰：“相公节言，则重位可久矣。”浑曰：“为我谢张公，浑头可断，舌不可禁。”上好文雅蕴藉，而浑质直无威仪，时发俚语，上不悦，罢为散骑常侍。

管通鹊语　王察蚁言

三国管辂至安德令刘长仁家，有鸣鹊来阁屋上，其气甚急。辂曰："鹊言东北有妇昨杀夫，牵引西家人夫离娄，候不过日在虞渊之际，告者至矣。"到时，果有东北同伍民来告，邻妇昨杀夫，诈言西家人杀我婿。

台州民王姓，常祭厕神，一日，见一黄衣女子曰："我厕神也。"怀中取小盒子，以指点小膏涂王左耳，戒之曰："见蚁，侧耳听之，必有所得。"王明日见础下群蚁，听之，果闻语曰："移穴去暖处，其下有宝甚寒，住不安。"王俟蚁出，寻之，果获白金十锭。　○出傅亮《灵异录》。

饷车刘翊　沉刀郭翻

汉刘翊，字子相，张季礼远赴京师，过寒水，车毁，委顿道路。翊即下车与之，不告姓名，季礼意其为子相也，后造谢，还所借车，杜门不纳。

晋郭翻，字长翔，经河堕一刀于水，路人有为取者，翻与路人不受，至于三四。翻曰："尔尚不取，我岂可复得。"遂沉刀于向所堕处。

弼使强虏　愈挫逆藩

宋仁宗时，契丹使求地，帝惟许增币，吕夷简不悦，富弼荐以报聘，弼曰："国忧臣辱，臣不爱其死。"遂行。契丹主坚欲得地，弼曰："本朝皇帝为祖宗守国，岂得以尺土与人，北朝以得地为荣，南朝以失地为辱，兄弟二国，岂可以一荣一辱哉。"契丹允增币，议献纳二字，弼反复辩论，声色俱厉，契丹为之气沮，竟书纳字与之。

唐王庭凑叛，遣韩愈宣慰，愈入其军，庭凑列甲士迎之，曰："先太师为国击走朱泚，何负朝廷，乃以为贼乎？"愈曰："汝曹能记先太师则善矣，夫逆顺祸福岂远耶，自禄山师道，其子孙今尚存乎？田令公以魏博归，子孙皆为美官，王承元以北军归，弱冠建节，汝曹亦闻之乎？"庭凑恐众心动，麾之使出，因与宴礼而归之。

及之由窦　孝绪凿垣

宋韩侂胄生辰，群公毕集。吏部尚书许及之后至，阍人掩关拒之，及之大窘，门闸未闭，遂俯偻而入，当时目为"由窦尚书"。

南北朝阮孝绪，字士宗，尉氏人。屏居一室，非定省未尝出户，大中丞任昉望而叹曰："其室虽迩，其人则遐。"鄱阳王妃，孝绪姊也，王尝命驾造访，凿垣而遁。

痴人破瓮　拙妇凿裈

有贫人止能办只瓮之资，夜宿瓮中，心计曰：此瓮卖之若干，其息已倍，可赈二瓮。自二化而为四，其利无穷。遂喜而舞，不觉瓮破。　○事见《合璧事类》。

郑县人卜子使妻为袴，妻问曰："今袴何如？"夫曰："象我旧袴。"妻因凿新袴为孔。　○出《韩子》。

忠义刘氏　孝悌李门

明末闯贼入城，左中允刘理顺题于壁曰："成仁取义，孔孟所传。文信践之，吾何不然。"酌酒自尽。其妻万氏，妾李氏及子孝廉并婢仆十八人，阖门缢死。贼多河南人，至其居曰："此吾乡杞县刘状元也，居乡厚德，吾军奉李将军令护卫，公何遽死也？"数百人下拜，泣涕而去，时谓臣死君，妻死夫，子死父，仆死主。一家忠义。

唐李光弼十年间三入朝，与兄弟进在京师，虽与光弼异母，性亦孝悌，双旌在门，鼎钟奉养，甲第并开，往来追欢，极一时之荣。

笔涂赵普　火炙陈暄

宋卢多逊素与赵普不睦，一日偶同奏事，上初改元乾德，因言此号从古未有。普从旁称美，卢曰："此伪蜀时号也。"帝大惊，遽令检史视之，信然。遂怒以笔涂普面，经宿普不敢洗，翼日奉对，帝方命涤去。

南北朝陈暄傲弄日甚，后主不能容，挎艾为帽，加其首，火以炙之，燃及其发，柳庄拔之，拜谢曰："陈暄无罪，恐陛下有玩人之失。"

曳履危素　抚枕桓温

元翰林学士危素降于明，太祖以为翰林学士，素居弘文馆。一日，上御东阁，闻履声橐橐，上问为谁？对曰："老臣危素。"上曰："是尔耶，朕将谓文天祥耳。"素惶惧，顿首。上曰："素元朝老臣，何不赴和州看守余阙庙去。"遂谪和州。○元至正十八年，余阙守安庆，城陷，自刎死。

晋桓温阴蓄不臣之心，常夜卧，抚枕叹曰："作此寂寞，将为文景所笑。"既而崛起坐曰："大丈夫不能留芳百世，亦当遗臭万年。"

姊拒广孝　母逐怀恩

明僧道衍以靖难功擢太子少师，至是复姓名姚广孝。尝奉命赈济苏湖，往见其姊，姊拒之，曰："贵人何用至贫家。"

不纳。广孝乃易僧服往，姊坚不出，家人劝之，姊不得已，出立堂中。广孝即连下拜，姊曰：“我安用尔许多拜，几曾见做和尚不了底是个好人。”遂还户内，不复见。

唐仆固怀恩叛，仆固玚为其下焦晖白玉所杀，怀恩闻之，入告其母，母曰：“吾语汝勿反，国家待汝不薄，今众心既变，祸必及我，将如之何？”怀恩不对而出，母提刀逐之曰：“为国杀此贼，取其心以谢三军。”怀恩疾走得免。

煮石鲍靓　呼钱葛玄

晋鲍靓，陈留人。年五岁，与父母言曰：“本是李家儿，因堕井中死。”父母访之，果然。后为南海太守，尝遇异人得长生术，一日，行部至海，阻风，饥甚，煮白石食之。

晋葛玄以数十钱使人散投井中，徐以器置井上，呼钱出，其钱乃一一从井出，飞入器中。

陆贾新语　杜牧罪言

汉陆贾常称《诗》《书》。帝曰：“乃公马上得之，安事《诗》《书》!”贾曰：“马上得之，可以马上治之乎？汤武逆取而顺守，文武并用，长久之术也。使秦并天下，行仁义，法先圣，陛下安得而有之?”帝有惭色，曰：“试为我著秦所以失天下，吾所以得之者，及古成败之因。”贾乃粗述存亡之征，凡十二篇，每奏一篇，帝尝称善，号其书曰《新语》。

唐杜牧愤河朔三镇之桀骜，而朝廷议者专事姑息，乃作《罪言》曰：上策莫如先自治。中策莫如取魏。最下策莫如浪战，不计地势，不审攻守是也。

十四　寒

孙权斫案　刘概拍栏

汉曹操平荆州，进逼东吴，张昭等皆欲迎之，惟周瑜、鲁肃谏拒之，孙权拔剑斫前奏案曰："诸将复有言迎北军者，与此案同。"　〇斫，音灼。

宋刘概性情慷慨，举进士及第，为幕僚一任不得志，弃官归青之南，富郑公镇青为筑原上居之。每游山，独携饭一罂，穷探幽险，无所不至，夜则宿于岩石之下。或屡日乃返，往往凭栏静立，慨想世事，吁唏独语，或以手拍栏杆，自咏诗曰："读书误我四十年，几回醉把栏杆拍。"

王晞辞职　世勣就官

齐主演以王晞为侍郎，固辞不受。或劝之，曰："我少年以来，阅要人多矣，得志少时，鲜不颠覆；且我性疏缓，不堪时务，人主私恩，何由可保？万一颠蹶，欲退无地。非不好作要官，但思之烂熟耳。"时目为"方外司马"。

唐太宗有疾，谓太子曰："李世勣才智有余，然与汝无恩，我今黜之，若其即行，用为仆射；如徘徊顾望，当杀之矣。"乃以为叠州都督，世勣预知其意，甫受命，不至家而去。

亡羊王育　驱雀顾欢

晋王育，字伯春。少孤贫，为人佣牧羊，每过小学，必欷歔流涕。时有暇即折蒲学书，忘而失羊，为羊主所责，育将鬻己偿之。同郡许子章，敏达士也，闻而嘉之，代育偿羊，给其衣食，使与子同学，遂博通经史。

齐顾欢，祖、父并为农夫，欢独好学。年六七岁，画甲子三篇，欢析计，遂知推六甲。家贫，父使驱田中雀，欢作《黄雀赋》而归，雀食稻过半。父怒，欲挞之，见赋乃止。

麒麟杜广　鹳雀裴宽

南北朝杜广，初为刘景厩卒，以马肥良引为直士，侍立通夜，未尝休倦。景执其手曰："吾久负贤者。"谓妻曰："吾为女求夫三年，不觉厩中有麒麟。"乃妻之。　○麒麟一作骐驎。

唐裴宽为润州参军，刺史韦诜有女求配，登楼见有人在后圃瘗藏，访之，吏曰："此参军裴宽居也。"召宽问故，宽答云："人饷以鹿，不敢自欺，故瘗之。"诜叹异，引为按察判官，许妻以女。归语妻曰："尝求佳婿，今得矣。"明日，集其族使观之，时宽衣碧衣，形瘠而长，既入，族人皆呼为"碧鹳雀"，诜曰："爱其女，必以为贤公侯妻也。"卒妻宽。

射子羊侃　斩叔曲端

南北朝羊侃，字祖忻。侯景攻陷历阳，侃副宣城王都督城内诸军事，亲自抗拒。侃长子鷟为景所获，执来城下招降，侃曰："我倾宗报主，犹恨不足，岂复计此一子乎。"数日复持来，引以弓矢射之，贼感其忠义，亦不加害。

宋曲端统兵日，有叔父为偏将，战败诛之，乃为之成服。其祭文曰："斩叔者法，原统制者侄，祭叔者侄儿曲端。"由是军士皆畏。

刘夸茉莉　陈诩牡丹

南汉主刘张夸岭海之强，北使至馆，遗以茉莉，文其名曰“小南强”。及刘张面缚到阙，见牡丹，大骇，有缙绅谓之曰：“此名大北胜。”

宋真宗东封，命枢密使陈尧叟为东京留守，太尉马知节为大内都巡检使。驾未行，宣入后苑，赐宴，出宫人为侍。真宗与二公皆戴牡丹而行。续有旨，令陈尽去戴者，召近御座，上亲取头上一朵为陈簪之，陈跪受拜谢。宴罢，二公出，风吹陈花一叶坠地，陈即唤从者拾来，言此乃官家所赐，不可弃置，怀袖中。

周新冷面　钱觊铁肝

明周新，南海人。举乡荐为御史，弹劾不避权贵，京师称为“冷面寒铁”。出为浙江按察，时锦衣卫指挥纪纲有宠，使千户往浙辑事，作威受贿，新推得之。千户走诉于纲，纲奏新专权，上命逮新至京，新曰：“臣奉诏擒奸恶耳，奈何罪臣？”上怒，命杀之。已而悟其冤，问侍臣：“新何处人？”对曰：“广东。”上叹曰“广东有此好人，枉杀之矣。”

宋钱觊，无锡人。官侍御，上疏忤王安石，坐贬。将出台，大骂御史孙昌龄，谓其奴事安石，遂拂衣上马去。苏轼赠诗，有“乌府先生铁作肝”之句，号“铁肝御史”。

与可画竹　思肖题兰

宋文同，字与可。善画竹，喜于素屏高壁状枯槎老卉，苏轼《与可竹记》云：“画竹者必先得成竹于胸中，执笔熟视，乃见其所欲画者，急起从之，振笔直达，以追其所见，如兔起鹘落，少纵则逝矣。”

宋郑思肖，字所南。工画墨兰，疏花简叶，不求甚工，画成即毁之，不妄与人。其所自赋诗以题兰，皆险异诡特，盖以摅其愤懑云。贵要者求其兰，尤靳不与；庸人孺子颇契其意者，则反与勿计。邑宰求不可得，知其有田，因胁以赋役取，思肖怒曰："头可断，兰不可画。"

李传晶斧　姚涞玉丸

宋李传，通州人。元丰进士。钦宗居东宫时，耿南仲俱为侍读，比即位，赐水晶斧以旌其德，后知汉州。

明姚涞，字维东。苦读，忽有一美女子授以玉髓丸，曰："助君掇高科。"嘉靖二年癸未廷试，果状元。　○涞音来。

表圣坠笏　清虚挂冠

唐司空图，字表圣，居虞乡王官谷。昭宗屡征之不起，柳璨以诏书征之，图惧入见，佯为衰老，坠笏失仪。璨复下诏曰：养高钓名，匪夷匪惠，难居公正之朝，可放还山。

南北朝廖冲，字清虚。明经修行，梁武帝好儒学，招徕天下名士，冲与焉。比上，耄荒，诸子皆嚣汰，冲叹曰："根本拨矣，天下能久治乎！不去，王将以赭衣衣我。"遂挂冠而去。

李邕六绝　袁嵩五难

唐李邕，才艺出众，览秘书了辩如响，四方请文，擅名天下，号翰林六绝，谓文章书翰等六事过人。卢藏用常语之曰："君如干将、莫邪，难与争锋，然终虞缺折耳。"

东晋袁嵩云书之难也有五：烦而不整，一难也；俗而不典，二难也；书不实录，三难也；赏罚不中，四难也；文不胜质，五难也。

袁粲啸咏　弘景盘桓

南北朝袁粲，独步园林，诗酒自适。家居负郭，每策杖逍遥，当其意得，悠然忘返。郡南一家，颇有竹石，粲率尔步往，不通主人，直造其所，啸吟自得。

南北朝陶弘景，字通明。性爱山水，每经涧谷，必坐卧其间，吟咏盘桓，不能自已。谓人曰："吾见朱门广厦，虽识其华乐，而无欲往之心；望高岩，瞰大泽，知此难立止，恒自欲就之。"

钧弹常侍　铭捽内官

汉张钧，灵帝时为郎中。张让等专恣，张角作乱，钧上书言斩十常侍以谢百姓，可不须师旅，大寇自消。帝以钧表示让等，皆免冠徒跣顿首，诏视事如初。钧复上前章，不报，御史承让旨，遂诬奏钧学黄巾道，收掠死狱中。

明宣宗间，巡使者多贪纵为民害，以太监刘宁清谨，命同御史驰往各郡，尽收所差内官资橐，并其人解京师。既还，道经故城，县丞陈铭闻有内官至，不问从来，辄奋前捽宁手击之。御史奏丞无状，逮至，上曰："丞固可罪，朕以其一时偏于所恶，姑宥之。"

李巽席帽　穆之金盘

国初犹袭唐，士子皆曳袍重戴，出则席帽自随。李巽屡举不第，人曰："李秀才不知甚时席帽离身？"及第后，乃遗乡人诗曰："当年踪迹困泥尘，不意乘时亦化鳞。为报乡闾亲戚道，如今席帽已离身。"　○出吴处厚《青箱杂记》。

南北朝刘穆之，少贫，常往妻兄江氏乞食，多见辱。后江氏有庆会，属令勿来，穆之犹往，食毕，求槟榔，江氏兄弟戏之曰："槟榔消食，君饥何须此?"后穆之为丹阳尹，乃令厨人以金盘贮槟榔一斛遗之。

大言桃豹　异志郭丹

晋桃豹尝大言曰："不封万户侯位上将者，非丈夫!"时人笑之。豹言："鼠子辈安知君子豹变之志。"

汉郭丹，字少卿，南阳穰人也。七岁而孤，小心孝顺，后母哀怜之，为鬻衣装，买产业。后从师长安，买符入函关，乃慨然叹曰："丹不乘使者车，终不出关。"既而至京师，常为都讲，诸儒咸敬重之。更始二年，三公举丹贤能，征为谏议大夫，持节使归南阳，安集受降。丹自去家十有二年，果乘高车出关，如其志焉。

斩蛟赵昱　剪马高欢

隋赵昱为嘉州刺史，时有老蛟为害，昱率千人临江鼓噪，自持刀没水，有顷，水尽赤，昱左执蛟头，右手持刃，奋波而出。一日，弃官去，后嘉陵水涨，蜀人见昱云雾中骑白马而下。

南北朝高欢，仕东魏封勃海王，微时倾资结客，刘贵奇之，荐于尔朱荣，荣命剪悍马，欢不加羁绁而剪之，曰："御恶人亦由是也。"自是参军谋，机变若神，驭军旅法令严肃，断明察周，不可欺犯。

十五　删

秦王水殿　隋主火山

隋秦王俊盛修宫室，穷极俊丽。为水殿，香粉涂壁，玉砌金阶，梁柱栋榱之间，周以明镜，间以宝珠，极莹饰之美。每与宾客妓女弦歌于上。

唐太宗与萧后观灯，问孰与隋主，曰："彼亡国之君，陛下开基之主，奢俭不同耳。"帝曰："隋主何如?"后曰："每除夜，殿前诸位设火山数十，每一山焚沉香数十车，沃以甲煎，焰起数丈，香闻十里。一夜用沉香二百余车，甲煎二百余石。房中不燃膏火，悬宝珠百二十照之。"太宗口刺其奢，心服其盛。　○萧后，炀帝后也。

廉公号孟　谢子称颜

元廉希宪雅嗜书。一日，方读《孟子》，闻太弟忽必烈召，因怀之以进。问何书，曰："《孟子》。"问其说谓何，曰："即爱牛之心，充之足以保四海。"太弟善之，因呼为廉孟子。又元主常令受帝师僧八思马戒，廉曰："臣已受孔子戒矣。"元主曰："孔子何戒?"廉曰："为臣当忠，为子当孝。孔子之戒，如是而已。"

晋谢尚，字仁祖。少时，父鲲尝携之送客，或曰："此儿一座颜子也。"尚曰："坐无尼父，焉别颜回。"客皆叹异，累功进大都督。

王衍三窟　逢吉八关

晋王衍为司徒，说太傅越曰："朝廷危乱，当赖方伯，宜得文武兼资以任之。"乃以弟澄为荆州都督，族弟敦为青州刺史，语之曰："荆州有江汉之固，青州有负海之险。卿二人在外而吾居中，足以为三窟矣。"

唐平章事李逢吉性忌刻，险谲多端。郑注得幸于王守澄，逢吉遣从子训赂注，结守澄为奥援，其党有张又新、李续之、张权舆、刘栖楚、李虞、程昔范、姜洽及训八人，皆任要剧，而傅会者又八人，故号"八关十六子"。有所求，先赂八关子，达于逢吉，无不得所欲。

范宣受绢　周访投环

晋范宣子，陈留人，丹之后也。廉洁自守，韩豫章遗绢百匹而不受，减至一匹，终不受。后韩与范同车，裂二丈与之，云："宁可使妇无裩耶?"乃笑受之。

晋周访，字士达。荆州刺史。或说王敦曰，荆州乃用武之地，宜自领。改访梁州，访大怒，敦以手书慰解，遗以玉环。访投之地曰："吾岂贾竖，可以宝悦乎?"敦故终访之世，不敢为非，惮其威望也。

陶公限饮　陆生分餐

晋陶侃每饮酒有定限，常欢有余而限已竭，殷洪源劝更少进，侃凄怀良久曰："少年曾有酒失，亡亲见约，故不敢逾。"

陆时雍补郡学生，念母兄时不给，诏掌膳曰："吾日饭不尽餐，愿撤一膳以遗母。"自以一膳分为晨、午。　〇事见《孝苑》。

周启师圣　罗学龟山

宋侯仲良，字师圣，学于程颐，未悟，访周敦颐，对榻夜谈，三日还，颐惊曰：“非从周茂叔来耶?”其善开发如此。○茂叔，敦颐字。

宋罗从彦初为博罗主簿，闻杨时得程氏之学，慨然慕之，及时为萧山令，从彦徒步往学。见时三日，即惊汗浃背曰：“不至是，几虚过一生矣。”　○龟山，杨时字。

肉啖来贼　尸暴侯奸

唐来俊臣弃市时，人无不快，仇家争啖其肉，斯须而尽。

梁羊鹍为侯景都督，侃之子也。杀景送尸建康，传首江陵，截其手送于齐，暴尸于市，士民争食之，并皆尽，溧阳公主亦预食焉。景五子在北齐，皆杀之。　○溧阳公主，简文帝女，景之妻也。

傅霖别咏　若水饯班

宋傅霖，青州人。少与张咏善，咏显，求霖者三十年而不得。及咏知陈州，乃造访，吏曰：“霖请见。”咏责吏曰：“傅先生天下士，汝何人，敢名。”咏问：“昔何隐，今何出?”霖曰：“子将去，来别尔。”后一月咏卒。

唐时例，人每轻外任，重内官。班景倩忽被召入为大理卿，倪若水饯之，临别望其车尘，叹羡不已。顾同列曰：“班生此行，何异登仙，吾辈恨不得驺御。”

冀妻妖态　宣后强颜

后汉梁冀妻孙寿色美，善为妖态，作愁眉妆，堕马髻，折腰步，龋齿笑，以为媚态。　〇注：《风俗通》曰，龋齿笑者，若齿痛不忻忻也。

齐钟离春，无盐邑之女也。凹头深目，长指大节，卬鼻结喉，肥项少发。折腰出胸，皮肤漆黑。行年四十，无所容，乃自谒宣王，左右大笑曰："此天下强颜女子也。"王召见，拜为后。

园名独乐　亭号半闲

宋司马光罢相居洛为别业，自作记云："迂叟家洛，五年为园，其中为堂，聚书五千卷，命之曰'读书堂'。倦则投竿取鱼，执衽采药，决渠灌花，操斧斫竹，濯热盥水，临高纵目，不知天壤之间，复有何乐可以代此也，因名之曰'独乐园'。"

宋贾似道作半闲堂以停云水，似道每治事毕，则入亭中打坐，有佞人上《唐多令》词，大称其意。词曰："天上谪星班，辨真时往还。驾青牛早度函关。幻出蓬莱新院宇，花外竹，竹边山。轩冕倘来间，人生闲最难，算真闲不到人寰。一半神仙先占取，留一半，与公闲。"

二集下卷

一　先

文帝好学　理宗思贤

魏文帝好学，虽在军旅，手不释卷。常言：人少好学则意专，长则善忘。长大而能勤学者，唯吾与袁伯业耳。余是以少诵诗论，及长而备五经四部，史汉诸子百家之言，靡不披览。

宋理宗赠朱元晦太师，封信国公。元晦子工部侍郎在入对，言人主学问之要，帝曰："先卿《中庸·序》言之甚详，朕读之不释手，恨不与之同时也。"

窃书逸少　悟宇九渊

晋王羲之，字逸少。年十二，其父有前人《笔说》一书，藏于枕中，窃而读之。不旬日，书便大进。又学卫夫人书，夫人见书流涕曰："此子必蔽吾名。"

宋陆九渊，生而颖异，年三岁，问其父曰："天地何所穷际？"父笑而不言。遂深思至忘寝。他日读书至"宇宙"二字，解者曰：上下四方曰宇，往古来今曰宙。忽大省悟，曰："宇宙内事乃己分内事，己分内事乃宇宙内事。"后为理学儒宗，称象山先生。

张巡赚箭　狄青钉钱

唐张巡守睢阳，令狐潮围之日久，城中矢尽。巡乃缚蒿为人，披以黑衣，夜缒城下。潮疑劫营，令争射之，候其矢满，引之而上，得矢数十万。后夜复缒。贼笑，不设备，乃以死士夜缒而出，斫入潮寨，焚其垒幕，贼大溃乱，追杀数里。

宋狄青征邕州，以桂陵路险，将士惶惧。一日，乃集军士，祀神请卜，以钱十枚祝曰："此行克敌，掷得全色。"投之地，果然，遂命以钉钉定，复加封识，俟班师日起。随设宴犒军，即日就行。后奏捷凯旋，及谢神起钱，众咸争看，发之，乃两面钱也。　〇一本作百钱。

五经扫地　一疏回天

唐中宗宴近臣，国子祭酒祝钦明自请作《八风舞》，摇头转目，备诸丑态。钦明素以儒学著名，卢怀用谓诸生曰："祝公五经扫地尽矣。"

唐张玄素迁给事中，太宗诏发卒修洛阳宫，玄素上书切谏，乃罢。魏徵闻之，叹曰："张公论事有回天之力，仁人之言，其利溥哉！"

詈贼惜惜　谢客怜怜

宋高邮妓毛惜惜，端平二年，荣全据高邮城，召之佐酒。惜惜曰："吾不能为反贼行酒。"荣全怒，以刀裂其口，命脔之，骂至死不绝。后上闻，特赐英烈夫人，赐庙。潘紫岩诗曰："淮海艳姬毛惜惜，蛾眉有此万人英。恨无匕首击秦政，向使裹头真杲卿。玉骨花颜城下土，冰魂雪魄史闻名。古今无限要金者，歌舞筵中过一生。"

汪怜怜，湖州角妓也。涅古伯经历常属意焉，汪曰："君若不弃寒微，当以侧室处，妾决不为此态。”涅乃遣媒妁，备财礼娶之。经三载死，汪髡发尼寺，时公卿大夫有往访之者，汪故毁其容颜，以绝妄念，卒老。

击蛇刘裕　藏龟苻坚

南北朝刘裕，字德舆，小字寄奴。少贫贱，尝伐荻新州，遇大蛇，击伤之。明日复至州，闻有杵臼声，觇之，有数青衣捣药。问其故，答曰：“吾主为刘寄奴击伤，捣药傅之耳。”裕曰：何不杀之?”答曰：“寄奴王者，不可杀。”裕叱之，散去不见。裕自此益负，后仕晋为太尉，封宋王，寻篡晋自立。○击伤，亦作射伤。

苻坚末高陆人穿井得龟，大三尺，背文象八卦，坚令大卜畜之池，食以粟，及死，藏于太庙。是夜庙丞高虏梦龟谓曰：“我出将归江南，遭时不遇，陨命秦庭。”虏于梦中自解曰：“龟三千六百岁终，终必妖兴，亡国之征也。”未几坚败。

刽子贡父　屠伯延年

宋吕惠卿之谪，词头始下，刘贡父当草制，东坡呼曰：“贡父平生作刽子，今日才杀人也。”

汉严延年，字次卿。为人短小精悍，敏捷于事，然疾恶太甚，中伤者多，尤巧为狱文，善史书，所欲诛杀，奏成于手中，主簿亲近吏不得闻知。奏可论死，奄忽如神。冬月，传属县囚，会论府上，流血数里，河南号曰“屠伯”。其母从东海来，欲从延年腊，适见报囚，不肯入。叹曰：“我不意当老见壮子被刑戮也!”

枯骨袁术　强项董宣

汉末徐州牧陶谦卒，嘱麋竺以州付刘备，备推袁术，孔融曰：“公路岂忧国忘家者耶？冢中枯骨，何足介意。”〇公路，术字也。

后汉董宣为洛阳令，时湖阳公主苍头白日杀人，匿主家，吏不能得。及主出行，以奴骖乘，宣候于夏门亭，叱奴下车，格杀之。主还宫诉帝，帝大怒。宣叩头曰：“陛下圣德中兴，主纵奴杀人，将何以理天下乎？臣请自杀。”以头击楹，血流被面。帝令黄门持之，使宣叩谢公主，宣不从，帝笑曰：“天子不与白衣同。”因敕强项令。

水浇醉吏　火煅颠仙

吴孙权于武昌临钓台饮酒。大醉，令人以水浇群臣，曰：“今日酣饮，醉坠台中，乃当止耳。”张昭正色不言，出外车中坐，权遣人召昭还，谓曰：“为共作乐耳，公亦何为怒乎？”昭对曰：“昔纣为糟丘酒池长夜之饮，当时亦不以为恶也。”权默然，有愧色。

明太祖时有周颠仙，年十四，得颠疾。行乞南昌，至金陵，遇上出，必前遮拜，时有所言，必以“告太平”为首辞。上厌之，命沃以烧酒，颠仙饮多不醉。命覆以瓮，积薪煅之。火息，起视之，正坐晏然。

苏蕙织锦　蔡琰辨弦

晋窦滔妻苏氏，名蕙，字若兰。善属文。苻坚时，滔为秦州刺史，被徙流沙，苏蕙思之，织锦为回文《璇玑图》诗以寄。滔宛转循环读之，词甚凄惋。

汉蔡邕女名琰，六岁，邕夜弹琴，忽绝一弦，琰闻之曰：“得毋第二弦乎？”邕曰：“然。”又故绝一弦以问之，琰曰：“第四弦。”邕曰：“汝特偶中耳。”琰曰：“季札观风识四方兴衰，师旷闻律知《南风》不竞，由是言之，何云偶中。”邕乃叹服。

畏风满奋　斗雷孤延

晋满奋，字武秋。为司隶校尉，畏风。侍武帝，北窗下琉璃屏风实密而似疏，奋有寒色。帝笑奋，奋曰："犹吴牛见月而喘也。"

北齐薛孤延，豪迈果决，神武尝阅马于北牧，道逢暴雨，大雷震地，火烧浮屠，神武令延视之。延按矟直前，大呼绕浮屠而走，火遂灭。延还，须眉及马鬃尾皆焦。神武叹曰："延乃敢与霹雳斗！"　○神武，高欢也。

程主讲席　孙侍经筵

宋元祐初，程正叔为崇政殿说书，以师道自居。每侍讲，色厉庄，上畏之。同平章事潞公彦博对上甚恭，进士唱名，侍立终日。上屡曰："太师少休。"潞公顿首，谢立不去，时年九十矣。或谓正叔曰："君之倨，视潞公之恭，以为何如？"正叔曰："潞公三朝大臣，事幼主不得不恭。吾以布衣为师傅，其敢不自重。吾与潞公，所以不同。"

宋仁宗初即位，召侍讲学士孙奭讲《论语》。帝在经筵，或左右瞻视，及容体不正，奭即拱立不讲，帝为竦然改听。

士瞻百袴　阮孚一钱

齐吉士瞻，少在南蛮掷博，无袴，为侪辈所侮。及平鲁休烈，得绢三万匹，作百袴，尽赐军士，不以入室。　○袴，音库，胫衣也。

晋阮孚持一皂囊，游于会稽。人问囊中何物，曰："但有一钱，看囊恐其羞涩。"

钱起神句　马铎仙联

唐钱起，字仲文，吴兴人。工于诗，与郎士元齐名，人曰“前有沈宋，后有钱郎”，大历十才子，起其一也。尝赴举，寓宿驿舍，夜闻空中歌曰：“曲终人不见，江上数峰青。”起识之。及殿试《湘灵鼓瑟》诗，末句久不属，遂以此二句足之。主司叹曰，若有神助。官考功郎。

明马铎，字彦声，号梅崖，福建长乐人。永乐十年壬辰状元，幼时梦中有人语之曰：“雨打无声鼓子花。”不知何谓，及廷试，上出对曰：“风吹不响铃儿草。”铎即以“雨打无声鼓子花”对之。

林宗和靖　闵祖子骞

宋林可山称和靖七世孙，不知和靖不娶，已见梅圣俞序中。姜石帚嘲之曰：“和靖当年不娶妻，因何七世有孙儿？若非鹤种与龙种，定是瓜皮搭李皮。”　○和靖，林逋谥。○一本姜石帚作陈嗣初，七世作十世，末联作“想君定系闲花草，不是孤山梅树枝。”

宋何昌寓为吏部尚书，有一客闵姓求官，问曰：“君是谁后？”答曰：“子骞后。”何掩口笑曰：“遥遥华胄。”

索诗苏轼　诵易薛瑄

宋苏轼坐诗案赴狱，妻子送出门，皆哭。顾谓其妻曰：“独不能如杨处士妻作诗送我乎？”其妻不觉大笑而止。盖真宗召杨璞处士至，上问其临行有人作诗送君否？璞曰：“独臣妻有诗一首云：‘更休落魄贪杯酒，亦莫猖狂爱咏诗。今日捉将官里去，这回断送老头皮。’”上大笑放还，此杨处士妻诗也。

明大理寺卿薛瑄，不附王振，振衔之。会有武吏病死，其妾有色，振侄山欲夺之，妻持不可。妾因诬告妻毒其夫，都御史王文究问，已诬服。瑄辨其冤，屡驳还之。文谄事振，嗾御史劾瑄受贿，故出人罪，廷鞫竟坐以死下狱。瑄怡然曰："辨冤获罪，死何愧焉。"在狱读《易》以自娱。后以兵部侍郎王伟申救，乃免。

元昊缄鸽　守约捕蝉

西夏元昊寇渭州，韩琦遣任福将兵御之。福违琦节制，陷其伏中，于道旁得数银盒，封缄甚密，中有动跃声，发之，哨鸽百余突起，于是夏兵四合，福等皆没。

宋神宗时，宋守约为殿帅，自入夏月，轮军校十数辈捕蝉，不使得闻声。有鸣于前者，皆重笞之，人颇不堪。神宗一日以问，守约曰："然。"上以为过，守约曰："臣岂不知此非理，但军中以号令为先，臣幸遭承平，总兵殿陛，无所信其号令，故寓之捕蝉耳。蝉鸣固难禁，而臣能使必去，若陛下误令守一障，庶可使人。"上以为然。

煮龟元逊　烹狐茂先

吴孙权时，有平康人入山，遇一大龟，束之归。龟便言曰："游不量时，为君所得。"人甚怪之，载出欲上吴王，夜泊舟于大桑树下。宵中，树呼龟曰："劳乎元绪，奚事尔耶？"龟曰："我被拘縶，方见烹臛，虽尽南山之樵不能溃我。"树曰："诸葛元逊博识，必致相苦，令求如我之徒，计将安出？"龟曰："子无多言，祸将及尔。"树寂而止。

晋张华，字茂先。燕惠王墓有狐，经千余岁，化为一书生，乘马而出。乃谒华，引入谈论，三日不屈。疑为狐，呼猎犬试之，无惧色。华怒，百年之精，见犬则变；若千年之妖，以千年神木照之则变。

扪赘佛印　摩项守坚

汉蒋颖叔既贵，项大赘，每忌人视之。为六路大漕，至金山寺，僧佛印与蒋相善，一日见蒋，即以手扪其赘，蒋心恶之。佛印徐曰："冲卿在前，颖叔在后。"蒋大喜。　○慈圣皇后梦神语云：太平丞相项安节。神宗遍视群臣无之，后吴冲卿为相，瘰节生项间，大如拳，后见之，谓上曰："此真项安（疖）也。"

宋娄道者，字守坚，安东人。生有异相，掌中一目，中指七节，长为承天寺僧。尝召进大内，适仁宗生，啼哭不止，摩其顶曰："莫叫！莫叫！何似当初莫笑。"啼遂止。

二　萧

受蒜闵贡　弃蔬鲍焦

后汉闵贡，字仲叔，世称节士。周党见其含菽饮水，遗以生蒜，仲叔曰："我欲省烦耳，今更作烦邪。"受而不食。○蒜，音算。

周鲍焦饰行非世，廉洁自奉，荷担采樵，种蔬充食。子贡曰："子恶其君，处其土，食其蔬，何志行之相违乎？"遂弃蔬，饥死。

杵臼似鼠　义府称猫

齐景公名杵臼，臧武仲谓之曰："多则多矣，抑君似鼠，昼伏夜动，不穴于寝庙，畏人故也。”

唐李义府容貌温恭，与人语必嬉怡微笑，而狡险刻忌，故时人谓其笑中刀，又以其柔而害物，谓之“李猫”。

行雨忠政　唤雷迁韶

开成中，泗州王忠政死，十二日复活，始见一人碧衣丹帻，引臂登云，曰：“天召汝行雨，隶于左落队。”其左右落队各有五方甲马簇于云头，俯向下，重楼深室，柜囊之内，纤细毕见。更异者，见米粒长数尺。凡两队，一队于小颈瓶子贮人间水，一队所贮马牙硝末，谓之干雨。雨皆在前，风车为殿。

叶迁韶避雨，救雷公于夹树间。翌日，雷公以墨篆一卷与之，曰：“依此可致雷雨。我兄弟五人，要闻雷声，但唤雷二。雷五性刚躁，无危急事不可唤之。”自是行符致雨，咸有殊功。尝醉于吉州，为太守所辱，乃大呼雷五。郡中亢旱，忽霹雳暴作，太守下阶礼接，请为致雨，下阶沾足。　○见《神仙感遇传》。

丁谓符谶　陶安应谣

宋刘遁与丁谓善，一日作诗赠谓，有“他时驾鹤游沧海，同看蓬莱岛上春”之句，谓莫晓其意。及南迁，遁往候于儋耳，谓方悟其诗意，知遁乃异人也。与之泛舟海上而饮，曰：“成子诗谶。”

汉陶安公，时谚曰：“安公安公，治与天通。七月七日，迎我以赤龙。”至期安公果骑赤龙而去。

嗣宗毁庙　君谟修桥

王嗣宗知邠州，城东灵应公庙旁有山穴，群狐处之，妖巫挟之，为人祸福。嗣宗毁其庙，火其穴，得狐数十杀之，淫祀乃止。

宋蔡襄，字君谟。守泉州，造洛阳桥，亦名万安桥。长三百六十六丈，广丈有五尺。先是海渡岁时死者无算，襄欲垒石为梁，畏潮漫不可人力胜。乃遣檄海神，遣一吏往，吏酣饮，睡于海厓，半日而醒，则文书已易封，襄启之，一醋字。襄悟曰："神其令我廿一日酉刻兴工乎?"至期，潮果退，凡八日夕而工成，费金钱一千四百万。

叔隗季隗　大乔小乔

晋公子重耳被骊姬之谮，遂奔狄。狄人伐咎如，获其二女叔隗、季隗，纳诸公子。公子取季隗，生伯儵、叔刘，以叔隗妻赵衰，生盾。

汉季乔玄，字公祖，有二女，皆国色，周瑜为中护军，从孙策攻皖，得之，策自纳大乔，瑜纳小乔。策从容谓瑜曰："乔公二女虽然流离，得吾二人作婿，亦足为欢。"

三狗魏室　五彪明朝

魏明帝时谤书，谓台中有三狗，二狗崖柴不可当，一狗凭默作疽囊。三狗谓何晏、邓飏、丁谧也。默者，曹爽小字也。

明天启间，武臣田尔耕、许显纯、孙云鹤、杨寰、崔应元各恣贪婪，好罗织诸臣，榜掠惨毒。怀宗即位，员外郎王守谦劾之，目为"五彪"，上命籍尔耕家。又文臣崔呈秀、田吉、吴淳夫、李夔龙、倪文焕为五虎。

出妻大逊　逐妇班超

汉李充，字大逊。家贫，兄弟六人，同食递衣。妻窃谓充曰："今贫居如此，难以久安，妾有私财，愿思分异。"充伪酬之曰："如欲别居，当酝酒具会，请呼乡里内外，共议其事。"妇从。充置酒宴客，充于坐中前跪白母曰："此妇甚无状，而教充离间母兄，罪合遣斥。"便呵叱其妇，逐令出门，其妇衔涕而去。坐中惊肃，因遂罢散。

汉章帝拜班超为将兵长史，别遣卫侯李邑护送乌孙使者，邑到于窴不敢前，因上书陈西域之功不可成，因盛毁超拥爱妻，抱爱子，安乐外国，无内顾心。超闻之，叹曰："身非曾参而有三至之谗，恐见疑于当时矣。"遂去其妻。帝知超忠，乃召邑切责之。

陆绩载石　廖凝挈瓢

吴陆绩为郁林太守，归日，舟轻不可渡海，载石压之，人称其廉，号郁林石。

五代廖凝，字熙绩。有学行，隐居南岳三年，后仕南唐为都昌令，以廉自守。秩满，但携诗卷酒瓢而去，其《解印》诗云："五斗徒劳更折腰，三年两鬓为民焦。今朝解印吟归去，还挈来时旧酒瓢。"

窝名安乐　馆号逍遥

宋邵雍，字尧夫。居洛四十年，安贫乐道，自云未尝皱眉。所居寝息处，号为"安乐窝"，自称安乐先生。有诗云："莫道山翁拙于用，也能康济自家身。"

唐开元时，高太素隐商山，起六逍遥馆，曰晴夏晚云，中秋午月，冬日方生，春雪未融，暑簟清风，夜阶急雨。各制一铭。

宣咏孤雁　骈贯双雕

汉鲍宣为河南法掾，忤知府薛映，映怒之，乃献《孤雁》诗云："天寒稻粱少，万里孤雁进。不惜充君庖，为带边城信。"薛大称赏，时号为"鲍孤雁"。

唐高骈，字千里。见双雕并飞，曰："我贯中之。"一发果贯双雕，为侍御，人号为"双雕侍御"，后加平章。

弘霸指染　敬容背焦

唐郭弘霸为御史，时大夫魏元忠病，僚属省候，弘霸视便溺，即染指尝验，曰："甘者病不瘳，今味苦，当愈。"元忠恶其佞。

梁吏部尚书何敬容善伺主意，武帝虽衣浣衣，而左右衣必须鲜洁。尝有侍臣衣带卷折，帝怒曰："卿衣带如绳，欲何所缚?"敬容希旨，常以胶清刷鬓，衣裳不整，伏床熨之，或暑月，背为之焦。

道士画鹤　丈人承蜩

晋辛酒保卖酒江夏，有道士就饮，辛不索钱，如是三年。一日，道士饮毕，以橘皮画一鹤于壁，以箸招之，即下舞。嗣是贵客皆就饮，辛遂致富，乃建黄鹤楼，后道士跨鹤而去。

仲尼适楚，出于林中，见佝偻者承蜩，犹掇之也。仲尼曰："子巧乎，有道耶?"曰："我有道也。五六月累丸二而不坠，则失者锱铢；累三而不坠，则失者十一；累五而不坠，犹掇之也。吾处身也。若橛株拘；吾执臂也，若槁木之枝。虽天地之大，万物之多，而唯蜩翼之知。吾不反不侧，不以万物易蜩之翼，何为而不得!"

投书丁谓　碎牒王韶

宋丁谓贬海外，有一商人，辄与数百缗，任其货易，岁久不问。商人疑其意，且欲报之，曰："相公欲使之，虽死不避。"乃预计南京春宴，必有中使在坐，因作表乞还，封为书投府坐，约商人曰："汝必于是日到。"商人欣跃而去，至则如其言。府坐得书，慎不敢发，欲匿之。又中使已见，遂因中使回，附奏，自是得移光州。

宋郭逵为西帅，王韶初以措置西事至边，逵知其必生边患，因备边财赋连及商贾移牒取问，韶读之，怒形颜色，掷牒于地者久之。乃徐取纳怀中，入而复出，对使者碎之。逵奏其事，上以问韶，韶以元牒进，无一字损坏也。上不悟韶计，不直逵言，自是凡逵论韶皆不报，而韶遂得志矣。

孝卿退水　钱镠射潮

庾子舆，字孝卿。父卒官巴西，奉丧归。至巴东，秋水犹壮。子舆抚心长叫，其夜水忽减退，安流而下。既渡，水壮如旧，时人为语之曰："淫预如幞本不通，瞿塘水退为庾公。"　〇见《世说》。淫预，滩名，今作滟滪。

吴钱镠始筑捍海塘在候潮、通江门之外，潮水昼夜冲激，版筑不就。因命强弩数百以射潮头，又致祷于胥山祠，既而潮水避钱塘东激西陵，遂成堤岸。

徽宗封马　武后怯猫

宋徽宗有所爱马，名小乌，一日宣诏其马至御前，马足不肯进，鞭之益鸣跳。圉人进曰："此愿封官耳。"上曰："猴子且封供奉，况使小乌自身耶?"敕赐"龙骧将军"，然后帖然就辔。

唐武后断王皇后、萧淑妃手足，置酒瓮中，曰：“令二媪骨醉。”妃临死，誓云：“愿武后为鼠，吾为猫，生生世世扼其喉，食其肉。”武后闻之，令宫中无畜猫。

治河三策　颁国六条

汉哀帝初，贾让奏言治河有上中下三策：徙冀州民当水冲者，放河使北入海，以治河之费赏所徙之民，此功一立，河定民安，千载无患，谓之上策。若多穿渠漕，使民得以溉田，虽非圣人法，然亦救时术也，谓之中策。若缮完故堤，增卑培薄，劳费无已，数逢其害，最下策也。

《后汉书》：外十有二州，每州刺史一人。注：诏书旧典，刺史班宣，周行郡国，省察治政，以六条问事：一条，强宗豪右，田宅逾制，凌弱暴寡。二条，二千石聚敛为奸。三条，二千石不恤疑狱，剥戮黎元。四条，二千石选署不平。五条，二千石子弟怙恃荣势。六条，二千石通行货赂，割损政令。

三　肴

痴翁廷直　狂士仲交

明史忠，字廷直。性豪侠高抗，不事权贵，自号痴翁，署所居楼曰“卧痴”。善画山水树木，纵笔挥洒，不拘家数。尝访沈石田于吴门，沈出，堂中有素绢，泼墨成山水巨幅，不通姓名而去。石田曰：“必史痴翁也。”要之归，留三月而别。

明盛时泰，字仲交。肮脏历落，不问家人生产，遇名胜，策杖跨骡，欢然独往，家人莫能迹也。尝过御史台，乘醉挝县鼓于戟门，御史张肖甫曰："安得此狂士，必盛仲交也。"邀入，痛饮达旦而别。携所著《两都赋》谒王元美，元美赠之诗曰："遂令陆平原，不敢赋三都。"又和元美拟古七十章，三日而毕，元美殊为气夺。

苍体若瓠　沆口如匏

汉张苍，秦时为御史，有罪亡归。及沛公略地过阳武，苍以客从攻南阳。苍当斩，解衣伏质，身长大，肥白如瓠。王陵乃言沛公赦勿斩，以为常山相。苍德陵，及贵，父事陵。陵死，苍为丞相，洗沐常先朝陵夫人，然后归家。　○质，锧也。

宋李文靖公沆为相，其同年马亮责之曰："外议以兄为无口匏。"公笑曰："吾居政府，别无所长，但中外建议务更张喜激昂者，一切告罢，聊以此报国耳。今国家防制纤悉，密若凝脂，苟徇所陈一一行之，则所伤实多。"

篆吞一卷　易饮三爻

唐韩文公愈，梦人与丹篆一卷，吞之，旁一人拊掌而笑，后见孟郊乃梦中旁笑者。

吴虞翻初立《易注》，奏上曰："臣郡吏陈桃梦臣与道士相遇，放发披鹿裘，布《易》六爻，挠其三爻以饮臣，臣乞吞尽之。道士言《易》道在天，三爻足矣。岂臣受命应当知经。"

崔家共宅　刘氏一庖

唐博陵崔倕，缌麻亲三世同爨，生六子，一登辅相，五任大僚。太常卿邠、大府卿酆、外台尚书郎郾、廷尉卿郇、执金吾郜、左仆射平章事郸，同居光德里一宅。

唐刘君良，四世同居，族兄弟犹同产也。隋大业末荒馑，妻劝其异居，因易置庭树鸟雏，令斗且鸣，家人怪之，妻曰："天下乱，禽兽鸟不相容，而况人耶。"君良即与兄弟别处，月余，密知其计，因斥去其妻，曰："尔破吾家。"召见弟流涕以告，更复同居。世乱共筑堡，因号"义成堡"。武德中，杨宏业至其居，凡六院共一庖。

毕称颇牧　刘比吕包

唐宣宗时，党项扰河西，毕諴援古今条破羌状甚悉。上悦曰："吾方择帅，不意颇牧近在禁庭。"即除邠宁节度使。

宋刘挚，字莘老，东光人。儿时，父居正课以书，朝夕不少间。或谓君止一子，独不加恤耶？居正曰："正以一子不可纵也。"后官御史，正色弹劾，中外肃然，时比包拯、吕诲。

一婆致诮　三公解嘲

宋李居仁与郑辉为友，居仁年逾耳顺，须发尽白；辉少年轻侮，每见呼为李公。于是居仁尽摘其须去之，辉一见，佯为惊曰："不见数日，光彩顿异。"居仁整容喜曰："今则何如？"辉曰："昔则皤然一公，今则居然一婆矣。"

南北朝颜延之与何偃从上南郊，偃于路中遥呼延之曰"颜公"，延之以其轻脱，怪之，答曰："身非三公之公，又非田舍之公，又非君家阿公，何以见呼为公？"偃羞而退。

楚王吞蛭　李子射蛟

楚惠王食寒菹得水蛭，恐庖宰监食者法当死，遂吞之。

腹病不能食，令尹入问病，王告之故。令尹贺曰：“王有阴德，天所奉也，疾不为伤。”是夕，王如厕，蛭出，其久病心腹之疾皆愈。

承阳人李增，行经大溪，见两蛟，引弓射之，中其一，即死。后入市，见一女子素服衔涕，捉所射箭，增怪之，问焉。答曰：“何用问为，若是君箭，便以相还。”授矢而灭。增心恶之，返未达家，暴死。　〇出《异苑》。

冶鸟咄咄　黠鼠聱聱

越地深山有鸟如鸠，青色，名冶鸟。穿大树作窠，自鸣曰：“咄咄去”，明日便宜飞上树。　〇见《博物志》。又干宝《搜神记》作冶鸟，又《禽言》有咄咄怪，谢翱《晞发集》有《咄咄复咄咄》篇名。

宋苏轼《黠鼠赋》云：“苏子夜坐，有鼠方啮，拊床而止之。既止，复作，使童子烛之，有橐中空，嘐嘐聱聱，鸣在橐中。曰：嘻，此鼠之见闭而不得出者也。发而视之，举烛而索，中有死鼠。童子惊曰：是方啮也，而遽死耶？向为何声，岂其鬼耶？覆而出之，堕地乃走。”

四　豪

刘器吕范　张藐韦皋

三国吕范，少为县吏，有姿貌。邑人刘氏家富女美，范求之。母嫌欲勿与，刘氏曰：“观吕子衡岂当久贫者耶？”遂与之婚。

唐张延赏选婿，无可意者，妻苗氏知人，特选进士韦皋许之。皋性疏旷，延赏窃悔，由是婢仆轻慢之，惟苗氏待之益厚。皋辞东游，后五年，皋持节西川代延赏，改姓名作韩翱，人莫敢言。至大回，驿人告曰："代相公者韦皋，非韩翱。"苗氏曰："必韦郎也。"延赏曰："韦生必填沟壑，岂能乘吾位乎？"次日，果韦皋也，延赏惭惧潜遁。

狂词王直　壮歌袁绹

宋苏子美居馆职兼进奏院，赛神宴饮，邀馆阁诸名宿而分别流品，非其侣皆不得与会。李定愿与而苏不肯，于是尽招两军伎女作乐痛饮，共为狂歌。王直有句云："欲倒太极遣帝扶，周公孔子驱为奴。"诸不与者专伺败缺，方闻此句，王拱宸即以白上，上怒，命捕诸馆阁，先已逃匿。韩魏公为之营解，于是馆阁一空。

宋宣政间，歌者袁绹供奉九重，尝言：东坡公昔与客游金山，适中秋夜，天宇四垂，一碧无际，江流澒涌，月色如昼。遂与登金山顶之妙高台，命绹歌其《水调歌头》曰："明月几时有，把酒问青天。"歌罢，公为之起舞。

褚渊励节　宋弘秉操

宋褚渊，字彦回。风仪与日月齐明，光辉与春云比润。为吏部郎，帝召之，宿于西阁，公主私就之，公不为移志。主曰："公鬚如戟，何无丈夫气？"彦回曰："渊虽不肖，不敢首为乱阶。"

后汉宋弘为太尉，形容品行俱过人。光武姊湖阳公主新寡，帝与共论廷臣，以观其意。主曰："宋弘威容，群臣罕及。"上曰："试图之。"一日，召弘问曰："富易交，贵易妻，人情乎？"答曰："贫贱之交不可忘，糟糠之妻不下堂。"上顾谓主曰："事不谐矣。"

刘沔双烛　王濬三刀

唐刘沔为小校，从李光颜讨淮西，前后遇贼力战，锋刃所伤，几死者数。尝伤重卧草中，月黑不知归路，昏然而睡，梦人授双烛曰："子方大贵，此行无患，可持此而还。"既行，炯然有双光在前。

晋王濬夜梦悬三刀于卧屋梁上，须臾又益一刀，觉，甚恶之。主簿李毅贺曰："三刀为州字，又益一者，明府其临益州乎？"未几，益州刺史为贼所杀，果迁濬益州。

子才觅虱　子瞻嗜蠔

北齐邢子才位中书监，脱略简易，不修威仪，常对客解衣觅虱，且与剧谈。

宋苏轼谪居岭南，岭南产蠔，轼甚嗜之。尝与叔党言蠔之美味，令他勿为宣传，恐北方君子闻之，求谪海南以分其味。

赵祖斫笠　楚子投醪

后唐齐王景达将兵济江攻六合，赵太祖奋击，大破之，杀获近五千人，溺死甚众，于是唐之精卒尽矣。是战也，将士有不致力者，太祖阳为督战，以剑斫其皮笠，明日，遍阅其皮笠有剑迹者数十人，皆斩之，由是部兵莫敢不尽死。○斫，音灼。

楚师伐宋，人多寒。楚子拊而勉之曰："寡人不能为众分之也。"三军心感，皆如挟纩。楚人有馈箪醪者，庄王及投之于河，令军士迎流而饮，且谕曰："恐不能遍犒也。"三军皆为心醉。

长康翳柳　禄山咏桃

晋顾恺之，字长康。初为散骑常侍，与谢瞻连省于月夜长咏，瞻每遥赞之，恺之弥自力忘倦。瞻将眠，令人代己，恺之不觉有异，遂中旦而止。尤信小术，桓玄尝以一柳叶绐之曰：“此蝉所翳叶也，取以自翳，人不见己。”恺之喜，遂引柳叶自翳，玄就溺焉，恺之信其不见己也，甚珍之。○翳，音殪。

唐安禄山叛后好作诗，以樱桃与子庆绪作诗云：“樱桃一篮子，半红复半黄，一半与怀王，一半与周贽。”群臣曰：“圣作诚妙，但以末句与三句倒转，于韵更为稳叶。”禄山怒曰：“我儿岂可居周贽下。”

焚券收债　书扇偿逋

齐冯煖为孟尝君收债于薛，矫命以债赐诸民，焚其券。长驱到齐，孟尝君曰：“债收毕乎？来何疾也？”曰：“收毕矣。”“以何市而返？”煖曰：“君云‘市我家所寡有者’，臣窃计，君宫中珍宝满内府，狗马入外厩，美人充后宫，所乏者义耳，窃为君市义。”

宋苏轼知杭州，民有逋税者，呼至询之，云：“家以制扇为业，因天寒不售，非故负之也。”轼曰：“姑取扇来。”案作草书及枯木竹石，须臾就二十余柄，才出门，每柄争以千钱购之，因尽偿宿逋。

神酬玉枕　鬼赠珠袍

沈纵家贫，与父同入山，见一人左右导从卤簿如二千石，遥见纵父子便唤住，就纵手燃火。纵因问是何贵人？答曰：“斗山王。”纵叩头愿佑，后助得一玉枕，从此如意。　○见刘义庆《幽明录》。

谈生四十无妇，夜半有女相就，但言“三年之内，切勿以火照我”。生一儿已两岁，生不能忍，视其寝照之，腰上已生肉，腰下俱枯骨。妇觉，曰：“君负我，何不能忍一岁也，今与君永别矣。”顾儿贫，以珠袍与之，曰：“聊以自给。”裂生衣裾，持之而去，后生将袍诣市，睢阳王家买之，得钱十万，王问来历，生以实告之。

君谟啮镞　吕锜伏弢

隋末昝君谟善射，闭目而射，志其目，则中目；志其口，则中口。有王灵智者学射于君谟，以为曲尽其妙，欲射死君谟，独善其美。时君谟手无弓矢，惟执一短刀，矢来辄截之，末后一矢，张口承之，遂啮其镞。笑曰：“汝学射三年，未教汝啮镞法。”

鄢陵之战，晋将吕锜射楚共王，中目，王召养由基，与之两矢，使射吕锜，中项，伏弢，以一矢复命。　○锜，音技。弢，音叨。

张建珠殿　琛作银槽

南汉主刘𬮤据岭南，置兵八千人，专以采珠为事，目曰媚川都。每以石硾其足入海，一行共六百人，其溺而死者相属也。所居殿宇栋梁帘箔，尽饰以珠，其穷极奢丽如此。

河间王琛遣使向西域求名马，远至波斯国，得千里马曰追风，其次七百里马十余匹。以银为槽，以金为锁，诸王服其富豪。　○出杨衒之《洛阳伽蓝记》，又吐谷浑长白承福亦饲马以银槽。

除毒异剑　警恶奇刀

晋刘曜自以形质异人，恐不容于俗，隐迹管涔山，以琴书为事。尝夜闲居，有二童子入跪曰："管涔王使小臣奉谒赵皇帝。"献剑一口，置前，以烛视之，剑长二尺，光泽非常，背有铭曰："神剑御，除众毒。"服之随四时变五色，毒果不侵。

唐杨玄琰少时尝有一刀，每出入道途间多佩之，或前有恶兽盗贼，则所佩刀铿然有声，似于警人也。故名警恶刀。

焚车阮裕　饷砚蒯鳌

晋阮裕，字思旷，曾有好车，借无不给。有人葬母，意欲借而不敢言，后裕闻之叹曰："吾有车而使人不敢借，何以车为。"遂命焚之。

宋蒯鳌，宣城人。廉直重信义，虽贫窭，未尝谒人。登进士，历殿中侍御史，寻乞归庐山。鳌有龙尾砚，友人欲之而不言，鳌亦心许之，友人不告而去，鳌随步追而送之。

版镌苕玉　印渍桂膏

夏桀伐岷山，献二女曰琬曰琰，桀刻其名于苕华之玉，苕是琬，华是琰。

唐宫人被幸者，以桂红膏涂印铃臂，印文曰"风月常新"。

梅传植菜　邢峙谏蒿

明梅传，字元鼎。知登封县，万历戊申，岁大旱，麦俱枯死，梅思惟荞麦尚可种，劝民收其种以待。祈祷毕，信步行数里，忽遇一隐士揖曰："今君勤苦，然雨关天行，非旦夕可得。"梅曰："种荞可乎?"隐士太息曰："君欲活民，必须种菜。"梅乃令民菜子与荞并种，未几霪雨不止，荞无一生者，而菜勃然发，逾常年数倍，民赖以充饥。

北齐邢峙官博士，会厨宰进太子食，有邪蒿菜。峙谏曰："此菜有不正之名，非殿下所宜食。"显祖深嘉其言，命去之。

封绫秀实　悬丝山涛

唐段秀实自泾州被召，戒家人曰："汝过岐，毋纳朱泚馈。"泚果致大绫三百匹，家人拒之不遂；秀实大怒，既曰："终不以污吾。"乃置绫于司农治事堂梁间。后朱泚反，因取视所馈绫，其封犹新。

晋鬲令袁毅，在政贪浊，馈遗朝士以营虚誉。尝馈山涛丝百斤，涛不欲为异，受之，命悬之梁。后毅事露，案验百官，吏于涛梁上得丝，已数年尘埃，封印如故。

孟宗吐饭　姚馥啜糟

三国孟宗为光禄勋，大会，宗少饮，有强之者，一杯便吐。传诏有司察之，宗吐麦饭，察者以闻，上叹曰："至德清纯如此。"

晋有羌人姚馥，年九十八，好读书。嗜酒，每醉时好言帝王兴亡，善戏笑滑稽。常叹云："九河之水不足以渍曲蘖，八薮之木不足以供薪蒸，七泽之麋不足以充庖俎。"好啜浊糟，常言渴于醇酒，群辈常狎弄之，呼为渴羌。及晋武践位，擢为朝歌邑宰。曰："朝歌，纣之故都，有美酒，故使老羌不复呼渴。"馥辞，更擢醴泉太守。

五　歌

鬼怖螃蟹　民拜骆驼

关中无螃蟹，元丰中，秦州人偶收得一干蟹，土人怖其形状，以为怪物，每人家有病疟者，借去挂户上，往往遂瘥。不但人不识，鬼亦不识也。　○出《梦溪笔谈》。

宋建隆初，王师下湖南。澧民素不识骆驼，村落妇女见而惊异，竞来观之，有拜而祝之者。曰："山王灵圣，愿赐福佑。"及见屈膝而促，又走避之，曰："卑下小人，不劳山王下拜。"军士见者，无不大噱。又拾其所遗之粪，以线穿联，戴于男女颈项之下，用禳兵疫之气，南中相传以为笑。

子龙息鼓　遇春挺戈

魏王曹操与蜀主争汉中，蜀将赵云见操兵追至，大开营门，偃旗息鼓，曹军疑云有伏，引去。云擂鼓震天，弩射曹军，曹军惊骇，自相蹂践，坠汉水死者甚多。蜀主明日行来至云营，围视昨战处，曰："子龙一身都是胆。"号云为虎威将军。

明常遇春刚毅多智，膂力绝人。年廿三，为刘聚所得，察其多钞，谅无远图，欲弃之。倦寐田间，梦神人呼之曰："起！起！主君来。"适太祖骑从至，即乞归附，请为先锋。太祖率诸将渡江，举帆乘风，顷刻太祖先至牛渚，元兵阵于矶上，舟距岸三丈许，未能卒登。常遇春飞舸至，太祖麾之，应声挺戈而跃，守者披靡，遂拔采石。

辞璧崔挺　委珠子阿

北魏崔挺为光州刺史，雅著清节，有老人言："使林邑得美璧，藏之海岛，垂六十年，今遇明府，愿献之。"挺不纳。

后汉钟离意，字子阿。为尚书，时交趾太守坐赃千金，征还伏法，以资物颁赐群臣。子阿得珠玑，悉委于地而不拜赐。怪问其故，对曰："臣闻孔子忍渴于盗泉之水，曾参回车于胜母之间，恶其名也。此赃秽之宝，诚不敢拜。"帝嗟叹曰："清乎尚书之言！"乃更以库钱三十万赐子阿。

乞师荀灌　托佣小娥

晋荀嵩守襄城，为杜曾所围。其女灌，年十三，率勇士数十人，逾城突围，求救于平南将军石览，兵至城，而敌却退。

谢小娥，幼有志操，曾许字段居贞，父与居贞为贾，为盗申春、申兰所杀。小娥诡服为男，托佣申家，斩兰首，大呼捕贼。乡人擒春，小娥为尼。　○见《广舆记》。

邵谒遭扑　李广被呵

唐邵谒，翁源人。少贫贱，屈为县吏。令有客至，目为揩床者三，谒不应，令怒，慢骂之。谒瞪视曰："咄！吏岂汝揩床者邪？"令益怒，令左右扑之，谒掉臂而去。乃截其髻，着县门矢之曰："苟学不成，有如发。"奋志读书，卒以诗文名世。

汉李广家居数岁，尝夜从一骑出，从人田中饮。还霸陵，尉醉，呵止广，广骑曰："故李将军。"尉曰："今将军尚不得夜行，何故也！"止广宿亭下。

东桑跨鹤　少君乘骡

东桑生，不知何许人也，少遇异人授修炼之术，能辟谷。父母欲为之娶，曰："吾不欲为凡世度子孙。"乃闲居一室，生养数十年。一日，谓家人曰："吾道成矣。"遂手画一鹤于地，跨飞而去，时年七十六岁。　○事见《列仙传》。

汉李少君死后百余日，人见其在河东蒲板乘青骡。帝闻之，发棺，无所有。

方叔下第　毅夫登科

宋元祐中，苏轼知贡举，缄封一简令送方叔，值方叔出，仆受简置几上。有顷，章持、章援造访，窃简观，乃《扬雄优于刘向论》一篇。已而入闱，果出此题，二章皆模仿轼作。及拆号，轼意魁必方叔也，乃章援。第十名文意相似，乃章持。而方叔竟下第。轼出院作诗送其归曰："平生漫说古战场，过眼终迷日五色。"

宋郑獬，字毅夫。自负时名，国子监以第五人送，意甚不平，谢主司启有"李广事业，自谓无双；杜牧文章，止得第五"。又云："骐骥已老，甘驽马以先之；巨鳌不灵，因顽石之在上。"主司深衔之。及廷试，主司复为考官，必欲黜落以报不逊。有试业似獬者，枉遭斥逐，而开封，则毅夫居第一。

断靷郭宪　碎衣陈禾

汉郭宪，字子横。建武中，帝欲自征陇西，宪为谏阻，及驾出，宪乃拔佩刀斩断车靷，跪道当车苦谏，帝卒不从。及颍川盗起，帝曰："悔不用郭子横之言。"

宋陈禾，字秀实，鄞县人。官御史，尝劾童贯、黄经臣之罪，论奏未终，帝拂衣起，禾引帝衣，请毕其奏，衣裾落。帝曰："正言碎朕衣矣。"禾曰："陛下不惜碎衣，臣岂惜碎首！"帝曰："卿能如此，朕复何忧！"

晋将茗瘕　唐相酒魔

晋桓温有一督将病后虚热，饮复茗必一斗二升乃饱。后有人造之，更进五升，乃吐出一物如升大，有口，形质缩绉，状如牛肚。客令置盆中，以斛二升复茗浇之，此物嗡之俱尽，而止觉小胀，又增五升，始悉混然从口中涌出。既吐此物，病遂瘥，或谓此何病？答曰："此病名茗瘕。"

唐相元载一日不饮，方闻气已醉，人以针挑其鼻尖，出一小虫，曰："此酒魔也。"是日饮一斗。

指盗鸜鹆　证杀鹦鹉

晋有参军畜一鸜鹆，主典人盗物，鸜鹆密白之，参军衔之而未发。后盗牛肉，鸜鹆复白，参军曰："盗肉应有验。"鸜鹆曰："以新荷裹，着屏风后。"验之果然，痛加之法。

唐开元间长安民杨崇义妻刘氏，与邻人李弇私通，谋杀崇义，埋之井中。刘故控于官，官验所居并无踪迹，忽架上鹦鹉曰："杀我主者，东邻李弇也。"因以上闻，明皇封为绿衣使者。

景公治海　顺帝挑河

齐景公游海上而乐之，六月不归，告左右曰："敢有先言归者死。"颜蠋进曰："君乐治海，不乐治国。彼若有治国者，君安得乐有此海乎？"遂归，中道闻国人谋欲不内之。

元顺帝以贾鲁为总治河防使，诏开黄河故道，发河南北兵民十七万，自黄陵冈南达白茅，放于黄固、哈只等口，又自黄陵西至杨青村，凡二百八十里有奇，兴工凡五阅月。先是河南北童谣云：“石人一只眼，挑动黄河天下反。”及贾鲁治河，果于黄陵固得石人一只眼，而汝、颍之兵起。

边名菩萨　包号阎罗

南唐边镐，初生时，父母梦谢灵运来谒，遂生镐，故少名康乐。仕南唐，从查文徽克建州，凡所俘获者皆全之，建人谓之“边佛子”。及克潭州，市不易肆，潭人又谓之“边菩萨”为节度盛修佛事，又号“边和尚”。

宋包拯峻直刚毅，及知开封府，贵戚宦官为之敛手，童稚妇女皆知其名，呼为包待制。京师语曰：“关节不到，有阎罗包老。”人以其笑比黄河清焉。

六　麻

李藩批敕　阳城裂麻

唐李藩为给事中，制敕有不可，遂于黄敕后批之。吏曰：“宜别联白纸。”藩曰：“别联白纸是文状，岂曰批敕耶?”裴相言于帝，以为有宰相器，遂拜相。

唐阳城自处士征为谏议大夫，与客日夜痛饮，人莫能窥其际，韩愈作《争臣论》以讥之，城亦不以为意。及陆贽等坐贬，上怒未解，城即帅拾遗王仲舒、补阙熊执易、崔邠等上疏论裴延龄奸佞，贽等无罪。上欲罪之，太子为营救，乃解。时朝夕相延龄，城曰：“脱以延龄为相，当取白麻坏之。”

恸哭于廷。　○唐中书用黄白二麻。

安期食枣　徐光乞瓜

汉李少君以却老方见上曰："臣游海上，见安期生食臣枣，大如瓜。"

吴时，有徐光常行幻术于市里，从人乞瓜，其主弗与，因索瓣种之，俄而瓜生蔓延成花实，乃取食之，因遍给观者，鬻者反视所卖，皆无耗矣。　○觅《搜神记》。

三后梁氏　八相萧家

后汉梁冀，一门三皇后，六贵人，二大将军，夫人、女食邑称君七人，尚公主三人，其余卿、将、尹、校五十七人。

唐萧瑀及孙遇凡八叶皆宰相，名德相望，与唐盛衰。

汉姬人彘　辽主帝羓

汉吕后令永巷囚戚夫人，令帝召赵王，三反，宰相周昌曰："高帝属臣相赵王，太后欲诛之，臣不敢奉诏。"吕后怒。召昌至，复召赵王来，帝自迎入宫，挟与起居。吕氏欲杀之，不得间。帝晨出射，赵王不能起早，吕后使持鸩杀之，遂断戚夫人手足，去眼，煇耳，饮瘖药，使居厕中，命曰"人彘"，召帝观看，帝大惊，因病岁余。

契丹耶律德光至临城得病，至杀狐林而卒，国人剖其腹，实盐数斗，载之北去，晋人谓之"帝羓"。契丹主丧至，述律太后不哭，曰："待诸部宁一如故，则葬汝矣。"　○辽，契丹国号。羓，音巴。

吴祐返责　缪肜自挝

汉吴祐迁胶东侯相，政惟仁简，以身率物，民有争讼者，即自闭阁返躬自责，然后听其讼，吏人怀而不欺。

后汉缪肜，字豫公，汝南召陵人也。少孤，兄弟四人，皆同财业，及各娶妻，诸妇遂求分异，又数有斗争之言，肜深怀愤叹，乃掩户自挝曰："缪肜，汝修身谨行，学圣人之法，将以齐整风俗，奈何不能正其家乎！"弟及诸妇闻之，悉叩头谢罪，遂更为敦睦之行。

画狮光宝　绘马子华

顾光宝能画，有陆溉患疟经年，光宝乃以墨图一狮子，令于户外榜之，谓曰："此出手便灵异，可虔诚致祷，明日当有验。"溉令家人焚香拜之，是夕中夜，户外有窸窣声，明日，新画狮子口中臆前有血淋漓，溉病乃愈。　〇见《八朝穷怪录》。

杨子华画马于壁，每夕必闻踶啮长嘶，如索水草。图龙于素壁，舒卷辄云气萦集，世祖使居禁中，天下号为画圣。〇见《名画记》。

方朔献草　单父种花

种火之山有梦草，似蒲，色红，昼缩入地，夜则出，亦名怀梦。怀其叶则梦之，吉凶立验也。帝思李夫人之容不可得，东方朔乃献一枝，帝怀之，夜果梦夫人，因改曰"怀梦草"。　〇见《洞冥记》。

唐宋单父有种花术，凡牡丹变易千种。明皇召至郦山，种花万本，色样各殊，内人呼为花师。

令孜称父　怀贞号爹

唐僖宗即位，时年十四，专事游戏，政事皆委田令孜，呼为阿父，除官不复关白。

唐中宗岁除谓窦怀贞曰："闻卿丧妻，今欲继室乎?"怀贞唯唯。俄而殿中宝扇障卫有衣翟衣出者，乃韦后乳母，所谓莒国夫人者，故蛮婢也。世谓媪婿为阿爹，怀贞每奏事，自称阿爹或谓国爹。　○爹，音遮。

张果蝙蝠　杨戬虾蟆

唐明皇时有张果老先生，不知岁数，问无不知。帝问道士叶静能曰："果老何人?"曰："此混沌初开白蝙蝠精也。"

宋杨戬所居堂后凿一大池，环以廊庑，扃镝周密。每至浴时，悉屏人去，跃入水中游泳。一日，戬独寝，有盗入其室，见床上一只大虾蟆，两目如金光射注，盗不觉惊踣于地，而虾蟆复变为戬也。坐起，按剑问曰："汝为何到此?"盗以实对，戬抛一银香球与之，曰："念汝实贫，以此赐汝。勿为人言所见。"盗不敢受，再拜而去。

面壁王述　堕榻裴遐

晋《王述传》："谢奕性粗，尝忿述，极言骂之。述无所应，面壁而已。半日，奕去，始复坐。人以此称之。"

晋裴遐，赋性恬和。尝在周馥坐，与人围棋，馥司马行酒，遐未即饮，司马醉怒，因推堕床下。拂衣还坐，毫无愠色。

字询杕杜　帖误枇杷

唐李林甫为相，不识"杕"字，谓韦陟曰："诗云：有杕之杜，何说?”陟既鄙其误，又畏其威，不敢答，但俯首微笑而已。

明莫廷韩过袁太冲家，见桌上有礼帖，上写琵琶一盒，相与大笑。适屠赤水至，问知其故，亦大笑。曰：“枇杷不是此琵琶。”袁曰：“只为当年识字差。”莫曰：“若使琵琶能结果，定教管弦尽开花。”屠大称赏，遂广为延誉，一时知名。

狄青天使　王德夜叉

宋狄青为延州指挥使，会元昊叛，屡将兵出战，四年中大小二十五阵，西戎及岩下以及京师之人皆呼为狄天使，威名大振。

宋张浚遣统制王德复宿州，守将马秦降，宿州平。德乘胜趋亳州，与浚会于城父，时郦琼与葛王乌绿在亳，闻德至，即遁去。德入亳州，请于浚曰：“今兵威已振，请乘胜进取。”浚不从而还寿春。初，德以十六骑径入隆德府，缚金守臣姚太师献于朝，钦宗问状，姚对曰：“臣就缚时，止见夜叉耳。”由是人呼为“王夜叉”。

商论乔梓　敷辨梨楂

伯禽与康叔朝于成王，见周公，三见而三笞伯禽。康叔与伯禽见贤者商子而告之，商子曰：“南山之阳有木焉，名曰乔，北山之阴有木焉，曰梓。盍往观焉。”二子往观，见乔木耸焉，高而仰；梓木勃焉，卑而俯。反告商子，商子曰：“乔者，父道也；梓者，子道也。”明日见周公，入门而趋，登堂而跪，周公拂其首，劳而食之。　○见《说苑》。

刘宋张敷，小名楂。父邵，小名梨。文帝戏之曰：“楂何如梨?”敷对曰：“梨是百果之宗，楂何敢比也!”

仙童取露　真妃餐霞

邓绍入华山采药，见一童子执五采囊承柏叶上露，如珠满囊，问之，曰："赤松先生取以明目。"言终，失所在。〇见《续齐谐记》。

九华真妃曰："日者霞之实，露者日之精，人惟闻服日实之法，未知飧霞之精也。夫飧霞之精甚秘，致霞之道甚易，此谓体生玉光，霞映上清之法。"　〇见《十洲记》。

龟蒙斗鸭　渊材禁蛇

唐陆龟蒙居震泽，有斗鸭一栏，有一使过，挟弹毙其一。龟蒙曰："此鸭能作人语，待附苏州上进。"使者酬以橐中金，问其语，曰："能自呼其名。"使者愤然。且笑上马，复召之，还其金，曰："吾戏耳。"

宋彭渊材尝从郭太尉游园，咤曰："吾此传禁蛇方甚妙，但咒语耳，而蛇听约束如使稚子。"俄有蛇甚猛，太尉呼曰："渊材，可施其术。"蛇仰首来奔，渊材无施其术，反走，汗流脱其冠巾，曰："此太尉宅神，不可禁也。"太尉为之大笑。

李崇俭约　王济豪奢

李崇为尚书令，食无肉，并有韭茹、韭菹。客李元祐谓人曰："李令公一食十八种。"人问之，曰："二九十八。"闻者大笑。

晋王济，字武子，司徒浑子也。武帝尝至其家，供馔并用琉璃器，婢子百余，皆绫锦绮罗，以手擎饮，献蒸肫，肥美异于常味，帝怪问之，答曰："从幼以人乳饮之故耳。"帝心甚不平，食未毕便去。叹曰："奢侈至此，恐王恺、石崇所未知作。"又每节饲马以明沙豆、蔷薇草，买地试马，编钱如地，时人谓之金埒。

投枣报栗　除棘还瓜

梁萧琛预御筵，醉而俯伏，武帝以枣投之，琛惊起，乃取栗还掷之上，顿首谢曰："陛下投臣以赤心，臣敢不报以战栗。"

晋桑虞有园在宅北，瓜果将熟，有人逾垣盗之，虞以园垣多棘刺，使奴为之开道。偷瓜者将出，见路通利，知虞使除之，乃送所盗瓜，叩头谢过。

祐辨鲮鲤　朔识驺牙

魏高祐为中书令侍郎，文成末，兖州东郡获一异兽，人莫知者，诏问祐，祐曰："此三吴所出，厥名鲮鲤，今我得之，吴楚地其有归国者乎。"又有人于零丘得一玉印以献，问祐，祐曰："印有籀书二字，文曰宋寿，寿者，命也，我获其命，亦是归我之征。"献文初，义阳王昶来奔，薛安都等以五州来降，时谓祐言有验也。　〇鲮，音陵。

汉建章宫后阁重栎中有物出焉，其象似麋，群臣莫知，诏问东方朔，朔曰："所谓驺牙者也。远方当来归义，而驺牙先见，其齿前后若一，齐等无牙，故谓之驺牙。"后匈奴浑邪王果将众降汉。

羊琇酿酒　德裕试茶

晋羊琇，字稚舒，泰山人。通济有才干，冬月酿酒，常令人抱瓮，须臾复易一人，日数更换，酒速成而味特美。

唐人有授苏州牧，李德裕谓之曰："到彼郡日，天柱峰茶可惠三数角。"其人献之数十斤，李不受，退还。明年罢郡，用意精求数角投之，德裕阅之而受曰：“此茶可以消酒肉毒。”乃命煮一瓯，沃于肉食内，以银合闭之，诘旦开视，其肉已化为水矣。

七　阳

牢不友帝　斗耻趋王

后汉牛牢，字君直。世祖为布衣时，与牢交游，尝夜讲说谶言云：“刘秀当为天子。”世祖曰：“安知非我，万一果然，各言尔志。”牢独默然，世祖问之，牢曰：“大丈夫立义不与帝友。”众大笑。世祖即位征牢，称疾不往，诏曰：“朕幼交牛君，真清高士也。”

王斗者，齐人也，修道不仕。尝造宣王门，欲见宣王，宣王使谒者延斗入，斗曰：“斗趋见王为好势，王趋见斗为好士，于王何如?”谒者还报，王曰：“先生徐之，寡人请从。”王遂趋迎，后斗荐五人于王，齐赖以治。

慈母公义　神父叔阳

隋辛公义，开皇中为岷州刺史。岷俗畏病，一人病疫，即合家避之，父子夫妻不相看养，由是病者多死。公义欲变其俗，因分遣官人巡检部内，凡有疾病者，皆以床舆来，安置厅事。公义亲置一榻，独坐其间，市药延医疗之，躬劝饮食。病瘥，乃召其亲戚谕之，诸病家惭谢，合境称为慈母。

宋登，字叔阳。为汝阴令，政教明能，号称神父。○又明姜洪，广德州人。知夏县，政治严明。士素骄悍，导之以礼，民当甲者，不费一钱，夏人称之为严父。

高辛嫁犬　单于配狼

高辛氏，宫中老妇也。耳疾，挑之，有物如茧，以瓠盛之，以盘覆之，须臾化为犬，因名盘瓠。后有犬戎之寇，募得犬戎吴将军首者，赐金万镒，邑万家，妻以小女。盘瓠俄衔一首至，乃吴将军首也，帝大喜。第谓盘瓠畜类，不可妻以少女，以为信不可失，帝不得已从之，盘瓠负入南山，生六男六女。

匈奴单于生二女，姿容甚美。单于曰，此女安可配人，将以与天。乃于国北无人之地筑高台，置二女于其上曰："请天自迎之。"乃有一老狼，昼夜守台嗥呼，因穿台下为穴，经时不去。其小女曰："吾父以我与天，而今狼来，或是天处我。"乃下为狼妻而生子，后遂滋盛为高车国。　○见《杜氏通典》。

和尚竖指　佛图涤肠

俱胝和尚不知姓名，尝有尼戴笠执锡，绕师三匝云："道德即拈笠子。"三问皆无对，尼便去，旬日，天龙和尚至，师俱陈前事，天龙竖一指示之。师当下大悟曰："吾得天龙一指头禅，一生受用不尽。"言讫示寂。　○出《寂光镜》。

晋佛图澄，天竺人。妙通玄术，役使鬼神。其左胁乳旁有一孔，约大四寸，通彻腹内，恒以絮塞之，拔去则一室洞明。斋罢则至水边引肠涤之。

疗足元晦　医臂云长

宋朱元晦染足疾，有道人为施针术，旋即轻安，公大喜，厚谢之，且赠以诗云："几载相扶藉瘦筇，一针还觉有奇功。出门放杖儿童笑，不是从前勃窣翁。"道人去未数日，足疾大作，甚于未针，亟令寻道人，已不知所往矣。公叹息曰："某无意罪之，但欲追索其诗，恐复持此误他人耳。"是夜梦神曰："公一念动天。"足疾旋瘳。

蜀关云长尝为流矢所中，贯其左臂，后创虽愈，每至阴雨，骨常疼痛，医曰："矢镞有毒，毒入于骨，当破臂作疮，刮骨去毒。"乃伸臂令医劈之，时适请诸将饮食，臂血流淋，言笑自若。

弼给弱马　宇拣瘦羊

魏世祖田于河西，诏以肥马给猎骑，尚书古弼留守，悉以弱马给之，魏主大怒，欲斩之。弼官属惶怖，恐并坐诛，弼曰："为臣不使人主盘于游田，其罪小；不备不虞，乏军国之用，其罪大。今蠕蠕方强，南寇未灭，吾为国远虑，虽死何伤。此乃吾为之，非诸君之过。"魏主闻之，叹曰："有臣如此，国之宝也。"赐衣一袭。　○蠕蠕，国名。

汉甄宇为博士，建武中，每猎，诏赐博士人一羊，羊有大小肥瘦，时议欲杀羊分肉，宇曰："不可。"又欲投钩，宇复耻之，因先自取其最瘦者，自是不复争。后召会，诏问瘦羊博士所在，京师因以为号。

武襄面涅　汾阳额光

宋狄青起行伍，十余年而显贵，面涅犹存。帝尝敕青傅药除之，青指其面曰："陛下以功擢臣，不问门第，臣所以有今日，由此涅耳，臣愿留此以劝军中，不敢奉诏。"帝益重之。后卒，谥武襄。　○涅，谓面刺字，以青涅之。

唐汾阳王郭子仪，每有升迁，则面长二寸许，额有光气，久之乃复。

崇圣太祖　尊师明皇

后周太祖谒孔子祠，将拜，左右曰："孔子陪臣也，不宜以天子拜之。"太祖曰："孔子百世帝王之师，敢不敬乎！"遂拜。又拜孔子墓，禁樵采，访孔子、颜渊之后以为曲阜令及主簿。

唐明皇命马怀素、褚无量更日侍读，每至阁门，令乘肩舆以进，或在馆道远，听于宫中乘马。亲迎送之，待以师傅之礼。

代赎端第　荣赐达坊

宋相吕端卒，诸子多不同处，旧第已质于人。帝闻之，出内库钱赎之，令其聚居。端长子藩言，负人息钱甚多，帝别赐内库金帛俾偿之。藩弟荀与西京差遣，仍令内侍省置簿，为掌僦课给其家。王旦曰："陛下推恩旧臣，始终委曲，至矣。"

明徐达，字天德，濠州人。太祖时，累官右丞相，平定河南，令诸裨将分道河北，徇河北地，遂克元都，还师下山西，定陕西，复将兵破扩廓帖木耳，振旅还京师，封魏国公。命有司治甲第，表其坊曰"大功"。卒，加赠中山王。

光逢玉尺　季长绣囊

五代赵光逢，字延吉，以文行知名。时人称其方直温润，谓之"玉界尺"。　○又唐元逢之行文如玉界尺。

后汉马融，字季长，扶风茂陵人。勤学，梦见林花，梦中折此花食之，由是天下文词无所不知，时人呼为绣囊。

工佞思止　巧诈子扬

唐侯思止素诡谲无赖，恒州刺史裴贞杖一判司，判司使思止告贞与舒王元名谋反，元名废，徙和州，贞亦灭族。思止求为御史，武后曰：“卿不识字。”对曰：“獬豸何尝识字，但能触邪耳。”武后悦，从之。　○獬音蟹，豸，柴上声。舒王元名，高祖子也。

魏曹丕欲伐蜀，杨暨谏阻曰：“臣言不足采，刘晔乃先帝谋臣，尝曰蜀不可伐。”丕曰：“晔与吾言蜀可伐，召晔可质也。”晔至终不言。后晔见丕曰：“伐国大谋也，臣得与闻，常恐漏泄，以益敌国。”帝悦之，出责暨曰：“子诚直臣，然不足采，不可不精思也。”暨谢之。或恶晔者言于丕曰：“晔不尽忠，善伺上意，巧于趋合。”丕试之，果然。　○子扬，晔字也。

郭亮营葬　庞淯临丧

汉汝南郭亮，李固弟子也。固因忤梁冀被诛，弃尸于四衢，亮年始成童，左提章钺，右秉铁锧，诣阙上书，乞收固尸。不许，遂临哭，守尸不去。夏门亭长呵之曰：“卿曹何等腐生，公犯诏书，于试有司乎？”亮曰：“亮含阴阳以生，戴乾履坤，义之所动，岂知性命？”太后闻之，乃听其收葬。

三国庞淯，字子异。初以凉州从事守破羌长，会武威太守张猛反，杀刺史邯郸商，猛令曰：“敢有临商丧，死不赦。”淯闻之，弃官奔走，号哭丧所，袖匕首诣猛门，欲因见以杀猛。猛知其义士，由是以忠烈闻。太守徐揖请为主簿。后郡人黄昂反，城陷，揖死，淯乃收敛揖丧，送还本郡，行服三年。文帝践祚，历官西海太守。

太祖岸帻　高帝踞床

宋太祖召窦仪草制，至苑门，仪见太祖岸帻跣足而坐，却立不肯进，太祖遽索冠带而后召入。仪曰："陛下创业垂统，宜以礼示天下，恐豪杰闻而解体。"太祖敛容谢之，自是对近臣未尝不冠带。　〇帻，音责。

汉高帝至传舍，使人召郦食其。食其入见，高帝方踞床而坐，食其不拜，曰："足下欲诛无道秦，不宜倨见长者。"高帝乃起，延之上坐，问计。

高却献妇　杜辞选倡

唐刘辟叛，高崇文督师克之。辟有二妾皆殊色，监军请献之，崇文曰："天子令我讨平凶竖，当以抚百姓为先，遽献妇人以求媚，岂天子之意耶？崇文义不为此。"乃以配将吏之无妻者。

唐武宗闻扬州倡女善为酒令，敕监军选之，监军邀节度使杜悰同选，悰不从，监军怒，表其状。上曰："敕藩选倡入宫，岂圣天子所为，杜悰得大臣体，朕甚愧之。"遽敕勿选。

唾砚仁轨　索帖元章

宋米芾，字元章，有洁癖。周仁轨性巧诈，与之交。一日，芾言得一古砚，非世所有，殆天地秘藏。周借观之，芾发笥检取，周随取水涤手，以巾拭者再，若敬观状。及出视，称赏不已，且云："诚为尤物，但未知发墨如何？"命取水试之。急未至，周即唾涎磨之，芾变色曰："砚已污矣，永不可用。"遂弃之。他日周再往，袖之而归。

米元章在真州谒蔡攸于舟中，攸出王右军帖示之，元章惊叹，求以他画易之。攸意以为难，元章曰："公若不见从，某不复生，即投此江死矣。”因据船舷欲坠，攸遽与之。

击瓮君实　斩丝高洋

宋司马光，字君实。童稚时，与群儿戏，一儿坠水瓮中，群儿惊走，光以石击瓮，瓮破水出，儿得不死。京洛间遂为《小儿击瓮图》。

北齐主高洋，内明外晦，众莫知之。其父高欢独异之，曰：“此儿智虑过人，他日必成吾志。”一日，欢欲试诸子志，使各理乱丝，众方经治，洋乃引刀斩之，曰：“乱者必斩。”欢益奇之。

侍中口臭　太尉足香

汉侍中刁存年老口臭，上出鸡舌香使含之。

彭孙尝为李宪濯足，曰：“太尉足何香也。”宪以足踏其头曰：“奴谄不太甚乎？”　〇见《仇池笔记》。

刃婢张后　杀妾齐姜

晋宣帝为魏武之命，托以风痺，尝曝书，遇雨，不觉自起收之。家惟一婢见之，张后惧事泄，乃杀之以灭口，而亲自执爨。

晋公子重耳被骊姬之谮，遂出奔。及齐，齐桓公妻之，有马二十乘，公子安之。从者以为不可，将行，谋于桑下。蚕妾在其上，以告姜氏，姜氏杀之，谓公子曰：“子有四方之志，其闻之者，吾杀之矣。”公子曰：“无之。”姜曰：“行矣，怀与安实败名。”公子不可，姜与子犯谋而醉遣之。

写经应用　题榜仲将

应用善书，并善写细字，尝于一钱上写《心经》，又于粒麻上写“国泰民安”四字。　○出《江南野史》。

魏韦诞，字仲将，善书，题署尤精。明帝凌云台成，误先钉榜，未题署，以笼盛诞，辘轳长絙引上，使将榜题，去地二十五丈，诞危惧，头鬓皆白，诫子孙绝此楷法。袁昂评其书云：“如龙拏虎踞，剑拔弩张。”诞尝曰：“用张芝笔，左伯纸及臣墨，兼此三者，又得臣手，然后可以逞径丈之势，方寸千言。”

晓人张猛　真相王商

汉张猛，骞之孙也。为光禄大夫，上祭宗庙，出便门，欲御楼船，薛广德当乘舆车，免冠顿首曰：“宜从桥。”诏曰：“大夫冠。”广德曰：“陛下不听臣，臣自刎，以血污轮，陛下不得入庙矣。”上不说。张猛进曰：“臣闻主圣臣直，乘船危，就桥安，圣主不乘危，御史大夫言可听。”上曰：“晓人不当如是耶?”乃从桥。

汉丞相王商多质有威重，容貌绝人。单于来朝拜谒商，仰视，大畏之，迁延却退。上闻而叹曰：“真汉相矣。”

充隐皇甫　诈忠张汤

晋桓玄篡立，耻无隐士，乃令皇甫希之给以资用，使居山林，征为著作郎，又使固辞，然后下诏旌里，号曰高士，时人谓之充隐。

汉张汤，武帝时为御史大夫，会匈奴求和亲，天子下其议，博士狄山以和亲为便。汤曰：“此愚儒无知。”山曰：“臣固愚忠，若汝乃诈忠，昔治淮南，深文痛诋，诸侯恐怖，藩臣不安。”上作色曰：“吾使尔居一郡，能无虏入乎？”曰：“不能。”“居一县？”曰：“不能。”“居一障？”山曰：“能。”如是遣山乘障，月余匈奴虏山去，群臣遂服汤谋。

象慨矮屋　群夸美庄

唐张象登第，为华阴主簿，而为守令所抑。叹曰：“大丈夫有凌云盖世之志，而拘于下位，如立身矮屋之下，使人抬头不得。”乃弃官而去。

唐崔群知贡举归，其妻劝树庄田，群曰：“予有美庄三十所，前年春榜所放三十人是也。”妻曰：“君非陆贽门生乎？君掌文柄，约其子简礼不令就试，如以君为良田，则陆氏一庄荒矣。”群无以答。

武帝碎枕　太祖毁床

宋武帝清简寡欲，宁州尝献琥珀枕，光色甚丽。时将北征，以琥珀治金创，命捣碎分付诸将。

明太祖灭陈友谅，有以友谅镂金床进者，太祖观之曰：“此与孟昶七宝溺器何异，陈氏穷奢极侈，安得不亡。”即命毁之。

贺诗投溷　萧字陷墙

唐李藩尝缀李贺歌诗为之集，序未成，知贺有表兄，与贺为笔砚之旧，召之，托以搜访所遗。其人敬谢，且请得所葺者，当为改正。李公喜，并付之。弥年绝迹，李公召诘之，其人曰：“某恨其傲，尝思报之，所得兼旧有者一时投于溷中矣。”李公大怒，叱出之。

梁萧子云，字景乔。武帝造萧寺，令子云飞白大书萧字，后人宝之，李约自江南载归东洛，造一小亭，陷列于墙以玩，号曰萧斋。

弹棉宰相　缩葱侍郎

明刘吉，孝宗时相也。性情奸狯，屡被弹章，仍进秩，人呼为刘棉花，言其愈弹愈起也。后上欲封张皇后弟伯爵，吉言必尽封周、王二太后家乃可，上恶之，使中官至其家，勒令致仕。

唐侯思止食笼饼，必令缩葱加肉，时号“缩葱侍郎”。

泽奇武穆　白救汾阳

宋岳武穆飞，犯法将刑，宗泽一见奇之。曰：“将材也。”会金人攻汜水，以五百骑授飞，使立功赎罪。飞大败金人而还，升飞为统制而谓之曰：“尔智勇材艺，古良将不能过；然好野战，非万全计。”因授飞阵图。飞曰：“阵而后战，兵法之常。运用之妙，在乎一心。”泽是其言，飞由此知名。

唐李白游并州见郭子仪，奇之。子仪犯法，白为救免。后白为江州永王璘辟为府僚，佐璘起兵，白坐罪，子仪请解官以赎。

百口保滉　十族诛方

唐韩滉，人有谮其聚兵修城，阴蓄异志。上问李泌，泌曰：“滉修城为迎扈之备，此人臣忠笃之虑，奈何为罪？且滉性刚严，不附权贵，故多谪毁。其子皋为郎，不敢归省，正以谤语沸腾。”故遂上章，请以百口保滉，上乃令皋归觐，面谕之曰：“卿有谤言，朕不复言，关中之粮，宜速致之。”滉闻命，即日发米百万斛，冒风涛而运之。

明成祖即位，令方孝孺草诏天下。孝孺斩衰入见，悲恸殿阁。上曰："我法周公辅成王耳。"孝孺曰："成王安在?"上曰："伊自焚死，况此乃朕家事，先生毋过劳。"左右授笔札，孝孺大书"燕王篡位"四字，掷笔于地。上叱曰："汝不顾九族也?"孝孺曰："便十族奈何!"声色俱厉。上大怒，搜其朋友门生尽磔于宝聚门外，死者八百七十三人。

伯宗药箭　彦章铁枪

后汉耿恭，字伯宗。匈奴攻金蒲城，耿恭以毒药傅矢，传语匈奴曰："汉家神箭，其中疮者必有异。"因发强弩射之。虏中矢者，视疮皆沸，遂大惊。相谓曰："汉兵神箭，真可畏也。"遂散去。

五代王彦章，字子明。骁勇有力，能跣足履棘竹行百步，持一铁枪而驰突奋迅，军中号为"王铁枪"。　○枪，俗作鎗，非。鎗，三足釜也。

明皇放蝶　武帝驾羊

唐明皇宴宫中，使嫔妃各插艳花，帝亲作粉蝶放之，随蝶所止幸之，谓之"蝶幸"。后杨贵妃专宠，不复作此戏。

晋武帝平吴后，怠于政事，喜乘羊车游宴，恣其所之，即便淫乐。宫中欲致其来，多以竹叶插户，盐汁洒地，以引帝车。

王澄逃杖　陈平食糠

晋王澄，字平子，衍季弟也。衍妻郭氏性贪鄙，欲令婢路上担粪，澄年十四，谏郭以为不可。郭大怒，语澄曰："昔日太夫人临终以小郎属新妇，不以小妇属小郎。"因捉其衣裾欲杖之，澄逾窗乃免。

汉陈平与兄伯居，伯尝纵平游学。人或语平："何食而肥若是?"其嫂嫉平不视家生产，曰："亦食糠核耳，有叔如此，不如无有!"伯闻之，逐其妇弃之。

庾轻乂浩　高重杜房

晋杜乂、殷浩并才名冠世，而庾翼独不重之。每语人曰："此辈宜束之高阁，候天下太平，然后议其任耳。"

隋高孝基素知人，见房玄龄，叹曰："仆阅人多矣，未见如此郎者，他日必为伟器，恨不见其大成耳。"见杜杲之孙如晦，谓曰："君有应变之才，必任栋梁之重。"俱以子孙托之。后杜、房为贞观名相，卒如其言。

白嫌负贺　谧耻饯梁

唐白敏中，字用晦，居易从弟。正起典文衡，欲擢敏中第一，嫌其与贺拔惎为友，密令所知喻意，令绝之。既而拔惎造门，左右诳以他适，敏中跃出见贺曰："吾可以一第负素交耶?"遂不得首举。宣宗朝拜相。

晋皇甫谧，字士安。修身笃学，举孝廉不就，自号玄晏先生。博综典籍，以著述为务，人号为"书淫"。有从姑子梁柳将之郡，或劝谧饯之，谧曰："柳微时过我，送迎不出门，食不过盐菜，今饯之，是重二千石而轻梁柳，非心所安。"○谧，音密。

荆妃孕铁　王女产囊

楚王夫人于夏时纳凉抱铁柱，心有所感，遂怀孕产一铁，王命莫耶铸为双剑。

吴五凤元年，王素有室女，年十四，有少年自称江郎请婚，许之。经年有孕，产下一物如绢囊，剖之皆白鱼子。母素疑江郎非人，候其就寝，收其衣视之，悉有鳞甲之状，大骇，以巨石镇之。及晓，江郎求衣不得，异常诟骂，有物踣声，寻开户视之，床下有白鱼长七八尺，在地拨刺。 ○出《三吴记》。

读勃明帝 改陂唐王

明神宗在经讲筵读《论语》“色勃如也”，误读作“背”字，大学士张居正从旁厉声曰：“当作‘勃’字。”上悚然而听，同列皆失色，上由是惮之。及居正卒后蒙祸，人比之霍氏之骖乘。

唐明皇读《洪范》至“无偏无颇”而声不和韵，因改“颇”为“陂”，下诏曰：“典谟既作，虽曰不刊，文字或讹，岂必相袭。每诵《洪范》至‘无偏无颇，遵王之义’，三复斯文，并皆协韵，惟颇一字，实则不谐，终须革刊。朕虽先觉，兼访诸儒，佥以为然，终非独断，庶使先儒之义，去彼膏肓，后学之徒，正其鱼鲁。”

散豆赚婢 掷巾渡郎

晋郭璞有异术，偶至庐江太守胡孟康家，酷爱其婢，无由而得。乃取赤豆三斗咒之，蔽绕其宅，主人晨起，忽见赤人数千围绕其家，恶之，请璞为卜。璞曰：“君家不宜畜此婢，可于东南二十里外卖之，此妖自绝。”胡从之，璞私令人在彼候买，遂复为符投井中，赤衣人皆反缚自投于井。

崔山入山，遇仙女为妻，久之还家。得隐形符游宫禁，为术士所知，追捕甚急，逃还山中，追者在后，隔涧见其妻，告之故，妻乃掷五色巾为桥渡崔。 ○见《列仙传》。

八　庚

卖卜季主　行乞董京

汉司马季主，楚贤大夫，游学长安，博闻远见。隐于市肆以卖卜，宋忠、贾谊遇之，瞿然曰：“窃观于世久矣，未有如先生者，何居之卑而行之污耶？”季主大笑曰：骐骥不与罢驴为驷，凤凰不与燕雀同群，而贤亦不与不肖者同列；故宁处卑以避众，公等喁喁者也，何知长者之道乎？”二子爽然自失。

晋董京，字威辇。初与陇西计吏俱至洛阳，被发而行，逍遥吟咏，尝宿白社里中。时乞于市，得残碎缯絮，结以自覆。孙楚数常遇之，大异，遂载与俱归，后数年，遁去。

汉如敌国　勣若长城

后汉吴汉，字子颜，南阳宛人也。性强力，每从征伐，帝未安，恒侧足而立。诸将见战阵不利，或多惶恐，失其常度。汉意气自若，方整厉营伍，激扬士吏。帝时遣人观大司马何为，还言方修战攻之具，乃叹曰：“吴公差强人意，隐若一敌国矣！”　○隐，威重之貌，言威重若敌国。

唐徐勣在并州十六年，令行禁止，民夷怀服。上曰：“隋炀帝劳百姓筑长城，以备突厥，卒无所益。朕惟置勣于晋阳，而边城不惊，其为长城，岂不壮哉！”因以兵部尚书授之。

卖散文子　负局先生

文子姓崔，太山人也。好黄老事，居潜山下，常作黄散赤丸售于都中，自言三百岁。后有疫气，民死者万数。长史之文子所请救，文子拥朱旛系黄散以徇，人饮散者即愈，活人无算。　○见《列仙传》。

负局先生者，不知何许人也。语似燕代间人，每负磨镜局徇吴市中街磨镜，一钱即磨之，辄问主人得无有疾苦者，辄出紫丸与之，得者莫不愈。如此数十年，后大疫，人乞药辄与之，不取一钱，活者万计，吴人乃知其真人也。　○见《列仙传》。

牛宏爱弟　刘琎恭兄

隋牛宏，弟弼好酒，尝醉射杀宏驾车牛，宏还，其妻迎谓宏曰："叔射杀牛。"答曰："作脯。"坐定，其妻又曰："叔射杀牛，大是异事。"宏曰："已知。"颜色自若，读书不辍。

南北朝刘琎，字子璥，瓛之弟也。瓛尝隔壁夜呼之，琎下床着衣立，然后应。兄讶其久，曰："顷束带未竟。"其立操如此。　○琎，音津。

高允矫矫　徐宣铮铮

魏高允好切谏，事有不便，辄求屏去侍人极论。游雅常曰："高子内文明而外柔顺，其言讷讷不能出口。昔崔浩讥其乏矫矫风节，予以为然。及浩得罪，诏旨临责，声嘶股栗，殆不能言；允独敷陈事理，词义清辨，人主为之动容，此非矫矫者乎？宗爱用事，威振四海，王公以下，趋庭望拜，高子独升阶长揖。此非风节者乎？"

汉徐宣，初从刘盆子，后降光武。帝询之曰："得无悔降乎？"宣叩首曰："今日得降，犹如去虎口归慈母，诚欢诚喜，无所恨也。"帝曰："卿所谓铁中铮铮、佣中佼佼者也。"○铮，音争。

刘非求媚　范岂徇名

明刘斯洁，字峨山。嘉靖进士，历祠祭郎中。有藩府奏请优伶，抗议未允，夜遗千金，叱却之。万历时巡抚江西，张居正憾尚书朱衡，属斯洁伺其事，斯洁笑曰：“吾岂能杀人以求媚耶？”

宋范镇，字景仁。累官翰林学士。论新法与王安石不合，遂致仕。苏轼往贺曰：“君虽退而名益重矣。”镇慨然曰：“使天下受其害，而吾享其名，吾何心哉！”卒谥文忠。

浩叹羊祜　狂笑晏婴

晋羊祜请伐吴，贾充以为不可。祜叹曰：“天下不如意事常八九，天与不取，岂非更事者恨于后时哉！”

齐景公置酒泰山，西望泣曰：“寡人将去堂堂国者而死耶？”左右泣者三人。晏子搏髀仰天大笑，公怒曰：“子笑何也？”答曰：“臣见怯君一、谀臣三，是以笑。”公大惭。

孔觊辞米　王琎埋羹

南北朝孔觊，时东土大旱，都邑米贵，一斗将百钱。觊弟道存虑觊甚乏，遣吏载米五百斛饷之。觊呼吏谓之曰：“我在彼三载，去官之日，不办有路粮。郎至彼未几，那能得有此米耶？可载米还彼。”吏曰：“自古以来无有载米上水者，都下米贵，乞于此货之。”不听，吏乃载米而去。

明王琎，字器之。为宁波知府，自奉俭约。一日，馔用鱼羹，琎怒骂其妻曰：“不忆啖草根时乎？”命撤而埋之，人号“埋羹太守”。

相尉联榜　王校同庚

宋王钦若以故相守杭州，钱塘一老尉，苍颜华发。钦若初甚不乐之，诘其履历，乃同年生，恻然哀之。遂封章于朝，诏特改京职，尉以诗谢之云："当年同试大明宫，文字虽同命不同。我作尉曹君作相，东风元没两头风。"

宋有军校与韩王普同年同月同日同时生，若韩王大有迁除，军校则大有责罚；王小小升转，则军校微有谴责。

三史安道　六经九成

宋张安道，年十三，家贫无书。尝就人借三史，旬日辄归之，曰："得其详矣。"

宋张九成，八岁默诵六经，通大旨。父积书座旁，命客就试，公答如响，且置卷敛衽曰："精粗本末无二致，勿云纸上语不足，下学上达，某敢以圣贤为法。"诸老惊叹，目为奇童。

裴侠独立　樊哙横行

后周裴侠，字嵩和。守河北，入朝，太祖命独立。曰："裴侠清慎，奉公为天下最，有如侠者，与之俱立。"众默然，朝野叹服，号"独立使君"。

汉吕后时，单于以书遗之，辞极亵慢。后怒，欲击之。樊哙曰："愿得十万众，横行匈奴中。"

遘勤扶掖　皞略送迎

唐萧遘与王铎并居相位。铎年老，升阶，足跌踣殿中，遘掖起之。帝目之，喜曰："大臣和，予之幸也。"谓遘曰：

"适见卿扶铎，可谓善事长矣。"遘对曰："臣扶铎不独以长，臣应举时，铎为主司，臣乃中，遘门生也。"上笑曰："王铎选进士，臣选宰相，卿无负我。"遘谢而退。

五代桑维翰，裴皞为礼部时所放进士也。及维翰作相，尝谒皞，不迎不送。或问之，答曰："皞见翰于中书，则庶僚也；翰见皞于私馆，则门生也。何迎送之有？"

社因王罢　县为颜更

三国王修，字叔治。年七岁丧母，母于社日亡，来岁，邻人举社，修感念母，哀甚，邻人闻之，为之罢社。

颜乌事亲至孝，父亡，负土为坟，众乌衔土助之，其吻皆伤，因以更县。　○见《异苑》。

范滂投版　安期推枰

后汉范滂为光禄勋主事，时陈蕃为光禄勋，滂执公仪见蕃，蕃不止之，滂怀恨，弃官投版而去，郭林宗闻而让蕃。

宋李安期，邵武人。博洽经史，雅以诗名。岳飞死，作《表忠志》百二十首吊之。一日，谒使者王淮，奇其才，将以贤良荐。偶因弈争道，安期推枰曰："公平章天下，亦可失如是反复耶？"乃拂衣而去。王后深悔以末艺失天下士。

读卷王沔　改韵冯京

宋王沔，字楚望。端拱初，参大政，上每试举人，多令沔读试卷。沔素善读，纵文格下者，能抑扬高下，迎其辞而读之，听者忘倦。凡经读者，每在高选，举子凡纳卷者，必祝之曰：得王楚望读之，幸也。　○沔，音缅。

宋张舜民赴春试，时冯京主文柄，以公生明为赋题，舜民误押明字。试罢，自分黜矣，及榜出，乃居第四。方谓场中卤莽，后舜民以秘书监使契丹，冯京留守北门，始由修门生之礼，置酒甚欢。酒半，京曰："顷知举时，秘监赋中重叠用韵，以论策佳，为改去，拔置优等，尚能记忆否?"舜民方饮，不觉杯覆怀中，再三道谢。

示儿康节　责子渊明

宋邵康节《示儿》曰："我今行年四十五，生汝乃始为人父。鞠育教诲诚在我，寿夭贤愚系于汝。我若寿年六十岁，眼前见汝一十五。我欲愿汝成大贤，未知天意肯从否。"

晋陶渊明《责子》曰："白发被两鬓，肌肤不复实。虽有五男儿，总不好纸笔。阿舒已二八，懒惰故无匹；阿宣行志学，而不爱文术；雍端年十三，不识六与七；通子垂九龄，但觅梨与栗。天运苟如此，且进杯中物。"

射奸沈鍊　刺仇景清

明沈鍊劾严嵩，既编保安，即孑身至。里长老问知乃状，咸大喜，令其子弟从学，乃稍与语忠义大节，乃争为鍊骂嵩以快鍊，鍊亦大喜。尝束刍为偶人三，目为李林甫、秦桧及嵩而射之，嵩父子知而衔之，因诬以叛，遂杀鍊。

明燕师入，方孝孺等皆殉节，景清犹侍朝，人疑之。八月望日早朝，清衣绯入。先是灵台奏文曲犯帝座，色赤，及见清衣绯，疑之。朝毕，出御门，清奋跃而前，将犯驾，上命左右收之，得所佩剑。清知志不遂，乃起立嫚骂，抉其齿目，血溅御袍。乃命剥其皮，悬于长安门，后驾过，索忽断，皮趋前数步，为犯驾状，其英灵如此。

临濑木魅　武都山精

临濑西北有寺僧智通，夜半来一人，长六七尺，皂衣青面巨口。智通曰："尔寒乎？可向火。"物亦就坐。至五更，物为火所醉，闭目张口，据炉而鼾，智通乃以灰火置口中，物大叫起，走若蹶，及明，得木一片，登山寻之，见大青桐树梢已童矣，其下凹处若新缺，以木附之合无踪，其旁有创成一蹬者，灰火满其中。见《酉阳杂俎》。

武都有丈夫化为女子，美而姿，乃山精也。蜀王纳为妃，不习水土，欲去，王留之，乃为东土之歌以乐之。无几物故，王哀之。乃遣武丁之武都担土为妃作冢，今成都武担山是也。

赵效犬吠　王好驴鸣

宋工部侍郎赵师睪谄事韩侂胄。尝与客饮南园，师睪与焉。过山庄，顾竹篱茅舍，侂胄曰："此真田舍景，但欠鸡鸣犬吠耳。"少焉，有犬嗥丛薄间，视之，乃师睪也。侂胄大悦，益亲幸之。太学诸生有诗曰："堪笑明廷鸳鹭，甘作村庄犬鸡。一日山水失势，汤焨镬煮刀封。"　○睪，古择字。

三国王粲好驴鸣，及死，魏文帝临其丧，顾与同游曰："粲好驴鸣，可作一声以送之。"于是吊客皆作驴鸣。

十策师亮　三事国桢

宋张齐贤，字师亮。太祖幸西都，进呈十策，内四事称旨。齐贤坚执其余皆善。太祖怒，令武士拽出之，还，语晋王曰："西都止得一齐贤，可用为相。"后太宗取进士，齐贤下第，帝不悦，诏一榜尽赐及第。

明闯贼舁怀宗梓宫于东华门外，百官过者，莫敢仰视。李国桢踉跄奔跪梓宫前大哭，贼执之令降，国桢曰："有三事从我即降：一，祖宗陵寝不可发；一，葬先帝以天子之礼；一，太子二王不可害。”贼即诺之，扶出。贼以天子礼葬帝于田贵妃墓，惟国桢一人斩衰恸哭，徒步至陵襄事毕，作诗数章，遂于寝前自缢而死。

周处改行　孙忭更名

晋周鲂之子处，膂力绝人，细行不修，乡人患之。处问父老曰：“时和岁丰，人而不乐，何也？”曰：“三患不除，何乐之有？”曰：“何谓也？”曰：“南山白额虎，长桥下恶蛟，并子为三矣。”曰：“君所患止此，吾能除之。”乃杀虎射蛟，从机、云受学，期年而州府交辟，卒以节义著。

孙忭初名贯，尝语人曰：“某举进士过长安，梦登塔上，见有持文卷者问之，云来年春榜，索而视之，不可。问其有孙贯乎？曰：“惟第三名是孙忭。”既寤，遂更名忭。　〇出《东齐纪事》。

昭帝蛟鲊　章庙龙羹

汉昭帝于淋池南起桂台，以季秋之月钓于台下，以香金为钩，碧丝为纶，丹鲤为饵，钓得白蛟长三尺，若大蛇，无鳞甲，帝命太官为鲊，肉紫骨青，味甚香美。帝更求之，不得。

汉章帝元年大雨，有一青龙堕宫中，帝令烹之，赐群臣龙羹各一杯。李尤《七命》文曰：“味兼龙羹。”盖本此。

国忠香阁　武肃锦城

唐杨国忠用沉香木为阁，檀香为栏，麝香、乳香和土为泥泥阁壁，谓“四香阁”。春时，木芍药盛开，聚宾于此赏焉。禁中沉香之阁，殆不能侔其壮丽也。

吴越王钱镠，谥武肃，其所居之城标以锦彩，名衣锦城。其山皆覆以锦，号锦林，号其幼时所戏大树曰“衣锦将军”。

九　青

子寿秀整　文靖端凝

唐张九龄，曲江人。风仪秀整，异于流众。帝于朝班望见之，谓左右曰：“朕每见九龄，使我精神顿生。”罢相后，宰职每荐公卿，上必问曰：“风度得如九龄否？”　〇子寿，九龄字。

宋李文靖公沆，尝侍宴，太宗目送之曰：“风度端凝，真贵人也。”

韩心王室　张志朝廷

宋韩琦安抚陕西时，上疏切言青苗法不便，帝袖其疏以示执政曰：“琦真忠臣，虽在外不忘王室。”

宋张知白累迁京东转运使，群臣贺瑞星，知白以为人君当修德应天，因陈治道之要。帝谓宰臣曰：“知白可谓心乃朝廷矣。”仁宗时官至工部尚书，同中书门下平章事。

长房骑杖　冷谦隐瓶

汉费长房学道于壶公，遣之归，以一杖与之，曰：“骑此当还家。”长房骑杖，忽然如眠，到家以投葛陂，乃青龙也。

明洪武初，有贫人求济于冷谦，谦于壁间画一门，一鹤守之，令人敲门自开，入其室，金宝充牣，尽内帑，其人恣取，出遗其引。他日内库失金，吏凭引执其人讯之，并逮谦。谦谓逮者曰："安得少水以救渴。"逮者以瓶汲水与之，谦以足插入瓶中，其身渐隐，逮者以瓶置御前，上问之，谦于瓶中应。上怒，击碎之，片片皆应。

道宗被殴　黥布就刑

唐贞观间，上如庆善宫大宴。会同州刺史尉迟敬德与坐者争长，殴任城王道宗，目几眇，上不怿而罢。谓敬德曰："朕欲与卿等共保富贵，然卿居官数犯法，乃知韩彭菹醢，非高祖之罪也。"敬德由是始惧而自戢。

汉黥布姓英氏，少年有客相之曰："当刑而王。"及壮坐法，黥布欣然就之，曰："人相我当刑而王，几是乎?"后封九江王。

张名三箧　朱号五经

汉张安世，字子孺，杜陵人。博学，武帝幸河东，亡书三箧，诏问群臣，俱莫能知，惟安世悉识之，具述其事。后得书相较，一无所遗，因号"张三箧"，擢尚书令、富平侯。

唐朱诚秉操励行，以"五经"教授乡里，遂号为"朱五经"。后其子温为节度使，谓其母曰："朱五经平生读书不发一第，有子为节度使，无忝先人矣。"母恻然曰："汝能如此，可谓英特；然行义恐未如前人也。"

尊君尧舜　拟帝桓灵

宋王黼为相，事徽庙极亵，宫中使内人为市，黼为市令，若东昏之戏。一日，上故责市令，挞之取乐。黼窘呼曰："望尧舜免一次。"上笑曰："吾非唐虞，汝非稷契也。"

晋武帝问刘毅曰："朕可方汉何帝?"对曰："桓灵。"帝曰："何至于此?"毅曰："桓灵卖官钱入宫府，陛下卖官钱入私门，以此观之，殆不如也。"帝笑曰："桓灵不闻是言，今朕有是臣，固为胜之。"

福请抑霍　咏乞斩丁

汉宣帝时霍氏骄横，徐福上书请抑制之，词甚恳切。凡三上书，不报。后霍败，告者皆封，独福不与。或为上言曰："客有见主人之灶，旁有积薪，客请更曲徙其薪，不然，将至火患。俄而失火，邻里共救得息，有致焦头烂额者，乃杀牛置酒以酌之。客谓主人曰：曲突徙薪无恩泽，焦头烂额为上客。"帝悟，乃厚赏福。

宋张咏临卒上疏，言不当造宫观，竭天下之财，伤生民之命。"此皆贼臣丁谓诳惑陛下，乞斩谓头置国门以谢天下，后斩咏头置丁氏之门以谢谓。"帝叹息其忠，谥忠定。

景山甘雨　子骏福星

汉百里嵩，字景山。为徐州刺史，境旱，行部传车所经，甘雨辄注，东海金乡祝其两县不往，独不雨。父老请入界，雨随车而下，时谓刺史雨，百姓庙祀之。

宋鲜于侁，字子骏。熙宁末，尝为京东转运使，元丰末复用之。司马光语人曰："今复以子骏为转运使，诚非所宜，然朝廷欲救东土之弊，非子骏不可，此一路福星也，安得百子骏布在天下乎!"侁既至，奏罢莱芜、利国两铁冶，又奏海盐依河北通商，民大悦。

韩亿索杖　陈咸触屏

宋韩忠献公亿，教子严肃。知亳州，二子舍人自西京告省，与右相及侄柱史同归，公置酒召僚属及亲友各筵，坐中有人问二郎："西京有疑狱奏谳者，请道其详。"舍人思之未能答对。亿推案索杖曰："汝食朝廷厚禄，事无巨细，皆当在心。大辟奏案尚不能记，则细务不举可知。"必欲挞之。众宾力解方已，家法之严如此。

汉陈万年子咸，有异材，抗直数言事。万年尝病，召咸教戒。语至夜半，咸睡，头触屏风，万年大怒，欲杖之。曰："乃公教戒汝，汝反睡不听吾言，何也?"咸叩头谢曰："具晓所言，大要教咸谄也。"万年乃不复言。

彦彬座语　翼道困铭

宋赵彦彬，贵溪令，廉以律己，严以御吏，宽以恤民。尝书座右曰："俸薄俭常足，官卑清自尊。"乃名言也。

宋王鸿，字翼道，雩都人。右军之后，博学，工草书。一试不第，归隐山中，尝作《困铭》曰："窃人之食，骚然而不宁者，鼠也；暴人之物，肆然而不足者，虎也。吾暴而不忍为虎，窃而不忍为鼠，宁守斯廪以安吾处。"尝注《太玄》，从游者甚众。

平公墨墨　仁宗惺惺

晋平公闲坐，师旷奉侍。公曰："子生无目，墨墨也。"师旷曰："天下有五大墨墨，而臣不与焉。"公曰："何谓?"师旷曰："群臣行赂，百姓侵冤，无所告诉，一墨墨也。忠臣不用，用臣不忠，二墨墨也。奸臣欺诈，空虚府库，覆塞贤良，三墨墨也。国贫民苦，上下不和，而好用兵，四墨墨也。

法令不行，吏民不正，五墨墨也。臣乃小墨墨，何害国家。”

宋嘉祐初，仁宗寝疾，药未验。间召草泽，始用针，自后脑刺入，针方出，开眼曰：“好惺惺。”翌日，圣体良已。自以其穴曰惺惺穴。针经初无此名，或曰即风府也。

十　蒸

魏侯冒雨　汉帝渡冰

魏文侯天雨命驾适野，左右曰：“天雨君安之。”文侯曰：“吾与虞人期猎，可无一往乎？”乃冒雨而往。

汉光武帝名秀。蓟中反，应王郎，城内扰乱。秀趣驾出城，晨夜南驰。至芜蒌亭，时天寒，冯异上豆粥。至下曲阳，传闻王郎兵在后，至滹沱河侯吏还白，河水流澌，无船不可渡。秀使王霸往视之，霸恐众惊，回诡言曰：“冰坚可渡。”遂前至河，河水亦合，乃渡，未毕数骑而冰解。

弭盗公亮　纵囚元膺

宋曾公亮，仁宗时以端明殿学士知郑州，盗窜他境，至夜户不闭。尝有使客亡囊中物，移书诘盗，公亮报曰：“吾境不藏盗，殆从者之廋耳。”索之，果然。

吕元膺为荆州刺史，颇著恩信。尝岁终阅狱囚，囚曰：“某有母在，明日元旦不得相见。”因泣下，元膺悯焉，尽脱其械纵之，及期无后至者。　○见《册府元龟》。

撤关胡厉　闭门氾腾

金胡砺同知深州军事，例置弓手百余，岁取民钱为雇直。其人以迹盗为名，所至多扰，厉悉，罢之。继飞语曰：某日贼发杀守。或请为备，厉曰：“盗思财耳，吾贫如此，何备?”为令公署撤关，竟无事。

晋氾腾，字无忌。举孝廉，除郎中。属天下兵乱之际，去官还家。散家财五十万，以施宗族，柴门灌园，琴书自适。张轨徵为府司马，腾曰：“门一杜，其可开乎!”固辞。疾卒。〇氾，音泛。

分痛灼艾　疗疾觅藤

宋太祖友爱光义，数幸其第，恩礼甚厚。光义曾有疾，亲为灼艾，光义觉痛，太祖亦取艾自灼以分痛。　〇光义，太宗名。

晋解叔谦，字楚梁，雁门人。夜于庭中祈愈母疾，闻空中云：“得丁公藤为酒，便瘥。”访医，皆无识者。乃访至宜都，见山中一老公伐木，曰：“此丁公藤。”叔谦拜伏，具言来意。丁公以四段与之，并云渍酒法。忽不见。依法治，病即瘥。

碎碑陈敏　夺剑张陵

宋陈敏知台州，朝廷命立《元祐党籍碑》，敏不肯立。监司促之急，敏曰：“诬司马公，是诬天也。”倅立之，敏碎其石。或咎敏，敏曰：“我死且不辞，何劾之畏?”遂挂冠而去。

汉张陵，桓帝朝为尚书。元嘉正月朔，群臣朝贺，梁冀尝带剑入省，陵叱出，敕羽林虎贲夺冀剑，冀叩谢，陵不应。即劾奏请廷尉论罪，有诏以一年俸赎罪，百僚肃然。

翁巧掷剑　囚工蹑绳

唐黎幹为京兆尹，时曲江祈雨，有老人植杖不避。幹怒，杖之，如击鞔革。幹疑非常人，寻至兰陵里入小门，黎拜伏谢过，老人乃具酒席，语养生之术，言约可辨。曰："老夫有一技，请为尹观之。"良久拥长剑七口，出舞于庭，横若掣帛，有短剑尺余，时及黎须。黎叩首股栗，曰："试君胆气。"黎归临镜，方觉须落寸余，复往，室已空。

唐开元中，嘉兴县以百戏与司监竞胜，监官属意精技，有一囚曰："某解绳技。"官曰："解绳常技耳。"囚曰："某所为与人稍殊。"官悦，命吏领至戏场，其人令置绳百余丈，将绳掷于空中，初抛二三丈，次四五丈，仰直如人牵之状。众大惊，后乃抛绳十余丈，仰空不见端绪，其人随绳身足离地，势如鸟飞，扬空而去，遂身脱狴犴。

安石须虱　平叔鼻蝇

宋王安石，衣秽不勤洗涤，一日，与王禹玉同侍朝，适一虱缘安石襦领而上，直至其须。上顾而笑，安石不知也。及退朝，禹玉指以告，将去之。禹玉曰："未也，愿上一言。"安石曰："云何？"禹玉曰："是虱也，屡游相须，曾经御览，论其遭际之奇，何可杀也？权其处置之法，或曰放焉。"众称妙。

三国何晏，字平叔。梦青蝇数十来集鼻，以问管辂。辂曰："鼻者天中，青蝇臭恶而聚之，位峻者颠，不可不思。"明年，晏诛。

大器苏轼　伟度王曾

宋苏轼试中制科，英宗即欲授知制诰，韩琦曰："苏轼之才，远大之器也，他日自当为天下用，要在朝廷培养之耳。”

宋王曾不受会灵观使，上意不怿。会曾市贺皇后家旧第，王钦若数谮之，家未徙，曾令人舁土置其门外，贺氏诉于朝，遂罢职政事。王且闻之曰：“王君介然，他日德望勋业甚大，顾予不得见耳。”或请其故，曰：“王君昨让观使，虽忤上旨，而辞直气和，了无所慑。我自任政事二十年，每进对稍忤，即蹙踖不能自容，是以知其伟度耳。”

改姓陶谷　讳名田登

宋陶尚书谷，本姓唐，避石晋讳而改焉。小字铁牛，李相涛出典河中，曾有书与陶曰：“每过中流，潜思令德。”陶初不为意，细意方悟，盖河中有张燕公铸系桥铁牛也。

宋田登知汴州，自讳其名，触者必怒，吏卒多被笞。于是举州皆谓灯为火，上元放灯，吏人书榜揭于市曰：“本州依例放火。”

宋陷仁肇　汉间范增

南唐林仁肇官南都留守，有威名，宋深忌之。赂其侍者窃取仁肇画像悬别室，引江南使者观之，问何人，使者曰：“林仁肇也。”曰：“仁肇将来降，先持此为信。”又指空馆曰：“将以此赐仁肇。”使者归白江南主，江南主不知其间，鸩杀仁肇。

楚项王与范增兵围荥阳，汉王患之，乃用陈平计间项王。项王使者来，为太牢具举欲进之，见使者佯谅曰：“吾以为亚父使者。”更持去，以恶食食项王使者。使者语项王，项王疑范增与汉有私，乃疏之，范增遂去。

献章主静　良佐去矜

明陈献章，新会人。闻江西吴与弼游学临川，遂弃其学而学焉。教人不立言语文字，以主静为先，日用随处，认天理紧要在勿遗勿忘。又曰：“学以自然为宗，以忘己为大，以无欲为至。”学者称为白沙先生。时章枫山称之曰：“学者做诚未至，不能动人，惟白沙诚能动人。”朝廷尝以白玉圭聘之，不仕。

宋谢良佐学问淹博，事有未彻，则颡有泚。尝与程颐别一年，复来见，颐问所进，对曰：“但知去得一‘矜’字尔。”颐喜曰：“是所谓博学切问而近思者与。”

指口谢朏　掐鼻王澄

齐谢朏为吴兴太守，与兄瀹于征虏渚别，指瀹口曰：“此中惟宜饮酒。”朏既至郡，致瀹数斛酒，遗书曰：“力饮此物，勿预人事。”　〇朏，音斐。

晋荆州刺史王澄，终日酣饮，别驾郭舒切谏。荆土士人宗廞尝因酒忤澄，澄敕左右杖廞，舒厉声曰：“使君过醉，汝辈何敢妄动！”澄曰：“别驾狂耶，诳言我醉。”因遣掐其鼻，炙其眉头，舒跪而受之。澄意稍解，而廞得免。　〇掐，音恰。

虞拟裴度　晟慕魏徵

宋虞允文，字彬甫。佐枢臣叶义问督江淮军。犒师采石，适新帅李显忠未至，敌骑充斥，官军三五星散。允文立召诸将，勉以忠义，敌疑援兵至，始遁。允文策敌必复来，夜半，部分诸将，因其来夹击之。捷闻，上嘉叹曰：“虞允文公忠出天性，朕之裴度也。”

唐李晟罢太尉，出镇凤翔，尝谓僚佐曰："魏徵好直谏，余窃慕之。"行军司马李叔度曰："此儒者事，公勋德何希是哉?"晟敛容曰："司马失言矣。晟任兼将相，知朝廷得失而不言，何以为臣哉?"叔度惭而退。及在朝廷，上有所顾问，极言无隐。而性沉密，未尝泄于人。

十一 尤

让韩独步 放苏出头

宋苏轼谓唐无文章，惟韩退之《送李愿归盘谷序》而已。生平欲效此作，拈笔辄罢。因笑曰："不若，且让退之独步。"

宋苏轼以书见欧阳修，修谓梅尧臣曰："老夫当避此人，放出一头地。"

对铭希镜 释碑延休

宋孝武时，青州人尝发古冢，有铭云："青州世子，东海女郎。"帝问学士鲍照、徐爰、苏宝生，并不能悉，贾希镜对曰："此是司马越女嫁苟晞儿。"检验果然。

唐开元中，义兴许氏重刻后汉太尉许馘碑，碑阴有"谈马砺卑王田数七"八字，人不能晓。徐延休一见解之曰："谈马，言午也；许字。砺卑，石卑也，碑字。王田，千里也，重字。数七，六一也，六一，立字。"此即杨修辨"黄绢幼妇外孙齑臼"之意也。

宋人投马　张氏祝鸠

宋人有取道者，其马不进刭而投之溵水，又复取道，其马不进，又刭而投之，如此者三，虽造父所以威马，不过此矣。不得造父之道而徒得其威，无益于御；人主之不肖者，不得其道而徒多其威，威愈不用。　〇见《吕氏春秋》。

长安有张氏独居一室，有鸠自外入，止于床。张氏患之，祝曰："鸠来为我祸耶，飞上承尘；为我福耶，入我怀中。"鸠飞入怀，以手探之，则不知鸠之所在，得一金带钩焉。其后子孙昌盛。　〇见《搜神记》。

晏幽飏躁　谷食难收

三国管辂相邓飏、何晏二子曰："邓飏之行步，筋不束骨，脉不制肉，起立倾倚，若无手足，是为鬼躁。何晏之视候，魂不守舍，血不华色，精爽烟浮，容若槁木，是为鬼幽。是非遐福之象。"

鲁文公元年，天王使内史叔服来会葬，公孙敖闻其能相人也，见其二子焉。叔服曰："谷也食子，难也收子。谷也丰下，必有后于鲁国。"

仁贵虓将　仲康虎侯

唐太宗攻安市城，高丽莫离支遣将拒战，太宗命诸将分击之。薛仁贵恃骁悍，欲立奇功，乃着白衣，目标显，所向披靡，军乘之，贼遂奔溃。帝谓曰："朕不喜得辽东，喜得虓将也。"迁右领军中郎将。　〇虓，音哮。

三国许褚，字仲康。容貌雄毅，勇力绝人。归曹操，操壮之曰："此吾樊哙也。"拜都尉，从讨韩遂、马超于潼关，操与超单马会语，惟褚从。超欲突操，素闻其勇，疑从骑是褚，乃问操曰："公有虎将者安在?"操顾褚，褚瞋目视超，超不敢动。军中以褚力如虎而痴，号曰"痴虎"。

张守挞虎　顾令判牛

张侍郎守郓州，有虎害物，公令吏执符追虎。虎熟视衔符随吏至，望公闭目，自蹲伏。公数其罪，约三日出境，不然尽杀。虎去，死，化为石，今呼虎石也。　○见刘斧《青琐高议》。

宋顾宪之为建康令，有盗牛者与本主争牛，各称己物。二家词证相等，前后令莫能决。宪之至，复状，乃令解牛，任其所去，径还本宅，盗者伏罪。

反赠熙载　辞饷穆修

五代韩熙载，字叔言。宫中书令，严续尝请熙载撰其父神道碑，以珍货丽姬为润笔。文成，但叙谱裔品秩，略不道其事业，三乞韩改窜，韩以向所赠及姬悉还之。

宋张知白守亳州时，有豪士作佛庙，庙成，知白使人召穆修作记。记成，不书士名，士以白金五百遗修为寿，求载名于记。修投金庭下，趣装去郡，士谢之，终不受。且曰："吾宁糊口为旅，终不以匪人污吾文也。"

媚臣誉树　奸相斫榴

唐宇文士及从太宗止树下，太宗甚喜，士及从而誉之不已。上正色曰："魏徵常劝我远佞人，我不知佞人是谁，意疑是汝，今果不谬。"士及拜谢。

宋秦桧为相日，都堂左庑前有石榴一株，每着实，乃默记其数。一日，偶亡其二，佯为不知。将排马，忽顾左右取斧伐去之。有亲吏在旁，仓卒告曰："其实佳甚，斫之可惜。"桧笑曰："盗食吾榴，乃是汝耶？"吏大惊服罪。自此下吏罔敢作弊。

高祖蛛庙　武王蜂舟

汉高祖为雍齿所追，走荥阳，有厄井，投匿井中。有蜘蛛结网蔽其井口，遂得脱。汲黯为荥阳守，立神蛛庙祀之。

周武王东伐纣，夜济河，月明如昼，有大蜂状如丹鸟，飞集王舟，因以鸟画其旗。翌日，枭纣，名其船为"蜂舟"。鲁哀公二年，郑人攻赵简子得其蜂旗，即此类也。

明皇还带　武帝焚裘

唐明皇尝以紫金带赐岐王，带为昔高宗破高丽时所得。开元中，高丽遣使来朝，宴内殿，因从容言于内臣曰："紫金带本国亡，是岁荒民散，干戈屡起，幸在内帑，一见足矣。"上闻之，命封付其使。

晋武帝时，太医司马程据献雉头裘，帝以奇技异服，典礼所禁，焚之于殿前，敕内外敢有犯者，罪之。

李祐胆落　赵屼汗流

唐夏州节度使李祐进马百五十匹，侍御史温造弹祐违敕，进奏，请论如法，诏释之。祐谓人曰："吾夜半入蔡州取吴元济，未尝心动，今日胆落于温御史矣。"

宋丰稷，字相之，鄞人。知谷城，廉而且直，民歌之曰："丰谷城清如水，平如衡。"徽宗召拜御史中丞，遂正色论蔡京罪状。后为左司谏，时杨王灏、荆王頵命成都造锦茵，稷即劾奏，监察御史赵屼同时进对，退谓稷曰："闻君之言，使岍汗流浃背。”

痛妃筚篥 悼夫箜篌

唐明皇幸蜀，初入斜谷，栈中闻铃声，帝方痛念贵妃，因采其声为《雨霖铃》曲以寄情，觅善能筚篥者使吹之，遂传于世。〇筚篥，笳管也。筚，音毕。篥，音栗。

有一狂夫披发提壶，狂呼渡河，其妻追止之，不及，堕河而死。妻乃号天嘘唏，鼓箜篌而歌曰：“公无渡河，公竟渡河！公堕河死，当奈公何！”曲终，亦投河而死。 〇见崔豹《古今注·箜篌引》。

子厚僦舍 邦昌登楼

宋章惇，字子厚。恶苏轼，谪为雷州司户，不许其占官舍，遂赁屋以居，后复以强夺民产诬之，遣使究治，以僦券甚明，乃得免。后二年，子厚亦谪雷州，问舍于民，曰：“前苏公来，为章丞相所陷，几至累我破家，今不可也。”惇大悔曰：“昔以毙人，今即自毙，天理报应，何速如之！”

宋张邦昌僭立，国号大楚。坐罪贬昭化军节度副使，潭州安置，寓居于郡之天宁寺。寺有平楚楼，盖取唐沈传师诗“目伤平楚虞帝魂”之句也。朝廷遣殿中侍御史马绯赐死，读诏毕，犹徘徊顾望，不能引决。执事者促之登楼，及仰视，忽睹二字，长叹就缢。

引经断狱 弈棋判囚

汉昭帝时有男子乘黄犊车诣北阙，自称卫太子，廷臣莫敢发言。京兆尹隽不疑至，叱吏收缚，曰：“昔蒯聩违命出奔，辄拒而不纳，春秋是之。卫太子得罪先帝，亡不即死，今来自诣，此罪人也。”遂送诏狱。上与大将军霍光闻而喜之曰：“公卿大夫当用有经术明于大谊者。”由是不疑名重朝廷。

宋毛经，富川人。任开封户曹，一日与客相弈，尹以疑狱就问，令罢局。经曰：“决事弈棋，两不相碍。”呼二吏读款，甫毕，弈胜而事剖，尹叹异荐之。

说梦鹦鹉　雪愤猕猴

晋张华有白鹦鹉一对，出行还，辄说僮仆善恶，后寂无言。华问其故，鸟曰：“见藏瓮中，何由得知。”华后出外，令唤鹦鹉，鹦鹉曰：“昨夜梦恶，不宜出户。”华强之，至庭为鹯所搏，教其啄鹯脚，仅而获免。

昔有人畜子母猕猴者，一日，鸢杀其子，猴哀鸣不食，径往厨中取一片肉戴顶上，顶于庭中，鸢果来搏肉，猴两手扯擘其翅，遂啮其脑，食其髓。　○见《合璧》。猕，音弥。

崔比王谢　昱拟巢由

唐崔湜与弟液、澄，从兄涖，并以文翰居要官。每宴私，自比东晋王、谢。尝谓：“吾一门入仕，历官未尝不为第一。丈夫当先据要路以制人，岂能受制于人哉！”

宋郭昱，狭中诡僻，登显德进士，耻赴常选，献书宰相赵普，自比巢、由，朝议恶其矫激，久不调。后复谒普，望尘自乞，普笑谓人曰：“今日甚荣，得巢、由拜于马前。”

筑扑秦帝　琴撞魏侯

燕高渐离与荆轲为友，荆轲刺秦始皇，不中而死，渐离变姓名为人佣保，匿于宋子。久之，闻于始皇，始皇惜其善击筑，重赦之。乃矐其目使击筑，未尝不称善。稍益近之，渐离乃以铅置筑中。复得近，举筑扑始皇，不中，遂诛渐离。○矐，音郝，以马屎熏令失明也。　○筑，音竹。

魏师经鼓琴，文侯起舞曰："使我言而无见违。"师经援琴而撞之，文侯怒，经曰："臣撞桀纣之主，不撞尧舜之君。"文侯挂琴于室以为戒。

沆读论语　青诵春秋

宋李沆，真宗相也。尝读《论语》，或问之，沆曰："沆为宰相，如'节用而爱人''使民以时'，尚未能行圣人之言，终身诵之可也。"

宋狄青与尹洙谈兵，洙善之，荐于韩琦、范仲淹，曰："此良将材也。"二公待之甚厚。仲淹授以《左氏春秋》曰："将不知古今，匹夫勇耳。"青由是折节读书，悉通秦汉以来将帅兵法。

筹赈戴浩　均赋韩休

明戴浩，鄞人。正统中知巩州府，岁大祲，即发边储三万七千石赈贷。上疏待罪曰："愿以臣一人之命，易千万人之命。"诏原浩，而令民偿所贷，上官檄浩趣之。曰："疮痍未复而速征，不如无赈。"约三岁递偿。又关山孔道，寇时劫掠商旅，浩设方略歼之，道路无虞。民为之歌曰："君侯守边，惠政无前。我行我道，荡荡便便。"

唐韩休，长安人。明皇时为虢州刺史。虢于东、西京为近州，乘舆所至，常税刍。休请均赋他郡，中书令张说曰："免虢而与他州，此私惠耳。"不许。休复执论，吏曰："恐忤宰相意。"休曰："刺史知民之敝而不救，岂为政哉？虽得罪，所甘心焉。"卒如休请。

骆驼诮昼　蛱蝶讥收

北齐刘昼尝作赋一首，以六合为名，自谓绝伦，曾以赋呈魏收而不拜。收忿之，谓曰："赋名六合，已是大愚；文又过于六合。"昼以示邢子才，子才曰："君此文正似疥骆驼，伏而无妩媚。"

北朝魏收，字伯起。官仆射，与温子升、邢子才称北朝三才。少随父赴边，欲以武奋，郑伯谓之曰："魏郎弄戟多少?"收惭，遂折节向学。夏月，坐板床，随树阴诵读，积年，床板为之脱减。上《南狩赋》，见褒，典起居注，伯谓曰："卿不遇老夫？犹应逐兔。"京洛号收曰"惊蛱蝶"，盖讥其轻薄也。

敬德夺矟　阿余得矛

唐尉迟敬德，马邑人。有勇力，尝矟戈赴敌，更能夺取贼矟以击贼。帝尝问避矟与夺矟孰难，答曰："夺矟难。"试使与齐王战，王三失矟，乃服。累功封鄂国公。　○矟同槊。

齐晋战于平，阿余子亡戟得矛，谓路人曰："可以归乎?"路人曰："矛亦兵也，何不归?"遇高唐之孤叔无孙问曰："亡戟得矛，可归乎?"孤叔无孙曰："矛非戟，得矛岂无责乎?"阿余子还，反战，死之。　○见《吕氏春秋》。

杜佑驾驷　刘涣乘牛

唐杜佑为司徒，尝思致仕之后，必买小驷，饱食跨之，着粗布襕衫入市看盘铃傀儡即足矣。后致仕，果行其志，谏官上疏言三公不合入市。公曰："在吾计中矣。"

宋刘涣为颍上令，以刚直不能事上官，挂官隐庐山。尝作《骑牛歌》曰："我骑牛，君莫笑，万事从吾好。"时陈舜俞以屯田员外郎知山阴县，以不奉新法责监南康，亦乘黄犊，相与往来，欧阳修慕其风节，赋《卢山高》赠之。

卢三改注　范一笔勾

唐司刑太常伯卢承庆，尝考内外官，有一官督运遭风失米，承庆考之曰："监运损粮，考中下。"其人容色自若，无言而退。承庆重其雅量，改注曰："非力所及，考中中。"其人既无喜容，亦无愧词，又改曰："宠辱不惊，考中上。"

宋范仲淹之选监司也，取班簿视不才者一笔勾之，富弼曰："一笔勾之甚易，焉知一家哭矣。"仲淹曰："一家哭何如一路哭耶!"如是悉罢之。

观察鹘眼　参政鱼头

宋张威，字德远。累官扬州观察使。为将，每战辄克。临阵战酣，则精采愈高，两眼皆赤，时号"张鹘眼"。

宋仁宗时，刘太后临朝，政不己出。太后尝问鲁宗道曰："唐武后何如?"对曰："唐之罪人也，几危社稷。"后默然。又欲立刘氏七庙，辅臣不敢对，宗道独进曰："若立刘氏七庙，如嗣君何?"乃止。后尝与帝同幸慈恩寺，欲乘辇先行，宗道以"夫死从子"之义争之，后遽命辇后乘舆。刚正嫉恶，遇事敢言，贵戚用事者，目为"鱼头参政"。

十二　侵

刘鋹疑酒　蔡邕骇琴

南汉主刘鋹多置鸩毒饮臣下。后降宋，一日，从太祖幸讲武池，从官未集，鋹先至，赐以卮酒。鋹疑有毒，泣曰："臣承祖父基业，违拒朝廷，劳王师致讨，罪固当诛。陛下既待臣以不死，愿为大梁布衣，观太平之盛，未敢饮此酒。"太祖笑曰："朕推赤心于人腹中，安有此事！"命取鋹酒自饮，而别酌以赐鋹，鋹大惭谢。

汉蔡邕，邻人以酒食召，比往，客有弹琴者，邕潜听之。曰："嘻！以乐召我而有杀心，何也？"遂反。主人追问其故，具以告。弹者曰："我向鼓弦，见螳螂方向鸣蝉，一前一却，吾心耸然，惟恐螳螂之失蝉也，此岂为杀心而形于声者。"邕叹曰："此足以当之。"

愚人怖玉　贪夫攫金

魏田父于野得玉径尺，不知其玉也。以告邻人。邻人诈之曰："此怪石也。畜之勿利。"田父归置于庑下，其夜，光明照一室，其家大怖，弃于野。邻人取献魏王，魏王召玉工相之，玉工望玉再拜却立曰："敢贺大王得天下之宝，臣所未尝见。"王问价，工曰："此无价以当之，五城之都，仅可一观。"王立赐千金，食禄上大夫。

齐人有欲金者，诘旦，衣冠而之市，适鬻金者之所，因攫其金而去。吏捕得之，问曰："人俱在焉，子攫人之金何？"对曰："取金之时，不见人，徒见金。"　○见《列子》。

云奇折臂　濮真剖心

明丞相胡惟庸谋逆，诈言所居第井涌醴泉，邀太祖往观。乘舆将出，内史云奇知其谋，走冲跸道，勒马言状。气方勃，舌驶不能达意，上怒其不敬，左右捶挝乱下，奇垂毙，右臂将折，犹指贼第弗为痛缩。上方悟，登城眺察，见甲兵伏屏帏间数匝，亟反遣兵围其宅，乃召奇，已死矣。上悼惜，厚赐葬焉。

明都督佥事濮真征高丽被执，高丽王爱其骁勇，欲降之，不从。王怒，欲杀之。真曰："丈夫有赤心，肯汝屈耶!"抽刀剖心示之而死。王大惧，遣使入朝谢罪，上嘉真忠节，追封乐浪公，谥忠襄。

昼责邹浩　辅折余深

宋哲宗废孟后，立刘氏为后，邹浩之友田昼谓人曰："志完不言，可以绝交矣。"浩上疏，窜新州，昼迎之途。浩出涕，昼正色曰："使志完隐默官京师，遇寒疾不汗，五日死矣。岂独岭南之外能死人哉？欲君勿以此举自满，士所当为，未止此也。"　〇志完，邹浩字。

宋徽宗数微行，秘书正曹辅上疏切谏，帝令赴都堂审问。余深责之曰："汝乃小官，何敢遽论大事?"辅曰："大官不言，故小官言之。官有大小，其爱君之心一也。"深不能答。卒编管于郴州。

王子辞李　谢生拜柑

南北朝王僧孺，年五岁，有馈其父冬李，先以一枚与之。孺不受，曰："大人未见，不敢先尝。"

宋淳熙时，江州民谢生母老病，夏月思柑，不得。谢家有小园种此果，乃夜拜树下，膝为之穿裂。诘旦，已累累结丹实数颗，食之，病乃瘳。

彭城两到　江东三岑

梁到溉，字茂灌。弟洽，字茂沿。彭城武原人。皆有才名，兼善玄理，时人比之二陆。世祖赠诗曰："魏世重双丁，晋朝称二陆。何如今两到，复似凌寒竹。"

唐岑羲，字伯华，为金坛令，弟仲翔，为长洲令，仲休，为溧水令，并著奇勋。宰相宗楚客谓御史曰："毋遗江东三岑。"

仁贵免胄　马燧披襟

唐永淳元年十月，突厥骨笃禄寇并州，时薛仁贵为代州都督，督兵击之。虏问唐大将为谁，应之曰："薛仁贵。"虏曰："吾闻仁贵流象州死矣，何给我也?"仁贵免胄示之面，虏相顾失色，下马列拜，稍稍引去。仁贵因奋击，大破之。

唐马燧征李怀光，与诸将谋曰："长春宫不下，则怀光不可得，然守备甚严，攻之旷日持久，我当亲往谕之。"径造城下，呼其守将徐庭光曰："汝曹立功四十余年，何忽为灭族之计？从吾言，非止免祸，富贵可图。"众将士皆伏泣，燧曰："此皆怀光所为，汝曹无罪。"庭光遂举众降，大呼曰："吾等今日复为王人矣。"怀光遂缢而死。

无己拥被　柳恽捶琴

宋陈无己出行，觉有诗思，急归拥被，卧而思之，呻吟如病者。或累日而起。秦少游诗鲜巧敏捷，故人谓："闭门索句陈无己，对客挥毫秦少游。"

南北朝柳恽赋诗未就，以笔捶琴，坐客以箸扣之，恽惊其哀韵，乃制为雅音，后传击琴自此始。

丈人抱瓮　老媪磨针

周子贡入楚，过汉阴，见丈人抱瓮灌圃畦，子贡曰："有机于此，后重前轻，挈水若抽，用力少而见功多，其名曰桔槔。"丈人曰："有机事者，必有机心，机心存于胸中则纯白不备，吾非不知，羞而不为也。"子贡惭，俯而不对。

唐李白少读书未成，弃去，道逢老媪磨杵，白问其故，曰："欲作针。"白感其言，遂发愤读书。

劝课龚遂　署考唐临

汉龚遂，字少卿。宣帝时，渤海郡岁饥盗起，丞相御史举遂能治，时遂年七十余，又形貌短小，帝心轻之，问何以息盗。对曰："臣闻治乱民犹治乱绳，不可急也。愿无拘臣以文法，得一切便宜从事。"上许焉。遂至境，移书敕属县悉罢逐捕盗贼吏，诸持锄钩田器者皆为良民，持兵者乃为盗贼。于是解散。

唐唐临，字本德，京兆人。累迁大理卿，断囚不枉。尝持节按交州狱，出冤狱三千人，自署其考曰："形如死灰，心如铁石。"高宗曰："为狱固当如是。"

元章石癖　佟之水淫

宋米元章守涟水，畜石甚富，每品加以美名。时杨观察使知米好石废事，往廉焉，至郡，元章左袖中取一石嵌空玲珑，峰峦洞穴皆具。右袖又出一石，叠嶂层峦，翻覆以示，杨殊不顾。最后出一石，尽天划神镂之巧。又顾杨曰："如此石安得不爱?”忽曰:“非独公爱,我亦爱也。”即就米手攫之,径登车去。

梁何佟之素有洁癖,一日洗涤十余遍,犹以为不足,时人谓之水淫。

珙相道衍　彻说淮阴

明僧道衍尝游嵩山佛寺,遇鄞人袁珙,珙相之曰:“灵馨胖和尚乃尔耶?目三角彯白,形如病虎,性必嗜杀,他日刘秉忠之流也。”道衍大笑,因此自负。　○刘秉忠,元初氏宁寺僧也,世祖忽必烈凡有征伐,与之谋议。

蒯彻以相人之术说韩信曰:“相君之面,不过封侯;相君之背,贵不可言。”信曰:“何谓?”彻曰:“楚汉分争,两王之命悬于足下,莫若两利而均之,三分天下,鼎足而居。足下据强齐,从燕、赵,因民之利,西向为百姓请命,则天下风从而响应矣。”信曰:“汉王遇我甚厚,岂可向利而背义乎?”按信未央宫遇害时叹曰:“悔不听蒯彻之言。”

盗书杨玠　摸碑子钦

杨玠娶博陵崔季让女,崔富,图籍殆将万卷。成婚之后。游于书斋,既而告人曰:“崔氏书被人盗尽,曾不知觉。”崔遽令检之,玠扪腹曰:“已藏之经笥矣。”　○见《谈薮》。

宋谭惟寅,字子钦,高要人。读书一览不忘,官宪长,尝夜入祥符寺,索烛视碑不遂,以手摸之毕,黎明对校,不差一字。

韩陈四事　李献六箴

宋韩忠彦,字师朴,琦之子也。举进士,徽宗时拜门下侍郎，陈四事：一曰广仁恩，二曰开言路，三曰去疑似，四曰戒用兵。逾月进尚书右仆射，历观文殿大学士。

唐李德裕，敬宗时为浙西观察使，身居廉镇，心乃王室。时上游幸无常，昵比群小，大臣罕得进见。德裕遣使献《丹扆六箴》：一曰《宵衣》，以讽视朝稀晚；二曰《正服》，以讽服御乖异；三曰《罢献》，以讽征求玩好；四曰《纳侮》，以讽侮弃谠言；五曰《辨邪》，以讽信任群小；六曰《防微》，以讽轻出游幸。上优诏以答之。

婢呼如愿　妓号称心

欧明过青草湖，湖神邀归问所须，旁有人私语曰："但当如愿，不必余物。"明依其言。湖君许之，及出，乃呼如愿，是一少婢也。数年遂大富，后岁旦，如愿晏起，明鞭之，钻入粪帚中，明家遂贫。故今岁旦，粪帚中不出户，　○见《搜神记》。

宋贾似道，涉之子，贵妃弟也。少落魄，为游博，不事操行。以荫补嘉兴司仓，累擢籍田令。恃宠不检，日纵游诸妓家，至夜即燕游湖上不返。帝尝夜凭高，望西湖中灯火异常时，语左右曰："此必似道也。"明日询之果然。有一妓名潘称心，是其最宠者。　○落魄，魄，音托。

宇文哭绰　司马拜林

魏苏绰，性忠俭，以丧乱未平为己任，荐贤拔能，纲纪庶政。尝言为国之道，当爱人如慈父，训人如严师。及卒，宇文泰痛惜之，酹酒言曰："尔知吾心，吾知尔志，方欲共定天下，遽舍我去。呜呼！奈何！"因举声恸哭，不觉卮落于手。

三国常林，字伯槐，河内温人。好学，带经耕锄，妻自馌之，相敬如宾。累官刺史，司马懿以先辈视林，每见必拜。或曰："司马公贵重，公宜止之。"林曰："贵非吾所知，拜非吾所强也。"言者惭退。

王省伐鼓　邝露抱琴

明靖难兵入德州，教谕王省坐堂上伐鼓集诸生曰："此堂名明伦，今君臣之义何在？"遂相向大哭，以头触柱而死。

明末邝露，字湛若，南海人。少工书，督学使者以《恭宽信敏惠》题授士，湛若五比为文，以真、行、篆、隶、八分书之，被黜五等，大笑弃去。庚寅广州城破，抱琴而死。著有《赤雅》等集，子鸿，字剧孟，亦死节。

妖畏仁杰　鬼迓韩擒

武后时，武三思置一妾，绝色，士大夫皆访观之，狄梁公亦往焉。妾逃遁不见，三思搜之，在壁隙中。语曰："我乃花月之妖，天遣我奉君谈笑，梁公时之正人，我不可以见。"○见唐陆勋《集异志》，朱希济《妖妄传》所载较详。

隋韩擒寝疾，其邻母见擒门下仪卫甚盛，颇同王者，母异而问之。中一人曰："来迎上。"忽不见。又有一人疾笃，忽走至擒家，曰："我欲谒王。"左右问曰："何王？"答曰："阎罗王。"擒子弟欲挞之，擒止之曰："生为上柱国，死作阎罗王，斯亦足矣。"未几卒。　○唐魏徵作《隋书》，韩擒虎作韩擒，避国讳也。

扑河金铉　哭庙刘谌

明末员外郎金铉，贼攻城，日跪母前曰："儿世受国恩，职任车骑，城破义在必死，拟以避地藏老母。"母曰："尔受国恩，我独不受耶？事急，庑廊下井是死所。”铉恸哭辞母往视事，至御河桥闻城陷，铉即投入御河泥泞死之，报至，章氏亦投井死。其弟鋐哭曰：“母死未归土，不敢死也。”遂棺殓其母，既葬三日，复投井而死。

魏邓艾入蜀，谯周劝降，后主遂遣使奉玺绶诣艾降。北地王谌怒曰：“若理穷力屈，祸败莫及，便当父子君臣背城一战，同死社稷以见先帝可也，奈何降乎？”帝不听，谌哭于照烈之庙，先杀妻子，而后自杀。

十三　覃

胡广柔媚　童伯贪婪

汉胡广周流四方三十余年，历事六帝，练达故事，而温柔谨悫，取媚于时，无忠直之风，天下以此薄之。京师谚曰：“万事不理问伯始，天下中庸有胡公。”　〇伯始，广字。

蜀简州刺史安童伯，性贪婪。州民有邓姓者，家资巨万，以善弈名。伯因召与对局，却令侍立，每落一子，俾即退立牖下，俟已算定，乃使之进，终日如此，复不与饮食。邓倦甚，连日被召，殊以为苦。或曰：“彼意不在棋，何不献赂以求免。”邓从之，馈以千金，乃止。

颛帝三子　女渍六男

颛帝有三子而亡去，一居江水为疫鬼，一居弱水为罔两，一居人宫室抠隅善惊人儿。　〇见《续博物志》。

楚之先出自颛顼，其裔孙曰陆终，娶于鬼方氏，是谓女渍。孕三年不育，启其左胁，三人出焉。启其右胁，三人又出焉。其六曰季连，是为芊，其后有鬻熊子为文王师，成王举文武勤劳而封熊绎于楚，食子男之采，其十世称王。

○见《风俗通》。

卫母抚雉　蜀女化蚕

扬雄《琴清英》《雉朝飞》操者，卫女傅母之所作也，卫女嫁于齐太子，中道闻太子死，问傅母曰："何如?"傅母曰："且往当丧。"丧毕不肯归，终之以死。傅母悔之，取女所操琴，于冢上鼓之，忽二雉出墓中，母抚雉曰："女果为雉耶?"言未毕，俱飞而起，不见。傅母悲痛，援琴作操，故曰：《雉朝飞》。

蜀有蚕女，父为人掠去，惟所乘马在。母曰："有得父还者，以女嫁焉。"马闻言，绝绊而去，数日父乘马归，母告之故，父不可。马咆哮，父杀之，暴皮于庭，皮忽卷女去。栖于桑，化为蚕。一日，女乘云驾马，谓父母曰："太上以我不忘义，授以九宫仙嫔。"　○见《搜神记》。

罗威饲犊　卓茂解骖

汉罗威有邻家牛数食其禾，乃为刈刍，置牛家门，以饲其犊，不令人知，数数如此。牛主称怪，后知之，相约检犊不复侵威禾。　○又晋朱冲有牛犯其禾，屡持刍送牛无恨色，牛主愧之，不复为暴。

汉卓茂初为丞相府吏，事孔光，光称为长者。尝出行，有人认其马。茂问曰："子亡马几何时?"对曰："月余日矣。"茂有马数年，心知其谬，嘿解与之，顾曰："若非公马，幸至丞相府归我。"他日，马主别得亡者，乃诣府送马，叩谢之。茂性不好争如此。

王梦罗汉　帝谒伽蓝

净慈禅寺周显德元年钱王俶建，迎道潜禅师居之，潜常欲从王求金铸十八罗汉，未白也。王忽夜梦十八巨人随行，翌日道潜以请，王异而许之，始作罗汉堂。　○见《西湖志》。

明太祖生时赤光烛天，邻人呼失火，三日洗儿，父出汲，有红罗浮至，遂取衣之。年十七，入皇觉寺为僧，逾月，僧乏食，太祖乃游江淮三载，仍还皇觉寺。时定远郭子兴据濠州，元将彻里不花禅不敢进，日掠良民，太祖诣伽蓝问卜，避乱不吉，守故不吉，因祝曰："欲予倡义耶?"大吉，遂诣郭子兴，奇其貌，取为亲兵。

寅三可惜　嵇七不堪

明夏寅，字正夫，华亭人。累官山东右布政使，尝语人曰："君子有三可惜：此生不学一可惜，此日闲过二可惜，此身一败三可惜。"世传以为名言。

晋山涛为选曹郎，举嵇康自代，康因自说七不堪以绝之。大将军闻而恶焉。

劾嵩继盛　弹桧澹庵

明刑部员外郎杨继盛劾严嵩十大罪，五大奸：一坏祖宗之成法，二窃君上之大权，三掩君上之治功，四冒朝廷之军功，五纵奸子之僭窃，六引悖逆之奸臣，七误国家之军机，八专黜陟之大柄，九失天下之人心，十坏天下之风俗，此十罪也。疏上，上怒，系狱坐绞。

宋胡铨，字澹庵。上书乞先斩秦桧，后羁縻金使，以为兴复之计。否则，"臣赴海死，无面目立于小朝廷矣"。金人闻之，以千金求其书，三日得之。君臣失色曰：“南朝有人。”盖足以破其阴遣桧归之谋也。乾道初，金使来，犹问胡铨安在。张魏公曰：“秦太师专柄十九年，只成就得一个胡邦衡。”有《澹庵集》行于世。

奏琶令则　鼓琴桓谭

隋李纲，字文纪。仕太子洗马。一日太子勇宴客，左庶子唐令则奏琵琶，纲曰：“令则官调护，乃自比倡优，以惑视听，岂不为殿下累乎？请正其罪。”后勇废，文帝切让，官属莫敢对，纲独曰：“陛下不素教，故太子至此，太子资，中人耳，奈何歌舞鹰犬纤儿使日侍侧？”帝曰：“吾过矣。”

汉宋弘荐桓谭才学，闻其能几及扬雄、刘向，于是召为给事中。上每宴，辄令鼓琴，好其繁声。弘闻之，悔于荐举，正朝服坐府上，遣使召之。谭至，不与席而让之曰：“吾所荐子者，欲令辅国以道德，而今数进郑声以乱雅，故非忠臣。”

解厄严四　为祟宗三

晋州刺史萧至忠欲猎，有樵者于霍山见一长人，俄虎兕鹿豕狐兔集至，长人曰：“余九冥使者，奉北帝令，萧君畋，汝辈若于合鹰死，若于合箭死。”众兽求救，长人曰：“深谷严四善谋，试为求救。”众兽从，行至深岩，有黄冠一人，众兽请救，黄冠曰：“若令滕六降雪，巽二起风，则萧君不出矣。”翌日，风雪大作，至忠果不出。

明徐孟凌适岭南，道鄱阳湖，方举帆，舟子急请祀宗三爷爷，孟凌问宗三是何神，舟子摇手戒勿言。既渡，后数月归问舟子宗三是何神，答曰：“昔明太祖与陈友谅战于此湖，夺所乘巨舰，棕缆大如斗，继之投湖中，其一已化为蛟龙，随风雨所去，不知所之。其一在湖为祟，弗祀即有渡波涛覆溺之患。”　○祟，音粹。

明皇貌瘦　忠臣肉甘

唐韩休为相，守正不阿。上或宴乐游猎，辄谓左右曰：“韩休知否?”言终，谏疏已至。左右曰：“韩休为相，陛下殊瘦于旧，何不逐之?”上叹曰：“吾貌虽瘦，天下必肥。”

明燕王入京师，铁铉被执，背立庭中，割其耳鼻，竟不肯顾。爇其肉纳铉口中，令啖之，问曰：“甘否?”铉厉声曰：“忠臣肉有何不甘?”遂寸磔之，至死骂不绝。乃令舁大镬熬之，使朝上，展转向外。上大怒，令内侍用铁棒十余夹持之使北面。笑曰：“尔今亦朝我耶?”语未毕，油忽溅起丈余，诸内侍手糜烂，弃棒走，尸仍向外。

两马相骂　二犬对谈

广汉阳翁伟能听鸟兽之音，乘蹇马之野，田中有放马者，相去数里，鸣声相应。翁伟曰：“彼放马目眇。”其御曰：“何以知之?”曰：“骂此辕中马曰蹇马，蹇马亦骂之曰眇马。”御者不信，使往观之，马目果眇。　○见王充《论衡》。

宋岳武穆在襄州与金战，大胜于朱仙镇。忽梦二犬对谈，殊以为疑，白于一僧，僧曰：“二犬加言，乃是狱字，避之则吉，不然恐有缧绁之祸。”未几，果为秦桧所害。

毛仲嫁女　张德生男

唐王毛仲以严察有宠，百官附之。毛仲嫁女，上问何须，仲顿首对曰：“臣万事已备，但未得客。”上曰：“知卿所不能致者一人，必宋憬也，朕为汝召客。”明日，召宰相与诸达官诣之，日中宋憬乃至，先执酒西向拜谢，饮不尽卮，遽称腹痛而归。

唐武后时江淮旱饥，禁民不得取鱼虾。拾遗张德生男，私杀羊会同僚。补阙杜肃怀一餤上表奏之。明日，太后对仗谓德曰："闻卿生男，甚喜。"德拜谢。太后曰："何从得肉?"德叩头伏罪。太后曰："朕禁屠宰，吉凶不预。卿自今请客，亦须择人。"出肃表示之。肃大惭，举朝欲唾其面。　○餤，音淡。一餤，犹云一脔也。

十四　盐

颜嗔谢笑　丙宽魏严

南北朝颜峻为吏部尚书，仕遇既隆，奏无不可。后谢庄代峻，意多不行。峻容貌严毅，庄风姿甚美，宾客喧诉，常欢笑答之。时人语曰："颜峻嗔而与人官，谢庄笑而不与人官。"

汉魏相、丙吉同辅朝政，上皆重之。相尚严毅，吉尚宽和。

垂诫泐石　警睡投签

宋太祖御笔，用南人为相，杀谏官，非吾子孙。刻石于东京内中。其后王安石变法，吕惠卿为谋主，章惇、蔡京、蔡卞继之，皆南人，卒致大乱。亦云太祖亲写南人不得坐吾此堂，刻石政事堂上。自王文穆大拜后，吏辈故坏壁，因移石他处，后寖不知所在。既而王安石、章惇相继用事，为人窃去云。

陈主蒨起自艰难，知民疾苦。性明察俭约，每夜刺闺取外事分判者，前后相续。敕传更签于殿中者，必投签于阶石之上，令枪然有声，曰："吾虽眠，亦令惊觉。" ○刺闺，官名。以锥凿物曰刺闺，宫中小门也。就闺中刺取外事，故曰刺闺。

八州陶侃　六阙杨炎

晋陶侃，少时梦八翼飞翔冲天，天门九重，已入其八，余一门不得进。以翼搏天，一翅至折，惊而坠下。及寤，左腋肿痛，其后都督八州，据上流，握强兵，潜有窥觎之志。每思折翅之祥，自抑而止。

唐杨炎尝梦陟高山，见瑞日在咫尺，因举手捧之。寤视其手，尚沥然而汗。后登相位，果协封爵之祥，三世以孝义旌显，门树六阙，自古未有。

卖诗万顷　吞纸朱詹

仇万顷未达时，挈牌卖诗，每首三十文。停笔磨墨，罚钱十五文。　○见《渔隐丛话》。

义阳朱詹家贫无资，累日不爨，时吞纸充腹。寒无毡被，抱犬而卧。　○见《颜氏家训》。

恚贺公鲁　辞吊思谦

晋荀勖，字公鲁。守中书监，为尚书令，人或贺之。发恚曰："夺我凤凰池，何贺之有！"　○按中书地在枢，近人谓之凤凰池。

唐韦思谦，字仁约。为监察御史，中书令褚遂良尝市地，偿不如直，思谦劾罢之。褚后复为相，出思谦为清水令。人或吊之，答曰："丈夫当敢言，须明目张胆以报天子，焉能碌碌保妻子耶?"

顾飏赠褶　刘晏携帘

晋郭文隐居余杭山中，余杭令顾飏与葛洪共造之，而携与俱归。飏以文山行或须皮衣，赠以韦袴褶一具，文不纳，辞归。飏追遣使者置衣室中而去，文亦无言，袴褶乃至烂于户内，竟不服。　○袴褶，骑服也。　○褶，音习。

唐丞相李廙有清节，其妹为刘晏妻，晏见廙门帘甚敝，令人潜度广狭，以粗竹织成，不加缘饰，将以赠之，三携至门，不敢发言而去。

礼贤希宪　傲客王恬

元廉希宪礼贤下士，时刘整以尊官往见，公不命坐。刘去，宋诸生褴褛袖诗求见，公延入，坐语稽经史，饮食劳苦如平生欢。既罢，人或问之，公曰："是非尔所知，国家大臣语默进退，系天下轻重。刘整虽贵，背国以叛者。若夫诸生，朝不坐，宴不与。"

晋谢安与弟万过吴郡，时王恬为守，万欲同过。安曰："恐伊未必酬汝，汝意不足耳!"万苦要去，安必不肯，万乃独往。坐少间，王便入。万以为待己，殊有喜色。良久，乃出科头散发，据胡床独坐，神气傲慢，了无酬对。万怒，还，未至船，逆呼太傅诉之，安曰："阿螭不作尔。"

李晟绣帽　鲍永皂襜

唐朱泚之乱，李晟每战必锦衣绣帽前行，亲自指导，李怀光谓晟曰："将帅当持重，岂宜自表陷贼。"晟曰："晟久在泾原，军士甚畏服，欲令先识，以夺其心耳。”

后汉鲍永，字君长，上党屯留人。拜仆射，行大将军事，持节将兵，安抚河东。永好文德，尝衣皂襜，路称“鲍尚书兵马”。

呈章刘瑾　坠刺崔暹

明刘瑾欲专宠，乃购杂艺于武庙前，俟其玩弄，则多取各司奏章呈上请裁决。上曰：“我用尔何为，不代为理之，乃一一烦朕耶！宜亟去。”如此者再，后事无大小，任意出入，不复为奏。

东魏崔暹巧诈，高澄纳魏琅琊公主，意暹必谏，暹入咨事，不复假以颜色。居三日，暹怀刺坠之于前，澄问何为，暹悚然曰：“未能通公主。”澄大悦，把暹臂入见之。

配享拗相　入祀权阉

宋王安石性执拗，故人呼为拗相。徽宗三年，辟雍初成，诏荆国公王安石，孟轲以来一人而已，其以配享孔子，位次于轲。吏部尚书何执中请开学殿，使都人纵观。

明阉人魏忠贤专权窃柄，帝不之悟。有监生陆万龄请以忠贤配享孔子，其父配启圣公。其疏曰：“孔子作《春秋》，厂臣作《要典》；孔子诛少正卯，厂臣诛东林党人。”持疏诣司业林釪，釪援笔涂抹，即挂冠棂星门而去。朱之俊为奏请从之，釪削籍。

刘弘一纸　保安千缣

晋荆州都督刘弘威行南服，事成则曰某人之功，如败则曰老子之罪。每有兴废，手书守相，丁宁款密，人皆感悦，争赴之，咸曰："得刘公一纸书，贤于十部从事。"　○部从事。都督属官。每有兴废，必敕部从事分行所属，惟刘弘则以手书征集之，故云守相，郡守国相也。

唐郭仲翔，元振弟之子也。元振乃托姚州都督李蒙，蒙表为判官。时吴保安以同里见仲翔曰："愿事李将军。"仲翔荐之，蒙表为掌书记。后蒙与姚隽蛮战没，仲翔亦被执，蛮人必求千缣乃肯赎。会元振物故，保安欲营归仲翔，苦无资，乃力居货，十年得缣七百，都督杨安又以官资助之，保安即委与蛮，遂得仲翔归。

显达中目　兀朮剃髯

齐陈显达讨桂阳贼于新亭，迭出杜姥宅，大战破贼，矢中左目而镞不出。地黄村潘妪善禁，先以钉钉柱，妪禹步作气，钉即时出，乃禁显达目中镞出之。

金兀朮率兵十余万进薄和尚原，吴玠与弟璘选劲卒，命诸将分番迭射，矢如雨注。敌稍却，则以奇兵旁击，绝其粮道。度其困且走，伏兵于神坌以待之，敌至伏发，遂大乱，玠因纵兵夜击，大败之。兀朮中二流矢，仅以身免，亟剃其髯而遁。

十五　咸

盗畏来整　虏劫浑瑊

隋来护儿封荣国公，第六子来整为虎贲郎将，群盗惮之，作歌曰："长白山头百战场，十十五五把长枪，不畏官军十万众，只畏荣公第六郎。”

唐德宗时，吐番入寇求和，李晟极言不可，上不听，遣瑊莅盟。吐番伏精骑数万于坛西，俟瑊入幕易礼服，伐鼓三声，鼓躁而至，瑊自幕后出，偶得他马乘之，虏纵兵追击，唐将卒死者数百人。是日，上临朝曰：“今日和戎乐乎？”柳浑曰：“戎狄豺狼也，非盟誓可结。今日之事，臣窃忧之。”言未毕，以虏劫盟闻。

茂宏举扇　良器书衫

晋庾亮出镇外郡，以帝舅内执朝政，王导不能平，尝遇西风起，举扇自蔽曰：“元规尘污人。”　○茂宏，导字。元规，亮字。

唐李晟，字良器。一日，桑道茂谒之，晟请以一缣易其衫，且请题衿膺，曰：“他日为信。”后道茂受朱泚伪官，出衫衿示晟，遂得原死。

存勖三矢　陶侃一函

五代李克用病笃，以三矢遗其子存勖，曰：“梁吾仇，燕王吾所立，契丹背约归梁，吾所遗恨。予汝三矢，毋忘父志。”后破梁夹寨，乃以三矢复命，梁王惊叹曰：“生子当如李亚子，克用为不亡矣。”

晋陶侃转黄州刺史，时杜弘据临贺，与温邵、刘沈俱谋反。弘遣使伪降，侃击破之，执刘沈于小桂。诸将皆请乘胜击温邵，侃笑曰：“吾威名已著，何事遣兵，但一函纸足矣。”于是下书谕之，邵惧而走，追获于始兴。

甘宁锦缆　长康布帆

三国甘宁事吴，凡出入，步则陈车骑，水则连轻舟，侍从皆被文绣，住止常以缯锦缆舟，去辄割去，以示奢。

晋顾恺之，字长康。作殷荆州佐，请假还东，尔时例不给帆，顾苦求之，乃得发。忽遭大风，舟几覆坏。因作笺寄殷云：“地名破家，真乃破冢而出。犹幸行人安稳，布帆无恙。”

远语无妄　衡志超凡

南北朝何远出言不妄，每语人曰：“卿能得我一妄语，则谢以一缣。”众共伺之，不能得也。

元许衡，字仲平，河内人。七岁向学，问其师曰：“读书何为？”师曰：“取科第耳！”曰：“如斯而已乎？”师大奇之，卒成理学名儒，学者称为鲁斋先生。

居翰改诏　子瞻换衔

后唐张居翰，同光中为枢密使，蜀王衍既降，诏迁其族于洛阳。时关东已乱，庄宗虑衍为变，遣中官赍诏杀之，诏曰：“王衍一行并宜杀戮。”其诏已经印书，时居翰在密地复视其诏，乃揩去行字改为家字，及衍就戮，止族其家近属而已，其伪官及从行者尚千余人，皆获免。

宋苏轼出任钱塘，视事之初，押到匿税人南剑州乡贡吴味道，以二巨罨作公衔，轼问罨中何物，味道曰：“今秋忝昌乡荐，乡人集钱百千，市建阳纱二百端，道路所经、抽税至都，不存其半矣。窃谓阁下负天下重名，纵有败露，必能情贷。不知先生已临此邦，罪实难逃。”轼熟视，呼掌笺吏换新封衔，明年，味道及第来酬。

乐羊被谤　巑之蒙诿

魏文侯命乐羊攻中山，三年拔之，乐羊反而论功，文侯示之谤书一箧。

南北朝沈巑之为丹徒令，以清介不通左右，被谮逮索尚方，帝召问，对曰："臣清乃获罪。"帝曰："清何以获罪?"曰："无以奉要人耳。"帝问："要人为谁?"指曰："此赤衣诸贤皆是。"后复任丹徒。

修责若讷　俨诘游岩

宋范仲淹与吕夷简不睦，仲淹由是落职，知饶州。馆阁校勘欧阳修贻书责司谏高若讷曰："仲淹以非辜被逐，君不能辨，犹以面目见士大夫，出入朝廷，是不知人间有羞耻事。"若讷怒上其书，修坐贬夷陵。

唐田游岩隐居泰山，高宗东封，尝幸其庐，征为洗马，无所规，益右卫副率。薛俨以书遗之曰："足下负巢由之峻节，傲唐虞之圣主，屈万乘之重，申三顾之荣，将以辅导储贰，渐染芝兰耳。皇太子春秋鼎盛，圣道未明，足下乃唯唯而无一谈，悠悠卒岁，何以塞圣主调护之责。"

俟编仄韵
再续斯函